普通高等教育规划教材

市场营销基础

高　娟　黄桂芝　主编

机 械 工 业 出 版 社

本书借鉴有关专家学者的研究成果，吸收国内外市场营销学教材的精华，并融合编者在教学实践中积累的丰富经验，对市场营销学的理论与方法应用进行了阐述。全书共分为五部分：第一部分主要介绍市场营销学的核心概念；第二部分主要介绍市场营销机会分析；第三部分主要介绍企业营销对策分析；第四部分主要介绍市场营销组织、执行与控制分析；第五部分主要介绍市场营销理论与方法的发展状态以及在相关领域的应用。

本书可作为普通高等教育应用型本科经济管理类专业教材，亦可供社会读者选用。

图书在版编目（CIP）数据

市场营销基础/高娟，黄桂芝主编. —北京：机械工业出版社，2014.8
普通高等教育规划教材
ISBN 978-7-111-47400-5

Ⅰ.①市… Ⅱ.①高…②黄… Ⅲ.①市场营销学-高等学校-教材
Ⅳ.①F713.50

中国版本图书馆 CIP 数据核字（2014）第 160124 号

机械工业出版社（北京市百万庄大街 22 号 邮政编码 100037）
策划编辑：曹俊玲 责任编辑：曹俊玲 何 洋 常爱艳
版式设计：霍永明 责任校对：黄兴伟
封面设计：张 静 责任印制：乔 宇
唐山丰电印务有限公司印刷
2014 年 9 月第 1 版第 1 次印刷
184mm×245mm · 17.5 印张 · 370 千字

标准书号：ISBN 978-7-111-47400-5
定价：35.00 元

凡购本书，如有缺页、倒页、脱页，由本社发行部调换

电话服务	网络服务
社服务中心:(010)88361066	教材网:http://www.cmpedu.com
销售一部:(010)68326294	机工官网:http://www.cmpbook.com
销售二部:(010)88379649	机工官博:http://weibo.com/cmp1952
读者购书热线:(010)88379203	**封面无防伪标均为盗版**

前言

被称为“市场营销之父”的菲利普·科特勒（Philip Kotler）认为“市场营销学是建立在经济科学、行为科学和管理科学基础之上的应用科学”。㊀简单地说，市场营销学是围绕市场这个中心来研究企业市场营销活动及其规律的一门学科。它为企业开展市场营销活动提供基本的理论、思路和方法；也指出如何运用这些知识与方法，分析和解决企业在营销活动过程中遇到的各种具体问题。

20 世纪初，美国大学的课程中出现了市场营销学，当时研究的中心是产品推销。20 世纪 30 年代，市场营销学作为一门较为系统的应用科学建立起来。20 世纪 50 年代，随着环境的改变和企业市场营销实践活动的深入发展，市场营销学进入了一个新的变革和发展时期。市场营销的理论研究不断深化，概念和内容不断更新、完善，内容体系更加趋于成熟和系统，其科学性和可行性也大大增强。现阶段，市场营销学已发展为一门融合了多学科研究成果的综合性、应用性学科，其中包含了经济学的市场理论、社会学和消费者行为学的有关理论、数学和统计学的定量分析方法等。

现代市场营销学教材在我国可谓是林林总总。作者为市场营销学丛林再添一木，提出应用型本科经济管理类专业学生应该怎样学习与应用市场营销理论和方法。

本书共包括五部分内容：

第一部分，市场营销学的核心概念。这部分主要介绍市场的概念、功能、基本类型以及企业与市场的关系；市场营销的含义、任务、职能和作用；市场营销活动的指导思想。

第二部分，市场营销机会分析。这部分主要分析企业的微宏观营销环境，各类市场的需求与购买行为，环境变化给企业带来的市场机会与环境威胁等问题。

第三部分，企业营销对策分析。这部分主要探讨企业如何通过战略管理过程与不断变化的经营环境保持切实可行的战略适应；以及企业在市场营销管理过程中，如何正确地识别、分析、评价和选择市场机会，有效地细分市场并选择目标市场，恰当地对企业与产品的市场定位，制订适当的市场营销组合方案，以实现企业战略计划中规

㊀ 资料来源：http：//wiki. mbalib. com/wiki/%E8%8F%B2%E5%88%A9%E6%99%AE%C2%B7%E7%A7%91%E7%89%B9%E5%8B%92.

定的任务和目标。

第四部分，市场营销组织、执行与控制分析。这部分主要研究如何保证营销活动的成功，以及企业在市场营销组织、执行、控制等方面应采取的措施和方法。

第五部分，市场营销理论与方法的发展状态以及在相关领域的应用。这部分主要介绍市场营销理论与方法的发展，新观念、新方法和新思想不断涌现，为应对市场出现的新问题提供新的解决方法；市场营销的理论与观点不断被应用于服务、金融、网络等领域。

学习与应用市场营销学应注意以下几个问题：

（一）着眼于需要，全面认真地学习与研究

现代企业的市场营销活动是极为复杂的。这种复杂性综合地表现在：企业面对的市场与需求是复杂的；企业所处的营销环境是复杂的；企业营销活动的内容是复杂的；企业所采取的战略和策略是复杂的；企业的营销组织过程等方面也是复杂的。这种复杂性使企业的营销活动始终充满竞争性和风险性。因此，要想使企业的营销活动取得成功，实现企业的生存与发展，没有一定的理论指导是不行的。

现代市场营销学对企业市场营销活动中可能遇到的一些基本问题以及解决问题的基本思路几乎都有深入的分析与研究，总结了为数众多的企业成功与失败的经验教训，提供了大量的、多方面的可以借鉴的知识成果。此外，现代市场营销学也从一个方面展示了不同企业的一些共有的经济行为方式，应该着眼于实际需要，全面、认真地学习与研究。

（二）着眼于实际，有选择地借鉴与吸收

应该看到，由于特殊的历史原因，我国的市场营销学主要是在引进、吸收西方现代市场营销学的基础上形成的。尽管西方市场营销学所概括的市场营销的基本原理、基本思路和许多具体方法，在很大程度上反映了社会化大生产和市场经济条件下市场营销活动的规律和市场经济的内在要求，是有效地组织和开展现代企业经济活动、提高经营效益所必要的基本知识，但仍具有其特殊性。所以在学习时，不仅应注意我国国情，而且要考虑到企业的实际情况。

（三）着眼于发展，创造性地学习与探索

一种理论的生命力就在于不断地创新与发展。在学习市场营销学的过程中，应该积极地探索解决实际问题，总结自己的成功经验，不束缚于以往的理论与方法，在科学研究的基础上，逐步建立起适合我国国情的、有中国特色的市场营销学，以便更好地指导我国企业的市场营销实践。这是摆在我国实际工作者和理论工作者面前的一项艰巨任务。

这是为应用型本科经济管理类专业学生编写的一本教材，本书通过对市场营销学理论与方法应用的阐述，让学生动脑又动手，增加对企业市场营销活动的感性认识，并尝试对营销局部或整体的创意与策划。本书同样适用于刚刚接触市场营销，并对营销实践感兴趣的读者。

本书借鉴有关专家学者的研究成果，吸收了国内外市场营销学教材的精华，并融合了编写者在教学实践中不断积累的经验。因此，它具有以下特色：

（1）覆盖了市场营销学的基础理论和核心知识点，是一本综合性读物。

（2）侧重于对基本方法、基本技能的阐述、解释和应用，深入浅出，通俗易懂。

（3）每章附有学习目标、导引案例、要点、营销思考、本章小结和各种类型的习题，实用性强，有利于读者全面深入地掌握知识点。

本书由北京工商大学嘉华学院的高娟统编定稿，黄桂芝在本书的体系设计方面提供了支持。各章的编写者是：黄桂芝（第一、二、八、九章）、高娟（第三、四、十二章）、侯冬丽（第五、六章）、杨宏（第七、十章）、潘玉庆（第十一章）。

编 者

目录

第一章

市场与市场营销

学习目标：

1. 理解市场的基本概念。
2. 了解市场的经济功能。
3. 理解根据不同标准划分的市场基本类型。
4. 理解市场营销的基本含义，认识其在现代社会经济生活中所处的重要地位。
5. 结合时代背景，了解市场营销理念的演变过程。

导引案例

1984 年 6 月，日本小郡商事株式会社（日本迅销公司前身）旗下的优衣库（UNIQLO）一号店于广岛县广岛市开业。截至 2013 年 8 月底，优衣库已在全球开设店铺 1309 间。2002 年 9 月，中国首间优衣库于上海开业。十余年过去，中国消费者也越来越熟悉和认可这一品牌。

“Made for All”（“造服于人”）是优衣库的经营理念。这一看似简单的理念，实际上蕴含着独到、丰富的内涵：一方面，优衣库将目标客户群体定义得非常宽泛，让学生、白领、年轻人、中老年人，都可以从优衣库找到适合自己的产品；另一方面，优衣库的产品价格比较低廉，让广大消费群体都能承担得起，从而实现人人都能在优衣库买到喜爱的产品。“Made for All” 的理念决定了优衣库能够拥有极为广阔的市场，为其不断发展扩张奠定了基础，而低廉的价格使得优衣库在任何经济环境下对绝大多数消费者来说都具有很强的吸引力。为了践行这一经营理念，优衣库并不是那么紧随时尚潮流，没有像同为服装零售巨头的 ZARA、H&M 那样将自己定位于“时尚先锋”的角色，而是将重心放在了“基本款”上，以休闲服饰为主，强调服装的性价比。在服装业逐渐出现时装化、高档化的趋势时，优衣库从平价休闲服饰细分市场中看到了商机并牢牢把握住，将自己打造成“平价”“舒适休闲服饰”的代名词。

（资料来源：刘杰克，《服装巨子优衣库品牌成功之路》，营销智库，2013-02-01，http：//www. domarketing. org/html/2013/clothing_0201/8040. html，有改动。）

第一节　企业与市场

一、市场的概念

（一）市场的一般含义

要点：形成市场的现实条件包括买卖双方、商品及双方属意的交易条件。

市场是社会分工和商品生产的产物，是以商品供求和商品交换为基本经济内容的各市场主体经济联系的形式。从这一定义出发，可以了解以下三点：

（1）市场属于商品经济的范畴，哪里有社会分工和商品生产，哪里就有市场。社会分工、商品生产的发展程度决定着市场的发展水平。反过来说，市场的发育情况也制约着商品经济的发展状况，制约着企业的市场营销活动。

（2）由于市场的基本关系是商品供求关系，基本活动是商品交换活动，因此市场是商品经济条件下联结各市场主体的基本形式，是整个社会经济生活得以正常运行的基本条件。

（3）由于市场的基本经济内容是商品供求与商品交换，因此市场的形成必须具备以下几个基本条件：

1）存在着具有购买意愿与购买能力的买方。

2）存在着提供商品的卖方及可供交换的商品（包括有形商品和无形商品）。

3）商品的交易条件符合买卖双方的利益要求，能够同时被双方接受。

只有在这些条件下，才能实现商品的让渡，形成有意义的现实市场。而这些形成市场的现实条件，就成了制约企业市场营销活动的基本因素。

（二）与企业市场营销活动相关的市场概念

不仅要从一般意义上来理解市场，而且要从具体的角度来认识和把握市场。这对于企业的市场营销活动来说，更具有重要意义。

1. 市场是买方和卖方进行商品交换的场所、地点或地区

在这里，市场是一个地理概念，它是从买、卖方双方在何处交换商品的角度提出来的。对于任何地区的每个购买者来说，都会考虑在何处购买自己所需要的商品；对于每个商品生产者来说，也必须考虑将本企业的产品销往哪些地区，以及在何种场所或地点销售给购买者。

2. 市场是某类或某种商品所有具有购买动机与购买能力的现实和潜在购买者的集合

在这里，市场是一个购买者群体的概念，它是从商品卖方的角度提出来的。企业明确自己的产品市场是由哪些购买者组成的、有哪些特定的需要、规模有多大、发展趋势如何等，是企业制定适当的营销战略与策略、有效地开展市场营销活动的前提条件。所谓企业面向市场，就是面向自己的顾客，而且是具有需求的顾客。

3. 市场是由买方和卖方组成的，是商品供求双方的力量相互作用的总和

这一概念是从商品供求关系的角度提出来的，是作为具有供求力相对强度的市场。买方市场和卖方市场这对概念，反映了供求关系的基本状况、供求力的相对强度

及供求双方谁在交易过程中处于主导地位。切实了解市场供求的数量及结构状况，正确判断市场供求力的相对强度和变化趋势等，对企业进行营销决策、有效地开展市场营销活动是十分重要的。

4. *市场是指流通领域，反映的是商品流通的全局，是交换关系的总和*

这一概念是从企业赖以运行的整体市场环境的角度来看问题，是作为社会整体的市场。所谓商品流通，就是以货币为媒介的商品交换过程。在以货币为媒介的商品交换过程中，一切商品都经历着由商品——货币和由货币——商品这样两个互相对立、互为补充的阶段和形态变化。而一种商品的形态变化又与其他种商品的形成变化交织在一起。社会上许许多多商品的形态变化所组成的循环不可分割地交错连接在一起，就形成了许多并行发生和彼此联结的商品交换过程，即商品流通的全局。由此，各种产品的市场也不可分割地联结在一起，形成了有机的整体市场。以上分析表明：任何一个商品生产经营者的买卖活动必须与其他市场主体的买卖活动发生着直接或间接的联系，因而任何一个企业实际上都只能在整体市场中开展营销活动，并受到整体市场环境状况的影响；为了实现自身的正常运转，企业要时刻注意整体市场的运行情况，并与整体市场保持合理的输入与输出的交换关系。

此外，市场上的商品交换关系总是体现着人与人之间的关系，这种关系的深层根源是社会分工和生产资料的不同所有制。由一定的社会生产方式所决定的占主导地位的交换关系则体现着市场的社会性质。为了规范人们的市场行为，确保商品交换和商品流通的正常进行，实现公平交易、平等竞争，维护各类市场主体的正当权益和一定社会性质的交换关系，确保社会经济的健康、有序发展，国家有必要通过法律等形式制定有关的市场行为准则，参与商品交换和流通活动的各个市场主体应自觉遵守。

要点：企业是市场的主体，市场以“无形的手”引导企业的行为。

市场的上述四种含义，对企业的市场营销都具有实际意义。其中，前三种含义对企业的市场营销具有微观意义，第四种含义则对企业的市场营销具有较为宏观的意义。企业不仅要研究其每一种产品的目标顾客、销售地区、供求状况，而且要面对整体市场，通观流通全局，理清本企业的营销活动与整体市场以至整个社会经济运行的内在联系。只有这样，才能搞好企业的市场营销工作。

二、市场的功能

市场是一切商品生产的共同基础，是商品生产顺利进行的必要条件和发展的推动力量。市场的经济功能与作用可以概括为以下三个基本方面：

要点：企业的市场营销活动要与市场的需求相吻合。

（一）市场具有实现不同商品生产者之间的经济联系与经济结合的功能

社会分工必须以分工后又能结合在一起为前提条件，否则分工就不能进行。市场既是社会分工的产物，同时又是社会分工得以存在和发展的保证。这是因为，分工使生产者相互分离，而市场则可以使不同的生产者相互结合。由于不同的商品生产者通过市场实现了自己商品的价值并取得他人商品的使用价值，社会分工和市场经济条件下的社会经济才得以正常运转。所以，社会分工越深化，市场在社会经济生活中的地位就越重要；市场经济越是向前发展，市场在社会经济生活中的枢纽作用就越突出。

（二）市场具有指导商品生产面向消费需求、调节商品供求比例关系的功能

市场的这一功能首先表现为市场的需求结构制约着产品品种的生产结构，即需求什么，才能生产什么。一切产品只有符合市场的消费需要，才能作为商品销售出去，实现自身的价值；否则，生产中所耗费的劳动就会因产品卖不出去而成为无效劳动，资金不能收回，企业的再生产过程就会难以为继。因此，市场总是迫使生产者在生产活动开始之前就必须考虑自己将要生产的产品是否适销对路。其次表现为市场需求的规模制约着产品的生产规模，即需求多少，就生产多少。对于多数产品来说，通常不是有无销路的问题，而是销路大小的问题。生产的发展规模要与市场容量相适应。所谓市场容量，就是在一定时期内、一定价格水平上某种商品可能的销售量。市场容量在两个层面影响商品生产：一是一种商品的市场容量大、市场饱和度低、消费需求增长趋势强，其生产就有可能在扩大的规模上进行，反之其生产规模就要适当缩小；二是对一个特定的商品生产者来说，任何一种产品的生产规模，都只能根据该产品的市场容量、本企业的市场占有率以及规模经济等条件和要求适当地加以确定。

（三）市场具有劳动比较、促进社会生产力发展、提高社会经济效益的功能

由于每个商品生产经营者在生产条件、人员素质、技术能力、经营管理水平等方面不同，生产同一种商品所耗费的劳动时间就会不同，因而商品的个别价值也就不同。但是，商品的价值是由生产经营这一商品的社会必要劳动时间决定的。同一种商品一旦进入市场，就只能按照通过市场竞争而形成的市场价值进行交换。如果商品的个别价值低于市场价值，则该商品的生产经营者就可能获得额外收益，并提高其产品的市场占有率；反之，就会有一部分价值不能实现，生产经营者的收益水平就会因此而低于社会平均水平，甚至产生亏损。市场所起的这种劳动比较的作用，能促使商品生产经营者努力采用新技术、新材料、新方法，不断改善生产经营条件，加强经营管理，以提高劳动生产率，降低生产经营的成本费用，实现少投入、多产出，从而取得良好的社会经济效益。

对市场功能作用的分析表明，任何企业都必须按照变化的市场需求开展营销活动，处理好与其他生产经营者之间发生的协作与竞争关系。市场是企业的目标所在，是企业存在的空间、竞争的阵地、发展的条件和动力，也是企业的生产经营活动与社会经济发展保持协调关系的调节器。

三、市场的类型与形态

要点： 企业总是服务于一定类型的具体市场，在一定的市场形态下进行有针对性的营销活动。

市场的类型或形态可以从多个不同角度进行考察。例如，从购买主体的性质与购买目的出发，市场可以划分为消费者市场、生产者市场、中间商市场、事业团体市场以及政府市场；从空间的角度出发，市场可以划分为地区市场与全国市场、国内市场与国际市场；从时间的角度出发，市场可以划分为现实市场与潜在市场、目前市场与未来市场。本节着重从以下两个侧面对市场形态进行分析：

（一）从供求关系的状况与供求力的相对强度出发，市场可以划分为卖方市场和买方市场

1. 卖方市场

卖方市场是指卖方在交易关系中居于支配地位，在卖方力量的控制下运行的市场。卖方市场的基本特征是：市场上商品匮乏，供不应求，根本无法满足消费者和用户的需要；存在着不同形式的垄断，排斥竞争，市场由卖方主宰，买方处于被动和从属的地位，生产者生产和销售什么，消费者就只能购买和消费什么，没有选择的余地；交易条件有利于卖方而不利于买方，消费者的正当权益难以得到有效的保护。

2. 买方市场

买方市场是指买方在交易关系中居于主导地位，在买方力量的指导下运行的市场。买方市场的基本特征是：市场上商品的供给量略大于需求量，供求关系基本平衡，买方在市场上有较大的选择余地和较多的购买机会；常态竞争得到较为充分的发展，垄断受到有效遏制；卖方在市场上处于从属地位，市场以买方为中心，买方的需求指导和决定着企业生产经营活动的发展和变化，买方的权益受到卖方的尊重。

营销思考：优衣库所处的市场形态是什么样的？在这种市场中，企业的经营特点是什么？

在从供求关系状况和供求力的相对强度出发对市场进行考察时，为了深入地了解企业所处市场的形态，通常需要对市场进行多层次划分，并且要对这些市场的供求数量关系与结构状况作出具体判断，从而为企业制定营销战略与策略提供基本依据。例如，根据社会总供给与总需求的状况，市场可以划分为总体性的卖方市场或买方市场；根据地区、行业或大类商品的供求状况，市场可以划分为局部买方市场；根据单项商品的供求状况，市场可以划分为单项商品的卖方市场或买方市场。

从宏观管理的角度来看，一般把形成有限的买方市场作为市场发育和运行的目标。这是因为，有限的买方市场既有别于生产过剩的危机，同时又比卖方市场对社会经济的发展具有更积极的影响。

（1）在买方市场条件下，可以促使商品生产经营者重视市场需求，注重产需衔接和做好服务工作，更好地满足消费者不断发展的物质和文化生活需要。

（2）在买方市场条件下，企业之间常态竞争的发展，有利于促进社会分工、提高专业化协作水平；有利于企业改善经营管理、提高技术水平以及产品和服务质量、增强竞争能力，从而取得较好的社会效益及经济效益。

（3）在买方市场条件下，有利于发挥消费力的反作用，提高市场信息的传导效率，促进产业结构、产品结构的合理化和资源的合理配置、合理利用，促进社会生产力的协调发展。

（4）在买方市场条件下，消费者的权益易于受到保护。

从长期发展来看，一个国家的市场以及大多数产品的市场不会永久地停留在卖方市场状态下，因此，企业必须着眼于在买方市场条件下开展营销活动。为了取得竞争优势，企业可以把创建产品的行业、地区、全国乃至更大范围的卖方市场作为目标。在总体性买方市场的条件下，企业以市场需求为导向，通过整体性营销活动创建产品的行业、地区、全国或更大范围的卖方市场的努力，从微观和宏观的角度看都具有积极意义。

营销思考：我国移动通信行业目前所处的市场形态是什么样的？

（二）从垄断与竞争的状况出发，行业市场可以划分为完全竞争市场、垄断竞争市场、寡头垄断市场和纯粹垄断市场

1. 完全竞争市场

完全竞争市场存在的条件是：市场上有为数众多的卖方和买方，他们买卖的商品都只占市场上买卖的商品总量的很小部分；产品是同质的、无判别的；生产要素在行业之间具有完全的流动性；卖方和买方对产品、价格等市场信息完全了解。这种市场的特点是：每个卖方和买方供需量的变化对市场价格没有明显的影响，他们只能按照市场总的供求状况决定的市场价格来买卖；不同卖方的产品在买方看来都完全相同，买方对卖方没有特别的选择；随着市场价格和利润的变动，企业可以自由进入和退出这一竞争市场；任何卖方和买方都不能控制市场，企业之间可以进行平等竞争；竞争主要表现为价格竞争，一般不采用非价格竞争，企业无须花很多精力于市场营销工作。完全竞争市场是一种理论抽象，其意义在于对竞争关系和过程进行典型分析。在现实生活中，完全竞争市场几乎不存在，仅有某些农产品市场具备这方面的一些特征。

2. 垄断竞争市场

垄断竞争市场也称为不完全竞争市场，其存在的条件是：市场上有很多的卖方和买方，他们买卖的商品只占市场上买卖的商品总量的一小部分；产品之间存在着差异，即不同品牌的产品在质量、花色、式样、包装、服务等方面有所不同或购买者主观上认为它们有所不同；新企业进入这一市场较容易；交易双方能够得到较为充分的市场信息。这种市场的基本特点是：由于同行业企业较多，新企业有可能进入，产品具有替代性，因而竞争激烈；由于不同品牌的产品存在着差异，购买者有所偏好，因此卖方对其产品有一定程度的垄断性；竞争主要表现为非价格竞争，各个企业为了在市场上取得优势地位，都十分重视市场营销工作，重视自己产品的特色，重视为自己的产品树立良好的市场形象。这种类型的市场大量存在，尤以日用品行业和服务性行业的产品市场为典型。

3. 寡头垄断市场

寡头垄断市场存在的条件是：在一个行业中，为数不多的几家大企业控制着某种产品绝大部分的产销量，新企业进入这一行业较为困难。形成这种市场的主要原因是资源的有限性、技术的先进性、资本的集聚以及规模经济等所形成的排他性。寡头垄断主要有两种形式：一是完全寡头垄断（无区别的寡头垄断），即各个寡头垄断企业的产品都是同质的、无差别的，用户对这些企业的产品并无偏好，不一定非要买哪家企业或哪种品牌的产品；二是不完全寡头垄断（有区别的寡头垄断），即各个寡头垄断企业的产品存在着某些差异，用户对这些企业的产品有所偏好，在购买时有所选择。

寡头垄断市场有以下三个特点：

(1) 控制市场的几家大企业是相互依存、相互制约的，其中任何一家企业营销策略的变化都会对其他几家企业产生较大的影响，并会引起相关的反应。因此，每家企业在制定或改变营销策略时，都要考虑对竞争对手的影响及其可能作出的反应。各个寡头垄断企业之间，常常在某些方面存在一定的默契。

(2) 企业之间的竞争激烈，但主要表现为非价格竞争，各企业尤其注重树立企业与产品的市场形象，千方百计使自己变成有区别的寡头垄断，以取得竞争优势。

(3) 由于存在着少数大企业的垄断，新企业进入这一行业十分困难，往往投资多、风险大，收回投资的周期也比较长。

4. 纯粹垄断市场

纯粹垄断市场存在的条件是：在一个行业中，某种产品完全由一家企业独家经营和控制，由于各种条件的限制，新企业无法进入这一行业，没有相近的替代品。这种市场特点是：由于一种产品只有一家生产者或销售者，不存在或基本不存在竞争，因而企业的营销活动相对来说比较简单，主要是根据已知的需求情况来安排产销，以获得最大的利润。在纯粹垄断的情况下，为了保护消费者和用户的利益，国家的法律限制和政府干预通常会比较多。这类市场在现实生活中是不多见的，典型的例子是公用事业，如城市供水、供电等。当一家企业独自拥有制造某种产品的全部或绝大部分原材料时，通过专利权或通过确立极高的声誉而在某一行业某种产品的市场上占据垄断地位时，也可以视为纯粹垄断的一些具体情况。

人们通常把市场集中度作为区分行业市场类型，特别是市场垄断程度的一个重要标志。所谓市场集中度，是指一个行业中的少数大企业或某个企业对该行业的支配程度，一般用其产量、销售额和资产总额中的某一项指标占该行业总量的百分比来表示。市场集中度可以从行业或企业这两个方面进行考察。行业集中度越高，表明少数大企业对其所处行业的支配程度越强，垄断程度越高；企业集中度越高，表明企业在其所在行业中的支配力越强，地位越重要。企业在市场竞争中总是力求确立和加强自己在所处行业中的领先地位或优势地位，因而总是力求扩张自己的规模。但每个行业的市场容量总有一定的限度，这样一来，有限的市场容量与企业追求规模扩张之间的矛盾就必然要造成生产的集中和企业数目的减少。在不同的行业里，如何使企业达到合理的规模，限制垄断的消极作用，保持适当的集中度，以兼得规模经济和市场竞争之利，便成为宏观经济管理面对的一个重要问题，同时也是企业要注意的一个问题。

总的来说，每个企业都应当具体地而不是抽象地认识自己所处市场的类型及特点，以便制定并实施适应市场环境的营销战略和策略。

第二节 市场营销及其作用

一、市场营销的基本含义

所谓市场营销，是指企业在变化的营销环境中，旨在通过变潜在交换为现实交换，满足顾客需求，为实现企业目标所进行的与市场有关的一系列的商务活动。企业要点：企业的市场营销活动包括产前活动、流通领域内的活动和售后活动三个阶段。

的整个市场营销活动过程，包括三个相互联结的阶段，即企业在产品生产过程开始之前进行的产前活动、在流通领域内进行的活动以及在流通过程结束后进行的售后活动。企业市场营销活动的具体内容，包括市场调查、市场分析、目标市场选择、市场定位、产品决策、产品开发、产品定价、分销渠道选择与管理、产品储运、信息沟通以及顾客关系管理等。

在了解市场营销的概念时，需要注意以下几个问题：

要点：市场营销的目的是双重的，既要满足顾客需求，又要实现企业经营目标。

(1) 现代企业市场营销是以目标市场为中心进行的。它以市场为营销全过程的起点，深刻具体地了解市场的需要；以市场为营销全过程的归宿，千方百计地满足市场的需要，实现企业的生存与发展。

(2) 现代市场营销学认为，企业市场营销是一种有机的整体性活动过程，它并不等同于销售或推销；推销是企业市场营销活动的一个组成部分，但不是最重要的部分；推销是企业营销人员的职能之一，但不是最重要的职能。这是因为，如果企业确立了正确的营销观念，努力做好市场营销研究，真正了解购买者的需要，切实按照购买者的需要来设计和生产适销对路的产品，同时合理定价，做好分销渠道选择和信息沟通等促销工作，那么这些产品就能被轻而易举地销售出去；反之，如果企业不能生产符合市场需要的产品，无论怎样推销，即使能够得益于一时，收效也绝不可能长久。正是在这个意义上，美国市场营销学家彼得·德鲁克指出，市场营销的目的在于使推销成为多余。

(3) 市场营销全过程的核心是商品交换。企业的市场营销不仅包括产品流通过程中的有关活动，而且包括产前和售后的有关活动，即市场营销并不局限于商品交换活动。但应该看到，企业的一切市场营销活动都与商品交换有关，都是为了实现商品交换和商品价值。

(4) 市场营销学是一门科学，也是一项复杂的经营管理艺术。这是因为，企业的营销人员在营销工作中，没有固定的模式可以遵循，而是要灵活地运用市场营销学以及相关学科阐述的基本原则、技术和方法，在纷繁复杂、不断变化的营销环境中，能动地处理各种具体问题。

二、市场营销的职能与作用

要点：宏观市场营销为的是实现整个社会生产和社会需要的动态平衡。

市场营销具有微、宏观双重含义。微观市场营销和宏观市场营销是涉及面很广的企业经济活动和社会经济活动，它们在现代社会经济生活中处于重要的地位。

(一) 宏观市场营销的社会职能和作用

宏观市场营销是指由国民经济中各类企业的市场营销活动综合构成的与市场有关的社会经济活动过程。宏观市场营销的基本任务和作用是各类社会市场营销机构（包括各类生产企业的市场营销部门和各种批发企业、零售企业、储运企业、金融企业、广告企业、市场营销研究企业等）通过执行自身的职能，创造有关的经济效益，以解决社会生产与社会消费之间的各种矛盾，使得生产者方面各种不同的供给与消费者和用户方面各种不同的需要相适应，求得社会生产与社会需要之间的统一与平衡，从而实现整个社会经济的正常运转。

在社会化大生产和市场经济条件下，普遍存在着种种社会生产与社会消费之间的矛盾，概括地说，主要有以下几个方面：空间上分离的矛盾、时间上分离的矛盾、信息上分离的矛盾、商品估价上的矛盾、货色供需上的矛盾、数量供需上的矛盾以及商品所有权分离上的矛盾。随着社会化大生产和商品经济的发展，随着人们生活水平的提高和消费需求由低层次向高层次递进，由简单稳定向复杂多变转化，这些矛盾只能通过市场机制的指导和国家宏观调控，通过社会上各种市场营销机构的营销活动来加以解决。

营销思考：请举例说明不同的市场营销机构是如何履行其职能的。

社会市场营销机构的职能可以概括为以下三大类：

1. 交换职能

交换职能包括购买和销售两个方面。除了两者都要实现产品所有权转移外，购买职能还包括对购买什么、购买多少、向谁购买、何处购买、何时购买以及确定可接受的交易条件等的决策和决策的实施；销售职能还包括对寻找市场机会、确定营销的产品、选择分销渠道、制定价格、开展促销、售后服务等的决策及相关的具体业务。

2. 实体分销职能

实体分销职能包括货物的运输和储存等。货物的储运是为了实现产品在空间位置上的转移，保存产品的使用价值，调节产品供需的有关矛盾。实体分配职能是实现交换职能的一个必要条件。

3. 便利交换和实体分配职能

便利交换和实体分配职能包括资金融通、风险承担、信息沟通、产品标准化和分级、货色组合等。借助资金融通和商业信用，可以控制或改变产品的流向与流量，能够在一定程度上给买卖双方带来交易上的方便。风险承担是指有关的市场营销机构在产品交易和产品储运中承担某些财物损失的风险。信息沟通是指有关的市场营销机构对市场信息进行收集、加工和传递。它是实现交换职能、实现分配职能的必要条件和企业开展营销活动的重要依据。产品标准化、分级与货色组合是指有关的市场营销机构按照一定的质量、规格等对产品加以整理和分类，根据顾客的需要，将不同企业、不同种类的产品加以搭配组合，从而简化和加快交换过程，方便储运工作和顾客购买。

各类市场营销机构执行上述有关的社会职能，便可以创造出时间效用、地点效用、占有效用，并有助于创造产品的形态效用。产品的形态效用是指产品具有的可供满足人们某种需要的使用价值。它是由直接生产过程创造出来的。但是，直接生产过程结束时创造出来的产品形态效用，在被转移到消费者或用户一方前，还只是潜在的效用。只有消费者和用户在适当的时间、地点，以适当的价格购买到适当的产品时，产品的潜在效用才能满足购买者的需要，由潜在的效用转化为实际的效用。时间效用是指有关的社会市场营销机构在适当的时间把适当的产品提供给市场，满足消费者或用户在适当时间的需要。地点效用是指有关的社会市场营销机构把产品由产地运到销地，在适当的时间提供给市场，满足特定地区消费者或用户的需要。占有效用是指有关的社会市场营销机构，通过营销活动帮助转移产品的所有权，使消费者或用户能够占有和使用他们需要的产品。时间效用、地点效用和占有效用，主要是从市场营销在商品流通过程中的作用来说的。实际上，宏观市场营销不仅创造出上述三个方面的效用，而且有助于创造适当的产品形态效用。这是因为，有关的社会市场营销机构通过调查研究广大消费者和用户的需要与要求，并把这些信息反馈给有关的产品生产企业，就可以促使企业生产适销对路的产品。

要点：微观市场营销帮助企业实现经营目标，是现代市场营销学研究的重点。

（二）微观市场营销的职能和作用

现代市场营销学着重研究的是买方市场条件下企业的市场营销，即微观市场营销。微观市场营销的职能和作用在于：

（1）企业的市场营销部门通过市场营销研究，密切注意和了解市场需要的现状与变化，就可以发现一些未满足的需要和市场机会。

（2）为企业制定发展战略提供依据。根据企业的任务、目标和资源条件等，选择本企业能够为之服务的最好的目标市场，并根据目标市场的需要，开发适销对路的产品，制定适当的价格，选择适当的分销渠道，制订适当的促销方案，千方百计地满足目标市场的需要，这样就可以扩大销售，提高市场占有率，增加盈利，实现企业的任务与目标。

由此可见，微观市场营销是联结社会需要与企业反应的中间环节，是企业用来把社会需要变为有利可图的企业机会的行之有效的手段，是现代企业整个经济活动中的一个极为重要的组成部分。它对企业的生存与发展起着决定性的作用。

此外，微观市场营销作为宏观市场营销的组成部分，各类社会市场营销机构总是通过其具体的营销职能和作用，承担和发挥着宏观市场营销的某些职能与作用。

要点：买方市场，经营战略管理和市场营销管理转变为企业的整体性职能。

（三）市场营销职能与企业其他职能的关系

从企业经营管理的实践来看，在供给约束时代，市场营销与销售几乎是同义词，市场营销职能与生产职能、财务职能、人事职能处于同等重要的位置上（见图1-1a）；在供给约束向需求约束转变的时代，传统的市场营销概念开始向现代的市场营销概念演变，市场营销开始成为比生产职能、财务职能、人事职能更为重要的一种职能（见图1-1b）；在需求约束严重、市场竞争日趋激烈、外部环境复杂多变的当今时代，企业转向以市场为中心，关注对外部环境的适应性，经营战略管理和市场营销管理转变为企业的整体性职能（见图1-1c）。

在不同的时期内，市场营销职能与企业其他职能之间的关系以及市场营销在企业经营管理中的地位所发生的上述变化，不仅反映了市场营销在企业中受到重视的程度，同时也反映出人们对企业与市场、企业与外部环境之间关系认识的不断深化。

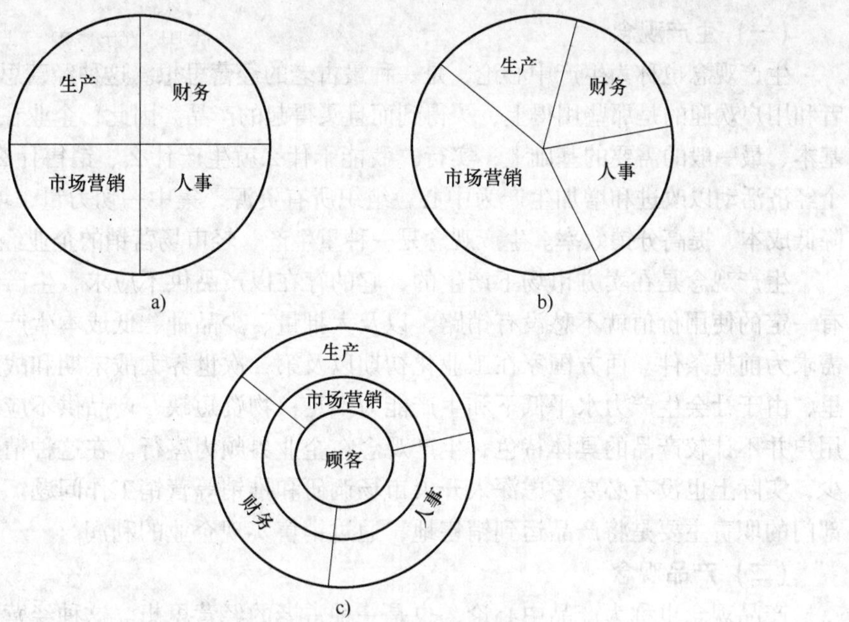

图 1-1　市场营销在企业中地位与作用的演变

a）市场营销作为一般职能　b）市场营销作为一项比较重要的职能　c）市场营销作为整体职能

第三节　市场营销理念

市场营销理念是指市场营销工作的指导思想，或者说企业的经营思想。在现实生活中，它集中表现在企业如何看待和处理企业与市场（顾客）、企业与其他企业、企业与国家以及企业与社会其他方面的关系。市场营销理念是企业市场营销实践活动和现代市场营销学理论中的一项重要内容。

要点：企业的市场营销理念表现在企业看待和处理与社会各方面的关系上。

一、企业市场营销理念的演变和发展

在产业革命之前，由于商品生产和商品交换的发展水平较低，商品生产经营者的营销活动简单而且不重要，所以在这一时期还没有形成系统的经营思想。产业革命之后，社会化大生产逐渐取代了手工业生产。随着市场经济的不断发展，企业的市场营销实践活动取得了实质性的进步，这时较为系统的经营思想逐渐形成，并随着社会、政治、经济、市场等环境的变化和企业营销活动实践的发展，得到了不断调整和深化，对企业的营销活动产生了重大的影响。

一个多世纪以来，西方国家工商企业的经营思想经历了一个漫长的演变过程。企业的市场营销工作，起初以生产观念和产品观念为指导思想，继而以推销观念为指导思想，第二次世界大战后逐渐演变为市场营销观念，20 世纪 70 年代后又依次出现了社会营销观念、大市场营销观念、绿色营销观念等。下面对一些有代表性的经营思想加以介绍。

（一）生产观念

要点：生产观念是卖方市场的产物，重视产品产量的增加。

生产观念也称为生产中心论，是一种最古老的经营思想。这种经营思想认为，消费者和用户欢迎的是那些用得上、买得到而且买得起的产品。因此，企业在考虑到人们最基本、最一般的需要的基础上，实行"我能干什么就生产什么、销售什么"，企业的整个经济活动以改进和增加生产为中心，组织所有资源，集中一切力量，增加产品产量，降低成本，提高分销效率。生产观念是一种重生产、轻市场营销的企业经营思想。

生产观念是在卖方市场下产生的，它的存在以产品供不应求，生产的产品只要具有一定的使用价值就不愁没有销路，以及大批量、少品种、低成本生产更能适应消费需求为前提条件。西方国家在工业化初期以及第二次世界大战末期和战后的一段时间里，由于社会生产力水平低下和生产能力不足，物资短缺，产品供不应求，消费者或用户并不计较产品的具体特色，生产观念在企业界颇为盛行。在这种情况下，企业很少，实际上也没有必要考虑深入开展市场调研和推销等营销工作问题。企业市场营销部门的职责主要是将产品运到销售地，通过销售实现企业的利润。

（二）产品观念

要点：产品观念也是卖方市场的产物，强调以产品特色取胜。

产品观念也称为产品中心论，也是一种古老的经营思想。这种经营思想认为，人们总是欢迎那些质量好、有特色、价格合理的产品。因此，企业只要注意提高产品质量，做到物美价廉，顾客就会自己找上门来，无需大力推销。

产品观念盛行的时期与生产观念盛行的时期大体相同，也是卖方市场条件下的产物。生产观念与产品观念的不同，主要表现在前者强调的是以量取胜，后者强调的则是以产品特色取胜。产品观念这种以产品为中心的经营思想，本质上坚持的仍是"我能够生产什么就销售什么"，但它比生产观念多了一层竞争的色彩，注意用产品质量、性能、价格等方面的特色和优势来赢得顾客。在市场供求矛盾稍有缓解、竞争有所增强的情况下，这种观念常常成为一些企业的市场营销理念。

企业市场营销的实践经验表明，一种产品是否能够赢得顾客，从根本上说并不在于它与竞争者的产品相比具有什么特色，而在于它是否真正符合顾客的需要。在不断变化、竞争日趋激烈的市场上，如果企业奉行产品观念，过分迷恋于自己的产品，忽视市场调研、产品开发和促销等市场营销工作，必然会导致市场营销近视，并将使自己陷入困境。

（三）推销观念

要点：推销观念产生于卖方市场向买方市场的过渡时期，与产品观念和生产观念一样，都是以生产者为中心，强调推销努力。

推销观念也称为推销中心论。这种经营思想认为，消费者的购买行为不仅受需要等自身因素的制约，同时也受外界因素的影响。如果企业采取适当的措施，加强推销，消费者就有可能购买更多的产品。因此，必须将推销放在企业整个经济活动的中心位置上，大力加强推销工作，千方百计地使广大消费者对本企业的产品产生兴趣，以扩大销售，提高市场占有率，取得竞争优势和更多利润。

推销观念是在卖方市场向买方市场的过渡时期中产生的。在西方国家，从20世纪20年代到40年代，随着科学技术的进步、科学管理和大规模生产的推广，产品产量迅速增加，于是逐渐出现了供过于求的现象。某些产品的局部买方市场已经形成，购买者的选择余地扩大，企业间竞争加剧，产品销售难的问题日益突出。这种情况促使许多企业认识到，企业不能只抓生产，要想在激烈的竞争中求得生存与发展，就必须重视市场营销，加强推销工作。

在推销观念的指导下，虽然企业的注意力开始从生产领域转到流通领域，由以产定销转向以销促产，然而，从现有的产品出发点来开展市场营销活动的做法表明，其本质上依然是“我能够产生什么就销售什么”，与前两种观念相同，仍是以生产者为中心的。但经过这一阶段，企业能更多地了解市场需要，从而为进入市场营销观念阶段创造了条件。

在现实生活中，凡是企业不顾市场需求的变化，盲目地生产市场上已经大量过剩或已不受欢迎的产品，并运用强行推销的手段加以兜售的，事实上就是奉行了推销观念。这与企业在将新产品推向市场、将现有产品推向新市场或在目标市场上实施渗透策略等情况下加强促销工作，以使顾客对本企业的产品有所了解、产生兴趣、打开销路的情况不同。推销观念与推销活动不是同义词，不应混为一谈。

（四）市场营销观念

市场营销观念也称为需求中心论，它与推销观念及其他传统的经营思想存在着根本的不同。推销观念是以生产者为中心，以现有产品为出发点，以推销和销售促进为手段，通过刺激消费，达到扩大销售、取得利润的目的。市场营销观念则是以市场为中心，以目标顾客的需求为出发点，以整体性营销活动为基础，集中企业的一切资源和力量，千方百计地比竞争者更好地适应和满足目标顾客的需求，以便长久地占领市场，提高企业的长期盈利能力和经营效益，实现企业的目标。由此可见，市场营销观念颠覆了推销观念的思维逻辑。

> **要点：**市场营销观念产生于买方市场形成初期，强调以目标顾客的需要为出发点。

由推销观念向市场营销观念的转变，主要与以下一些方面的条件有关：第二次世界大战后，尤其是20世纪50年代以来，随着科学技术的发展，社会生产力得到迅速提高，产品产量剧增，花色品种日新月异。西方主要经济发达国家的市场，特别是消费品市场，已经变成了供过于求、卖方之间竞争激烈、买方处于主导地位的买方市场。另外，人们的收入水平和物质文化生活水平也在不断提高，消费需求日趋多样化，变化也明显加快，企业依市场的选择或胜或衰。市场营销的实践经验一再表明，在新的环境条件下，传统的经营思想已经难以引导企业走向成功。与此同时，西方国家企业经济管理的实践经验也得到了进一步的积累和总结。正是在这种形势之下，市场营销观念这一新的企业经营思想应运而生了。

从推销观念到市场营销观念的转变，是企业经营思想发展上的一次质的飞跃，具有重大意义：

(1) 促使企业的市场营销工作由以生产者为中心转向了以消费者或用户为中心，促成了“顾客至上”思想的实现。

(2) 改变了企业的组织结构，提高了市场营销部门在企业中的地位，建立了以市场营销为中心的新的企业管理体制。

(3) 改变了企业的经营程序和方法；企业对营销环境的调查研究，由流通领域扩展到生产、流通、分配、消费的全过程及其他有关方面；企业的市场营销转化为整体性的营销活动过程，营销管理工作占据了重要地位。

（4）销售工作由过去的高压式硬卖转变为诱导式软卖。

由于市场营销观念符合生产是为了消费的基本原理，既有利于较好地满足市场需要，同时又提高了企业的环境适应能力和生存发展能力，因而自其被提出后便引起了广泛关注，为众多的企业所接受，并成为当代市场营销学研究的一条主线。

（五）社会营销观念

要点：社会营销观念强调企业利益、消费者需求的满足与消费者利益、社会利益三个方面的统一与平衡。

社会营销观念也称为社会中心论。这种经营思想认为，企业的生产经营活动不仅要满足消费者的需要与欲望，而且要符合消费者和社会的长远利益，求得企业利益、消费者需求的满足与消费者利益、社会利益这三个方面的统一与平衡。企业应确立包括谋求社会利益、尊重人类等在内的多元化目标，而不能一元化地单纯追求利润。这种经营思想可以说是对市场营销观念的重要补充和完善。

社会营销观念产生于20世纪70年代中后期。在西方国家，社会营销观念的提出，一方面是基于对广泛兴起的以保护消费者权益为宗旨的消费者运动的反思。有人指出，许多企业实际上并未真正奉行市场营销观念，“顾客至上”的口号对他们来说不过是骗人的漂亮话，为了牟取暴利，他们在为消费者谋利益的幌子下干着诸如以次充好、以假充真、虚假广告宣传等种种欺骗顾客、损害消费者权益的勾当。另一方面是基于在一个环境恶化、人口爆炸性增长、全球性通货膨胀和忽视社会服务的时代，单纯的市场营销观念是否合适这样的认识。有人认为，单纯的市场营销观念的实施提高了人们对需求满足的期望值和敏感性，回避和加剧了消费者欲望的满足与消费者的根本利益及长远的社会利益之间的潜在矛盾，导致了诸如健康损害、物质消费、环境污染、资源消费和破坏等弊端的产生。此外，社会营销观念的提出，与一些国家为了保障社会经济生活的正常运转，维护消费者利益和社会公共利益，巩固自身的政治统治，从各方面不断加强了对企业活动的法律限制和行政干预有关。

社会营销观念的提出是企业经营思想的一种进步，其正确性是无可置疑的。但是，在市场经济条件下，如果缺少外部监督和各种机制的制约，这种经营思想难以被企业完全自觉地贯彻实施。

（六）大市场营销观念

要点：大市场营销观念认为企业要能动地适应进而影响环境。

大市场营销观念也称为政治中心论。其主要内容是：企业不应消极、被动地顺从和适应外部营销环境，而必须采取适当和有效的措施，积极主动影响外部环境，促使其向着有利于企业的方面转化，并在一定程度上对其加以控制，以确保营销的成功。大市场营销观念是20世纪80年代以来企业营销战略思想的重大发展。

大市场营销观念与传统的市场营销观念和市场营销理论有较大不同。市场营销观念是在买方市场条件下产生的，与这种经营思想相对应的企业市场营销策略包括两个不同但又互相关联的部分：其一是目标市场策略，即企业在市场营销研究的基础上选定拟投其所好、为之服务的顾客群；其二是市场营销组合策略，即企业为了满足目标市场的需要而对企业可控制的营销组合因素加以最佳的组合运用。但是，这些营销组合因素的运用不仅受企业任务、目标及自身资源条件等方面的制约和影响，而且受企业不可控制的各种外部环境因素的制约和影响。过去西方学者坚持认为，企业营销管理工作的任务是密切监视营销环境的发展变化，善于安排市场营销组合，使企业的市场营销管理决策与外部不可控制的环境因素相适应，这是企业营销活动能否成功的关键。然而，随着时间的推移和环境的变化，这种传统的营销观念和营销理论日益显露出它的不足。

20 世纪 70 年代末期以来，西方经济发达国家生产过剩，由于市场有限，国内、国际市场上的竞争日趋激烈。另外，资本主义各国持续的滞胀和经济不景气，促使许多国家的政府不断加强对经济生活的干预，贸易保护主义回潮，贸易摩擦越来越尖锐。在这种情况下，即使企业的产品适销对路，市场营销组合中的其他因素安排适当，这种产品也未必能够销售得出去，企业可能因此而失败。为了保证营销的成功，企业不能消极、被动地依从和适应外部营销环境，而必须采取适当而且有效的措施，积极、主动地影响外部营销环境，使之朝着有利于企业的方面转化，并在一定程度上对其加以控制，为己所用。再者，随着科学技术的迅速发展，消费者和用户不了解或不知道的新技术、新产品必然会日益增多。因此，企业不能只是消极、被动地适应消费者和用户的需要，而必须积极、主动地采取适当的措施，引导、改变或者创造顾客的需要。只有这样，才能实现潜在交换，扩大销售，更好地满足目标顾客日益发展的需要。

正是在上述背景之下，美国著名的市场营销学家菲利普·科特勒（Philip Kotler）在 20 世纪 80 年代中期提出了大市场营销这一新的营销观念和营销战略思想。大市场营销观念对传统的市场营销观念和营销理论的发展，主要表现在以下三个方面：

（1）在企业与外部环境的关系方面，突破了被动适应的观点，认为企业不仅可以影响，甚至可能而且有必要控制和改变某些外部环境因素，以使企业的市场营销具有更大的主动性和灵活性。

（2）在企业与市场、与目标顾客需要的关系方面，突破了常规进入、简单发现、适应与满足的看法，认为企业应设法打开产品的通道，满足目标顾客的需要，以至改变和创造目标顾客的需要，积极引导市场和消费，最终实现企业的目标。

（3）在市场营销的手段和策略方面，与大市场营销的任务、目标和战略相衔接，在原有市场营销组合四个基本因素（4P，即产品 Product、价格 Price、渠道 Place、促销 Promotion）的基础上又提出了政治力量（Power）和公共关系（Public Relations）这两个重要的手段，从而形成了市场营销组合 6P，以确保企业市场营销活动的有效性。

（七）绿色营销观念

绿色营销是指企业以生态环境保护观念为营销的哲学思想，以绿色文化为价值观念，以消费者的绿色消费为中心和出发点，力求满足消费者的绿色需求。

绿色营销观念要求企业在对产品开发、生产、定价、分销进行策划和实施的整个过程中，在满足顾客需求和维护生态环境的前提下取得利润，实现经济与社会的可持

要点：绿色营销观念重视实现企业利益、消费者利益、社会效益、生态环境效益的统一与协调发展。

续发展。绿色营销的中心思想是实现企业利益、消费者利益、社会效益、生态环境效益的统一与协调发展。

绿色营销是1992年联合国召开的环境与发展大会明确提出的。当时通过的《21世纪议程》指出，世界将进入一个既重视社会经济发展、又注重生态环境保护的绿色营销时代。绿色营销的提出并不是偶然的。近年来，在现代物质文明的创造与发展过程中，生态环境恶化、资源危机、环境污染、人口膨胀等问题越来越困扰着人类的生存现状，阻碍着经济发展与社会进步。现实促使人们认识到，人类必须将经济活动与生态环境、社会环境统一起来，实现经济活动、生态环境、资源、人口之间的同步、协调、健康发展，建立一种绿色文明。绿色营销观念可以说是社会营销观念的具体化。

营销思考： 举例说明我国餐饮行业的绿色营销观念是如何体现的。

目前，以绿色经济、绿色消费、绿色营销为内容的绿色运动已经在全球展开。许多国家的政府在更为关注生态环境、自然资源和消费者利益的情况下，加强了政策引导和宏观调控相结合的绿色管理，更加重视制定并严格实施主要着眼于规范企业行为的绿色立法和绿色标准，绿色认证、绿色标志、绿色保护、绿色壁垒正在兴起。从消费者来看，以权益意识和环境意识为核心的绿色消费观念明显增强，更为注重顾客让渡价值的绿色内涵，迫切需要高质量的生活环境和高质量的有益于健康的消费品。

随着绿色经济、绿色消费的兴起，企业将面临日益复杂严峻的国内与国际环境，只有顺应这一潮流，树立绿色营销观念，实施绿色营销，不断增强营销的绿色内涵，才能提高应变力与竞争力，才能生存和发展。绿色营销涉及企业营销过程的各个方面，包括绿色战略管理、绿色营销管理、绿色信息、绿色资源、绿色投资、绿色技术、绿色设计、绿色产品、绿色生产、绿色包装、绿色品牌、绿色形象、绿色定价、绿色分销、绿色促销、绿色服务、绿色认证等内容。

二、树立正确的市场营销工作理念的重要意义

要点： 市场营销理念主要体现在如何处理企业与市场的关系上。

市场营销理念既是一个重要的理论问题，又是一个重要的实践问题。市场营销理念集中体现在企业如何看待与处理与社会各方面的关系，主要是如何处理企业与市场的关系，企业与社会其他方面的关系，其实都是围绕企业与市场的关系而产生和展开的。企业的经营思想概括了一个企业的经营态度和思维方式，其实质是以什么为中心来开展企业的市场营销活动。

上述七种企业市场营销理念可以划分为两类：一类是传统的经营观念，包括生产观念、产品观念和推销观念；另一类是新型的经营观念，包括市场营销观念、社会营销观念、大市场营销观念、绿色营销观念等。这两类经营观念在基本内容上存在质的区别：传统的经营观念以企业为中心，以产品为出发点，其目的是将已经生产出的产品销售出去以获取利润，因此可以认为这是一种以生产者为导向的经营思想；新型的经营观念则以市场为中心，以消费需求为出发点，其目的是从对顾客需求的满足中实现企业的各项目标，因此可以认为这是一种以市场（购买者）为导向的经营思想。

两者实现目的的方法和途径也有着很大不同：前者主要依靠增加生产和加强推销，企业重点考虑的是“我能够生产什么”；后者则是组织以产品适销对路为轴心的整体市场营销活动，企业首先要考虑的是“市场需要什么”。

企业的市场营销人员都是自觉或不自觉地按照一定的经营思想从事市场营销活动的。经营思想是否符合客观实际、是否正确，对企业市场营销工作能否得到改善以及企业的兴衰成败影响极大。因此，经营思想是企业能力的一个潜在要素，是企业不可忽视的一种重要资源。上述七种经营观念，作为经营意识都是与一定的社会生产力发展水平、市场供求关系的状况以及营销环境相联系的，各有其产生的必然性。但从市场经济条件下社会经济运行的一般规律以及生产与消费之间关系协调性的要求来看，新型的经营观念具有明显的合理性。因此，新型的经营观念不可避免地成为当今条件下企业经营的主导观念。此外，随着企业经营思想的变化，西方企业内部的管理体制、组织结构、营销程序、营销方式与方法等方面也都相应进行了调整和改变，以使一种经营思想在企业活动的各个方面都得到贯彻和落实。以上这些情况，对我国企业有着明显的启迪作用。

要点：新型的经营观念重视以市场为中心，是当今企业的主导观念。

目前，我国的市场经济不断向前发展，已经由卖方市场转向买方市场，需求变化加快，竞争日趋激烈。加入世界贸易组织（WTO）后，我国的经济开放进入了一个更高的层次。面对这种情况，一些企业表现出明显的不适应性。这种不适应与竞争无力的情况，与这些企业仍然固守传统的经营观念有很大关系。因此，企业应随着环境的变化与要求，及时地调整自己的经营思想，特别要具有一种超前意识。这对提高企业适应市场需求和环境变化的能力、增强竞争能力和生存能力、促进我国经济的健康发展具有重要意义。

本章小结

1. 市场是社会分工和商品生产的产物，是以商品供求和商品交换为基本经济内容的各市场主体经济联系的形式。与企业市场营销活动有关的市场是指：①买方和卖方进行商品交换的场所、地点或地区；②某类或某种商品所有具有购买动机与购买能力的现实和潜在购买者的集合；③由买方和卖方组成，是商品供求双方的力量相互作用的总和；④流通领域，反映的是商品流通的全局，是交换关系的总和。

2. 市场的经济功能与作用可以概括为三个基本方面：①实现不同商品生产者之间的经济联系与经济结合的功能；②指导商品生产面向消费需求、调节商品供求比例关系的功能；③劳动比较，促进社会生产力发展，提高社会经济效益的功能。

3. 市场的类型或形态可以从多个不同角度进行考察。从供求关系的状况与供求力的相对强度出发，市场可以划分为卖方市场和买方市场；从垄断与竞争的状况出发，行业市场可以划分为完全竞争市场、垄断竞争市场、寡头垄断市场和纯粹垄断市场。每个企业都应当具体地而不是抽象地认识自己所处市场的类型及特点，以便制定并实施适应市场环境的营销战略和策略。

4. 市场营销是指企业在变化的营销环境中，为实现企业经营目标和满足顾客需求所进行的与市场有关的一系列商务活动。企业的整个市场营销活动过程，包括产前活动、流通领域内进行的活动和售后活动三个相互联结的阶段。

5. 市场营销具有微、宏观双重含义。宏观市场营销是指由国民经济中各类企业的市场营销活动综合构成的与市场有关的社会经济活动过程；微观市场营销着重研究的是买方市场条件下企业的市场营销。

6. 市场营销理念是指市场营销工作的指导思想，或者说企业的经营思想。在现实生活中，它集中表现在企业如何看待和处理企业与市场（顾客）、企业与其他企业、企业与国家以及企业与社会其他方面的关系问题上。

7. 西方国家工商企业的经营思想经历了一个漫长的演变过程：生产观念、产品观念、推销观念、市场营销观念、社会营销观念、大市场营销观念、绿色营销观念等。它们可以划分为两大类：一类是传统的经营观念，包括生产观念、产品观念和推销观念；另一类是新型的经营观念，包括市场营销观念、社会营销观念、大市场营销观念、绿色营销观念等。

思考题

1. 什么是市场？其经济功能体现在哪些方面？
2. 买方市场和卖方市场有什么区别？
3. 简述市场营销的基本含义。
4. 简述市场营销理念经历了怎样的演变过程。
5. 市场营销在现代社会经济生活中所处的重要地位体现在哪些方面？

选择题

1. 强调企业向市场提供的产品不仅要满足消费者的需要，而且还要符合市场消费者整体和社会长远利益。这种市场观念是________。

A. 产品观念　B. 社会营销观念　C. 推销观念　D. 市场营销观念

2. 市场由少数大的卖主构成，其市场结构是________。

A. 完全垄断市场　B. 完全竞争市场　C. 寡头垄断市场　D. 垄断竞争市场

3. 一个组织在市场上没有紧密跟随的竞争对手的市场结构是________。

A. 独家垄断　B. 完全竞争　C. 寡头垄断　D. 混合竞争

4. 在推销观念指导下，企业开展营销活动的出发点是________。

A. 消费者需求　B. 劳动生产率　C. 产品　D. 社会公共需求

5. 企业在市场中面临着大量相似的竞争者，该企业所处的市场结构是________。

A. 完全垄断　B. 完全竞争　C. 寡头垄断　D. 垄断竞争

6. 下列哪个不是大市场营销观念对传统的市场营销观念的发展：________。

A. 影响甚至改变某些外部环境因素　B. 改变和创造目标顾客的需要

C. 市场营销组合 6Ps　D. 经济与社会的可持续发展

7. 现代市场营销观念指的是________。

A. 新产品开发　B. 广告和促销活动

C. 产品销售　D. 以消费者需求为导向的理念

8. 下列说法不符合绿色营销观念的是________。

A. 旨在实现经济与社会的可持续发展

B. 以权益意识和环境意识为核心

C. 以推销和销售促进为主要手段

D. 企业的生产经营活动要符合消费者和社会的长远利益

章尾案例

欧普照明：营造绿色生活

2012 年 12 月，以生态、经济与国际竞争力为主题的第四届中国国际生态竞争力大会在北京召开。大会提出，党的十八大将生态文明建设提到国家战略的高度，使全面建成小康社会目标的内涵更加丰富，使中国的循环经济发展更为完善。在这个发展模式下的各大产业中，照明行业也在逐步蜕变，绿色照明成为行业发展趋势。

经过多年的政策鼓励和市场培育，节能灯已经取代白炽灯成为照明行业主流产品，照明行业全面进入“节能灯时代”。这也意味着节能灯行业趋向成熟，行业发展趋向平稳增长。有专家预测，LED 行业总产值将破 2000 亿元，但是整个产业两极分化严重，有些企业可能实现 200% 的增长，有些企业却面临被淘汰的危机。之所以造成这样的局面，最根本的原因是企业的经营理念和发展模式不同。作为行业的领头企业，欧普照明对此却显得信心满满：多年的绿色发展路已经为企业奠定了日后再次“爆发”的基础。欧普照明董事长王耀海曾这样说：“只有正确认识消费与发展的关系，企业才能有更好更快的发展。今后我们将继续推广绿色照明，节能必将点亮未来。”

1998 年后的一段时间，节能灯陆续卖到 3 元、5 元，整个节能灯市场进入了一种价格战的状态。但是，降价也意味着降低品质。欧普决定，坚持销售 10 元的真正的三基色节能灯。当时的销售状况不太好，但是产品确实品质优良。果然，过了 3 年以后，欧普节能灯的销量又开始增长，而且每年能达到 40% 以上的增长率。

在此基础上，欧普照明的生产也有了质的提高：企业一直坚持使用优质的原材料，保证灯具的节能性能和使用寿命。高效优质的欧普节能灯经过市场的检验，如今已经成为节能灯家族中的“宠儿”。值得一提的是，由财政部、国家发展和改革委员会牵头，国家财政补贴推出的“绿照工程”进入实施阶段。照明行业龙头企业欧普作为“绿照工程”的合作企业，在陕西、山西等省面向市民开展了形式多样的节能知识宣传活动，并为当地提供 280 万只优质的节能灯具。在活动现场，很多市民排起了长队，通过参加节能知识问答来免费获取一个包装盒上印着“政府补贴、绿照工程”的欧普节能灯。

2010 年世博会召开之时，为了让更多消费者了解欧普照明倡导的绿色节能理念，主办方除了设有畅游世博的特别大奖外，还设立了很多奖项，让更多的消费者可以通过“刮刮奖”获得欧普制造的护眼灯和节能灯，在生活的点滴中对欧普照明的产品品质和技术有进一步的了解和体验。

2012 年，欧普照明更加重视绿色节能的发展理念，已经开启全新的智能光世界。在 2012 年的绿色建筑展中，欧普照明打造城市光空间，带给人们智能生活新体验。欧普照明苏州工业园暨研发总部一期工程的开业投产，意味着欧普照明将正式由传统的销售渠道导向型增长向技术研发导向型增长模式全面转变。

欧普照明的绿色发展模式不仅在行业内树立了榜样，而且给现代健康、和谐、环保家居生活提供了新的选择，更为建设环境友好型、资源节约型社会打开了新的思路。从欧普照明的发展来看，我国绿色照明事业的前景是非常乐观的，这既是机遇，又是挑战。

（资料来源：《欧普照明：营造绿色生活》，圣才学习网，http：//guanli. 100xuexi. com/view/ot-detail/20130927/c6a246a1-3263-47d0-998a-fcc8477eea2a. html，2013-09-07，有改动）。

案例思考题：

1. 欧普照明的经营理念有何特点？
2. 试分析欧普照明成功的原因。
3. 以欧普照明为例，说明企业的经营理念对于经营实践的重要性。

第二章

营销环境

学习目标：

1. 理解营销环境的含义。
2. 了解营销环境的特点。
3. 理解企业与营销环境之间的关系。
4. 认识企业对营销环境中机会与威胁的分析和应对。
5. 了解宏观营销环境与微观营销环境对企业营销活动的影响。

导引案例

2010年在南非举办的世界杯足球赛不仅吸引了全球的目光，也牵动了南非经济的方方面面。

对南非政府来说，世界杯是南非向世界展示自己的历史机遇：让世界了解和认识南非，从而扩大南非与世界的交往，而人文交往必然产生经济往来，意想不到的无限商机就蕴藏在人与人的交往之中。在筹备世界杯的4年中，相关基础设施工程项目为南非创造了13万个就业机会；举办这场赛事也将为南非带来约130亿美元的收益，为2010年南非GDP的增长作出的贡献占0.5%。

对行业而言，世界杯带来的将是真金白银的收益。旅游业预计，世界杯期间外国游客的涌入将为南非创收31亿美元。葡萄酒业预计，世界杯将使当年南非葡萄酒出口增长10%～15%。航空、陆路交通和酒店行业的收益将会更加丰厚。

世界杯对零售业来讲是一个促销创收的大好机遇。世界杯吉祥物和纪念品是高利润的热销商品。大大小小的零售商们推出了各种促销手段，营业额翻倍增长。钻石是南非的特产，也是多数国际游客采购的商品之一。钻石零售商们为做好这笔大买卖，已经纷纷进货待销。

餐馆业为吸引顾客采取了安装电视的措施，以方便食客一边吃喝一边观看球赛。这就给家电行业带来了商机，预计售出的电视机将比平时翻番。就连街头的小贩们也抓住这一千载难逢的机遇，纷纷兜售世界杯纪念品，收益大增。

外国商家，尤其是参赛国的商家，都会利用世界杯开拓商机，实现创收。相信世界各国和地区的球迷及游客们在南非期间，也一定会收获多多，买到可心的特产商品，发现共赢的新商机。

（资料来源：马海亮，《南非世界杯创造新商机》，经济日报，2010-6-16，http://paper.ce.cn/jjrb/html/2010-06/16/content_108918.htm，有改动。）

营销思考：世界杯足球赛的举办给南非整个经济社会带来了怎样的变化？

营销环境的变化会带来预想不到的市场机会和威胁，企业必须经常监视和预测其周围营销环境的发展变化，及时采取适当的对策，使其战略战术与营销环境的发展变化相适应。

第一节　企业与营销环境

要点：研究营销环境有助于企业营销活动的成功开展。

作为国民经济基本单位的企业，与营销环境有着相互制约、相互依存的关系。一方面，营销环境制约着企业的影响活动，企业的营销活动受到各种环境因素及其变化的影响；另一方面，企业的营销活动也对各种环境因素的变化产生影响。认识企业与营销环境关系的前提是认识企业与营销环境本身。

一、营销环境的含义及特点

企业是集合生产诸要素，按照社会的某一种或多种需要，从事有组织、有计划、有效率的生产或流通活动的国民经济基本构成单位。企业是现代社会物质财富生产的主要组织形式，担负其应承担的社会职责。

要点：企业的营销环境可以分为宏观营销环境和微观营销环境。

营销环境是指与企业营销活动有潜在关系，直接或间接影响企业营销活动的最普遍因素的集合。任何企业的营销活动都是在一定的动态环境中进行的，绝不可能脱离环境；企业的营销活动要以环境为依据，因此，对环境的研究是企业营销活动最基本的课题。营销环境可以分为微观营销环境和宏观营销环境两部分。微观营销环境也称个体环境、市场环境、直接环境或作业环境，是指与企业营销活动直接发生关系的组织与行为者的力量和因素，包括企业内部环境、市场营销渠道企业、顾客、竞争企业以及社会公众等；宏观营销环境也称总体环境、一般环境或间接环境，一般是指以微观营销环境为媒介间接影响企业营销活动的社会性力量和因素，包括人口、经济、政治、法律、科学技术、社会文化以及自然生态等（见图 2-1）。这些因素对企业来说都是不可控制的，但这并不意味着企业在这些环境因素面前无能为力。企业可以通过调整内部的人、财、物以及产品、定价、分销、促销等控制营销手段，主动适应环境因素的发展变化。

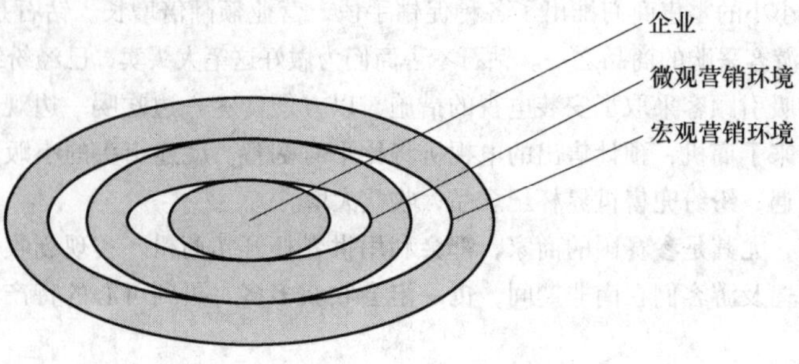

图 2-1　企业与环境

营销环境具有以下特点：

1. 客观性和强制性

企业总是在特定的社会和市场环境中生存、发展的，而环境并不以营销者的意志为转移；在环境面前，企业既无法摆脱又无法控制环境的影响。“物竞天择，适者生存”，企业只有主动改变营销战略，方能在不断变化的市场中立于不败之地。

2. 多变性和不确定性

营销环境是一个动态的系统，构成系统的诸多因素都处在不断的变动之中，从而使环境随着社会经济的发展而不断变化。由于环境具有多变性，因此营销环境具有不确定性。这种不确定性使得企业难以准确地预测营销环境未来的变化及发展趋势，何时出现机会，何时遇到威胁，往往难以确定，从而使企业的营销工作复杂多变。

3. 差异性和相关性

不同的国家或地区之间，宏观营销环境存在着广泛的差异；不同的企业之间，微观营销环境也千差万别。正因为营销环境存在差异，企业为适应不同的环境及其变化，必须采用各具特点和有针对性的营销策略。环境的差异性还表现在同一环境的变化对不同企业的影响各不相同。相关性既包括营销环境诸因素之间的相互影响和相互制约，也包括环境对企业经营主体的影响与制约作用。

二、营销环境对企业的影响

1. 营销环境是企业赖以生存的条件

企业如同生物体、有机体一样，生存于一定的自然环境中。营销环境是企业赖以生存和发展的基础，是物质和信息交换的来源和场所，因此，营销环境已成为企业一切营销活动的出发点、依据和约束条件。企业营销活动所需的各种资源，如资金、信息、人才等，都是由环境提供的。企业生产、经营产品和服务必须分析环境因素，以获取最优的营销资源满足企业的生存发展。

要点：企业发展离不开环境。环境既给企业带来机会，也给企业带来威胁。

2. 营销环境给企业营销带来机会和威胁双重影响

市场营销环境通过对企业构成威胁或提供机会而影响营销活动。

环境威胁是指环境中不利于企业营销的各类因素的发展趋势。它们对企业形成挑战，对企业的市场地位构成威胁。这种挑战可能来自国际经济形势的变化，如2008年的全球性的经济危机，给世界多数国家的经济和贸易带来了负面影响。挑战也可能来自社会文化环境的变化，如国内外对环境保护的需求提高，某些国家实施“绿色壁垒”，对某些生产不完全符合环保要求的产品的企业无疑也是一种严峻的挑战。还有近年来，国际上要求提高纺织品关税和人民币升值的情况，无疑对我国这些行业的企业带来了很大的威胁。

营销思考：世界杯足球赛带给东道国企业的市场机会和环境威胁可能是什么？

市场机会是指对企业营销活动富有吸引力的领域。在这些领域，企业拥有竞争优势。环境机会对不同的企业有不同的影响力。企业在每一特定的市场机会中成功的概率，取决于其业务实力是否与该行业所需要的成功条件相符合，如企业是否具备实现营销目标所必需的资源，企业能否比竞争者利用同一市场机会获得更大的“差别利益”。例如，我国允许个人从事外贸进出口业务的政策，将为那些需要对外营销的企业提供很大的便利。

三、企业对营销环境的对策

要点：企业要能动地适应环境，甚至影响环境。

营销环境处在不断变化之中，企业的营销活动受制于营销环境，尽管这种环境影响对于企业是不可控制的，但企业对环境是有能动性和反作用的。企业营销应采取积极、主动的态度，能动地适应营销环境，更有积极创造和控制营销环境的可能。

美国著名学者菲利普·科特勒在深入剖析近年来国际市场营销态势及企业面临的困难，在总结企业，特别是美国、日本一些从事国际市场营销成功的企业经验的基础上，提出了大市场营销（Megamarketing）理论。

要点：评估环境的影响要综合考虑威胁因素和机会因素。

大市场营销理论认为，面对世界范围的贸易保护主义以及不断增高的国际贸易壁垒所形成的营销障碍重重的营销环境，首先应当打破壁垒才能进入市场，而要做到这一点，就必须综合运用企业可以控制的手段以及各种公共关系、社会学和心理学的技能和方法，影响造成营销障碍的人或组织，使其改变做法。大市场营销理论首先注意到各方面的利益和需求。正是通过满足这些利益和需求，争取到有关方面的支持，营销环境才发生了变化。这种能动思想，不仅对开展国际营销活动有重要的指导作用，对国内跨地区的营销活动也有重要意义。能否创造性地适应和积极地改变环境，对我国企业至关重要。

企业在面对威胁程度不同和市场机会吸引力不同的营销环境时，需要通过环境分析来评估环境机会与环境威胁，具体可采用“威胁分析矩阵图”（见图 2-2）和“机会分析矩阵图”（见图 2-3）。

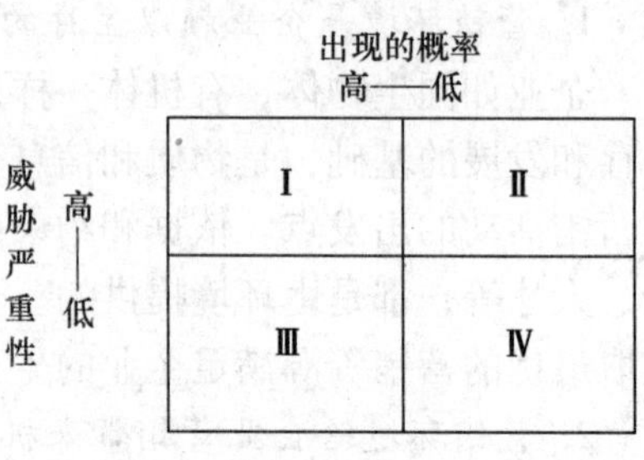

图 2-2　威胁分析矩阵图

图 2-2 中：

第Ⅰ象限，环境威胁严重性高，出现的概率也高，表明企业面临着严重的环境危机。面对危机，企业应处于高度戒备状态，积极采取相应的对策，避免威胁造成的损失。例如，污水排放量很大的造纸厂在国家政府提倡环境保护而限制排污量的时候，企业面临的环境威胁就很大了，甚至面临着倒闭的危险。对此，企业需要转变经营策略，或者把污水治理外包给污水处理公司，或者自身加大治污力度。

第Ⅱ象限，环境威胁严重性高，但出现的概率低。对此情形，企业不可忽视，必须密切注意其发展方向，也应制定相应的措施准备应对，力争将危害降低。例如，流行性病毒对餐饮行业的打击是惨重的。像 SARS 这样的病毒出现的时候，餐饮行业只能选择加大消毒和宣传力度或者是采取其他创新，否则只能关门。但是，这种情况出现的概率是很低的。

第Ⅲ象限，环境威胁严重性低，但出现的概率高。虽然企业面临的威胁不大，但是由于出现的可能性大，也必须充分重视。这样的情况也经常出现。

第Ⅳ象限，环境威胁严重性低，出现的概率也低。在这种情况下，企业不必担心，但应注意其发展动向。这样的情况很多，也有很大一部分情况是随机的。所以，企业也不能一有风吹草动就草木皆兵，这样不仅会使企业员工和消费者无所适从，也会使企业丧失很多机会。

企业应对环境威胁的对策，一般有如下三种：

（1）促变。企业采取措施抑制或扭转不利因素的发展，化不利为有利，促进环境因素转变。例如，因木材资源减少，威胁到木器加工企业的生产，企业可主动与林业部门联营，实现林业生产——木材供应——木器生产一条龙。木器加工企业扶植林业生产，增加木材资源供应，就是一种促变对策。

（2）减轻。企业主动调整营销计划，改变经营战略，适应市场环境变化，减轻环境威胁的严重程度。例如，面临木材资源短缺的企业，还可以改进木材加工工艺，增用辅料或代用材料，减少木材消耗；也可以开展综合利用，提高木材利用率，以减轻资源短缺带来的困难。

（3）转移。企业抽出部分资金转移到其他部门，实行多元化经营；也可以全部转产，或者全部采用新材料代替木材作原材料等。

图2-3中：

第Ⅰ象限，营销机会的潜在吸引力和成功的可能性都很大，表明营销机会对企业发展有利，同时，企业有能力利用营销机会。在这种情况下，企业应采取积极的态度，分析把握。例如，当SARS来临时，板蓝根、84消毒液和纱布都供不应求，则很多销售板蓝根、84消毒液和纱布的商家就面临着很大的机遇，而且成功的把握很大。企业就可以利用这次机会实现短期利润的增长。

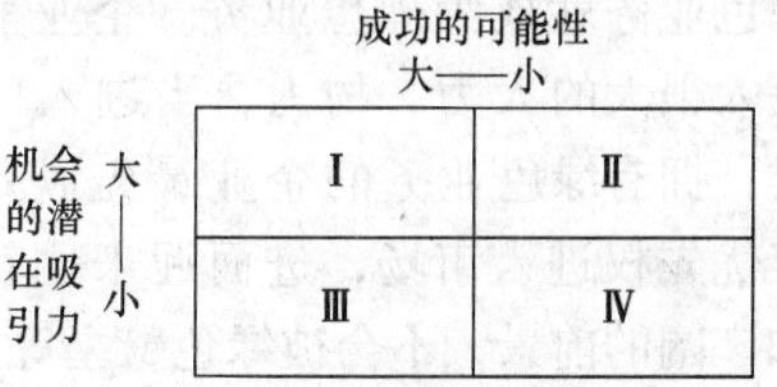

图2-3　机会分析矩阵图

第Ⅱ象限，营销机会的潜在吸引力很大，但是成功的可能性很小，说明企业暂时还不具备利用这些机会的条件，应当放弃。例如，面对消费者对健康的追求和渴望，企业若开发出符合市场需求的具有保健功能的产品，成功的可能性很大。这样的营销机会对企业来说虽然有很大的潜在吸引力，但对有的企业来说实现的可能性太小。这时，企业就应该好好分析当前的形势，尤其要注意企业的微观条件是否能够支持。

第Ⅲ象限，营销机会的潜在吸引力很小，但是成功的可能性很大。虽然企业有利用机会的优势，但不值得开拓。这样的情况很多。例如，更换或改进产品的包装会对消费者形成新的刺激，但这种刺激的程度往往是有限的，虽然说成功的可能性很大，但要考虑成本和收益的比较。

第Ⅳ象限，营销机会的潜在吸引力很小，成功的可能性也很小，企业应当主动放弃。这种情况企业就应该有所取舍了。

把握市场机会的对策，首先要准确把握时机选择。如果看准了市场环境趋势，就应当机立断，尽早作出决策，不能等到停工待料时，再去寻找市场机遇。其次要慎重行事。美国著名市场学学者西奥多·莱维特（Theodore Levitt）曾告诫企业家们，要小心地评价市场营销机会。他说："这里可能有一种需要，但是没有市场；或者这里可能有一个市场，但是没有顾客；或者这里可能有一个顾客，但没有推销员。"他的告诫说明，作机会决策必须准确地预测市场需要和估计企业的能力，不然，从表象出发，难免导致决策失误。最后要逐步到位。实施决策应分步骤，边试验、边总结，以进一步摸清市场环境，然后全面实施。

找出主要环境因素后，还必须确定其重要程度。因为并不是所有的市场威胁因素对企业的威胁程度都一样，也不是所有的市场机会都对企业具有同样的吸引力，营销环境带来的对企业的威胁和机会是并存的，威胁中有机会，机会中也有挑战。因此，企业可以用市场"威胁—机会综合分析矩阵图"对企业业务加以分析、评价，以便更清楚地认识企业在环境中的位置（见图2-4）。

图2-4中：

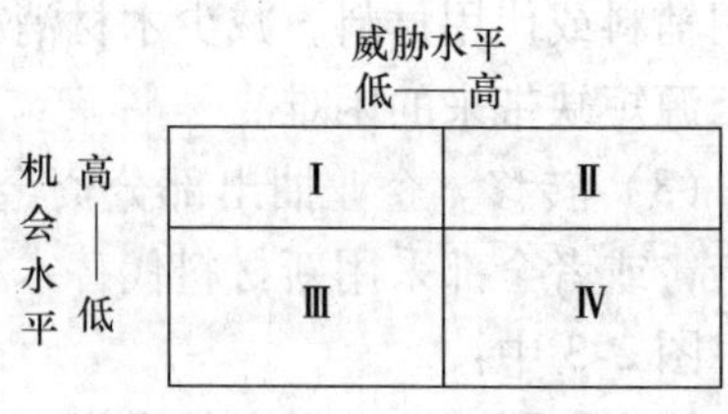

图2-4　威胁—机会综合分析矩阵图

第Ⅰ象限为理想业务。这类业务机会水平高，威胁水平低，说明该业务有非常好的发展前景。例如，面对全球环境保护声音的提高，绿色业务就成为理想业务。企业前期在这方面投入很大的人力、物力，当进入门槛出现的时候，拥有绿色业务的企业最先满足条件，就享有优先权进入市场，进而迎来比较宽松的环境和广阔的前景，不会被绿色壁垒等所限制。

第Ⅱ象限为冒险业务。这类业务机会水平高，威胁水平也高，即在环境中机会与挑战并存，成功和风险同在。因此，企业应抓住机会充分利用，同时制定避免风险的对策。

第Ⅲ象限为成熟业务。这类业务机会和威胁水平都低，说明该业务发展的机会已经很少，自身的发展潜力也很低。对于此类业务，企业应该研究环境以营造新机会，进一步开拓，否则，可能影响企业的生存。这样的业务有很大一部分集中在大企业身上。比如，我国的服务行业、服装行业、工艺品行业等劳动密集型行，都已经形成了比较完备的格局，一般情况下，不会面临很大的威胁和机会。

第Ⅳ象限为困难业务。这类业务面临较大的环境威胁，营销机会也很少。对于这类业务，如果不能减少环境威胁，有可能使企业陷入经营困难的境地。比如，在绿色经济的呼声中，污染大的企业业务就很可能成为困难业务。

市场营销环境变化给企业营销带来的影响是多样、复杂的。企业应持全面、具体的评价原则，运用环境扫描法、威胁—机会综合分析矩阵图，对影响企业营销的相关环境图案及其权重作出准确估析，并在环境分析与评价的基础上，对威胁与机会水平不等的各种营销业务分别采取不同的对策。

对理想业务，应看到机会难得，甚至转瞬即逝，必须抓住机遇，迅速行动；否则，丧失战机，将后悔无及。

对冒险业务，面对高利润与高风险，既不宜盲目冒进，也不应迟疑不决，坐失良机。企业应全面分析自身的优势与劣势，扬长避短，创造条件，争取突破性的发展。

对成熟业务，机会与威胁均处于最低水平，可作为企业的常规业务，可以维持企业的正常运转，并为开展理想业务和冒险业务准备必要的条件。

对困难业务，要么努力改变环境，走出困境或减轻威胁；要么立即转移，摆脱无法扭转的困境。

分析评价市场营销环境，目的是制定应变对策。由于各个企业的具体情况不同，在同样的市场营销环境变化中，应变对策也不应相同，因此很难确定一种固定模式。这里仅根据威胁与机遇两种情况，为企业适应环境变化、选择合理对策提供几种思路。

第二节 宏观营销环境

企业的营销活动是在宏观环境中进行的，因而会受宏观环境因素，如人口环境、经济环境、自然环境、技术环境、政治法律环境、社会文化环境等的间接影响。企业必须对这些宏观环境因素变化带给企业的营销活动的挑战与机会作出正确的分析评估，制定和实施相应的营销决策。

要点：宏观营销环境因素间接影响企业营销活动，包括人口环境、经济环境、自然环境、技术环境、政治法律环境、社会文化环境等。

一、人口环境

人口环境（Population Environment）包括人口规模、人口构成、人口分布以及人口变动等因素。市场营销是围绕市场中心展开的，而市场又是由具有购买欲望和购买力的人组成的。因此，人口环境就成为企业营销首要分析评估的宏观环境因素。

1. 人口规模

人口规模通常是指人口的数量和人口的增长。一般来说，在经济发展和收入水平相等的条件下，一国的人口规模越大，说明其市场规模就越大。人口规模对市场规模有着决定性影响，通常表现在对基本生活资料市场的需求量方面。据相关部门的预测，到2050年，世界人口数量将突破100亿人，而目前我国人口数量已经超过13亿人。随着世界及我国人口数量的扩大，世界及我国市场规模也出现了不断扩大的趋势。

对企业营销来说，不仅要通过了解人口现状来了解现有市场规模，更需要关注人口发展的趋势。人口增长与否或速度快慢，直接影响未来市场需求增长与否或变化方向。目前，发展中国家和地区人口增长率平均达2.1%，其中撒哈拉以南非洲人口增长率平均高达3.2%，而发达国家则为0.6%，有些西欧、北欧国家人口增长率为负。这意味着发展中国家或地区的消费需求会不断增长，市场潜力很大；相反，有些西欧、北欧国家或地区人口出生率下降，则可能会造成这些国家儿童用品消费需求总量的相对减少，对营销儿童用品的企业是一种“环境威胁”。

营销思考：随着我国社会老龄化的加剧，我国国内市场可能蕴含着怎样的机遇？

2. 人口构成

企业营销者除了要掌握人口数量及增长，还应分析人口的具体结构。不同的人口构成对商品有着不同的需求，分析不同的人口构成，可为企业寻找目标市场提供依据。人口构成主要从自然构成（年龄和性别构成）、社会构成（教育学历和职业构成）以及家庭构成三方面认识，具体如下：

（1）年龄构成。人口年龄通常分为六个阶段：学龄前儿童、学龄儿童、青少年、25～40 岁青年人、40～60 岁中年人和 60 岁以上的老年人。不同年龄的人群对商品的需求不一样。目前，世界人口呈老龄化上升趋势，发达国家 65 岁以上老人占总人口的比重已达 13% 以上，预计到 2025 年将达到 23.6%。人口的年龄结构发生了极大的变化。2012 年，我国 0～14 岁人口比例为 16.46%，15～64 岁人口比例为 74.15%，65 岁及以上的老年人口比例为 9.39%㊀，我国人口类型已经转变为老年型。预计到 2050 年，我国老年人口比例将达 27%，这将意味着在今后 20 年内，世界及我国的“银发市场”，诸如保健用品、营养品、老年医疗卫生将会逐步发展起来。

（2）性别构成。不同性别的人口，会给市场需求带来性别上的差异。例如，女性比男性更喜欢打扮、逛商场，上街采购日用品、化妆品、女性服装等；而男性则在购买大件物品方面表现出积极性。企业营销者有必要掌握人口性别的差异给企业产品营销带来的差异影响，以便顺利实现营销目标。

（3）教育学历结构。人口的教育学历结构反映了人口受教育程度的高低。不同学历等级的人口，会表现出不同的消费偏差。通常，高学历等级的人口，更多倾向于购买有知识品位的商品；低学历等级的人口，则较多讲究所购商品价廉、实用。随着我国九年制义务教育的普及和高等教育机会的增加，人口的学历层次普遍提高，这给计算机等知识商品的市场营销带来机遇，甚至文化礼品市场也已在我国逐渐兴起，成为市场的一个重要组成部分。

（4）职业构成。从事不同职业的人口，在市场需求以及消费行为等方面也表现出较大的差异。例如，教师在服装消费过程中会表现得相对保守一些，医护人员在饮食消费过程中会表现得相对健康一些等。针对不同职业构成的人口，企业营销人员也要关注具体的情况差异，作出营销策略的相应调整。

（5）家庭构成。家庭是市场需求的基本单位。不同的家庭结构类型会有不同的购买行为，从而影响企业的市场营销行为。目前，世界上家庭规模普遍呈现由扩大型向核心型转化的趋势。欧美国家的家庭规模基本上户均 3 人，发展中国家户均 5 人左右。在我国，“独生子女”的小家庭已经逐步由城市向乡镇普及发展。与此同时，家庭类型也呈现出多样化，具体包括：独身生活家庭、与一些异性或同性的成年人生活在一起的家庭、单亲家庭、丁克家庭、空巢家庭等。各类型家庭都有自己的需求和购买习惯，尤其在住房、家具、家用电器、食品等方面的需求差别较大。营销者应当考

㊀ 资料来源：国家统计局 2012 年统计年鉴。

虑到各种家庭的需要，从而满足其各自不同的需求。

3. 人口分布

人口的地理分布是指人口在不同地区的密集程度。由于自然地理条件以及经济发展程度等多方面因素的影响，人口的分布绝不会是均匀的。世界人口正在加速城市化，在许多国家和地区，人口往往集中在几个大城市里。我国的人口绝大多数部分在农村，农村人口约占总人口的80%。因此，农村是一个广阔的市场，有着巨大的潜力。这一社会结构的客观因素决定了我国企业在国内市场营销中，应当以农民为主要营销对象，市场开拓的重点也应放在农村。尤其是一些中小型企业，更应注意开发价廉物美的商品以满足广大农民的需要。从我国来看，人口主要集中在东南沿海一带，而且人口密度逐渐由东南向西北递减。另外，城市的人口比较集中，尤其是大城市，人口密度很大。在我国，上海、北京、重庆等多个城市的人口超过1000万人，而农村人口相对分散。人口的这种地理分布表现在市场上，就是城市市场集中程度高，销售周转快；农村市场广，但运输成本高。

4. 人口变动

随着经济的活跃和发展，人口的区域流动性也越来越大。在发达国家，除了国家之间、地区之间、城市之间的人口流动外，还有一个突出的现象就是城市人口向农村流动。自1979年改革开放以来，我国人口的区域流动表现为农村人口向城市或工矿地区流动，内地人口向沿海经济开放地区流动，从而增加了人口流入较多地区的基本需求量，给当地企业带来较多的市场份额和营销机会。

二、经济环境

经济环境是指企业营销活动所面临的外部经济因素，如消费者的收入与支出状况、经济发展状况等。

1. 收入

市场需求是指有支付能力的购买者的需求。收入水平表现在市场上，就是实际购买力的高低。收入水平越高，市场容量就越大。收入指标是由一系列指标构成的，常用指标如下：

（1）国民生产总值。它是衡量一个国家经济实力与购买力的重要指标。从国民生产总值的增长幅度，可以了解一个国家经济发展的状况和速度。国民生产总值增长越快，对商品的需求和购买力就越大，反之就越小。

（2）人均国民收入。它是用国民收入总量除以总人口的比值。这个指标大体反映了一个国家人民生活水平的高低，也在一定程度上决定了商品需求的构成。一般来说，人均国民收入增长，对商品的需求和购买力就大，反之就小。

营销思考：我国国民生产总值屡创新高，而我国居民储蓄率居高不下。你如何看待这一事实？

（3）人均国民生产总值。企业通常计算人均国民生产总值，来对未来的市场需求作出判断。例如，根据人均国民生产总值，推测在不同的人均国民生产总值阶段，人们相应地消费哪一类消费品或服务。在一定的经济发展水平阶段所形成的消费水平和结构呈现出一般规律性。

根据近40年的统计，一国人均国民生产总值达到3000美元时，电视机可以普及，其中彩色电视机占30%左右；达到5000美元时，机动车可以普及，其中小轿车约占50%，其余为摩托车或其他类型机动车。但是在国际间的比较时，要注意时间差异、空间差异和文化差异。例如，耐用消费品的使用和普及，由于时间的不同多有所变化。又如，尖端技术变为一般技术（或称成熟技术），产量提高，成本下降，都使后来发展的国家的商品普及速度快于技术领先国家。

(4) 个人收入。它是指个人从各种来源所得的收入。

(5) 个人可支配收入。这是在个人收入中扣除税款和非税性负担（如我国居民的保险金）后所得余额。它是个人收入中可以用于消费支出或储蓄的部分，构成了实际的购买力。

(6) 个人可任意支配收入。这是在个人可支配收入中减去用于维持个人与家庭生存不可缺少的费用（如房租、水电、食物、衣着等项开支）后剩余的部分。这部分收入是消费需求变化中最活跃的因素，也是企业开展营销活动时所需要考虑的主要对象。因为这部分收入主要用于满足人们基本生活需要之外的开支，一般用于购买高档耐用消费品、旅游、储蓄等，是影响非生活必需品和服务销售的主要因素。

2. 支出

随着消费者收入的变化，消费者的支出模式也会发生相应的变化，进而影响到消费结构。经济学家常用恩格尔系数来反映这种变化

$$\text{恩格尔系数}=\frac{\text{食物支出变动百分比}}{\text{收入变动百分比}}$$

恩格尔系数是衡量一个国家、地区、城市、家庭生活水平高低的重要参数。食物开支占总消费量的比重越大，恩格尔系数越高，生活水平越低；反之，食物开支所占比重越小，恩格尔系数越低，生活水平越高。

消费结构是指消费过程中人们所消耗的各种消费品及服务的构成，即各种消费支出占总支出的比例关系。优化的消费结构是优化产业结构和产品结构的客观依据，也是企业开展营销活动的基本立足点。我国目前的经济发展水平与发达国家相比还有一定差距，特别是在广大的农村现行消费中，衣、食等必要消费所占比例还相当大。随着社会主义市场经济的进一步发展以及国家在住房、医疗等制度方面改革的深入，人们的消费模式和消费结构都会发生明显的变化。

3. 储蓄和信贷

消费者的购买力还受到储蓄和信贷的直接影响。当收入一定时，储蓄越多，现实消费量越小，而潜在消费量就越大；反之，储蓄越少，现实消费量就越大，而潜在消费量越小。另外，储蓄的目的不同，也往往会影响潜在需求量、消费模式、消费内容和消费发展方向的不同。这就要求企业营销人员在调查、了解储蓄动机与目的的基础上，制定不同的营销策略，为消费者提供有效的产品和服务。

消费者信贷对购买力的影响也很大。消费者信贷是指消费者凭信用先取得商品使用权，然后按期归还贷款，以购买商品。信贷消费允许人们购买超过自己现实购买力

的商品，创造了更多的需求。我国现阶段的信贷消费还停留在初级阶段，信贷商品基本上局限于住房、汽车等，但较以前已有了较大的发展。

4. 经济发展状况

企业的市场营销活动还受到整个国家或地区的经济发展状况的制约。经济发展状况主要是指一个国家或地区总的经济发展水平和发展状况。在经济全球化的条件下，国际经济形势也是企业营销活动的重要影响因素。

经济发展状况重点包括经济发展阶段和经济形势两个方面。

经济发展阶段不同，居民的收入不同，顾客对产品的需求也不一样，从而会在一定程度上影响企业的营销。经济发展阶段高的国家和地区，着重投资于精密的、自动化程度高、性能好的生产设备；在重视产品基本功能的同时，比较强调款式、性能和特色；大量进行广告宣传及营业推广活动，非价格竞争较占优势；分销途径复杂且广泛，制造商、批发商和零售商的职能逐渐独立，连锁商店的网点增加。美国学者罗斯托（W. W. Rostow）的经济成长阶段理论，把世界各国经济发展归纳为五种类型：①传统经济社会阶段；②经济起飞前的准备阶段；③经济起飞阶段；④迈向经济成熟阶段；⑤大量消费阶段。凡处于前三个阶段的国家被称为发展中国家，而处于后两个阶段的国家被称为发达国家。处在不同经济发展阶段和经济发展水平的不同国家和地区，呈现着不同的市场需求特征。例如，在经济发展水平比较高的地区，消费者更注重产品的款式、性能及特色，品质竞争多于价格竞争；而在经济发展水平比较低的地区，消费者往往更注重产品的功能及实用性，价格因素显得比产品质量更为重要。因此，对于不同的经济发展水平的地区，企业应采取不同的市场营销策略。

另外，经济发展形势、经济体制、地区与行业发展状况、城市化程度等都会给企业的营销活动带来一定的影响。

三、自然环境

自然环境是指作为生产投入或受营销活动影响的自然资源。一个国家或地区的自然地理环境包括自然资源、地形地貌和气候条件。这些因素都会不同程度地影响企业的营销活动，有时这种影响对企业的生存和发展起决定作用。企业要想避免自然地理环境带来的威胁，最大限度地利用环境变化可能带来的市场营销机会，就应不断地分析和认识自然地理环境变化的趋势，根据不同的环境功能情况来设计、生产和销售产品。

营销思考：举例说明自然环境对企业经营活动的影响。

1. 物质自然环境

物质自然资源是指自然界提供给人类各种形式的物质财富，如矿产资源、森林资源、土地资源、水力资源等。这些资源分为三类：一是“无限”资源，如空气、水等；二是有限但可以更新的资源，如森林、粮食等；三是有限但不可再生的资源，如石油、锡、煤、锌等矿物。自然资源是进行商品生产和实现经济繁荣的基础，与人类社会的经济活动息息相关。由于自然资源在地理分布上的不均衡性，企业要到某地投资或从事营销，必须了解该地的自然资源情况。如果该地对本企业产品的需求量大，但缺乏必要的生产资源，那么，企业适宜向该地输送销售产品；但是，如果该地有丰富的生产资源，企业就应该在该地投资建厂，在当地生产，就地销售。资源短缺将使企业的生产成本大幅度上升，企业必须积极从事研究和开发，尽力寻求新的资源替代品。而各国政府对环境污染问题进行控制，限制了某些行业的发展，也为企业造成了两种营销机会：一是为治理污染的技术和设备提供了一个大市场；二是为不破坏生态环境的新的生产技术和包装方法创造了营销机会。因此，企业经营者要了解政府对资源使用的限制和对污染治理的措施，力争做到既能减少环境污染，又能保证企业发展、提高经济效益。

2. 地理环境

一个国家或地区的地形地貌和气候，是企业开展市场营销必须考虑的地理环境因素。这些地理特征对市场营销有一系列影响。例如，气候（温度、湿度等）与地形地貌（山地、丘陵等）特点，都会影响产品设备的性能和使用。在沿海地区运转良好的设备，到了内陆沙漠地区就有可能发生性能的急剧变化。有些国家地域辽阔、南北跨度大，各种地形地貌复杂，气候多变，企业必须根据各地的自然地理条件生产与之相适应的产品。可见，气候、地形地貌不仅直接影响企业的经营、运输、通信、分销等活动，而且还会影响到一个地区的经济、文化、人口分布状况。因此，企业开展营销活动，必须考虑当地的气候与地形地貌，使营销策略能适应当地的地理环境。

四、技术环境

营销思考：举例说明技术环境发展给企业经营带来的机遇与挑战。

技术环境可能是目前影响人类命运的最引人注目的因素。科学技术是第一生产力，科技的发展对经济发展有巨大的影响，不仅直接影响企业内部的生产和经营，同时也与其他环境因素互相依赖、互相作用，给企业的营销活动带来有利或不利的影响。

每项新技术都会取代一项旧技术。例如，晶体管的出现损害了真空管业，复印技术的出现损害了复写纸业，汽车的产生损害了铁路，光盘的产生损害了唱片行业。每当旧的行业对抗或忽略新技术时，该行业就会衰落。新技术会创造新的市场和机遇。营销人员应注意下列技术发展趋势：

1. 技术的高速发展

许多今天常见的产品在一百多年前还未出现。例如，亚伯拉罕·林肯不知道汽车、飞机、电唱机、收音机和电灯；伍德罗·威尔逊不知道电视机、喷雾器、家用冰箱、自动洗碗机、空调器、抗生素和计算机；罗斯福不知道复印机、合成洗衣粉、录音机和人造地球卫星；约翰·肯尼迪不知道个人计算机、光盘机、电子手表、录音机和传真机。跟不上科技进步步伐的企业会发现自己的产品过时，会失去新的市场机会。

今天，科学家们致力于广泛的新技术的研究，这些研究将革新人们的产品和生产方式，在生物技术、微电子、机器人和材料科学等领域已经出现了令人振奋的成果。目前科学家们正在对下列产品和服务进行研究：实用太阳能技术，癌症的治疗，精神健康的药物控制，汽车导向系统，商用航天飞机，更小、更有效的超级计算机，能做饭和打扫卫生的家庭机器人，好吃、有营养又不使人发胖的食物，高效的半导体，电子汽车，能控制疼痛的电子麻醉、能用声音和手势控制的计算机。此外，科学家还对如能飞的汽车、三维电视、空间移民、无性繁殖等项目很感兴趣。每个项目所遇到的挑战不仅来自于技术，也来自商业——使这些产品实用、人们能买得起。

2. 研究与开发的高预算

美国是一个研究与开发开支都非常高的国家，近一半的研究与开发资金来自于联邦政府，许多新产品和服务构想来自政府的研究成果。许多企业在研究与开发上的投资也很高。例如，通用汽车、IBM 和 AT&T 公司每年的研究与开发支出都有几十亿美元。现在，科学研究往往需要集体进行，而不像以前的托马斯·爱迪生、萨缪尔·摩尔斯或亚历山大·格雷汉姆·贝尔等发明家那样单枪匹马地搞发明。管理企业里的科学家是一大难题。他们不喜欢被管得太严，有时对解决科学本身比对创造可销售的产品更感兴趣。企业应经常向研究与开发部门派入营销人员，使其研究主要以市场为导向。

3. 注重微小技术改进

由于研究与开发新技术的成本过高，许多企业目前只作一些小的技术改进，而不愿冒险去开发新技术。即使一些以研究为主的企业，如杜邦、贝尔实验室、辉锐公司等也变得更加谨慎。许多公司的研究经费主要用于模仿竞争对手的产品，并作一些微小的改进，或提供现有品牌的简单延伸。因此，许多研究只是防御性的而不是进攻性的。

4. 管制的加强

由于产品越来越复杂，公众需要了解这些产品是否安全，因此，政府机构会对有不安全因素的产品进行调查，甚至禁止销售。在美国，联邦食品和药物管理局颁布了关于新药试验的复杂规定。消费产品安全委员会制定了关于消费品的安全标准，并对没有达标的企业进行处罚。这些管制使企业的研究成本有所增加，并使产品从研制到面市的周期变得更长。营销人员在研究开发新产品时，应对这些管制有所了解。

五、政治法律环境

营销思考：举例说明政治法律环境对企业经营活动的影响。

政治环境是指企业市场营销活动的外部政治形势。一个国家的政局稳定与否，会给企业营销活动带来重大的影响。如果政局稳定，人民安居乐业，就会给企业创造良好的营销环境；相反，如果政局不稳，社会矛盾尖锐，秩序混乱，则会影响经济发展和人民的购买力。所以，企业特别是在对外营销活动中，一定要考虑东道国政局变动和社会稳定情况可能造成的影响。政治环境可具体表现为国家政府所制定的方针政策，如人口政策、能源政策、物价政策、财政政策、金融与货币政策等，都会对企业的营销活动带来影响。例如，国家通过降低利率来鼓励消费；通过征收个人收入调节税调节消费者收入，借助影响消费者的购买力，来影响消费者需求；通过增加产品税，如提高香烟、酒等的税率，来抑制消费者的消费需求。

在国际贸易中，不同的国家也会制定一些相应的政策来干预外国企业在本国的营销活动。主要措施有：

（1）进口限制。它包括两类：一类是限制进口数量的措施；另一类是限制外国产品在本国市场上销售的措施。政府实行进口限制的主要目的在于保护本国工业，确保本国企业在市场上的竞争优势。

（2）税收政策。政府在税收方面的政策措施会对企业经营活动产生影响。例如，对某些产品征收特别税或高额税，会使这些产品的竞争力减弱，给经营这些产品的企业带来一定影响。

（3）价格管制。当一个国家发生了经济问题时，如经济危机、通货膨胀等，政府就会对某些重要物资，以至所有产品采取价格管制措施。这种价格管理直接干预了企业的定价决策，影响企业的营销活动。

（4）外汇管制。它是指政府对外汇买卖及一切外汇经营业务所实行的管制。外汇管制对企业营销活动，特别是国际营销活动产生重要影响。例如，实行外汇管制，使企业生产所需的原料、设备和零部件不能自由地从国外进口，企业的利润和资金也不能或不能随意汇回母国。

（5）国有化政策。它是指政府由于政治、经济等原因对企业所有权采取的集中措施。例如，为了保护本国工业，避免外国势力阻碍等原因，将外国企业收归国有。

法律环境是指国家或地方政府颁布的各项法规、法令和条例等。法律环境对市场消费需求的形成和实现具有一定的调节作用。企业研究并熟悉法律环境，既可保证自身严格依法管理和经营，也可运用法律手段保障自身的权益。

各个国家的社会制度、经济发展阶段和国情不同，体现统治阶级意志的法制也不同。从事国际市场营销的企业，必须对有关国家的法律制度和有关的国际法规、国际惯例和准则进行学习研究，并在实践中遵循。具体要熟悉两大类法律法规：①与市场营销活动有关的法律法规；②有关限制竞争的法律法规。此外，还要了解与法律的制定和执行有关的监督、管理和服务于企业市场营销活动的政府部门的职能及其管理的内容和方式。

企业决策者应该对以上法律法规的方向性内容有大致的了解，不一定要熟知详细内容。在解决相关问题时，可以请企业专门的法律顾问或委托律师事务所协助完成。

六、社会文化环境

营销思考：举例说明文化环境对企业经营活动的影响。

社会文化环境包括影响一个社会的基本价值、观念、偏好和行为的风俗习惯及其他因素。社会文化是指一个社会的民族特征、价值观念、生活方式、风俗习惯、伦理道德、教育水平、语言文字、社会结构等的总和。社会文化内容十分广泛，主要由两部分组成：一是全体社会成员所共有的基本核心文化；二是随时间变化和外界因素影响而容易改变的社会次文化或亚文化。人类在某种社会中生活，必然会形成某种特定的文化。不同国家与地区的人民，有着不同的社会文化，呈现出不同的生活方式。这种差异对企业营销的影响极为复杂，有时甚至可能成为某次营销活动成功或失败的关键。因此，对于市场营销人员来说，社会文化环境也是一个不可忽视的重要因素。

1. 语言

语言是人类重要的交际工具，也是不同文化间最明显的标志。要想进入某个市场，就必须掌握该市场所在地区的语言。通过用当地语言交流，向顾客介绍自己的产品和服务，并了解顾客的需求，从而刺激顾客的购买欲望。不懂当地语言并且不能进行正确的翻译，就会影响营销活动，这在国际营销中尤为明显。例如，美国的百事可乐公司有一句著名的促销广告词“畅饮百事可乐，使你心旷神怡”（Come alive with Pepsi）。在中国，这一广告与其产品名称的绝妙翻译相配合，取得了极好的效果。然而，同样的广告词在德国却遇到麻烦。因为其若直译为德语，“come alive”的意思是“死而复生”。

2. 价值观

价值观的不同，对人们的消费行为、消费方式也会产生重大影响。例如，在西方国家中，许多人的价值观是“能挣会花”，用明天的钱追求今天的享受。因此，分期付款、赊销等形式在西方国家非常通行，人们普遍习惯于借债消费。而中国多数人崇尚节俭，消费原则是“量入为出”，不习惯借债消费。当然，价值观除了与传统文化有关，还受到社会发展程度的影响。但不论怎样，价值观都影响着消费者的目标选择和购买决策。因此，企业营销活动过程中，如在产品的设计，造型、颜色的选择，广告、推销方式等方面，都应充分考虑不同价值观的重要影响，从而采取不同的策略。

3. 宗教信仰

不同的宗教信仰有不同的文化倾向和戒律，从而影响人们认识事物的方式、价值观念和行为推测，影响人们的消费行为，带来特殊的市场需求，与企业的营销活动有密切的关系。特别是在一些信奉宗教的国家和地区，宗教信仰对市场营销的影响力更大。教徒所信奉的宗教不一样，信仰和禁忌也不一样。这些信仰和禁忌限制了教徒的消费行为。例如，印度教教徒视牛为圣物，不吃牛肉；佛教教徒不沾荤腥。这些都是企业营销时必须注意的因素。某些国家和地区的宗教组织对教徒的购买决策有重大影响。一种新产品出现，宗教组织有时会提出限制和禁止使用，认为该商品与其宗教信仰相冲突；相反，有的新产品出现，得到宗教组织的赞同和支持，就会号召教徒购买、使用，起到一种特殊的推广作用。因此，企业应充分了解不同地区、不同民族及不同消费者的宗教信仰，提供适合其要求的产品，制定适合其特点的营销策略，否则，可能会触犯宗教禁忌，失去市场机会。这说明，了解和尊重消费者的宗教信仰，对企业的营销活动具有重要意义。

4. 风俗习惯

风俗习惯是人们根据自己的生活内容、生活方式和自然环境，在一定的社会物质生产条件下长期形成，并世代相袭的一种风尚，和由于重复、练习而巩固下来并变成需要的行动方式等的总称。它在饮食、服饰、居住、婚丧、信仰、节日、人际关系等方面，都表现出独特的心理特征、伦理道德、行为方式和生活习惯。不同国家、不同民族有不同的风俗习惯，对消费者的消费嗜好、消费模式、消费行为等具有重要的影响。例如，不同的国家、民族，对图案、颜色、数字、动植物等有不同的使用习惯。如中东地区严禁带六角形的包装；英国忌用大象、山羊做商品装饰图案；中国人以红色表示喜庆，白色表示丧事，而西方人的结婚礼服则用白色，表示爱情的纯洁；伊拉克人视蓝色为不利；日本人在数字上忌用“4”，因在日语发音中，“4”同死相近。企业营销者应了解和注意不同国家、民族的消费习惯和爱好，做到“入乡随俗”。可以说，这是企业做好市场营销，尤其是国际营销的重要条件。如果不重视各个国家、各个民族之间的文化和风俗习惯的差异，就可能造成难以挽回的损失。

5. 民族

世界各国的民族结构有单一的，也有多元的。像日本，几乎所有人民都属于一个民族，即大和民族。而在我国，除了占人口大多数的汉族以外，还有55个少数民族，在饮食、服饰、居住、婚丧、节日等物质和文化生活各方面各有特点。这些不同的消费者需求与风俗习惯影响了消费者需求的构成和购买行为。因此，企业营销者要注意民族市场的营销，重视开发适合各民族特性、受其欢迎的商品。

第三节 微观营销环境

要点：微观营销环境直接影响企业的营销活动，包括企业自身、供应商、市场中介、顾客、竞争对手和各种公众。

企业营销部门的工作通过创造顾客价值和满意来吸引顾客并建立与顾客的联系。但是，营销部门仅靠自己的力量是不能完成这项任务的。他们的成功依赖于企业微观环境中的其他因素——企业内部环境、供应商、营销中介、顾客、竞争者和各种公众因素。这些因素构成了企业的微观营销环境（见图2-5）。

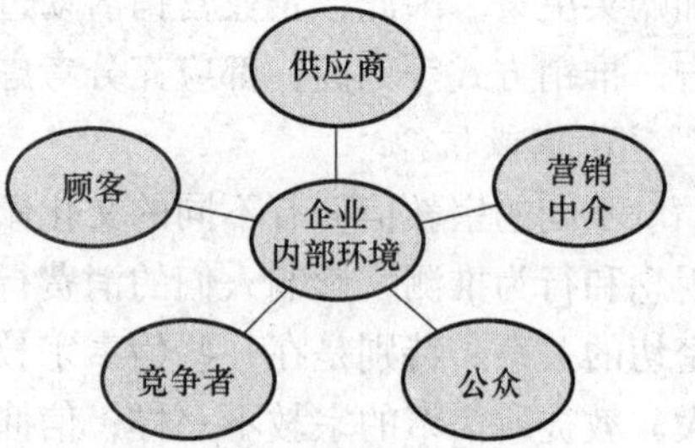

图2-5 企业的微观营销环境

一、企业内部环境

企业是由各职能机构，如计划、财会、技术、供销、制造、后勤等部门组成的以营利为目的的经济单位。企业内部各职能部门的分工合作科学、和谐与否，会影响企业的整个经营活动。在制订计划时，营销部门应兼顾企业的其他部门，如最高管理层、财务、研究与开发、采购、生产、会计等部门。所有这些相互关联的部门构成了企业的内部环境。高层管理部门制定企业的使命、目标、总战略和政策。营销部门依据高层管理部门的规划来作决策，而营销决策必须经最高管理层的同意方可实施。

营销部门同样必须与企业的其他部门密切合作。财务部门负责寻找和使用实施营销计划所需的资金；研究和开发部门研制安全而吸引人的产品；采购部门负责供给原材料；生产部门生产品质和数量都合格的产品；会计部门核算收入与成本，以便管理部门了解是否实现了预期目标。这些部门都对营销部门的计划和行动产生影响。用营销的概念来说，就是这些部门都必须“想顾客所想”，并在行动上协调一致以实现顾客价值和顾客满意。

二、供应商和营销中介

供应商是向企业供应其生产产品和劳务所需要的各种资源的企业，是企业的整个微观营销环境中的重要一环。企业要进行生产，首先要有各种原材料、燃料、辅助材料等的供应作保障。供应商能提供企业生产产品及提供服务所需的资源，对企业的营销活动形成了直接的制约，其变化对企业营销有着重要的影响。营销部门必须关注供应商的供应能力、供应短缺或延迟及其他因素的变化，这些因素在短期内会影响销售，而在长期内会影响顾客的满意程度。营销部门也必须关注企业主要原料的价格趋势，供应成本上升会影响企业的销售额。因此，企业在寻找供应商时，必须对供应商的情况进行综合评价，选择信誉好、产品质量有保证、价格低的供应商。

营销中介主要是指协助企业促销、销售和经销其产品给最终购买者的机构。其具体包括中间商、实体分配公司、营销服务机构和财务中介机构。

(1) 中间商。它包括商人中间商和代理中间商，是协助企业寻找顾客或直接与顾客交易的商业性企业。商人中间商购买商品，拥有商品所有权，又称经销中间商，主要有批发商和零售商；代理中间商包括代理商、经纪人和生产商代表，专门介绍客户与企业洽商并签订合同，但不拥有商品所有权。

(2) 实体分配公司。它主要是指协助厂商储存并把货物运送至目的地的仓储物流公司。实体分配包括包装、运输、仓储、装卸、搬运、库存控制和订单处理等方面。其基本功能是调节生产与消费之间的矛盾，弥合产销时空上的背离，提供商品的时间效用和空间效用，以利于适时、适地、适量地把商品供给消费者。

(3) 营销服务结构。它主要是指为厂商提供营销服务的各种机构，如营销研究公司、广告公司、传播公司等。企业可自设营销服务机构，也可委托外部营销服务机构代理有关业务，并定期评估其绩效，以促进其提高创造力、质量和服务水平。

(4) 财务中介机构。它主要是指协助厂商融资或分担货物购销储运风险的机构，如银行、保险公司等。财务中介机构不直接从事商业活动，但对工商企业的经营发展至关重要。在市场经济中，企业与金融机构关系密切，企业间的财务往来要通过银行结算，企业财产和货物要通过保险取得风险保障，贷款利率与保险费率的变动也会直接影响企业成本，而信贷来源受到限制更会使企业处于困境。

三、顾客

要点： 顾客关系着企业市场的得失，是最重要的微观因素。

顾客就是企业服务的对象，是企业的目标市场。顾客是企业直接营销环境中最重要的因素，是企业产品的直接购买者。顾客的变化意味着企业市场的获得或丧失。顾客市场可划分为消费者市场、企业市场、经销商市场、政府市场和国际市场五种类型。企业应当仔细研究其顾客市场。消费者市场是由个人和家庭组成的，他们仅为自身消费而购买商品和服务；企业市场购买产品和服务是为了进一步深加工，或在生产过程中使用；经销商市场购买产品和服务是为了再次销售，以获取利润；政府市场由政府机构构成，购买产品和服务用以服务公众，或作为救济转移支付；国际市场则是由其他国家的购买者构成的，包括消费者、生产商、经销商和政府。每种市场都有各自的特点，销售人员需要对此进行仔细研究。

四、竞争者

在现代市场经济中，大多数企业在进行营销活动时，不可避免地会遇到已有或潜在的竞争者的挑战。从消费需求的角度划分，企业的竞争者可以分为四种类型：①产品竞争者，是指生产同种产品，但规格、型号、款式不同的竞争者；②品牌竞争者，是指产品相同，规格、型号等也相同，但品牌不同的竞争者；③平行竞争者，是指能够满足同一种需求的不同产品的竞争者；④欲望竞争者，是指提供不同产品，以满足不同消费者需求的竞争者。前两类竞争者都是同行业的竞争者，是营销企业必须认真了解、研究、对待的竞争者。

五、公众

营销思考：举例说明各类公众对企业经营活动的影响。

公众是指对企业完成其对营销目标的能力有着实际或潜在利益关系和影响力的群体或个人。公众对企业的态度会对企业的营销活动产生巨大影响。它既可能有助于增强企业实现自己营销目标的能力，也可能妨碍这种能力。所以，企业必须采取一定的措施，成功地处理与主要公众的关系，争取公众的支持和偏爱，为自己营造和谐、宽松的社会环境。

企业所面对的公众主要有以下六类：

（1）金融公众。它主要包括银行、投资公司、股东等。金融公众对企业的融资能力有重要的影响。

（2）媒介公众。它是指报纸、杂志、电台、电视台、互联网等传播媒介。这类公众掌握传媒工具，具有广泛的社会联系，能直接影响社会舆论对企业的认识和评价。

（3）政府公众。它是指负责管理企业营销业务的有关政府机构，如工商局、卫生局、食品药品监督局等。企业的发展战略与营销计划必须与政府的发展计划、产业政策、法律法规保持一致。企业还可以向有关政府部门反映行业的实情，争取有利于产业发展的立法。

（4）社团公众。它是指与企业营销活动有关的非政府机构，如消费者组织、环境保护组织以及其他群众团体。企业营销活动涉及社会各方面的利益，来自社会公众的意见、建议对企业营销决策有着十分重要的影响。

（5）社区公众。社区公众是指与企业所在地附近的居民和社区团体。社会公众是企业的邻里，企业保持和社区的良好关系，为社区的发展作一定的贡献，会受到社区居民的好评，他们的口碑能帮企业树立良好的形象。

(6) 内部公众。内部公众是指企业内的管理人员及一般员工。企业的营销活动离不开内部公众的支持。

本章小结

1. 企业是集合生产诸要素，按照社会的某一种或多种需要，从事有组织、有计划、有效率的生产或流通活动的国民经济基本构成单位。企业的营销活动是在营销环境中进行的，通过可以控制的手段与营销策略对外界整体环境作出反应，在动态环境中保持其旺盛的生命力。

2. 营销环境是指与企业营销活动有潜在关系，直接或间接影响企业营销活动的最普遍因素的集合。

3. 营销环境可以分为宏观营销环境和微观营销环境两部分。宏观营销环境是指影响企业营销活动的社会性力量和因素，主要包括政治法律环境、人口环境、经济环境、文化环境、科技环境以及自然环境等。微观营销环境是指与企业市场营销活动直接发生关系的组织与行为者的力量和因素，主要包括企业内部环境、供应商、营销中介、顾客、竞争者以及社会公众等。一般情况下，宏观营销环境决定微观营销环境。宏观营销环境常常通过微观营销环境作用于企业的营销活动。

4. 企业要适应营销环境和采取对策，首先要辨认清楚企业面临的营销环境带来的机会或威胁，从而不失时机地将潜在机会变为企业发展的机会。企业趋利避害的基础是对市场营销环境及其发展变化的客观认识和分析。

5. 对于环境威胁，企业常用的对策有促变策略、减轻策略和转移策略。这三种策略的适用条件需要人们认真研究。企业通过环境分析来评估环境威胁与环境机会，并对相应的理想业务、风险业务、成熟业务以及困难业务采取相应的对策。

思考题

1. 概述企业与营销环境的关系。
2. 营销环境的特点有哪些？
3. 企业如何分析评估营销环境因素并采取相应对策？
4. 阐述宏观营销环境和微观营销环境的主要内容和变化趋势，以及它们对企业市场营销的影响。
5. 在自然环境频频发生大灾难的当今时代，企业应该怎样积极适应自然环境？

选择题

1. 人口规模属于________。

A. 政治因素　　B. 经济因素　　C. 社会因素　　D. 技术因素

2. 对经济、收入和税收因素的分析属于________。

A. 技术环境分析　　B. 政治环境分析　　C. 经济环境分析　　D. 社会环境分析

3. 外部环境的变化会给企业带来________。

A. 机会与威胁　B. 优势与劣势　C. 战略与战术　D. 预测与预算

4. 下列属于企业内部环境的是________。

A. 竞争者　B. 企业员工　C. 批发商　D. 零售商

5. 下列与企业宏观环境关联性最小的是________。

A. 出生率变化的研究　B. 家庭储蓄率的分析

C. 新员工激励计划　D. 文化趋同现象

6. 企业微观营销环境包括________。

A. 用于制造产品的设备和工具

B. 企业的运营政策

C. 企业的部门、供货商和构成供应链的其他成员及公众

D. 详细的全面质量控制过程

7. 下列不属于企业微观营销环境的是________。

A. 供应商　B. 顾客　C. 竞争者　D. 新法律法规

8. 企业开展营销活动时所主要考虑的收入是________。

A. 个人收入　B. 个人可支配收入

C. 个人可任意支配收入　D. 人均国民收入

9. 风俗习惯属于________。

A. 政治因素　B. 经济因素　C. 文化因素　D. 技术因素

章尾案例

白酒的营销模式演变

伴随着我国营销环境的变化，白酒的营销模式也经历了如下演变：

（1）诸侯分割式营销。各企业利用地方保护和政策优势，一夜之间，白酒企业如雨后春笋般出现，其产品也是在某一区域独领风骚。

（2）大众化营销模式。这是一种撒网式的营销，企业开始走出固定的区域，面向全国市场进行销售。企业采取代理制，从省级区域一级总代理、地市级区域二级代理到县乡级分销，或者以地市级为单位的一级总代理模式覆盖市场，或者以区域分公司模式自我操作等。从产品包装战、价格战、终端促销战到广告战等，白酒市场一度硝烟四起、竞争激烈，其中也成就了不少知名品牌，如安徽的双轮酒业、口子窖等。但多数企业往往是昙花一现，如山东的秦池、孔府家、孔府宴等，都曾是所在区域的强势品牌。

（3）个性化的营销模式。这种个性化主要体现在为特定的群体或节日量身定制。例如，针对“最可爱的军人”的国壮酒和名将酒，主打“中秋第一酒”的江西月潮酒，主打中国“第一乡情酒”的东北林乡人家酒，以及主打中国商界“第一酒”的陕西金皇台酒，针对企业家专供酒——茅台集团王胎补酒等。

（4）专卖店的模式。随着一些地方“放心酒”工程的实施及酒类专卖条例的开展，对酒类监管力度的加大是必然趋势，而酒类专营店的建立与发展正好适应了市场环境的需求。2004 年，五粮液龙虎酒全国第一家专卖形象店在广州五羊新城开张，开创了白酒实行专卖店营销的先河。此后，不仅是高端白酒，如剑南春、国窖 1573、水井坊、茅台等在运作专卖店营销，一些区域性白酒，如汾酒、丰谷/宋河、衡水老白干等也都在推行专卖店营销。

（5）品牌运营模式。白酒生产企业专注于做好生产，而把营销和销售职能交给专业化的商业

资本来经营，从而实现资源最大限度地充分整合和利用。例如，五粮液集团将许多的品牌拍卖给一些资本雄厚的商业企业去运作；许多白酒企业将销售外包给一些实力强大的经销商，采用“买断制”的销售模式。

（资料来源：王唤明，《古井贡，在激烈的环境中营销突围》，全球品牌网，2009-02-26，http://www.globrand.com/2009/164739.shtml，有改动。）

案例思考题：请根据营销环境的最新发展，分析白酒营销模式的新走向。

第三章

市场购买者行为分析

学习目标：

1. 掌握消费者市场和组织市场的概念与区别。
2. 理解消费者行为模式及其影响因素。
3. 理解消费者的购买决策过程以及各阶段采取的营销策略。
4. 了解影响生产者市场购买者购买行为的因素。
5. 了解生产者市场购买者的购买决策过程及各阶段的营销策略。
6. 了解中间商市场购买者和政府购买的特点。

导引案例

2011 年，国内汽车市场结束了持续 10 年的狂飙，由火热跌入寒冬。国产自主汽车品牌更是尝尽了天下冷暖：先是我国汽车政策突变，利好政策退出，限购政策出台；同时，合资企业产品触角不断下探，“合资自主”品牌利器逐渐发力，对自主汽车品牌形成“包围”态势。除了这些外因，中国自主品牌汽车总体力量不强、缺乏核心技术、产品品质不高，这些印象导致了消费者对自主品牌难以真正信任。即使出现了一款高品质、高价格的产品，消费者为了避免风险，也不愿意购买。

吉利汽车认为，解决问题的唯一手段就是沟通。凭借这一点，2011 年吉利推出的帝豪品牌不仅帮助企业在中高端轿车市场站稳了脚跟，而且销量逆势上扬，取得了增长 69% 的骄人成绩。

营销思考：吉利帝豪是如何影响消费者的购买行为的？帝豪的沟通方式为何能够成功？

帝豪的沟通首先是通过意见领袖——行业媒体和主流媒体记者进行的。其前后数次组织媒体人员参观帝豪生产线和研发基地，然后通过主流媒体的现身说法营造帝豪的高品质感。帝豪还组织媒体试驾会，让媒体人员亲身体验帝豪产品的卓越性能，通过各种媒体的试驾报告来引导消费者，树立帝豪的高品质形象。每次试驾活动过后，消费者会在购车频道看到一些专业车评和图片细节展示，充分地认识帝豪汽车的性能。

沟通的第二种方式是网络渗透。帝豪精心制作和精准投放了广告宣传片，先后在各主要门户网站及垂直网站汽车频道进行线上广告投放，并且还开展了一系列的线下推广活动。这吸引了大批消费者和汽车爱好者，引发了网上热评。

利用口碑的力量，是帝豪与消费者沟通的第三种方式。帝豪品牌事业部总经理黄海涛认为，对于汽车产品来说，当产品月销量达到5000辆以上、产品使用时间超过半年时，口碑在所有的广告中起到的作用是最重要的。帝豪做口碑的秘诀是：企业不专门去做，而是由消费者自发告诉身边的人。

（资料来源：苏丹，《帝豪：站上高端》，第一营销网，2012-2-13，http：//www.cmmo.cn/article-83454-1.html，有改动。）

第一节 市场购买者行为概述

市场是由许多消费倾向、消费需求、消费偏好互不相同的消费群体构成的，所以，“先研究消费者或客户，再研究产品”是企业营销的一个永恒话题。因此，研究买主，研究目标市场的购买行为，是市场营销管理的一个重要任务。根据顾客购买产品或劳务的目的不同，市场可分为消费者市场和组织市场两大类。本章将着重分析这两类市场买主的购买行为特点。

要点：购买者是企业的利益来源，研究购买者的购买行为是营销要务。

消费者市场是市场体系的基础，由为了满足生活消费而购买商品和服务的个人或家庭构成。生活消费是产品和服务流通的终点，因此，消费者市场也被称为最终产品市场。组织市场是指以某种组织为购买单位的购买者所构成的市场，其购买目的是生产、销售、出租、维持组织运作或履行组织职能等。它可以进一步分为生产者市场、中间商市场、政府与公共团体市场，如图3-1所示。其中，生产者市场也称产业市场，是常见且非常重要的一部分，其规模最大，也最具典型意义。

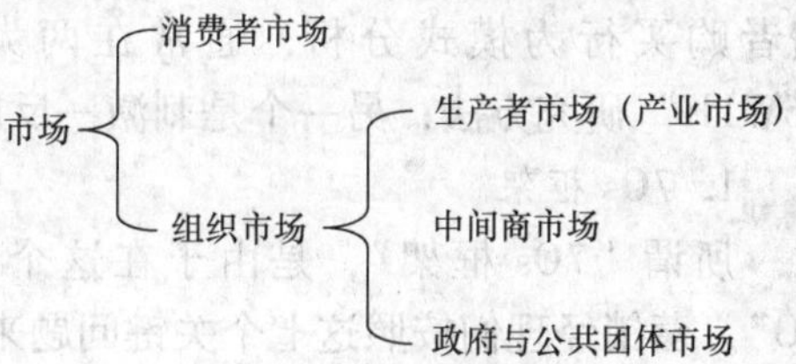

图3-1 市场类型

要点：个人和组织是两种不同类型的购买者。购买影响因素不同，购买决策过程也不同，有必要分开研究。

比较消费者市场和生产者市场，它们在几个方面有着明显的区别，如表3-1所示。

表3-1 消费者市场和生产者市场的比较

项　目	消费者市场	生产者市场
购买者	个人或家庭	组织中的专业人员
购买目的	生活消费，不谋求福利	生产消费，追求盈利
购买数量	零星	大宗
市场分布	分散	集中
所处环节	最终消费	中间环节（生产消费）
需求弹性	富有弹性	缺乏弹性
购买行为	非专业性购买	专业性购买

（续）

项　　目	消费者市场	生产者市场
购买决策	简单、多变	复杂、理性
主要分销方式	间接分销	直接分销
主要促销方式	广告、营业推广	人员推销

第二节　消费者购买行为

一、消费者购买行为的研究框架

消费者购买行为是指消费者为获取、购买、使用、评估和处置预期能满足其需要的产品和服务所采取的各种行为。消费者购买行为研究，就是研究人们如何作出花费自己可支配的资源（时间、金钱、精力）于有关消费品上的一系列决策的过程。消费者购买行为模式分析，通常在两大框架下展开：一个是7Os框架，也称为“6W1H”研究方法；另一个是刺激—反应模式框架。

1. 7Os 框架

所谓“7Os框架”，是由于在这个框架下的七个关键英文单词的首字母都是“O”，营销经理们按照这七个关键问题来分析市场。它们分别是：

营销思考：试用7Os框架分析你身边某一种商品的消费者市场。

消费者市场由谁构成（Who）？购买者（Occupants）。

消费者购买什么（What）？购买对象（Objects）。

消费者为什么购买（Why）？购买目的（Objectives）。

购买活动中有谁参与（Who）？购买组织（Organizations）。

消费者在什么时间购买该产品（When）？购买时间（Occasions）。

消费者在什么地方购买该产品（Where）？购买地点（Outlets）。

消费者怎样购买（How）？购买方式（Operations）。

例如，某汽车公司生产和销售轿车，其经营管理层可以按照以下问题来展开分析：①轿车市场由哪些人构成？②目前消费者市场需要什么样的轿车？③消费者为什么购买这种轿车？④哪些人会参与轿车购买活动？⑤消费者何时购买这种轿车？⑥消费者在何处购买这种轿车？⑦消费者怎样购买这种轿车？

2. 刺激—反应模式

要点：消费者购买是为了生活消费。刺激—反应模式重点研究购买过程和影响因素。

行为心理学的创始人约翰·沃森（John B. Watson）建立的“刺激—反应”理论（The Stimulus Response Model，简称S-R模式），指出人类的复杂行为可以被分解为两部分：刺激和反应。人的行为是受到刺激的反应。刺激来自两方面——身体内部的刺激和体外环境的刺激，而反应总是随着刺激而呈现的。

营销学者通过分析刺激与反应的关系，建立了消费者购买行为模式，如图3-2所示。这也是企业营销部门制定营销策略的依据。

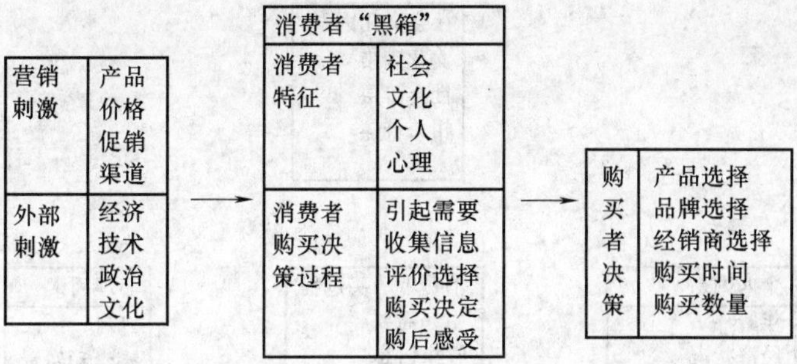

图 3-2 消费者购买行为模式

这一模式表明：消费者直接或间接地受到外部因素的刺激与影响。一类是企业的市场营销组合，即4Ps；另一类是消费者的外部环境，如政治和法律环境、经济环境、人口环境等。消费者在受到外部因素刺激后，便进入了心理活动过程，也就是人们常说的"黑箱"（由于消费者心理活动过程对企业来说是一种看不见、摸不着、不透明的东西，故称为"黑箱"）。消费者"黑箱"体现在两个方面：一是消费者特征，主要是指影响消费者行为的各种因素，如社会因素、文化因素、个人因素、心理因素等；二是消费者的购买决策过程，即引起需要——收集信息——评价选择——购买决定——购后感受五个阶段。消费者通过一系列的心理活动，就产生了一系列明显的反应，如决定购买什么产品、什么牌号、向谁购买、何时购买、购买数量等。

营销思考： 想想你购买某一件商品的经历。你的购买行为受到哪些因素的影响？

研究购买行为模式，对企业而言，最重要的是要分析和研究消费者"黑箱"中发生的情况，即了解消费者接受外部因素刺激后的心理活动过程。下面就消费者"黑箱"中的两个问题分别进行讨论。

二、影响消费者购买行为的主要因素

消费者的行为复杂而微妙，在一定意义上，消费者行为是消费者个人内在因素与外部环境因素交互作用的结果和产物。了解影响消费者行为的因素体系，有助于从总体上把握消费者心理与行为形成和变化的基本规律，从而有效地开展市场营销活动。可以将这些影响消费者购买行为的因素归结为社会文化因素、个人因素和心理因素，如图 3-3 所示。

要点： 消费者购买行为既受个人内在因素的影响，也受外部环境的影响。

1. 社会文化因素

社会文化因素对消费者需求和购买行为有着广泛而深刻的影响，其中最主要的有文化因素、社会阶层、相关群体和家庭四个方面。

(1) 文化因素。影响消费者购买行为的文化因素是指人类从生产实践中建立起来并形成的价值观念、宗教信仰、伦理道德、风俗习惯等物质财富与精神财富的总和，是影响人类购买欲望与购买行为的最基本的因素。它影响到社会的各个阶层和家庭，进而影响到每个人的行为和心理。

营销思考： 你所在的学校的亚文化有什么特点？它是否会影响你的购买行为？

在每种文化中，往往还存在许多在一定范围内具有文化统一性的群体，或者更小

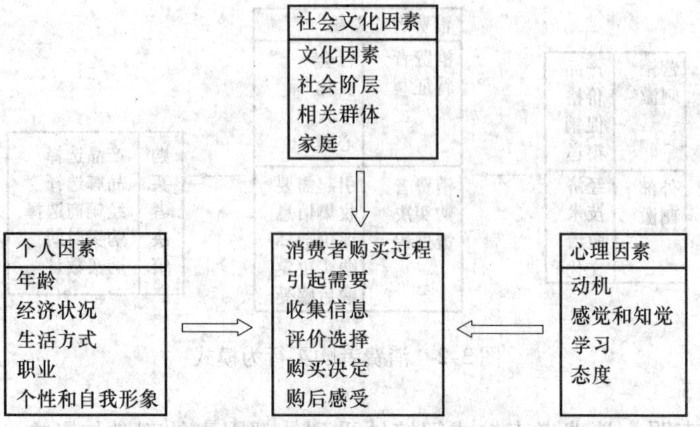

图3-3 影响消费者购买行为的主要因素

规模的文化，它们被称为亚文化。其主要包括：民族亚文化群、宗教亚文化群、种族亚文化群、地理亚文化群、性别亚文化群、年龄亚文化群等。以性别亚文化群为例，不同性别的消费者由于生理和心理方面的差别，在消费行为中存在很大差别。例如在消费者行为中，男性相对理性和被动，不易被外界因素干扰；女性相对感性和主动，容易受到广告、包装、购买气氛、促销活动的影响。

（2）社会阶层。社会阶层是指由于收入水平、受教育程度等方面的差异，在社会生活中会形成兴趣爱好、生活需求、价值取向相似或相近的群体或集团，他们在一定的社会经济结构中处于相同的经济地位。不同社会阶层的人，在购买行为和购买种类上具有明显的差异性。例如，处于较高社会阶层的人往往会选择有较高品牌知名度的产品，以配合自己的身份和形象。他们一般对价格不敏感，经常出入较高档的购物场所，更喜欢看杂志和书籍等。

（3）相关群体。相关群体是指影响消费者行为的个人或组织。群体成员在接触和互动过程中，通过心理和行为的相互影响与学习，会产生一些共同的信念、态度和规范。它们对消费者的行为将产生潜移默化的影响。相关群体有三种表现形式：一是主要团体，包括家庭成员、亲朋好友和同窗同事，对消费者的购买行为发生直接和主要的影响；二是次要团体，即消费者所参加的工会、职业协会等社会团体和业余组织，对消费者购买行为发生间接的影响；三是期望群体，消费者虽不属于这一群体，但这一群体成员，如影星、歌星、球星等，其态度、行为对消费者有着很大影响。

相关群体对消费者购买行为的影响主要有三个方面：一是影响消费者的生活方式，进而影响其购买行为；二是引起消费者的购买欲望，从而促成其购买行为；三是影响消费者对产品品牌及商标的选择。因此，企业在市场营销中，应充分利用社会群体的影响，尤其是相关群体的意见领导者的影响，要注意研究意见领导者的特性，提供其爱好的商品，并针对他们做广告，以发挥其“导向”和“引导”作用。

（4）家庭。家庭是社会的细胞，也是社会基本的消费单位。人们的价值观、审美观、爱好和习惯多半都是在家庭的影响下形成的，家庭使其成员的行为趋于一致化。家庭对消费者购买行为的影响主要来自家庭形态和家庭生命周期两个方面。

现代社会的典型家庭形态有三类：夫妻式、核心式（夫妻、孩子）和延续式（夫妻、孩子和祖父母或外祖父母）。家庭形态对消费者购买行为的影响主要取决于成员在家庭中的地位和作用。戴维斯（Davis）和瑞加克斯（Rigaux）根据购买决策过程中夫妻间的相互作用，把家庭购买决策方式分为四种类型：自主型、丈夫主导型、妻子主导型和共同决定型。自主型多用于不太重要商品的购买，而夫妻购买决策权的大小取决于多种因素，如对家庭的财务贡献、决策对特定家庭成员的重要性、性别角色取向、文化、角色专门化、受教育水平以及卷入度和产品特点等。值得一提的是，随着社会教育水平的提高和妇女就业的增多，妻子在购买决策中的作用越来越大，孩子和青少年在家庭购买决策中的权力和影响也逐渐加大。

家庭生命周期是指一个新的家庭成立到此家庭消失的全过程。购买行为受到家庭生命周期不同阶段的影响，如表3-2所示。

表3-2　家庭生命周期阶段对购买行为的影响

家庭生命周期阶段	特　征	购买行为模式
单身阶段	年轻的单身者	没有经济负担，时髦和娱乐导向
新婚期	年轻、无子女	购买频率高，对耐用品购买力增强，购买的产品包括汽车、耐用家具、度假等
满巢期一	年轻夫妻，有六岁以下的子女	家庭用品采购的高峰期，流动资产少，不满足于现有经济状况，储蓄部分钱，喜欢购买新产品和广告产品
满巢期二	年轻夫妻，有六岁或六岁以上的子女	经济状况较好，对广告不敏感，喜欢购买大包装商品和多种商品集中购买，如学习用品、各式食品等
满巢期三	年纪较大的夫妻，有具有自理能力的子女	经济状况较好，子女已有工作，对广告不敏感，耐用品购买力强，如新颖别致的家具、汽车、旅游等
空巢期	身边没有孩子的老年夫妻	完全拥有自己的住宅，经济状况较好，愿意施舍和捐赠，对新产品无兴趣，趋向于购买保健品、旅游产品等
孤独期	单身独居老人	已经退休，需要与其他退休群体一样的医疗用品，收入锐减，特别需要关注、情感和安全

2. 个人因素

影响消费者购买行为的个人因素包括消费者的年龄、职业经济状况、生活方式、职业以及个性和自我形象等。

> **营销思考：** 回忆一次购物经历，你的个人特征是如何影响你作出购买决策的？

（1）年龄。不同年龄的消费者的欲望、兴趣和爱好不同，购买或消费商品的种类和方式也有区别。许多企业在进行市场细分时，都将年龄作为区别目标顾客群的最重要因素之一。例如，儿童是糖果和玩具的主要消费者，青少年是文体用品的主要消费群，成年人是家用电器的主要购买者，而老年人则是保健品的主要消费者。

(2) 经济状况。经济状况是指消费者可支配的收入、储蓄、资产和借贷能力，是决定购买行为的重要因素。同时，它还决定消费者购买商品的种类、品牌和档次。消费者一般在可支配收入的范围内考虑以合理的方式安排支出，以便更有效地满足自己的需要。例如，收入低的顾客往往比收入高的顾客更关心价格的高低。企业应密切关注居民的个人收入、储蓄率的变化，合理制定价格策略。

(3) 生活方式。生活方式是根据人们自己的价值观念等安排生活的模式，并通过其活动、兴趣和意见表现出来。生活方式勾勒了一个人在社会上的行为及相互影响的全部。因此，营销人员要深入了解产品与各种生活方式的消费者群体的关系，并在广告中针对某种群体的心理进行诉求。例如，名贵手表制造商应该努力满足购买者追求成就感的心理需求。

(4) 职业。职业也可以影响到消费者的购买行为模式。例如，蓝领工人的食物支出占收入的比重较大，而公司经理、医生、律师等专业人员则将收入的较大部分用于在外用餐、购置衣服和消费各种服务。

(5) 个性和自我形象。个性是个体在多种情境下表现出来的具有一致性的反应倾向。它对于消费者是否更容易受他人的影响，是否更倾向于采用创新型产品，是否对某些类型的信息更具有感受性等均有一定的预示作用。自我形象是指每个人对自己的认识。它有时是指一个人希望把自己塑造成什么形象，有时则是指在社会交往中，别人怎样看待自己。由于消费者总是希望购买那些与自己形象相符的商品，因此企业营销应使产品形象与目标消费者的自我形象达到一致，从而促使他们购买。

有时，性别也是影响消费需求、动机和行为以及购买决策方面的因素。一般来说，男性消费趋于理智，喜欢稳重、可靠的商品，选择商品一般以“是否有用”为标准；女性消费行为较为感性，受感情因素支配，好感、同情、喜欢都会引发购买欲望。

3. 心理因素

影响消费者购买行为的心理因素除了需求和动机外，还包括感觉和知觉、学习、态度等。心理因素对消费者的行为起着直接的、决定性的影响作用。

(1) 感觉和知觉。消费者的感觉和知觉是消费者认知过程的两个阶段。认知过程是人由表及里、由现象到本质地反映客观事物的特性与联系的过程。感觉是人脑对直接作用于感觉器官的客观事物的个别属性的反映；知觉则是指人脑对直接作用于感觉器官的客观事物的整体反映。它们是影响消费者购买行为的重要心理因素。由于知觉是一个有选择的过程，因此不同的人对同一刺激物可能会产生不同的知觉。

(2) 学习。人类的有些行为是与生俱来的，但大多数行为是从后天经验中得来的。这种通过实践、由于经验而引起的行为变化的过程就是学习。学习的过程是驱使力、刺激物、提示物、反应、强化等因素相互影响和相互作用的过程。

(3) 态度。所谓态度，是指人们对事物的看法。它体现着一个人对某一事物的喜好与厌恶的倾向。一般来说，消费者的态度形成主要有三方面的依据：一是消费者本身对某商品或劳务的感觉；二是相关群体的影响；三是自己的经验或学习的知识。消费者态度的形成是一个逐步的过程，而一旦形成，就会呈现为稳定一致的模式，影响人们的消费行为。要改变消费者的态度，需要企业在营销策略方面作重大调整。当然，市场营销人员最好使其产品与消费者的既有态度相一致。

三、消费者的购买决策

对于消费者而言，在购买产品时，需要面临在多种产品中进行选择的情境。因而，消费者的购买决策是指消费者谨慎地评价某一产品、品牌或服务，用较少的付出购买能满足自己某一特定需要的产品的过程。

营销思考：描述你的一次购物决策经历，分析出现的各种角色。你本人是什么角色？

1. 消费者购买决策过程的参与者

学界普遍认为，消费者在一项完整的购买决策过程中，可能扮演下列五种角色中的一种或几种：

（1）发起者，即首先提出购买或有意向购买某一产品或服务的人。

（2）影响者，即其观点或建议对决策具有一定影响的人。

（3）决策者，即对购买决策的某个方面（包括是否买、买什么、如何买、何处买）作出完全或部分最后决定的人。

（4）购买者，即最终实际实施购买行为的人。

（5）使用者，即实际消费和使用产品或服务的人。

消费者市场上的购买活动和产品消费往往是以个人或家庭为单位的。消费者购买决策参与者数量的多少，取决于产品的性质。简单的日用品，如牙膏、洗衣粉等，购买决策的参与者常常只有一个人；而耐用品，如彩电、音响等，其购买决策的参与者一般较多，有时甚至包括一个家庭的主要成员甚至所有成员。

分析一个购买计算机的决策中可能有哪些参与者：家里上高中的孩子（发起者）提议买一台计算机。父母（决策者）经过仔细考虑，征求了身边的亲戚、朋友、同事等人（影响者）的意见，觉得可以购买。由于孩子的叔叔（购买者）对计算机比较在行，所以请他帮忙去现场采购。而计算机使用者是一家三口。

显然，上面购买决策过程的参与者中，最重要的是决策者；其次是购买者，因为他们有可能在一定程度上更改购买决策，如改变购买的数量和品牌、改变购买的时间和地点等。企业要确认这些角色，因为他们对产品的设计、广告词的确定及促销的分配等均具有一定的影响。

2. 消费者购买决策过程

要点：典型的消费者购买决策过程一般包括五个阶段，但不是所有的购买行为都要经历这五个阶段。

消费者的购买决策往往是通过一个购买过程来实现的，这个购买过程是消费者在购买动机的支配下，进行实际购买的行为过程。典型的消费者购买决策过程一般包括五个阶段，即引起需要、收集信息、评价选择、购买决策、购后感受，如图 3-4 所示。在实际购买过程中，并不是每次的购买行为均要经历这五个阶段。一些复杂的购买行为大多要经过这五个阶段，而一些简单的日用品的购买行为则可能跳过某些阶段。

图 3-4　消费者购买决策过程

营销思考：请描述你选择目前就读或工作的机构时的决策过程，确定各个阶段。你在各个阶段又是如何做的？

（1）引起需要。购买决策过程从消费者意识到某个问题或某种需要开始。消费者的需要可以由内部刺激和外部刺激引起，或者是两者相互作用的结果。例如，当一个人感到饥渴时，就促使他寻找可以吃喝的东西；而饭店里色香宜人的鲜美食物、饮料也会刺激人的饥渴感。

（2）收集信息。当消费者有了购买欲望之后，就会考虑“买什么样的商品”（选择品牌）、“到哪里买”（选择商店）等问题。如果引起的需要很强烈、满足需要的物品容易得到时，消费者便会希望马上获得满足。但在多数情况下，若被引起的需要不必马上满足时，需要就只是使人产生注意力，促使其积极寻找或接受资料，以便进行决定。

资料的来源主要有三方面，通过收集信息，消费者可以弄清不同品牌产品的主要特征。

要点：多样化的信息来源影响消费者，各种来源的影响力对不同人群的影响作用是不一的。

1）市场来源。其包括商业广告、售货员的介绍、商品展览等各种企业营销提供的资料。

2）社会来源。它主要是指家庭成员、亲朋好友以及社会上使用者互相传播的信息资料。

3）经验来源。它是指消费者在以往生活中的所见所闻以及实际感受，这是消费者获取信息的基本来源。

以上这些信息来源的影响随着产品的类别和购买者特征的不同而变化。一般来说，由企业控制的市场来源起通知作用，消费者从该处获得最多的信息；其他非市场来源起验证和评价作用，而消费者最信任的来源是经验来源。互联网正在改变着人们的生活，如今的市场由传统消费者、网络消费者和混合消费者组成。其中，混合消费者占大多数，他们既在网上消费，也喜欢到卖场去亲手挑选商品，摸摸布料，闻闻香水，并且和营销人员打交道。因此，许多公司同时提供网络和实体店铺两种方式来迎合这些混合消费者。

（3）评价选择。这是消费者将获取的信息进行整理和分析比较的过程。一般来说，消费者对商品比较评价的标准，主要集中在商品的属性、质量和价格三个方面。因此，在这一阶段，营销人员仍需展开试销、赠与等活动宣传其商品，以帮助消费者消除购买疑虑，正确认识产品性能差异，使消费者认识到本企业产品的相对竞争优势，从而强化其购买欲望。

（4）购买决定。通过比较评价，消费者已形成对某商品的偏好并决定购买，包括品牌决策、卖主决策、数量决策、时间决策和支付方式决策。但现实中，从购买决定到实际购买，除消费者自身因素外，还会受两类因素影响：①他人的态度。例如，某人想买某一品牌的汽车，家人或朋友持反对意见，必然会影响其购买意图。②意外的情况。例如，收入变化、产品涨价或者有其他更需要购买的东西等，这些都将会使消费者改变或放弃原有的购买意图。

(5) 购后感受。消费者买到商品后，便会将其投入使用。在使用过程中，消费者对商品的质量、性能等必然会产生一定的感受，并作出满意、不满意、一般等评价结论，这对营销人员来说是一个重要的信息反馈。如果消费者对所购商品满意，可能再度购买，而且会向他人作义务宣传，也就是说，消费者的满意是最好的广告；反之，消费者可能会劝阻他人购买，甚至通过大众媒体和法律手段维权。营销人员必须重视研究消费者购买感受的反馈信息，帮助企业发现营销缺陷，改善工作。

综上所述，企业研究购买者决策过程各阶段的特点，了解消费者如何作出购买决策的全过程，可以获得许多有助于满足消费者需要的有用信息，从而采取有针对性的措施，制定有效的营销方案。

第三节　组织市场购买行为

在商品经济条件下，企业不仅将货物卖给广大消费者，还将大量的原材料、机器设备、办公用品及相应的服务等卖给生产企业、中间商、社会团体、政府机关等组织机构。这些用户的消费需求和购买特点有别于消费者市场，本节将对其购买行为进行分析和研究。

一、组织市场的类型

由于组织市场的购买目的不同，其购买行为特征也必然不同，所以有必要对其进行分类，作进一步的分析和比较。一般根据购买者的主体特征将组织市场划分为以下几个类型：

(1) 生产者市场。生产者市场是指购买产品或服务用于产出其他产品或服务，然后销售或租赁给他人以获取利润的单位和个人。组成生产者市场的产业有：工业、农业、林业、渔业、采矿业、建筑业、运输业、通信业、保险业、公共事业、金融业和服务业等。

要点：生产者是最常见的组织购买者。

(2) 中间商市场。中间商市场也称为转卖者市场，是指购买产品用于转售或租赁以获取利润的单位和个人，包括批发商和零售商。批发商的主要业务是购买产品或劳务并将之转卖给零售商、其他商人、工业用户及其他机关团体等，其产品或劳务一般不会大量销售给最终消费者；而零售商的主要业务则是将产品或劳务直接销售给最终消费者。

(3) 政府与公共团体市场。政府市场是指那些为了执行政府职能而采购或租用产品或劳务的各级政府单位。公共团体泛指具有稳定的组织形式和固定成员，发挥特定的社会功能，不以盈利为目的，而是以推进社会公益为宗旨的事业单位和民间团体。

二、生产者市场

生产者市场的购买行为具有典型意义，与消费者市场既有相似性，又在市场结构与需求、购买单位性质、购买行为类型与购买决策过程等方面具有差异性。

1. 生产者市场购买者的购买动机

一般消费者可以根据自己的口味和爱好，选择想要购买的商品。生产资料购买者采购原材料取决于生产的需要，个人偏好一般不能起决定作用。这就决定了生产者购买必须从三方面考虑：一是必须达到盈利的目的；二是尽量降低生产成本；三是能够适应社会或法律的需要。例如，一家钢铁公司需要增加一座高炉，厂家首先考虑的是增加高炉应当带来相应的利润，或者有利于整个企业降低成本，或者能控制污染。在这三种考虑中，最根本还是利润原则。

为了达到上述目的，目前西方工业企业在购买生产资料时，广泛使用“价值分析”（Value Analysis，VA）方法来分析产品价值与产品功能及成本之间的关系，即价值等于功能与成本之比。其公式为

$$V\text{（价值）}=\frac{F\text{（功能，即产品使用价值）}}{C\text{（成本）}}$$

价值分析的目的是耗费最小的成本或费用来取得最大的使用价值，以提高经济效益。当然，绝不能简单认为生产资料的购买者作出决策的唯一因素是经济因素。事实上，生产者的购买行为受到周围环境的诸多影响，社会因素、心理因素也对生产购买决策产生影响。

2. 生产者购买行为类型

生产者决策过程的复杂性取决于购买类型。从形式上说，由于采购单位的生产任务和需要不同，生产者购买行为大致可以分为以下三种类型：

（1）直接重购。这是一种在供应者、购买对象、购买方式都不变的情况下，购买以前曾经购买过的产品的购买行为类型。这种购买行为类型所购买的多是低值易耗品，花费的人力较少，无需联合采购。

（2）修正重购。它是指购买者想改变产品的规格、价格、交货条件等。这需要调整或修订采购方案，包括增加或调整决策人数。

（3）新购。它是指生产者首次购买某种产品或服务。由于是第一次购买，买方对新购产品心中没数，在购买决策前要收集大量的信息，因而制定决策所花时间也就比较长。首次购买的成本越大，风险就越大，参加购买决策的人员也就越多。

要点： 生产者购买决策一般由“采购中心”集体作出。越是复杂的购买行为，参与决策的人越多。

3. 生产者购买决策的参与者

生产者的购买决策往往由一个组织作出，这个决策组织一般被称为“采购中心”。所谓采购中心，就是指围绕同一目标直接或间接作出采购决策并共同承担风险的所有个人和团体。采购中心的成员在购买决策中分别扮演以下六种角色中的一种或几种：

（1）发起者，即提出购买要求的人。多数情况下，发起者也是使用者。

（2）使用者，即具体使用拟购买某种产业用品的人。这些人往往是最初提出购买建议的人，在计划购买何种品种、规格的产品方面起着重要作用。

（3）影响者，即企业内部直接或间接影响采购决策的人。他们常常协助企业的决策者决定购买何种品种、规格的产品。企业的技术人员是最主要的影响者。

（4）采购者，即在企业中有组织采购工作正式职权的人。他们负责选择供应商和具体洽谈购货合同的条款。在复杂的采购工作中，采购者还包括那些参加合同谈判的高级人员。

（5）控制者，即控制有关生产资料信息流的人。例如，企业的购买代理商、技术人员等。

（6）决策者，即企业中有批准购买生产资料用品的人。在经常性采购中，采购者常常是决定者；而在复杂采购中，公司领导者常常是决定者。

要点：采购中心的成员扮演六种角色，决策者的作用最大。

在一般情况下，直接重购时，采购部门负责人起决定作用；新购时，企业高层领导起决定作用；确定产品的性能、质量、规格、服务标准时，技术人员起决定作用；而在供应商的选择上，采购人员起决定作用。这说明在新购的情况下，供应商应该把产品信息传递给买方的技术人员和高层领导；在买方选择供应商的阶段，应当把产品信息传递给采购部门负责人。对此，针对生产者市场的复杂特征，供应企业的营销人员必须确定：谁是主要决策的参与者？他们影响哪些决策？其影响程度如何？每一个决策与使用的评价标准是什么？要做到这一点，信息获取、处理能力以及沟通能力至关重要。

4. 影响生产者购买行为的主要因素

同消费者购买行为一样，生产者的购买行为也同样会受到各种因素的影响。美国的韦伯斯特（Webster）和温德（Wind）将影响生产者购买行为的主要因素概括为环境因素、组织因素、人际因素和个人因素，如图 3-5 所示。

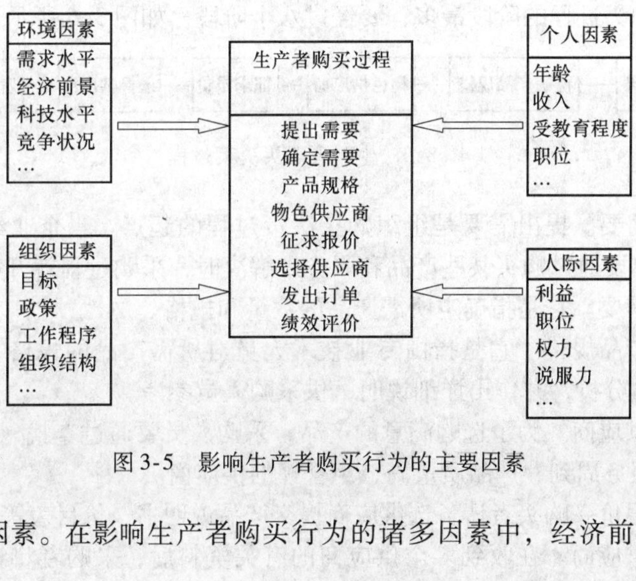

图 3-5 影响生产者购买行为的主要因素

（1）环境因素。在影响生产者购买行为的诸多因素中，经济前景是很重要的。

生产者与市场购买者受当前经济状况和预期经济状况的影响比较严重。当经济不景气或前景不佳时，生产者就会缩减投资，压缩原材料的库存，减少采购。此外，组织购买行为也受科技水平、政治和竞争状况的影响。营销者要密切注视这些环境因素的作用，力争将问题变成机遇。

（2）组织因素。每个企业的采购部门都有自己的目标、政策、工作程序和组织结构。生产者市场营销人员应了解并掌握购买者内部的采购部门在其企业里处于什么地位，是一般的参谋部门，还是专业职能部门；它们的购买决策权是集中决定还是分散决定；在决定购买的过程中，哪些人参与最后的决策等。只有对这些问题做到心中有数，才能使企业的营销有的放矢。

（3）人际因素。这是企业内部人事关系的因素。购买的决定是由企业各个部门和不同层次的人员组成的“采购中心”作出的。“采购中心”的成员由质量管理者、采购申请者、财务主管者、工程技术人员等组成。这些成员的地位不同、权力有异，说服力有区别，他们之间的关系也有所不同，而且对生产者的购买决定所起的作用也不同，因而在购买决定上呈现较纷繁复杂的人际关系。营销人员必须了解用户购买决策的主要人员是谁，他们的决策方式和评价标准如何，决策中心成员间相互影响的程度等，以便采取有效的营销措施。

（4）个人因素。生产者市场的购买行为虽为理性活动，但参加采购决策的仍然是一个个具体的人，而每个人在作出决定和采取行动时，都不可避免地受其年龄、收入、受教育程度、职位、个人特性以及对待风险的态度的影响。因此，市场营销人员应了解生产者市场采购员的个人情况，以便采取因人而异的营销措施。

5. 生产者购买决策过程

生产者的购买决策过程依其购买类型的不同而各异。直接重购这种简单的购买类型，购买过程所经历的阶段最少；修正重购的购买过程就多些；而在新购这种复杂的购买类型中，购买过程的阶段最多，要经过八个阶段，如图 3-6 所示。

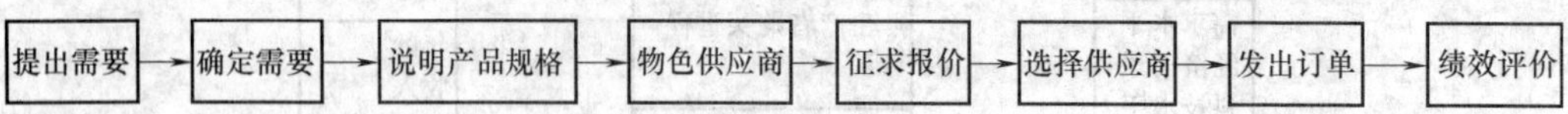

图 3-6　生产者购买决策过程

（1）提出需要。提出需要是组织购买决策过程的起点。当企业经营过程中发现问题，有人提出要通过购买某些产品和服务来解决时，采购过程就开始了。

（2）确定需要。它是指确定所需产品的数量和规格。

（3）说明产品规格。它是指由专业技术人员对所需产品的规格、型号、功能等技术指标作具体分析，并作出详细说明，供采购人员参考。

（4）物色供应商。为了选购满意的产品，采购人员要通过查找《工商企业名录》等途径，物色服务周到、产品质量高、声誉好的供应商。

（5）征求报价。购买者请备选供应商提交产品说明书、价目表等有关材料。

（6）选择供应商。在收到多个供应商的有关资料后，采购者将根据资料选择比较满意的供应商。在选择供应商时，不仅考虑其技术能力，还要考虑其能否及时供货、能否提供必要的服务，有时还要和供应商面谈，争取更优惠的条件。不少企业最后确定的供应商不限于一个。其目的在于：一方面，有多个供应商，以免受制于人；另一方面，可以通过几个供应商之间的竞争，促使他们改进服务质量。当然，企业在确定的几个供应商中，必定以一个为主，其他几个为辅。

（7）发出订单。选定供应商以后，采购经理开出订货单给选定的供应商，在订货单上列举技术说明、需要数量、期望交货期等。

（8）绩效评价。产品购进后，采购者还会及时向使用者了解其对产品的评价，考查各个供应商的履约情况，并根据了解和考查的结果，决定今后是否继续采购某供应商的产品。

这里需要注意的一点是，这一决策过程不是可以随时套用的“万能公式”，而应根据企业的具体营销对象和状况作出相应的变化和调整。

三、中间商市场

购买物质产品后不经过再加工就转卖出去的批发商和零售商统称为中间商或经销商，所以中间商市场又称转卖者市场。中间商在地理分布上比生产者分散，比消费者集中。中间商市场的大部分特点、影响因素和购买决策步骤与生产者市场相似，但中间商的购买行为与购买决策有些不同。

1. 中间商购买行为的特点

（1）衍生需求。中间商对产品的需求是由终端消费群体的消费意识和需求引发的，其所采购产品的品种、规格、数量、价格、交货日期等与此相关。

（2）货源配置有较高要求。中间商的货源配置也与消费者的购买行为密切相关。例如采购时，品种、规格、花色等需要全面、丰富，且有所重点地突出畅销产品，主要用以满足消费者的多样化需求和自身的经营战略所需。

（3）需求弹性较大。批发商和零售商对上游产品的价格比较敏感，会根据价格涨落对其需求量进行适当调整。

（4）批量购买，定期进货。中间商一般都有固定的进货渠道，进货时间有较强的规律性。

2. 中间商购买过程的参与者

中间商购买过程参与者的多少与商店的规模和类型有关。在小型商店中，店主亲自进行商品选择和采购工作；而在大公司里，有专人或专门的组织从事采购工作，重要的项目则有更高层次和更多人员参与其中。这些人和组织分别扮演五种角色中的一种或几种，像生产者市场那样形成了一个事实上的“采购中心”。

3. 中间商的主要购买决策

中间商的主要购买决策包括配货决策、供应商组合决策和供货条件决策。配货决策是指决定拟经营的花色品种，即中间商的产品组合。供应商组合决策是指决定拟与之进行交换活动的各有关供应商。供货条件决策是指决定具体采购所要求的价格、交货期、相关服务及其他交易条件。以上所有决策中，最基本、最重要的购买决策是配货决策。因为中间商经营的货色会影响到从哪家供应商进货，即中间商的供应商组合，以及影响到中间商的市场营销组合和顾客组合。中间商的配货战略主要有以下四种：

（1）独家配货，即中间商决定只经营某一家制造商的产品。

（2）专深配货，即中间商决定经营许多家制造商生产的同类的各种型号规格的产品。

（3）广泛配货，即中间商决定经营种类繁多、范围广泛但未超出行业界限的产品。

（4）杂乱配货，即中间商决定经营范围广泛且没有关联的多种产品。

四、政府与公共团体市场

要点：政府机构的资金来源决定了其购买行为受到公众的关注，因此涉及大量文书。

政府机构主要是指各级政府部门、军队、警察、消防部门等。公共团体主要是包括一些非营利性的事业单位和民间团体。它们或是为了履行政府职能，或是为了推进社会公益而存在，共同特征是不以盈利为目的，统称为非营利组织。政府投资属于生产者市场，这里所说的政府市场不包括政府投资。因此，本文所说的政府和公共团体市场也是一个最终市场，更类似于消费者市场。同时，政府和公共团体市场上的受益者和执行者是分离的。

政府和公共团体购买的目的是满足社会公众需要及自身正常运转，所以采购范围十分广泛，通常会有庞大的开支，从而形成了一个独特的、诱人的集团消费大市场。下面以政府市场为例，来分析这个市场的购买行为。

营销思考：从政府采购网站上寻找一条采购信息，分析购买者的性质和购买影响因素。

1. 政府购买行为的特点

（1）资金来源的公共性。政府采购的资金来源为财政拨款和需要由财政偿还的公共借款，最终来源为纳税人的税收和公共服务收费。因此，其购买行为要受到公众的监督。

（2）非盈利性。政府采购为非商业性采购，不以盈利为目标，这就要求产品的提供者尽可能降低产品的价格。

（3）采购对象的广泛性和复杂性。政府采购的对象既有标准产品，也有非标准产品；既有有形产品，也有无形产品；既有价值低的产品，也有价值高的产品；既有军用产品，也有民用产品；从一般的办公用品到武器、航天飞机等，包罗万象。

（4）政策性。政府采购实体在采购时不能体现个人偏好，必须遵循国家政策的要求，包括最大限度地节约财政资金、优先购买本国产品、保护中小企业发展、保护环境等。这一特性决定了政府采购目标的多重性，既要考虑经济性因素，还要考虑政治性、军事性及社会性目标。

（5）规范性。政府采购是按照有关政府采购的法规，根据不同的采购规模、采购对象及采购时间要求等，采用不同的采购方式和采购程序进行的。每项采购活动都要规范运作，体现公开、竞争等原则。

2. 影响政府购买行为的因素

与消费者和生产者市场一样，政府购买者也受到环境的、组织性公众的密切关注，包括国家权力机关和其他一些民间集团。由于购买决策受公众的关注，因此政府机关会要求供应商提供大量的文书。

（1）社会公众的监督。虽然各国的政治经济制度不同，但是政府采购工作都受到各方面的监督。主要的监督者有：①国家权力机关和政治协商会议。政府的重要预算项目必须提交国家权力机关审议通过，经费使用情况也受到监督。②行政管理和预算办公室。有的国家成立专门的行政管理和预算办公室，审核政府的各项支出并试图提高使用的效率。③传播媒体。报刊、杂志、广播及电视等传播媒体密切关注政府经费的使用情况，对不合理之处予以披露，起到了有效的舆论监督作用。④公民和民间团体。国家公民和各种民间团体对自己缴纳的税赋是否切实地用之于民也非常关注，会通过多种途径表达自己的意见。

（2）国际、国内形势。例如，在国家安全受到威胁或出于某种原因发动对外战争时，军备开支和军需品需求就大，和平时期用于建设和社会福利的支出就大；经济疲软时期政府会缩减支出，经济高涨时期则增加支出。国家经济形势不同，政府用于调控经济的支出也会随之增减。例如，我国出现“卖粮难”现象时，政府按照最低保护价收购粮食，增加了政府采购支出；美国前总统罗斯福在经济衰退时期实行“新政”，由国家投资大搞基础设施建设，刺激了经济增长。

（3）自然因素。各类自然灾害会使政府用于救灾的资金和物资大量增加。政府机构会倾向于选择本国的供应商，而不是外国的供应商。在欧洲经营的跨国公司的主要抱怨就是每个国家都倾向于本国公司，哪怕外国公司提供的货物品质更优异。联合国欧洲经济委员会（UNECE）正在逐步改变这种偏见。

在政府购买中，非经济标准所起的作用也越来越大。政府采购者被要求照顾处于经济衰退中的地区和公司、小企业、少数民族企业以及能避免种族、性别或年龄歧视的公司。销售者在决定与政府进行交易时，必须牢记这些因素。

3. 政府采购的方式

我国2002年通过的《中华人民共和国政府采购法》中明确提出，政府采购主要通过以下几种方式来选择合适的供应商：

（1）公开招标与邀请招标。公开招标应按规定的方式向社会发布招标公告，有三家以上符合资格的供应人投标。对于复杂性或专门性采购，只能从有限的供应人处获得；招标成本高的采购，可采取邀请招标，向三家以上的供应人发出邀请，并至少有三家参加投标。

（2）竞争性谈判。这是指谈判小组（由采购人的代表和有关专家共三人以上的单数组成，其中专家的人数不得少于成员总数的2/3）从符合相应资格条件的供应商名单中确定不少于三家的供应商参加谈判的采购方式。

（3）询价采购。这是指询价小组（由采购人的代表和有关专家共三人以上的单数组成，其中专家的人数不得少于成员总数的2/3）根据采购需求，从符合相应资格条件的供应商名单中确定不少于三家的供应商，向其发出询价单让其报价，供应商报出的价格不得更改，然后询价小组在报价的基础上进行比较，并确定最优供应商的采购方式。

（4）单一来源采购。单一来源采购也称直接采购，是指达到了限额标准和公开招标数额标准，但所购商品的来源渠道单一，或属专利、首次创造、合同追加、原有采购项目的后续扩充以及发生了不可预见的紧急情况而不能从其他供应商处采购等情况。

4. 公开招标的程序

（1）公开招标与邀请招标。招标公告的内容包括招标项目的名称、数量，供应人的资格，招标文件的发放办法和时间，投标时间和地点。

（2）开标、评标与现场竞标。开标应邀请评标委员会成员、供应商代表和有关单位代表参加。评标委员会由采购人、招标代表以及技术、经济、法律等方面的专家组成，人数为五人以上的单数。

（3）签订采购合同与支付价款。签订合同后，采购人员凭采购合同及财政部门要求的其他材料到财政部门办理付款手续。

（4）监督检查。检查内容如下：①采购活动是否依采购计划进行；②采购项目是否符合政府规定；③采购方式和程序是否符合法律规定；④采购合同的履行情况；⑤其他应检查的内容。

本章小结

1. 消费者市场是市场体系的基础，由为了满足生活消费而购买商品和服务的个人或家庭构成。生活消费是产品和服务流通的终点，因此，消费者市场也被称为最终产品市场。组织市场是指以某种组织为购买单位的购买者所构成的市场，其购买目的是生产、销售、出租、维持组织运作或履行组织职能等。

2. 消费者市场和生产者市场的区别体现在购买者、购买目的、购买数量、市场分布、所处环节、需求弹性、购买行为、购买决策、主要分销方式、主要促销方式等方面。

3. 消费者购买行为是指消费者为获取、购买、使用、评估和处置预期能满足其需要的产品和服务所采取的各种行为。消费者购买行为模式分析，通常在两大框架下展开：一个是7Os框架，也称为“6W1H”研究方法；另一个是刺激—反应模式框架。

4. 消费者行为是消费者个人内在因素与外部环境因素交互作用的结果和产物。影响消费者购买行为的因素有社会文化因素、个人因素和心理因素。

5. 消费者在一项完整的购买决策过程中，可能扮演发起者、影响者、决策者、购买者和使用者这五种角色中的一种或几种。消费者购买决策往往是通过一个购买过程来实现的。典型的购买决策一般包括五个阶段，即引起需要、收集信息、评价选择、购买决策、购后感受。

6. 同消费者购买行为一样，生产者的购买行为也同样会受到各种因素的影响。影响组织购买行为的各种因素为环境因素、组织因素、人际因素和个人因素。

7. 生产者市场的购买决策过程依其购买类型的不同而各异。直接重购的购买过程所经历的阶段最少；修正重购的购买过程阶段相对多些；新购的购买过程阶段最多，要经过八个阶段：①提出需要；②确定需要；③产品规格；④物色供应商；⑤征求报价；⑥选择供应商；⑦发出订单；⑧绩效评价。

8. 购买物质产品后不经过再加工就转卖出去的批发商和零售商统称为中间商或经销商，所以中间商市场又称转卖者市场。中间商市场购买行为的特点有：①衍生需求；②货源配置有较高要求；③需求弹性较大；④批量购买，定期进货。

9. 政府机构主要是指各级政府部门、军队、警察、消防部门等。公共团体主要是包括一些非营利性质的事业单位和民间团体。它们或是为了履行政府职能，或是为了推进社会公益而存在，共同特征是不以盈利为目的。政府购买受社会公众的监督，并且受国际、国内形势和自然因素影响。

思考题

1. 消费者市场和生产者市场的区别是什么？
2. 简述影响消费者购买行为的主要因素。
3. 结合实例描述消费者的购买决策过程。
4. 组织市场可以如何划分？
5. 试述影响生产者市场购买者购买行为的因素。考虑如何运用这些因素开展有效的营销活动。
6. 中间商购买行为有什么特点？
7. 政府购买行为有什么特点？影响政府购买的因素有哪些？

选择题

1. 下列描述中属于组织市场销售行为的是________。

A. 麦当劳餐厅将汉堡卖给一个饥饿的男士
B. 药剂师卖药
C. 复印机制造商将复印机卖给广告代理商
D. 某学生将其教科书卖给另一个学生

2. 对消费者的购买行为具有最广泛、最深远影响的因素是________。

A. 人口统计因素　B. 文化因素　C. 心理因素　D. 个性特征

3. 人们对某种事物的相对稳定的心理倾向是________。

A. 个性　B. 感知　C. 动机　D. 态度

4. 消费者的家人与朋友能影响其购买行为。这些家人与朋友被称为________。

A. 相关群体　B. 社会角色　C. 组织群体　D. 感知群体

5. 由于市场环境不断变化，新产品、新品牌不断涌现，消费者的购买行为必须经过多方收集信息之后才能作出购买决策。这本身就是一个________。

A. 刺激过程　B. 学习过程　C. 强化过程　D. 反射过程

6. 生产者市场的特点之一是________。

A. 购买人数多，供应范围广　　B. 引申需求，缺乏弹性

C. 需求弹性大，购买流动快　　D. 交易数量小，交易次数多

7. 在消费者信息来源中，来自消费者直接使用该产品得到的经验。这类信息属于______。

A. 个人来源　B. 商业来源　C. 公共来源　D. 经验来源

8. 影响消费者购买力决定因素的收入是________。

A. 可支配收入　B. 任意收入　C. 名义收入　D. 预期收入

9. 下列哪种角色是组织市场作出购买决策时独有的：________。

A. 发起者　B. 使用者　C. 采购者　D. 控制者

10. 下列哪个不是中间商市场购买行为的特点________。

A. 非营利性　B. 衍生需求　C. 需求弹性较大　D. 批量购买，定期进货

11. 采购人员和过去一样从同一供应商那里采购同样的产品。这种购买属于________。

A. 直接重购　B. 修正重购　C. 新购　D. 以上都不是

章尾案例

利用消费者惯性思维　大包装诱其进入“实惠陷阱”

不少消费者认为，加量实惠多，大包装会比小包装便宜，赠品应该是白送的，“买一送一”时，商品和赠品包装大小相同，里面的商品数量也应相同……然而，不少商品在外包装设计和商品标价方面却暗藏玄机，往往利用消费者的“惯性思维使之”陷入“实惠陷阱”。

1. 大包装不一定就实惠

在一家大型超市的牙膏销售区，不少产品都在原包装上打上“送××g”“加量××g”的醒目字眼，给消费者非常实惠的感觉。一些正在挑选牙膏的消费者表示，选择商品最关注的就是价格，但是对于“加量45g”“加量35g”等促销非常不喜欢。一位中年消费者说：“加量这种方式太费脑筋，消费者如果想弄明白究竟便宜多少，就得用计算器才能算准确。”此外，一些顾客表示喜欢购买大包装的商品，感觉大包装的会比小包装的划算。但实际情况并不一定如此。例如，某品牌儿童牙膏，40g装的售价6元，70g装的售价12.9元，显然40g装的要相对实惠。

2. 赠品不白赠，包装“充大个”

人们在选购商品时，往往会有“赠品应该是白赠”的消费心理，而且赠品种类不应该直接影响到商品售价。但是，实际上，即使是相同的商品，往往会因为内附赠品不同而售价不同。一款内附赠品为打花器的儿童牙刷售价为8.5元，而同品牌同款但内附赠品为橡皮的儿童牙刷售价为8元。很显然，赠品的价值直接左右了商品的售价。而赠品包装“充大个”的现象也极易令消费者误入“实惠陷阱”。在洗浴用品销售区选购商品的张女士说：“前几天我买了一包卫生用品，是捆绑的‘买一送一’包装。当时赠品的包装大小与正品一模一样，但是到家拆开一看，里面的含量只是正品的一半，感觉特别上当。”另一位消费者则表示，有些赠品包装“充大个”非常迷惑消费者，因此，必须要仔细看赠品的含量或重量。

（资料来源：《利用消费者惯性思维　大包装诱其进“实惠陷阱”》，网易新闻，2014－05-23，http：//news. 163. com/14/0523/14/9SUHB92R00014AEE. html，有改动。）

案例思考题：

1. 结合本章所学内容，分析商家以“实惠”的大包装来引诱消费者购买的出发点是什么。

2. 商家“实惠”的大包装有可能怎样影响消费者的购买行为？原因是什么？

第四章

市场营销调研与市场预测

学习目标：

1. 了解市场营销调研的概念。
2. 掌握市场营销调研的步骤和方法。
3. 熟悉市场营销调研问卷的设计。
4. 理解市场预测的步骤和方法。

导引案例

安琪公司为亚洲酵母生产的第一大企业、上市公司。安琪 & 纽特则是安琪公司设在中国的全资的营养保健食品公司，其生产任务主要以酵母为主要原料，并通过对酵母的提炼、加工，生产各种营养保健食品。2008 年后，安琪 & 纽特公司经营不佳，逐渐放弃了最初占有的一线城市市场，最后只能退守三、四级城市及农村市场。是哪些原因导致市场越来越萎缩、产品市场占有率停滞不前？目前我国保健品市场的规范化、人力资源的规定等政策不断出台，保健品市场的发展趋势将会怎样？在未来的发展中将要规避哪些问题？值得借鉴的其他保健品企业成功与失败的经验有哪些？带着各个方面的疑问，安琪 & 纽特公司对全国三十几个城市进行了调研。

调研结果发现：品牌定位不清晰，缺乏独特卖点提炼，品牌结构设混乱，导致了基准产品缺失；产品线过长，产品开发没有根据自身优势、市场需求为导向，导致产品多又杂；各个产品之间相互关联性不高，甚至有内部竞争的现象。由于缺少网络上的高空拉动，线下的活动即使再频繁，也只是完成了一定销售目标，对企业知名度、品牌忠诚度均没有起到一定作用；由于品牌认知度及产品宣传度没有得到很好的释放，导致出现渠道单一、渠道商服务意识不强、渠道商过分依赖厂家等现象。

营销思考：结合安琪 & 纽特公司案例，谈谈你对市场营销调研的认识和理解。

通过这次调研，安琪 & 纽特公司首先明确地提出了安琪的品牌定位，再通过品牌定位诉求安琪的自身的国际化优势，同时宣传酵母的有益性、安全性；将现有产品进行梳理，划分为一个品牌统领的基于酵母的营养保健品，另一个品牌统领的非酵母类的产品，重点发展基于酵母的营养保健品，将安琪保健品建设成为世界顶级的酵母营养专家。如今，安琪品牌的知名度正在不断上升。

（资料来源：《安琪品牌诊断与市场研究报告》，2008－03－19，http：//caijing. xooob. com/cjzx/20083/280702 355129. html，有改动）。

第一节　市场营销调研

市场营销的目的是通过比竞争者更好地满足市场需求，赢得竞争优势，进而取得合理的利润收入。要做到这一点，就必须从研究市场出发，了解市场需求及竞争者的最新动态，开展市场营销调研，广泛收集市场营销信息，据此制定市场营销战略决策。

一、市场营销调研的概念

要点：营销调研是企业经营活动的出发点，是企业市场决策的依据。

美国市场营销协会将市场营销调研定义为："一种借助信息把消费者、顾客及公共部门和市场联系起来的特殊活动——这些信息用以识别和界定市场营销的机会和问题，产生、改进和评价营销活动，监控营销绩效，增进对营销过程的理解。"通俗地说，市场营销调研（简称营销调研）就是通过科学的方法，有目的、有计划地收集、记录、整理和分析商品供求情况及与之相关的资料，为市场经营预测提供可靠依据的一项工作。

营销调研从市场环境、市场参与、市场运营、市场行为到市场消费几个环节层层深入，刻画真实的市场情况。无论是宏观市场环境（人口、自然地理、经济、政治法律环境等），还是微观市场环境（企业、竞争者、消费者、供应商、公众等），都是市场调研的研究对象和内容。通过营销调研，企业可以了解市场活动的现状和趋势，有效地把握市场脉搏，从而作出有利于企业的科学决策，搞好营销活动策划，不断改善经营管理。

二、营销调研的程序

有效的营销调研一般包括五个步骤，如图4-1所示。

图4-1　市场营销调研程序

要点：确定调研问题是营销调研最重要的一步。注意问题的范围要适当。

1. 确定调研问题

企业营销调研的第一个步骤是确定所要调研的问题。在任何一个问题上都存在着许多可以进行调研的内容。例如，当某企业需要了解某种新型化妆品有多大的市场时，可以提出"消费者喜欢什么样的化妆品""消费者使用化妆品的目的是什么""消费者愿意花多少钱去购买化妆品"等问题，调研的侧重点可以多种多样。这就要求企业营销管理者必须善于把握问题，对问题的规定要适当。问题定义过宽，可能使调研效果不明显；问题定义过窄，又可能使得调研缺乏代表性。只有对市场调研的问题有清晰的认识和准确的定义，市场调研项目才能被有效地实施。

2. 制订调研计划

营销调研计划的内容包括本次调研的目的、总体范围，收集资料和信息的方法，确定调研人员，明确调研步骤进度与工作内容，拟订调研提纲，审核本次调研的必要性，提出调研过程中可能遇到的问题及解决办法，确定调研资料的处理与分析方法，制定调研预算并报批等。其中，关于抽样问卷的设计需要经过严密思考，对抽样对象的准确性、样本容量的代表性以及抽样方法的合理性和可操作性作出科学判断。书面问卷的问题、量表则往往可以通过已有类似调查项目和相关理论进行设计组织。

3. 收集信息

按照先内后外、从有到无的原则，收集调查资料要求做到既全面又迅速。这就要求企业充分运用已有资料，然后可以进行实地调查，取得第一手资料。现在，越来越多的企业在进行各项成本比较后求助于商业数据服务机构（如 AC 尼尔森等公司），或通过各种网络在线数据库，付费获取二手信息。这种途径既迅速，又专业。

4. 整理分析信息

对收集到的各种信息，还需要进行整理分析，包括将资料分类编号，进行统计分析和整理，对实地调查得来的资料要检查误差。发现记录不完整和数据前后矛盾的地方，应审核情报资料的根据是否充分，推理是否严谨，阐述是否全面，结论是否正确。如果采用电子计算机处理，对调研的资料进行统计汇总，绘制统计图、表，并加以系统的分析，在此基础上找出原因，得出调研结论，提出改进建议或措施供管理者决策时参考。

资料的分类有两种方法：一是在设计调研提纲、调研问卷时，按照不同的调研项目设计调研指标，调研时即按分类指标收集资料、整理资料；二是在调研资料收集起来之后，再根据资料的性质、内容或特征将相异的资料区别开来，将相同或相近的资料合为一类。在条件允许的情况下，资料分类宜细不宜粗，以便更好地发挥调研资料的作用。

5. 提出调研结论

在对调研资料分析处理的基础上，调研人员必须得出调研结论，通常以调研报告的形式总结汇报调研结果。正规的市场营销调研必须就它所研究问题的结论提出正式的报告，编写的调研报告应做到：简明扼要，突出重点；文字简练，通俗易懂；观点明确，分析透彻；力求客观，避免带有感情因素；结构完整，安排合理。一般来说，一个完整的调研报告应包括以下基本内容：①引言。说明调研的目的、对象、范围、参加人员、时间、地点、调研的主题和采用的调研方法等。②摘要。简要概括整个研究结论和建议，这是决策者最看重的部分。③正文。详细说明调研过程、调研内容、结论和建议。正文一般应包括情况部分、预测部分、建议或决策部分。④附件。主要包括样本分配、数据图表、问卷附本、访问记录及参考资料等。

三、营销调研的方法

1. 按研究的性质分类，分为探索性研究、描述性研究和因果预测研究

（1）探索性研究。探索性研究常用来收集初步数据，帮助澄清和确定一个问题，并不提供问题的解决方案。在确定主要方案前，一些探索性研究工作有助于建立主体研究的关键领域。探索性研究常常用于大规模的正式调查之前，采用比较灵活的方法，如文献探讨、专家咨询或深访、试点调查、个案研究、二手资料分析等。

（2）描述性研究。描述性研究是营销调研中使用最多的一类研究，目的是描述总体的基本状况和特征，以帮助营销人员能够更好地理解某一特定问题。描述性研究的范围可能相当具体。例如，分析某一特定品牌的消费者，评估与该品牌相关的实际购买和再次购买行为以及行为背后的原因等。大多数的此类研究往往以有代表性的大样本为基础，通过定量和定性数据的演示，帮助营销人员更好地理解问题所在。

（3）因果预测研究。因果预测研究的目的是考察起因与结果之间的关系，以准确预测特定行为可能出现的结果。对营销人员来说，这种研究的难点在于，当其他有可能引发因变量 Y 变动的因素保持不变时，自变量 X 究竟在多大程度上会引起 Y 的变动。因果预测研究常用的方法是实验法。而在现实世界中，由于竞争者、零售商、中间商、营销环境均独立运行，任何一方的变动都会引起背景条件的变化，所以很难找到非常贴合实验室条件的情况。

2. 按资料来源的不同，分为文案调研、实地调研和网络调研

营销思考：描述一次你进行文案调研的经历。

原始资料是指研究人员为了解决面临的问题而专门收集的资料。二手资料是相对于原始资料而言的，是指那些并非为正在进行的研究而是为其他目的已经收集好的现成的统计资料。与原始资料相比，二手资料具有取得迅速、成本低、易获取、能为原始资料的进一步收集奠定基础等优点。

（1）文案调研。文案调研是指利用企业内部和外部现有的各种信息、情报资料，对调查内容进行研究的一种方法。市场调研人员通过获取二手资料，可以使企业迅速了解有关信息，把握市场机会，也可以帮助市场人员对要了解的市场情况有初步认识，为进一步的直接调研奠定基础。文案调研具有以下几个特点：

1）文案调研是收集已经加工过的文案，而不是对原始资料的收集。

2）文案调研以收集文献性信息为主，具体表现为收集各种文献资料。在我国，目前仍主要以收集印刷型文献资料为主。

3）文案调研所收集的资料包括动态和静态两个方面，尤其偏重从动态角度收集各种反映调查对象变化的历史与现实资料。

文案调研的操作方法及特点如表 4-1 所示。

表 4-1 文案调研的操作方法及特点

名　称	操作方法	特　点
文案调研	收集现成的资料→审查资料的可靠性和准确性→分类保存→运用科学手段进行分析研究	成本低，资料获取相对容易，时间相对较短；但是较多地依赖历史资料，资料的准确度不好把握，对调查人员要求也比较高

（2）实地调研。实地调研是运用科学的方法，系统地现场收集、记录、整理和分析有关市场信息，了解商品或劳务在供需双方之间转移的状况和趋势，为市场预测和经常性决策提供正确、可靠的信息。常见的实地调研方法有询问法、观察法和实验法。

1）询问法。询问法是营销调研中使用最普遍的一种调查方法。它把研究人员事先拟订的调查项目或问题以某种方式向被调查者提出，要求给予答复，由此获取被调查者或消费者的动机、意向、态度等方面的信息。询问法的形式很多，根据询问内容传递的方式不同，可以分为面谈询问、邮寄询问、电话询问和留置询问。询问形式的选择主要从问题的伸缩性、复杂性，回答所需资料的范围，调查对时间的要求及调查的成本来确定。

营销思考：描述一次你使用询问法的经历。

询问法的不同形式及特点如表 4-2 所示。

表 4-2 询问法的不同形式及特点

询问形式	操作方法	特　点
面谈询问	调查者面对面询问被调查有关问题，包括个别面谈和群体面谈	这种方法收到回复的比率较高，但调研结果正确与否，受调研人员的技术熟练程度影响较大
邮寄询问	将设计好的调查表寄给被调查者，由被调查者根据调查表的填表要求填好后寄回	这种方法的调研区域广，被调研者有充分时间考虑答案，但回收时间长、回收率较低，有的被调研者还会因误解问卷的意思而出现答非所问的情况
电话询问	根据抽样规定或样本范围，通过电话询问对方意见	这种方法可在短时间内调研多个样本，但不易获得对方的合作，无法询问较为复杂的问题
留置询问	将调查表当面交给被调查者，说明调查意图和要求，由被调查者自行填写回答，再由调查者按约定日期收回	这是一种介于访问调研和邮寄调研之间的方法

营销思考：如果一个调研公司想了解某居民小区的消费水平，如何通过观察法来解决这个问题？

2）观察法。观察法是由调查员直接或通过仪器在现场观察调查对象的行为动态并加以记录而获取信息的一种方法。观察法在市场调研中用途很广。例如，研究人员可以通过观察消费者的行为来测定其品牌偏好和促销的效果。随着现代科学技术的发展，人们还设计了一些专门的仪器来观察消费者的行为。观察法虽然可以观察到消费者的真实行为特征，但是只能观察到外部现象，无法观察到调查对象的一些动机、意向及态度等内在因素。所以，观察法常与其他方法结合起来使用。几种常用的观察法如表 4-3 所示。

表 4-3　几种常用的观察法

名　　称	操 作 方 法	举　　例
直接观察法	在现场由调查人员直接对调查对象进行观察	（1）在零售商店柜台前观察消费者对品牌、商标的爱好与反应 （2）观察销售人员的工作表现，如服务态度、方法和效率
间接观察法（痕迹观察法）	对现场遗留下来的实物或痕迹进行观察，以了解或推断过去市场的行为	美国汽车修理商通过观察前来修理汽车的人正在收听的广播电台频率，了解哪一个电台听众最多，从而选择在这个电台做广告
亲身经历法	调查人员亲自参与某种活动来收集有关的资料信息	调查人员通过购物，对交易场所的形象和交易能力进行评估
行为记录法	通过使用仪器设备来收集有关信息	英航公司在希思罗机场安装了监视仪，观察旅客行为，提高对旅客的服务

3）实验法。实验法是指在控制的条件下对所研究现象的一个或多个因素进行操纵，以测定这些因素之间关系的方法。它是因果性调研（即为了查明项目不同要素之间的关系，以及查明导致产生一定现象的原因所进行的调研）中经常使用的一种行之有效的方法。实验方法来源于自然科学的实验求证，现在广泛应用于营销调研，是市场营销学走向科学化的标志。实验法应用范围很广，凡是一种商品在改变品质、包装、价格、广告等因素时，都可采用该方法调研顾客的反应。采用这种方法能够获得较真实的资料，但实验周期较长，研究费用昂贵。几种常用的实验法如表 4-4 所示。

表 4-4　几种常用的实验法

名　　称	操 作 方 法	举　　例
实验室实验法	在因素可以控制的一种人造环境下进行实验而获得调研资料	给一群人发放杂志，然后通过询问每本杂志中哪几个广告的吸引力大，来为企业设计广告提供参考
现场实验法	在选定的有代表性的市场环境中进行实验	将某种新产品在选定的具有可比性的几个市场中以不同的价格进行试销，测量价格对销量的影响，从而确定最终的产品价格

（3）网络调研。网络调研又称网上调查或网络调查，是指企业利用互联网收集和掌握市场信息的一种调查方法。网络具有传送电子邮件、信息查询、运程登录、文件传输、新闻发布、电子公告、网上聊天、网上会议等多种功能，网络调研充分利用网络的这些功能和信息传递与交换技术优势，将企业需要的市场相关信息通过网络进行收集、处理和分析，以获取有价值的数据和资料。原始资料和二手资料都有可能来

自互联网。

从本质上讲，网络调研与传统的市场调研并没有太大区别，所不同的只是利用网络为传播手段，代替传统的访谈和问卷调查、电话调查或邮寄调查等。利用网络获取原始数据的方法有网上小组座谈会、在线问卷调查、观察法和实验法等；利用网络获取二手数据的途径有搜索引擎、在线数据库和相关网站等。传统调研与网络调研的比较如表4-5所示。

表4-5 传统调研与网络调研的比较

项　目	网络调研	传统调研
调研费用	较低，主要是设计费和数据处理费	昂贵，包括问卷设计、印刷、发放、回收、录入结果和统计分析以及调查员聘用、培训等费用
调研范围	全国乃至全世界	受成本限制，调查地区和样本具有限制性
运作速度	很快，只需搭建平台，数据库自动生成	慢，需要2~6个月才能得出结论
调研时效性	全天候进行	对不同被访者进行访问的时间不同
被访问者的便利性	非常便利，被访者可自行决定时间、地点回答	不方便，需跨越空间障碍
调研结果的可信度	相对真实可信	措施严格，可信度高
实用性	适合长期的大样本调查或者迅速得出结论的情况	适合面对面的深度访谈，食品类等商品需要对访问者进行感观测试

要点：传统的调研方法借助一定的互联网功能称为网络调研。网络调研既可获得二手资料，也可获得原始资料。

营销思考：描述一次你的网络调研经历。

在一般情况下，根据调研的目的要求、调研课题的性质、调研内容、调研对象的特点以及调研经费的多少，来选择相应的调研方法或将多种调研方法组合运用，如图4-2所示。

要点：现成资料一般也称为二手资料。

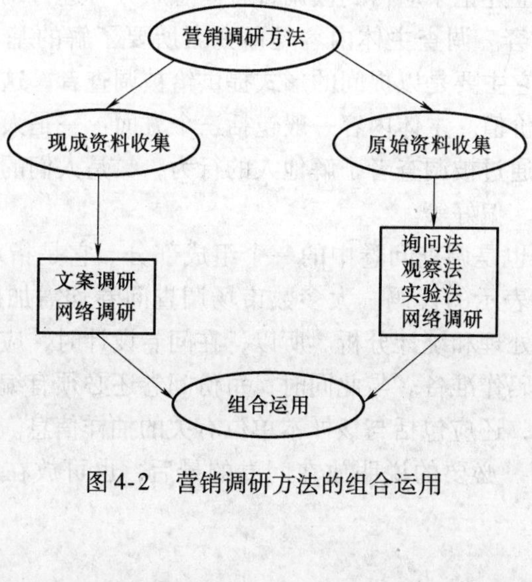

图4-2 营销调研方法的组合运用

要点：营销调研一般是几种方法的综合运用。现成资料如果不能满足要求，就有必要进行实地调研。

四、问卷设计

1. 问卷的含义

在市场调研中，事先准备好的询问提纲或作为调查依据的调查表等文件，称为问卷。问卷是为了达到收集必要数据和调研目的而设计好的一系列问题，是收集来自被访者信息的正式一览表。由于调查问卷方式通常是由被调查者通过问卷间接地向调查者提供资料，所以作为被调查者和调查者之间中介物的调查问卷，其设计是否科学、合理，将直接影响调查问卷的回收率，以及调查结果的真实性、实用性。

要点：问卷是获取信息的重要工具，但并不是所有的调查都需要有问卷。

2. 问卷的结构

一份完整的调查问卷通常包括标题、问卷说明、被访者基本情况、调查主体内容、编码和必要的说明等内容。

（1）标题。问卷的标题是对调查主题的高度概括，一般位于问卷表的上端居中。问卷的名称应简明扼要，概括专项调查的主题，以使被调查者明确主要的调查内容和调查目的，并易于引起被调查者的兴趣。例如，"关于某市葡萄酒市场情况的问卷调查"。

（2）问卷说明。问卷说明又称前言或引言，一般是以信函的形式对调查的目的和意义、指标解释、调查须知以及有关事项进行的说明。问卷说明一般放在问卷开头。通过它，被调查者可以了解调查目的，并按一定的要求填写问卷。如涉及需为被调查者保密的内容，必须指明予以保密、不对外提供等，以消除被调查者的顾虑。

（3）被访者基本情况。被访者基本情况主要是说明被调查者的一些主要特征，包括被调查者的性别、民族、职业、收入、受教育程度、婚姻状况、家庭人口等，可放在主体内容的前面或后面。有的问卷还要求被调查者写出姓名、地址和联系电话等，以便于审核和进一步追踪调查。但对于一些涉及被调查者隐私的问卷，上述内容则不宜列入。并且，上述记录应得到被调查者同意后方可进行调查。

（4）调查主体内容。调查主体内容是研究者所要了解的基本内容，也是调查问卷中最重要的部分。它主要是以提问的形式提供给被调查者。这部分内容设计的质量直接影响整个调查的价值。主体内容一般包括三个方面：一是人们的行为，包括对被调查者本人的行为或通过被调查者了解他人的行为；二是人们的行为后果；三是人们的态度、意见、感觉、偏好等。

（5）编码。编码也是调查问卷中的一个组成部分。它是指对问卷中的问题（题目）与答案用数字所表示的代码。大多数市场调查问卷均需加以编码，以便分类整理，易于进行计算机处理和统计分析。所以，在问卷设计时，应确定每一个调查项目的编号和为相应的编码作准备。与此同时，每份问卷还必须有编号，即问卷编号。此编号除了顺序号以外，还应包括与该样本单位有关的抽样信息。

（6）必要的说明。必要的说明放在问卷的最后，也可放在问卷说明之后。通常可以是简短的几句话，以对被调查者的合作表示真诚地感谢；也可以稍长一些，顺便征询一下对问卷设计和问卷调查的印象；更常见的内容还包括调查人员的姓名、访问日期、访问时间、对被调查者回答的评价等。

现对调查问卷举一实例，如下所示。

【案例 4-1】

2014 年××省城市住户基本情况调查问卷（部分内容）

介绍语：

您好！

我是统计局的访问员（出示证件），为了使政府全面了解居民生活情况，我们正在进行一项生活情况的调查，希望能够得到您的支持与配合。

我们会对您所提供的所有资料严格保密，请您不要有任何顾虑。

谢谢您的合作！

访问日期：______月______日

开始时间：______点______分　　结束时间：______点______分

访问员姓名：__________　　访问员编号：__________

访问员联系电话：__________

问卷一审人：__________　　问卷二审人：__________

问卷复核：__________

受访者姓名：__________　　联系电话：__________

详细地址：______________________________

A 部分：家庭成员基本情况

A1. 请问您的家庭共有几位家庭成员？　　A1______

A2. 请问您的性别？

（1）男　　（2）女

A3. 请问您的年龄（周岁）？　　A3______

A4. 您本人的户口状况？

（1）本市（县）非农业户口

（2）本市（县）农业户口

（3）外市（县）非农业户口

（4）外市（县）农业户口

【6 周岁及以上人填写】

A5. 您的受教育程度？

（1）不识字或识字很少　（2）小学　（3）初中

(4) 高中(中专)　　(5) 大学专科　　(6) 大学本科
(7) 研究生

【15 周岁及以上人填写】

A6. 请问您的婚姻状况?
(1) 未婚　　(2) 有配偶　　(3) 离婚　　(4) 丧偶

B 部分:家庭基本情况

B1. 您的家庭属于下列哪种类型?　　B1 ______
单身户……………………………………………… 1
老年家庭(男 60 岁及以上,女 55 岁及以上) ……… 2
两对夫妇……………………………………………… 3
一对夫妇和已就业的子女…………………………… 4
一对夫妇和未就业的子女…………………………… 5
三代人………………………………………………… 6
其他…………………………………………………… 7

B2. 请问您现住房的使用面积是多少平方米?(保留整数)　　B2 ______
(注:不知道使用面积的请用建筑面积除以 1.33 换算。)

B3. 请问您这套住房的类型?　　B3 ______
家庭单栋配套住房…………………………………… 1
单元式配套住宅
　一居室……………………………………………… 2
　二居室……………………………………………… 3
　三居室……………………………………………… 4
　四居室及以上……………………………………… 5
　普通楼房…………………………………………… 6
　普通平房…………………………………………… 7

B4. 请问您这套住房的来源是?　　B4 ______
租赁公有住房………………………………………… 1
租赁私房……………………………………………… 2
自建住房……………………………………………… 3
原有私房……………………………………………… 4
购买商品房…………………………………………… 5
购买原公有住房……………………………………… 6
其他(如免费借用房) ……………………………… 7

五、抽样

在大规模的消费者市场调查中,时间和成本的限制使得调查所有的单个消费者几乎是不可能实现的。其实这样做的意义也不大,因为一个精心筛选的有代表性的样本足以勾勒出整个消费群体的真实情况。在绝大多数情况下，研究人员能够凭借对样本的研究得出有关总体的结论。当然，这就要求筛选出的样本具有真正的代表性。抽样过程如图 4-3 所示。

图 4-3　抽样过程

1. 定义总体

抽样过程中考虑的第一步是对目标总体的定义。目标总体由市场研究目标来识别，在研究项目抽样阶段的开始，相关总体有必要明确化，对于消费者调研而言，适宜的总体元素经常是家庭而不是具体的家庭成员；组织市场上的总体定义与组织特征和所在行业有关。对目标总体的定义错误会导致企业的巨大损失。

2. 识别抽样框

一旦定义了相关总体，研究人员就以一个合适的列表作为抽样框开始进行市场研究。抽样框是指供抽样所用的所有调查单位的详细名单。抽样框一般采用现成的名单，如户口、企业名录、企业事业单位职工名册等。互联网的消费者记录也是一种类型的抽样框，但需要研究人员确定这些记录能全面反映消费者的情况。

3. 设计抽样单位

抽样单位是研究人员希望产生回应的真实个体。在消费者市场上，抽样单位常常是样本框中与地址相联系的名录。在组织市场上，抽样单位的设计十分复杂，这与组织决策往往是由一个群体作出的有关。因此，组织市场上的抽样首先需要选择有代表性的公司，然后再确定要关注的个人。

4. 选择抽样方法

从抽样框中选取样本有两种方法：随机抽样和非随机抽样，也称概率抽样和非概率抽样。

随机抽样中，总体的每个成员都有一个已知的、非零的机会被选入样本中。总体的每个成员选入样本的机会可以不等，但是每个成员都有一个已知的选入概率，这个概率由用于选择样本元素的具体程序来确定。常用的随机抽样法有简单随机抽样、分层抽样、系统抽样、整群抽样等。

对于非随机抽样，没有办法估计任何总体元素被选入样本的概率，这样就无法保证样本是总体的代表。所有的非随机抽样依赖于样本选择中的个人判断，而不是选择样本成员的程序，这些判断即使有时可能得到关于总体特征的良好估计，也没有办法客观判定样本是否充分。常用的非随机抽样法有方便抽样、判断抽样、配额抽样和滚雪球抽样等。

5. 确定样本量

样本量越大，对总体的代表性可能越强。但是，盲目地花费时间和金钱去追求一个大的样本量没有任何意义。随机抽样中，样本容量的大小建立在数据分析的基础上。在允许误差的范围内，样本能充分、有效地代表总体。在一般情况下，要想让调查结果越精确，样本量就要越大。

第二节 市场预测

一、市场预测的概念

要点： 市场预测是在调研的基础上进行的，是对未来趋势的判断。其原理是事物具有连贯性、类推性和相关性。

市场预测是在市场调研的基础上，运用科学的方法对市场需求和企业需求以及影响市场需求变化的诸因素进行分析研究，对未来的发展趋势作出判断和推测，为企业制定正确的市场营销决策提供依据。市场预测本身并不是目的，而是要服从于企业营销管理活动的需要，是企业营销活动的有机组成部分。

二、市场预测的原理

市场预测的基本原理是事物发展的内在规律性。事物总是按照过去、现在、未来的次序不断发展，而未来总是过去和现在的延续，即使发生突变，也总有一定的缘由和先兆。当人们掌握了事物发展的规律，掌握了历史和现状资料，就有可能推测、预计其未来状况。市场预测能对未来的市场发展变化趋势作出符合实际的估计和评价，主要是因为运用了事物具有连贯性、类推性和相关性三个原理。

营销思考： 寻找与微信和易信有关的资料，尝试预测微信和易信的市场发展前景。

连贯是指从纵的方面看，事物的发展总是遵循一定的规律向前发展，其发展的各个阶段总是紧密联系的，在性质、数量、范围等方面存在着继承性和变异性。事物在经历量变过程时，继承性占主导地位，在性质上没有根本性变化，仅在数量和范围上有所增减。市场是一个连续发展的过程，将来的市场形势是在过去和现在的基础上演变来的，因此进行市场预测时，必须首先从收集历史和现实的信息入手，然后推测未来的变化。

类推是指根据以往和现在的经济发展的样式和规模，推测未来经济发展变化的情况。世界上存在着许多相同或类似的事物，只要掌握了其中一种事物的演变规律，就可以推测其他类似事物的发展趋势。市场经济活动有其发展模式：封闭、垄断容易形成卖方市场；开放、竞争必然形成买方市场。供不应求，物价上涨；供过于求，物价下跌。既然如此，如果观察到某种先兆，就可以根据以往的经验推断出将会发生的变化，并进一步预测到未来的情况。

相关是指各事物的发展变化不是孤立的，而是与其他事物既相互联系、相互依存，又相互矛盾、相互制约的。对事物的各种现象进行相关分析，就能认清各种现象的本质及事物今后的发展方向。定性分析中特别重视的相关因素分析法，定量预测技术中的因果关系回归预测技术，就是根据相关性原理推导出来的。从分析造成某种市场情况的原因入手，探求预测目标的发展规律并用于预测，是十分有效的方法。

三、市场预测的步骤

市场预测的步骤是根据市场的特点、预测目的和一般所采用的方法决定的，一般包括以下几个步骤：

（1）确定预测目标。市场预测首先要确定预测目标。明确目标之后，才能选择预测方法，决定收集资料的范围与内容，做到有的放矢。

（2）选择预测方法。预测方法很多，各种方法都有其优点和缺点，有各自的适用场合。因此，必须在预测开始之前，根据预测的目标和目的，以及企业的人力、财力和可以获得的资料，确定预测的方法。

（3）收集市场资料。按照预测方法的不同确定要收集的资料，这是市场预测的一个重要阶段。

（4）进行预测。此阶段就是按照选定的预测方法，利用已经获得的资料进行预测，计算预测结果。

（5）评价预测结果。得到预测结果以后，还要通过对预测数字与实际数字的差距分析比较以及对预测模型进行理论分析，对预测结果的准确和可靠程度给出评价。

（6）预测结果报告。预测结果的报告从结果的表述形式上看，可以分成点值预测和区间预测。点值预测的结果形式上就是一个数值，而区间预测则是给出预测值的一个可能的区间范围和预测结果的可靠程度。

四、市场预测的方法

按预测方法的不同性质分类，市场预测的方法可分为定性预测方法和定量预测方法。

1. 定性预测方法

定性市场预测是根据一定的经济理论与实际经验，对市场未来的状态与趋势作出的综合判断。例如，根据产品生命周期理论，对产品在预测期内处于新生期、成长期、成熟期或衰退期作出的判断，就是一种定性预测。定性预测是基于事实与经验的分析判断，它无须依据系统的历史数据建立数学模型。定性预测简便易行、灵活性强，但预测结果不够准确，而且容易受主观因素的影响。

（1）主观经验法。主观经验法是指市场预测过程中，预测人员或者管理人员依据若干市场信息资料数据，结合个人的经验，或者综合大家的智慧，进行综合分析，对未来市场发展作出判断预测。这是一种传统的定性预测方法。

（2）购买者意向调查法。市场总是由潜在购买者构成的，预测就是预估在给定条件下潜在购买者的可能行为，即通过征询消费者的潜在需求或未来购买商品计划的情况，了解顾客的购买商品活动、变化及特征等，然后预测未来市场发展。这种调查的结果是比较准确、可靠的，因为只有购买者自己才知道将来会购买什么。

（3）综合意见法。综合意见法是将有关业务、销售、计划等相关人员集中起来，交换意见，共同讨论市场变化趋势，最后由预测组织者把预测意见集中起来运用平均方法或加权平均法进行数学处理，得到初步的市场预测结果。这种方法可以避免依靠某一个人的经验进行预测而产生偏差，从而使预测结果更接近现实。

【案例4-2】

综合意见法在企业的应用

某企业将3个销售人员组成一个小组，正、副经理组成一个小组，对销售人员的商品销售进行分析：假设销售人员甲的估计平均销售量为600单位，销售人员乙的估计平均销售量为700单位，销售人员丙的估计平均销售量为780单位。假定甲、乙、丙预测水平相同，而给予相同的权数，则销售方面作出的预测值是：（600+700+780）/3单位=693单位。运用上述方法，假设经理方面的预测值775单位。最后，综合销售人员和经理两方面的预测值，设经理方面的权数为2，销售人员方面的权数为1，则正式预测值为：（1×693+2×775）/（1+2）单位=747.7单位。

（4）德尔菲法。德尔菲法又称专家意见法，是在有关领域内向专家提出问题，请他们单独书面答复；将各专家第一次的判断意见集中起来列表，不写姓名，再分发给各位专家，请他们参照别人的意见，修正或者肯定自己的判断，再作第二次修正回答；专家们的意见几经反馈后，可将趋近一致的答案作为预测的结果。其主要特点在于，整个预测过程是“背靠背”进行的，即任何专家之间都不发生直接联系，一切活动都由工作人员与专家单独打交道进行，从而使预测具有很强的独立性和较高的准确性。

（5）市场试验法。企业收集到的各种意见的价值，不论是购买者、销售人员的意见，还是专家的意见，都取决于获得各种意见的成本、意见的可行性和可靠性。如果购买者对购买并没有认真、细致的计划，或其意向变化不定，或专家的意见并不十分可靠，在这些情况下，就需要利用市场试验法。特别是在预测一种新产品的销售情况和现有产品在新的地区或通过新的分销渠道的销售情况时，运用这种方法效果最好。

2. 定量预测方法

定量市场预测是基于一定的经济理论与系统的历史数据，建立相应的数学模型，对市场的未来状态与趋势作出定量的描述，对各项预测指标提供量化的预测值。定量预测通常包含点值预测与区间值预测。在实际预测工作中，应尽可能地将定性预测与定量预测相结合，以提高预测值的准确度与可信度。

（1）时间序列法。以过去的资料为基础，将某种经济指标的数值按时间顺序排成序列，再联系此序列加以延伸推算，预测发展趋势。产品销售的时间序列（Y），其变化趋势主要受以下四种因素的影响：

趋势（T）：利用过去的销售资料描绘人口、技术和资本等描绘发展趋势。

周期（C）：经济周期对预测也起到一定作用。

季节（S）：一年内销售随假期、气候等产生的规律性变化。

不确定因素（E）：偶发事件对销售能够产生一定影响。

时间序列法运用上述因素构成预测模型，如 $Y=T+C+S+E$，然后利用前期资料和数据进行运算。

（2）指数平滑法。用前期实际销售量乘以 α（加权因子或平滑系数）加上前期预测销售量乘以（$1-\alpha$），得到本期预测销量。其计算公式为

$$Y_t=Y_{t-1}+\alpha\ (X_{t-1}-Y_{t-1})=\alpha X_{t-1}+\ (1-\alpha)\ Y_{t-1}$$

式中，X_{t-1} 表示前期实际销售值；Y_{t-1} 表示前期预测值；Y_t 表示本期预测值；α 表示平滑系数，代表了新旧数据的分配比值，α 的取值大小体现了不同时期的因素在预测中所起的不同作用，α 越大，其上期的实际值比重就越大。

【案例 4-3】 某百货商店六月份销售额预测值为 1000 元，而该月实际值为 1050 元，如果 $\alpha=0.3$，则七月份预测值计算为

$$Y_t=0.3\times1050\text{ 元}+(1-0.3)\times1000\text{ 元}=315\text{ 元}+700\text{ 元}=1050\text{ 元}$$

计算结果表明，$\alpha=0.3$ 的含义就是考虑上月预测值的比重占 70%，上月实际值比重为 30%。

（3）回归分析法。回归分析法是预测分析中最为常见的统计分析方法。它是以事物之间的相互联系为依据，从已知的原因推测出未知的结果。首先确定影响需求的主要因素，然后根据历史数据确定这些影响因素和需求之间的函数模型关系。

回归分析的解决需要通过数学方程来实现。回归方程可分为线性回归方程和非线性回归方程。当一种结果受一种因素制约，并且判定该因素与市场预测值呈线性关系时，可以通过建立最简单的一元线性回归方程来解决。

现以较常见的一元回归为例介绍。

【案例 4-4】 某饮料公司预测某城市饮料需求量跟每月温度有关系，并建立模型为线性方程为

$$y=a+bx$$

式中，y 为预测需求量；x 为用于预测 y 的温度变量；a 为截距；b 为斜率。

其中

$$a=\overline{y}-b\overline{x}$$

$$b=\frac{n\sum_{i=1}^{n}x_iy_i-\sum_{i=1}^{n}x_i\sum_{i=1}^{n}y_i}{n\sum_{i=1}^{n}x_i^2-(\sum_{i=1}^{n}x_i)^2}$$

假设通过近年的销售资料测算出 $a=185$，$b=4.65$，则预测直线为 $y=185+4.65x$，然后通过预测当月得出可能需求量。当然，实际生活中往往遇到变量间呈非线性关系的实例。假设预测模型为非线性回归，则需要对指数、对数、双曲线模型等进行预测。这里不再赘述。

本章小结

1. 市场营销调研（简称营销调研）就是通过科学的方法，有目的、有计划地收

集、记录、整理和分析商品供求情况及与之相关的资料，为市场经营预测提供可靠依据的一项工作。

2. 进行市场调研，必须遵循科学的步骤。通常，市场调研的步骤由五个阶段工作内容构成：确定调研问题；制订调研计划；收集信息；整理分析信息；提出调研结论。

3. 营销调研分类的方法很多，按研究的性质分类，分为探索性研究、描述性研究和因果预测研究；按资料来源的不同，分为实地调研、文案调研和网络调研。其中，实地调研又分为询问法、观察法、实验法。

4. 在市场调研中，事先准备好的询问提纲或作为调查依据的调查表等文件，称为问卷。一份完整的调查问卷通常包括标题、问卷说明、被访者基本情况、调查主体内容、编码和必要的说明等内容。

5. 市场预测是在市场调研的基础上，运用科学的方法对市场需求和企业需求以及影响市场需求变化的诸因素进行分析研究，对未来的发展趋势做出判断和推测，为企业制定正确的市场营销决策提供依据。

6. 市场预测的步骤是根据市场的特点、预测目的和一般所采用的方法决定的，一般包括：确定预测目标；选择预测方法；收集市场资料；进行预测；评价预测结果；预测结果报告。

7. 按预测方法的不同性质分类，市场预测的方法有定性预测方法和定量预测方法。定性预测方法主要有主观经验法、购买者意向调查法、综合意见法、德尔菲法、市场试验法等；定量预测方法有时间序列法、指数平滑法、回归分析法等。

思考题

1. 试述市场营销调研的程序。
2. 询问法有哪几种形式？各自的特点是什么？
3. 试述文案调研与实地调研的区别。
4. 网络调研与传统调研方法相比，有哪些特点？
5. 简述定性市场预测和定量市场预测的区别。

选择题

1. 下列关于二手资料的描述不正确的项目是________。

A. 二手资料是为了调研的目的采集的原始资料

B. 采集二手资料的费用一般比较低

C. 采集二手资料的花费的时间一般比较少

D. 调研人员既可以利用内部资料来源，也可利用外部资料来源

2. 市场营销预测的首要环节是________。

A. 确定调研主题　　B. 确定预测目标

C. 调查收集资料　　D. 确定预测方法

3. 市场营销调研是指系统地收集、分析和报告有关________的过程。

A. 市场营销信息　　B. 管理决策问题

C. 市场营销组织结构　　D. 内部报告系统

4. 在市场营销调研中，当调研专题的性质与内容不太明确时，为了了解问题的性质、确定调研的方向和范围，而选用的调研类型是________。

A 探索性调研　　B 描述性调研

C. 因果关系调研　　D. 以上三种都不是

5. 一手数据是________。

A. 文案研究收集的数据　　B. 外部机构汇编的数据

C. 从数据库收集的数据　　D. 为特定目的收集和记录的数据

6. 下列属于文案调研的是________。

A. 公司记录　　B. 委托调查

C. 广告图板　　D. 赠券

7. 市场调研的第一步是________。

A. 制订研究计划　　B. 确定研究方法

C. 设计抽样计划　　D. 界定问题及设定目标

8. 下列哪种不属于实地调研的方法________。

A. 文案调研　　B. 实验法

C. 观察法　　D. 访谈法

9. 下列描述正确的是________。

A. 企业可以直接根据问卷调查的结果作决策

B. 互联网调查只能用来收集二手信息

C. 问卷的问题类型主要有三种：开放题、封闭题和混合题

D. 为了获得有价值的信息，最好委托市场调研代理机构获取数据

10. 下列不属于网络调研特点的是________。

A. 被访者可自行决定时间、地点回答

B. 调查范围可遍布全国乃至全世界

C. 可以全天候进行调查

D. 运作速度慢，需要几个月才能得出结论

章尾案例

失误的 Edsel 计划

在现代商业社会中，“Edsel 计划”也许要算是一个比较典型的营销失误案例了。从某种程度上说，生产 Edsel 汽车的失败，就是错误的市场调研造成的。

Edsel 是福特公司着力打进中价位市场的车种。其营销研究进行了大约 10 年时间，其中有的研究专门针对汽车购买者的偏好，其他则解决市场和销售问题。稍早的研究曾指出，由于消费者购买汽车时，会将其自我的人格特征折射出来，而选择和自己地位相等的品牌，因此，运用想象力来作研究，被认为可以找出汽车的最佳个性和最好的品名。福特公司的研究员访问了四个大都市、1600 名汽车买主，请他们说出对各种不同厂牌汽车所持的印象，然后作出各种产品的个性描写。最后他们得到一个结论，福特公司的新汽车个性应该是：活泼、时髦，适合年轻的主管或专业人员家庭使

用，且汽车的设备将让拥有者有适合其身份的感觉。

接着是为新车命名，这也必须符合汽车的形象和个性。研究者收集了大约2000个不同的名字，在几个大都市的人行道访问行人，请他们说出看到每个名字时的自由联想。并询问每个名字的负面联想。但研究结果并没虽然有确切的结论。最后，"Edsel"——亨利·福特独生子的名字被选了出来。虽然它的自由联想偏向负面，但其他名字同样未获得一致性的同意。

Edsel车型的研究从开始到其正式面市花了近10年时间。研究者要求的是一个具有独特个性的形态。他们对现有的车种加以仔细研究，希望能为Edsel找出独特的风格。虽然对消费者的研究可以提供所需的形象和个性的信息，但对于汽车的实际造型和特征却没有多大的帮助。车型设计者研究了现有各型汽车各方面的形状特征，最终的概念终于在800位车型设计者的一致同意下产生了。Edsel是一种大型汽车，拥有254kW功率的发动机，如此功率带来的快速和便捷，被认为符合年轻的形象，可作为竞争的要素。

为了加强销售，福特公司在原有四个经销部门之外，再行挑选经销商，隶属于另一个独立的总部。另外，设一个专司广告的小组加强产品宣传。Edsel汽车推出首日接获6500份订单，算是差强人意。但接下来的几天，销售情况却急剧下降。第二年，售出的汽车不及销售计划的1/5，11月，Edsel系列新车型面世，销售才稍有转机。第三年，福特推出了Edsel第三个系列的产品，却没有造成任何影响。在面市第三年的11月19日，Edsel汽车被迫停止生产，正式谢幕。

经过如此详细计划，投注了大量人力与财力，且有几十年的生产和产销经验作为后盾，为什么Edsel汽车会失败？一篇讨论Edsel汽车失败原因的文章说："除了真正的失误和所谓的失误以外，Edsel汽车还遇上了难以预料的厄运。Edsel汽车的推出正是经济景气呈现衰落之时。在平时，中价位汽车市场是有利的，但是一旦经济不景气时，汽车市场首当其冲。在福特公司酝酿推出Edsel汽车时，中价位汽车市场正被看好，但当其最终问世时，这个市场已经变化了。此时车型已有转向经济型汽车的趋势了，消费者喜好的改变不仅是当年经济不景气的副产品，且显示出即使经济恢复，此种趋势也将一直持续下去。小型外国轿车在随后几年间一直畅销，这反映了大型汽车在人们心目中普遍失宠，人们渴望得到经济实惠、朴素大方的小型交通工具。"

另外，美国交通安全局开始限制生产大功率的汽车，因为他们把高速公路的意外事件归因于此。

Edsel汽车的失败不能归咎于缺少营销研究，实际上，研究者作了很大的努力，可是却犯了三个方面的错误：

首先，旨在为这种新车建立一种令人向往的形象的动机研究工作，并不全是有益的。尽管这种研究对于确定消费者如何看待雪佛兰、福特、水星以及其他各种品牌的汽车是有价值的，并且对于引导负责Edsel汽车的董事们为其新车选择特殊的形象有些参考价值，但是实际上人们向往的这种形象并不一定能够变成产品的实际特性。例如，尽管那些雄心勃勃的年轻企业家和专家似乎可以成为Edsel汽车潜在的消费者，然而，只通过加大功率和安装高级操纵设备就能赢得他们的喜爱吗？难道其他特性就不能对这些消费者产生更大的吸引力吗？这些消费者中许多人的兴趣，大约在这个时期已转向欧洲小型汽车，而对这种"功率竞赛"和镀铬的庞然大物不再感兴趣。

其次，大多数市场调研工作是在推出Edsel汽车正式推出之前好几年间进行的。那时，对中档汽车的需求虽然强烈，但是，据此而假定这种强烈需求将会固定不变，则是不明智的。消费偏好的剧烈变动还是个尚未探明的谜——这本应引起注意。对进口汽车日益增长的需求，更应进一步作调查研究，甚至应该根据市场变化的情况重新审查各种计划。

最后，在名字的选择方面，研究者虽然作了调查，但福特并未考虑研究的结果，而贸然采用了“Edsel”。

案例思考题：

1. 福特 Edsel 汽车失败的原因是什么？
2. 如何在产品开发中结合市场调研的结果？

第五章

市场营销战略制定

学习目标：

1. 掌握市场细分、目标市场的选择和市场定位的含义。
2. 了解消费者市场和组织市场细分的主要标准和有效细分的条件。
3. 理解企业目标市场选择的三种战略及其运用条件。
4. 掌握通过市场定位获得竞争优势最大化的方法。
5. 熟悉市场营销组合的内容。

营销思考：恒大冰泉的国际市场营销战略有何特点？你是否看好恒大冰泉的未来？

导引案例

近年来进口矿泉水在中国市场不断扩张，借助“黄金水源地”优势，恒大冰泉把战略目光瞄向国际高端市场，使国产水走出国门，这对树立中国饮用水在国际市场上的品牌形象起到了推动作用。恒大集团董事局副主席、总裁夏海钧表示，随着恒大矿泉水走向世界市场，打破了只有外国矿泉水进入中国市场，而少有中国矿泉水出口国际市场的格局。出口欧洲的恒大冰泉将主要与法国依云形成正面竞争，未来将形成“东方有恒大冰泉，西方有依云”的高端竞争格局。

据介绍，此次供欧洲的恒大冰泉水源全部来自长白山，推出“一处水源供全球”模式。“一处水源供全球”是指以世界三大黄金水源之一的长白山天然深层矿泉为采水点，向全球统一供应世界一流好水，是矿泉水达到世界顶级品质的最重要指标和标志。在世界级瓶装饮用水市场中，依云或其他高端品牌全都只有一处水源，以保证运输到全球各地水的质量。以依云为例，依云天然矿泉水的水源地法国依云小镇背靠阿尔卑斯山，每年十亿瓶依云水就是从这一唯一的水源地流向全球140多个国家和地区。

事实上，恒大矿泉水集团自成立之日起，就明确必须以长白山火山深层矿泉为唯一水源地，首批投产的两家水厂，分别位于吉林省白山市靖宇县和抚松县，水源地均为长白山。出席签约仪式的多位经销商表示，之所以选择和恒大冰泉合作，看重的就是恒大冰泉的水源地。“恒大冰泉以源自世界三大黄金水源的高品质进入国际市场，这样的恒大冰泉有足够的国际竞争力。”来自英国的经销商Daniel表示。

（资料来源：《出口欧洲，剑指国际高端市场　恒大冰泉启动全球战略布局》，新浪财经，2014-05-24，http：//finance. sina. com. cn/roll/20140524/034419212572. shtml，有改动。）

第二次世界大战以后，随着经济和社会生活越来越丰富，处在买方市场情况下的西方企业纷纷开始实行目标市场营销（Target Marketing）。目标市场营销即企业识别各个不同的购买者群体的差别，有选择地确认一个或几个消费者群体作为自己的目标市场，发挥自己的资源优势，满足其全部或部分需要。目标市场营销是市场营销理论和实践的极有意义的进步，成为现代营销的核心战略。目标市场营销主要包含三个步骤：市场细分（Segmenting）——目标市场选择（Targeting）——市场定位（Positioning），所以又被称为 STP 战略。

要点：目标市场营销包含市场细分、目标市场选择、市场定位，又被称为 STP 战略。

现代市场学中最重要的内容之一，就是市场细分、目标市场选择和市场定位。它是现代营销观念的产物和市场营销组合战略运用的前提。

第一节 市场细分

一、市场细分的含义与作用

1. 市场细分的含义

所谓市场细分，是指企业按照消费者的一定特性，把原有市场分割为两个或两个以上的子市场，以确定目标市场的过程。细分市场就是调查分析不同的消费者在需求、资源、地理位置、购买习惯和行为等方面的差别，然后将上述要求基本相同的消费者群分别收并为一类，形成整体市场中的若干子市场或分市场。不同的细分市场之间，需求差别比较明显；而在每一个细分市场内部，需求差别则比较细微。

要点：需求的多元化是市场细分的基础。市场细分是一个求大同存小异的过程。

市场细分的理论基础是市场多元异质性理论。这一理论认为，消费者对大部分产品的需求是多元化的，是具有不同的质的要求的。需求本身的异质性是市场可能细分的客观基础。实践证明，只有少数商品的市场，消费者对产品的需求大致相同。例如，消费者对食盐、大米、火柴等的需求差异极小。这类市场称为同质市场。在同质市场上，企业的营销策略比较相似，竞争焦点集中在价格上。大多数商品的市场属于异质市场，这是由消费者对商品的需求千差万别所决定的。企业营销活动应更重视异质市场的销售。

营销思考：电视节目是如何进行市场细分的？

市场细分是现代市场营销学的一个新概念。美国著名的市场学家温德尔·史密斯（Wenddell R. Smith）在 1956 年发表的《市场营销战略中的产品差异化与市场细分》一文中首先提出了市场细分（Market Segmentation）的新概念。这个概念的提出是市场营销思想和战略的重大突破，为企业经营开拓了新视野。温德尔·史密斯认为，只要市场上的产品或劳务的购买者超过两人，则可按照一定准则对其需求加以识别、划分并归类为若干个细小市场，再从这些细小市场中选择出自己的经营对象，采取相应对策加以占领。

由此可见，市场细分是基于市场上购买者对商品需求与欲望的不同以及购买习惯与购买行为上的差异，运用求大同存小异的方法，对整体市场需求差异进行识别，即同质市场和异质市场过程。所谓“同质市场”，是指购买者对商品的需求大致相同的市场；而“异质市场”是指购买者对商品有千差万别的需求市场。大多数商品属于异质市场。海尔“小小神童”洗衣机的成功上市就是市场细分的结果。海尔的研究人员发现，夏天的衣服量少、洗得勤，传统的洗衣机利用率太低，于是推出小容量的“小小神童”洗衣机，结果大受市场欢迎。他们还发现有些地区的农民用洗衣机来洗地瓜，排水道容易堵塞，于是又开发出既能洗衣服，又能洗地瓜的“大地瓜”洗衣机，满足了这一细分市场的需求，迅速占领了当地的农村市场，受到农民的好评。海尔还对家用空调市场进行调研，发现随着住宅面积的不断增加，壁挂空调和柜机都已不能满足所有居室的降温，于是提出“家用中央空调”的概念，开发出新产品，获得了良好的回报。因此，市场细分实际上是一种以“求大同存小异”为原则，对购买者需求与爱好进行分类的方法。

在此之前，企业囿于旧的市场观念，把消费者看作具有同样需求的集团，因而大量生产单一品种的产品，采用广泛分销的形式销售。尽管曾取得降低成本、简化交易过程、获取较多盈利的效果，但随着科学技术的进步、管理水平的提高和生产规模的扩大，上述卖方市场逐渐转变成买方市场，只依靠广泛推销单一产品的策略已很难奏效。因而许多企业开始注意适应消费者的需求差异，有针对性地提供不同的产品，并运用不同的分销渠道和广告宣传形式，开展市场营销活动。例如，美国宝洁公司发现它的顾客由于需要洗涤不同性质的织物，要求有性能不同的肥皂，于是改变了原来经营单一肥皂的做法，推出三种不同性能、不同牌号的洗衣皂，从而满足了不同消费者的需要，提高了竞争能力，取得了很高的市场占有率。温德尔·史密斯就是总结了这些经验，提出了市场细分的新概念。市场细分为企业选择目标市场奠定了基础，是第二次世界大战后西方市场营销思想和战略的新发展。

2. 市场细分的作用

(1) 有利于发现市场营销机会。市场机会是已出现于市场但尚未加以满足的需求。这种需求往往是潜在的，一般不易发现。运用市场细分的手段，就便于发现这类需求，并从中寻找适合本企业开发的需求，从而抓住市场机会，使企业赢得市场主动权。例如，我国香港香皂市场竞争一直很激烈。但通过市场细分发现，香港香皂市场竞争激烈的主要是高中档产品，低档香皂却是一个“空档”。于是，我国大陆香皂厂商利用人力成本低的优势，顺利进入了香港低档香皂市场。

(2) 能有效地制定最优营销策略。市场细分是市场营销组合策略运用的前提，即企业要想实施市场营销组合策略，首先必须对市场进行细分，确定目标市场。因为任何一个优化的市场营销组合策略的制定，都是针对所要进入的目标市场。离开了目标市场，制定市场营销组合策略就无的放矢，这样的营销方案是不可行的，更谈不上优化。

(3) 能有效地与竞争对手相抗衡。在企业之间竞争日益激烈的情况下，通过市场细分，有利于发现目标消费者群的需求特性，从而调整产品结构，增加产品特色，提高企业的市场竞争能力，有效地与竞争对手相抗衡。例如，日本有两家最大的糖果公司，以前生产的巧克力都是满足儿童消费市场的。森永公司为增强其竞争力，研制出一种“高王冠”大块巧克力，定价70日元，推向成人市场。明治公司也不甘示弱，通过市场细分，选择了三个子市场：初中学生市场、高中学生市场和成人市场。该公司生产出两种大块巧克力：一种每块定价40日元，用于满足十二三岁的初中学生；一种每块定价60日元，用于满足十七八岁的高中学生；两块合包在一起，定价100日元，适宜满足成人市场。由此可见，明治公司的市场细分对策比森永公司高出一筹。

（4）能有效地拓展新市场，扩大市场占有率。企业对市场的占有也不是一下子就拓展开来，必须是从小至大，逐步拓展。通过市场细分，企业可以先选择最适合自己占领的某些子市场作为目标市场。当占领住这些子市场后，再逐渐向外推进、拓展，从而扩大市场的占有率。

（5）有利于企业扬长避短、发挥优势。每一个企业的营销能力对于整体市场来说，都是有限的。所以，企业必须将整体市场细分，确定自己的目标市场，把自己的优势集中到目标市场上。否则，企业就会丧失优势，从而在激烈的市场竞争中失败。特别是有些小企业，应该注意利用市场细分原理，选择适合自己的市场。

二、市场细分的要求与程序

1. 市场细分的要求

企业在进行市场细分时，应遵循以下基本要求：

> **要点：**市场细分不是越细越好。企业在选定的细分市场中要能盈利。

（1）要有明显特征。用以细分市场的特征必须是可以衡量的。细分出的市场应有明显的特征，各子市场之间有明显的区别，各子市场内都有明确的组成成员，这些人应具备共同的需求特征，表现出类似的购买行为。

（2）要根据企业的实力，量力而行。在市场细分中，企业所选择的目标市场，必须是自己有足够的能力去占领的子市场。在这个子市场上，能充分发挥企业的人力、物力、财力和生产、技术、营销能力的作用。反之，那些不能充分发挥企业资源作用、难以为企业所占领的子市场，则不能作为目标市场。否则，只会白白浪费企业资源。

（3）要有适当盈利。在市场细分中，被企业选中的子市场还必须具有一定的规模，即有充足的需求量，能足以使企业有利可图，并实现预期利润目标。为此，细分市场的规模既不宜过大，也不宜过小。如果规模过大，企业无法“消化”，结果也白费工夫；如果规模过小，企业又“吃不饱”，现有资源得不到最佳利用，利润则难以确保。因此，细分出的市场规模必须恰当，使企业能得到合理盈利。

（4）有发展潜力。市场细分应具有相对的稳定性，因而企业所选中的目标市场，不仅要能为企业带来目前利益，还必须有相当的发展潜力，能够给企业带来较长远的利益。因此，企业在市场细分时必须考虑选择的目标市场不能是正处于饱和或即将饱和的市场，否则，就没有多少潜力可挖。

2. 市场细分的程序

无论是细分生活消费品市场还是生产资料市场，若按一定程序进行，就容易实现细分市场的基本要求：

（1）识别细分市场。识别细分市场是指首先确定欲细分市场的基本性质，然后定出市场细分的重要因素，并尽可能对这些因素作定量分析。例如，确定服装市场可以按年龄、收入来划分，并进一步确定年龄可分为16岁以下、16～24岁、25～44岁、45～59岁、60岁以上的定量分组值。

（2）收集研究信息。这是指收集、整理细分市场时需考察分析的市场情报和资料。例如，通过收集类似产品已有的市场情况，可以参照对新产品市场的细分，或者通过对消费者的调查，来检验欲采用的细分因素是否合适。收集研究信息还包括最终能确定市场细分后的情况，如各年龄组究竟包括多少人。

（3）拟订综合评价标准。一般说来，细分市场后，应能使企业对谁是购买者、购买什么、在哪里购买、为什么购买、怎样购买等问题作出回答。因此，应对细分市场拟订综合评价标准，以回答上面的问题。

（4）确定营销因素。企业对细分后的每个子市场作出评价后，如果各子市场之间存在较大差别，则应考虑不同市场的特点，确定本企业的市场活动范围，以及适应新选定的市场范围特点的营销活动要点。

（5）估计市场潜力。根据市场研究的结果和选定的细分因素，估计出总市场和每个子市场预期需求水平，这对选取目标市场和确定目标市场营销战略很重要。

（6）分析市场营销机会。在细分市场的过程中，分析市场营销机会主要是分析总的市场和每个子市场的竞争情况，以及确定对总的市场或每个子市场的营销组合方案，并根据市场研究和需求潜力的估计，确定总的市场或每个子市场的营销收入和费用情况，以估计潜在利润量，作为最后选定目标市场和制定营销策略的经济分析依据。

（7）提出市场营销策略。一个企业要根据市场细分结果来决定市场营销策略。这要区分为两种情况：

1）如果分析市场细分后，发现市场情况不理想，企业可能放弃这一市场。

2）如果市场营销机会多，需求和潜在利润量满意，企业可根据细分结果提出不同的目标市场营销战略。

三、消费品市场细分的基础

市场细分的基础是客观存在的需求的差异性。但差异性很多，究竟按哪些进行细分，没有一个绝对正确的方法或固定不变的模式。各行业、各企业可采取许多不同的变数，有许多不同的方法细分，以求得最佳的营销机会。影响消费品市场需求的因素，即消费品市场的细分标准，可概括为四种类型（见表5-1）。

表 5-1　消费品市场的细分标准

细分标准	具体因素
地理变数	地理区域、自然气候、资源分布、人口密度、城市大小、乡镇大小等
人口变数	年龄、性别、家庭人数、生命周期、收入、职业、受教育程度、家庭组成、宗教信仰、种族、国籍、社会阶层等
心理变数	生活方式，性格内向与外向、独立与依赖、乐观与悲观、自由或激进等个人偏好
购买行为变数	购买频率：不常用、普通、常用等 购买状态：无知、认识、发生兴趣、愿意尝试、试用、经营购买等 购买动机：求实、求美、求廉、求名、求优、求简等 品牌信赖程度：A 品牌、B 品牌、C 品牌 渠道信赖程度：甲公司、乙公司、丙公司 价格敏感程度：不一定、轻度重视、高度重视 服务敏感程度：不一定、轻度重视、高度重视 广告敏感程度：不一定、易受影响、不易受影响

要点：消费品市场的细分标准有地理变数、人口变数、心理变数、购买行为变数等。

1. 地理变数

按地理变数细分市场就是把市场分为不同的地理区域。例如，国家、地区、省市，南方、北方，城市、农村等。以地理变数作为消费品市场细分的基础，是因为地理因素影响消费者的需求和反应。各地区由于自然气候、传统文化、经济发展水平等因素的影响，形成了不同的消费习惯和偏好，并有不同的需求特点。因此，有些产品只行销于少数地区，有些则行销于全国各地，但各地区侧重不同。

2. 人口变数

营销思考：查找有关资料，分析麦当劳是如何进行市场细分的。

人口变数细分是按年龄、性别、家庭人数、生命周期、收入、职业、文化程度、宗教信仰、民族、国籍、社会阶层等人口统计变数，划分为不同的消费者群。例如，某玩具公司生产出各种玩具，以适应三个月至一岁的婴儿需要。购买者只要知道孩子的年龄，就能选购到合适的玩具。还有服装、化妆品、自行车等商品，男女性别不同，购买的特点也大为不同。再者，收入多少也直接影响着购买者的购买特点。一般说来，我国沿海开放地区高收入的比例要比内陆地区高。例如，高档服装、汽车、空调器等高档商品一般均为高收入者所购买。

除此之外，上述所提到的一些人口变数都将成为消费者消费的重要因素。

3. 心理变数

在市场营销活动中经常产生这种情况，即在人口因素相同的消费者中，对同一商品的爱好和态度截然不同。这主要就是由于心理因素的影响。消费者心理因素很复杂，下面就其主要方面加以说明：

（1）生活方式。生活方式是指个人或集团对消费、工作和娱乐的特定的习惯。人们形成和追求的生活方式不同，消费倾向也不同，需要的商品也不一样。近些年来，西方国家的企业十分重视生活方式对企业市场经营的影响，特别是如经营化妆品、服装、家具等的企业，生产酒类商品的企业更是高度重视。有一些企业把追求某种生活方式的消费者群体当作自己的目标市场，专门为这些消费者生产产品。例如，美国有的服装公司把妇女分成“朴素型”“时髦型”“有男子气型”三种类型，分别为她们设计不同式样和不同颜色的服装。

（2）社会阶层。社会阶层是指在某一社会中具有相对同质性和持久性的群体。美国人科尔曼和雷茵沃特将美国人分为上层、中层和下层，其中将上层细分为上上层、下上层和中上层，中层细为中产阶级和工人阶级，下层细分为下上层和下下层。经研究，每个社会阶层的成员都有一套独特的行为模式，他们对汽车、服装、家具、娱乐、阅读习惯等的偏好都有较大不同。

（3）个性。国外很多企业的营销人员都已使用个性变数来细分市场，他们赋予产品厂牌个性，以迎合相应的顾客个性。例如20世纪50年代末，福特汽车和雪佛莱汽车在促销方面就强调其个性的差异。有人认为购买福特汽车的顾客有独立性、易冲动、有男子汉气概、敏于变革并且有自信心；而购买雪佛莱汽车的顾客往往保守、节俭、缺乏阳刚之气、恪守中庸之道。

（4）偏好。偏好是指消费者对某种品牌的商品所持的喜爱程度。在市场上，消费者对某种品牌商品的喜爱程度是不同的，有的消费者对其有特殊的偏好，有的消费者对其有中等程度的偏好，有的消费者对其无所谓。因此，许多企业为了维持和扩大经营，努力寻找其忠诚拥护者，并掌握他们的需求特征，以便从商品形式、销售方式及广告宣传等方面去满足他们的需要。

心理标准是细分市场中比较复杂的一个标准。企业必须根据消费者的不同心理，进行市场调查研究，从而获得可靠的数据，用来确定自己的目标市场。

4. 购买行为变数

在行为细分中，根据顾客对产品的了解、态度、使用情况及其反应，将他们分为不同的群体。许多营销人员认为，购买行为变数是进行市场细分的最佳起点。

（1）购买时机。按消费者购买和使用产品的时机细分市场。例如，某些产品或服务项目专门为适用于春节、中秋节、圣诞节、寒暑假等节假日的需求。又如，旅行社可为某种时机提供专门的旅游服务，文具企业专门为新学期开始提供一些学生学习用品。

营销思考：查找有关资料，分析宝洁公司的洗发水是如何进行市场细分的。

（2）寻求利益。根据顾客从产品中追求的不同利益分类，是一种很有效的细分方法。美国曾有人运用利益细分法研究钟表市场，发现手表的购买者分为三类：其中大约23%侧重价格低廉，46%侧重耐用性及一般质量，31%侧重品牌声望。当时美国各大著名钟表公司大多数都把注意力集中于第三类细分市场，从而制造出豪华昂贵的手表，并通过珠宝店销售。唯有TIMEX公司慧眼独具，选定第一、二类细分市场作为目标市场，全力推出一种价廉物美的“天美时”牌手表，并通过一般钟表店或某些大型综合商店出售。该公司后来成为美国手表第一品牌。

运用利益细分法，首先必须了解消费者购买某种产品所寻求的主要利益是什么；

其次要了解寻求某种利益的消费者是哪些人；最后要调查市场上的竞争品牌各自适合哪些利益，以及哪些利益还没有得到满足。

美国学者拉赛尔·哈雷（Rusell L. Haley）曾运用利益细分法对牙膏市场进行分析而获得成功就是一例。他把牙膏需求者寻求的利益分为经济实惠、防治牙病、洁齿美容和口味清爽四类。牙膏公司可以根据自己所服务的目标市场的特点，了解竞争者是什么品牌、市场上的现有品牌缺少什么利益，从而改进自己现有的产品，或另外再推出某种新的产品，以适应牙膏市场上未满足的需要。表5-2就是哈雷的牙膏市场的利益细分。

表5-2 牙膏市场的利益细分

利益细分	人口统计特征	行为特征	心理特征	代表品牌
经济（低价）	男性	经常使用者	独立性强	大减价的品牌
医疗（防止蛀牙）	大家庭	经常使用者	注重保健、保守	品牌A、B
美容（洁齿）	年轻人	抽烟者	喜好社交活动	品牌C
味道（好口味）	儿童	喜好清香牙膏	自我享乐主义	品牌E

（3）使用状况。许多产品可按使用状况将消费者分为“从未用过”“曾经用过”“准备使用”“初次使用”和“经常使用”五种类型，即五个细分市场。通常大公司对潜在使用者感兴趣，而一些小企业则只能以经常使用者为服务对象。对使用状况不同的顾客，企业在广告宣传及推销方式方面都有所不同。

（4）使用率。使用率也可用来细分某些产品的市场。可先划分使用者和非使用者，然后再把使用者分为小量使用者和大量使用者。例如，有人曾经作过调查，总调查人口中，有68%是啤酒非使用者，32%是啤酒使用者，其中小量使用者和大量使用者各占一半。但16%的大量使用者的使用量却占总销量的88%，而小量使用者的使用量只占总销量的12%。又据调查，啤酒的大量饮用者多数是劳动阶层，年龄约在25~50岁，而少量饮用者的年龄在25岁以下和50岁以上。这种细分将有助于企业作出相应的对策。

（5）忠诚程度。消费者对企业的忠诚和对品牌的忠诚程度，也可用来细分市场。假设某市场共有A、B、C、D、E五个品牌，按消费者的忠诚程度不同，可分为四类：

1）专一的忠诚者。始终购买同一品牌，如A。

2）动摇的忠诚者。同时喜欢两种或两种以上的品牌，如交替购买A和B。

3）转移的忠诚者。经常转换品牌偏好，不固定忠于某一品牌，如一段时间忠于A，另一段时间忠于B，或C、D、E。

4）犹豫不定者。从来不忠于任何品牌，可能是追求减价品牌，或是追求多样化、喜新厌旧。

每个市场上都不同程度地同时存在着上述四类消费者。企业可以对其消费类型进行分析，从中找出营销中所存在的问题，从而及时解决。例如，分析专一的忠诚者，可以知道企业目标市场的消费者情况；分析动摇的忠诚者，可以发现哪些品牌是主要竞争者，以便采取相应措施；研究转移的忠诚者，可以了解营销工作中的弱点，从中改进；研究犹豫不定者，可以考虑采用奖励等办法促销。

(6) 待购阶段。消费者对各种产品，特别是新产品，总是处于各种不同的待购阶段。例如，对某些新产品，有些人根本不知有此物，有些人已经知道，有些人知道得很清楚，有些人已有购买欲望，有些人准备马上购买。企业应该对处于不同阶段的顾客采取不同的营销手段，并要随着待购阶段的变化而随时调整营销方案。

(7) 态度。消费者对产品的态度大体可分为五种：热爱、肯定、冷淡、拒绝和敌意。企业可以通过调查、分析，针对不同态度的顾客采取不同的营销对策。例如，对抱有拒绝和敌意态度者，就不必浪费时间去改变他们的态度；而对冷淡者，应设法争取他们。

四、工业品市场细分的基础

工业品市场细分同样可以运用消费品市场的细分标准进行细分。但所不同的是，进行工业品市场细分时，心理因素的影响要小一些。除此之外，还应考虑如下两方面因素：

1. 最终用户

工业品市场经常按最终使用者的需求进行细分。由于不同使用者的要求不同，因此要制定不同的营销策略。例如，晶体管市场可分为军事、工业、商业三个子市场。军用买主重视质量，价格不是主要因素；工业买主重视质量和服务；商业买主重视价格和交货期。企业应该根据上述用户需求特点，组织生产和营销。

2. 用户规模

用户规模决定了购买量的大小，这一因素往往也被某些企业作为市场细分的根据。因为大、中、小客户对企业的重要性不同，因此在接待上也有所不同。大客户通常由主要业务负责人接待洽谈；一般中小客户则由推销员接待。

在大多数情况下，工业品市场不是以单一变数细分，而是把一系列变数结合起来进行细分。

第二节　目标市场选择

要点： 目标市场就是企业服务的顾客群。针对目标顾客需求的营销策略是企业盈利的保证。

一、目标市场的概念

有一个会吹箫的渔夫，带着他心爱的箫和渔网来到海边。他站在一块岩石上，吹起箫来。他想，音乐这么美妙，鱼儿自己就会游到他的面前来。他聚精会神地吹了好久，连鱼儿的影子都没有见到。他生气地将箫放下，拿起网，向水里撒去，结果捕到了很多鱼。他将网中的鱼一条条地扔到岸上。看到活蹦乱跳的鱼，渔夫气愤地说：

“喂，你们这些不识好歹的东西，我吹箫时，你们不跳舞，现在我不吹了，你们倒跳了起来。”鱼说：“是因为，我们对你美妙的箫声不感兴趣啊！”

其实，市场营销就是针对目标市场中的顾客运用营销策略的过程。所以，选择什么样的目标市场作为企业的营销对象，并且针对这些顾客选择什么样的营销策略非常重要。企业营销不能成功的一个重要原因，就是这种营销不符合目标顾客。

市场细分是按一定的标准划分不同消费者群体的过程；目标市场选择则是根据市场细分标准选择一个或一个以上细分市场作为企业营销对象的决策。可见，企业选择目标市场，是在市场细分的基础上进行的。通过分析细分市场需求满足的程度，去发现那些尚未得到满足的需求，而企业自身又具有满足需求的条件，就可选定为目标市场。有的学者形象地指出：“所谓目标市场选择，就是指企业在市场细分之后的若干‘子市场’中，运用企业营销活动之‘矢’而瞄准市场方向之‘的’的优选过程。”

在市场营销活动中，任何企业都应选择和确定自己的目标市场。因为就企业来说，并非所有的市场机会都具有同等的吸引力，或者说，并不是每一个子市场都是企业愿意进入和能够进入的。同时，一个企业总是无法提供市场内所有买主所需要的产品与劳务。由于资源有限，也为了保持有效，企业的营销活动必然限定在一定范围内。在制定市场营销策略时，企业必须在纷繁复杂的市场中，发现何处最适于销售它的产品，购买者是哪些人，购买者的地域分布、需要、爱好以及其他购买行为的特征是什么。这就是说，现代企业在营销决策之前，必须确定具体的服务对象，即选定目标市场。

二、目标市场策略

企业在市场细分化的基础上，根据主、客观条件选择好目标市场，目的在于不断拓展市场。要想顺利实现这一目的，一般采用三种不同的目标市场策略：

要点：目标市场策略有三种不同形式——无差异目标市场策略、差异化目标市场策略和集中性市场策略。策略的选择与企业实力、产品特性、市场特性等因素有关。

1. 无差异性目标市场策略

实行无差异性目标市场策略的企业，是把整个市场作为一个大目标，针对消费者的共同需要，制订统一生产和销售计划，以实现开拓市场、扩大销售。以生产观念和推销观念为指导思想的企业，往往把整个市场作为一个大目标开展营销，强调消费者的共同需要，忽视其差异性。采用这一策略的企业，一般都实力强大，采用大规模生产方式，又有广泛而可靠的分销渠道，以及统一的广告宣传方式和内容。美国可口可乐公司曾一度长期生产一种口味的产品，使得该公司较长时间“统治”世界饮料市场。

采取无差异性目标市场策略的优点是：大量生产、储运、销售而使得产品的平均成本低，并且不需要进行市场细分，可节约大量的调研、开发、广告等费用。但是，这种市场策略也存在许多缺点，这种策略对于大多数产品是不适用的。因为市场处于一个动态变化的不断发展的过程中，所以一种产品长期被所有消费者接受的情况是极少的，而且当几家同类大企业都同时采用这一策略时，就会形成异常的激烈竞争，而不得不开始改变其无差异性目标市场策略。

2. 差异性目标市场策略

> **营销思考：**美国可口可乐公司由于拥有世界专利，在相当长的时间里只生产一种口味、一种配方、一种大小和形状的瓶装产品。这是什么策略？

实行差异性目标市场策略的企业，通常是把整体市场划分为若干细分市场作为其目标市场，然后针对不同目标市场的特点，分别制订出不同的营销计划，按计划生产营销目标市场所需要的商品，满足不同消费者的需要，不断扩大销售成果。例如，国内一些自行车公司近年来改变了原来的经营观念，牢固树立以消费者为中心的现代化经营观念。按不同消费者的爱好和要求，分别设计生产出轻便男车、轻便女车、赛车、载重车、童车等多种产品。同时，也根据不同消费者的偏好，生产出各种彩色车，改变了过去清一色的黑色车的状况。

采用差异性目标市场策略的优点是；小批量、多品种，生产机动灵活，针对性强，能满足不同消费者的需求，特别是能繁荣市场。但是，由于品种多，销售渠道和方式、广告宣传多样，产品改进成本、生产制造成本、管理成本、存货成本、营销成本就会大大增加。这样，无差异性目标市场策略的优点，基本上就变为差异性目标市场策略的不足之处。

3. 集中性目标市场策略

无差异性目标市场策略和差异性目标市场策略都是以整体市场作为企业的营销目标，试图满足所有消费者的需要。集中性目标市场策略则不是把目标放在整体市场上，而是目标市场更加集中，选择一个或几个细分化的专门市场作为营销目标，然后集中企业的总体营销优势开展生产和销售，充分满足某些消费者需要，以开拓市场。采用这种市场策略的企业，不是追求在整体市场上占有较大的份额，而是为了在一个或几个较小的细分市场上取得较大的占有率，甚至居于支配地位。它们的具体做法不是把力量分散在广大的市场上，而是集中企业的优势力量，对某细分市场采取攻势营销战略，以取得市场上的优势地位。

一般说来，实力有限的中、小企业可以采用集中性目标市场策略。由于它们的营销对象比较集中，企业就可以集中优势力量，力求充分满足消费者的需要，以取得消费者的信任和偏爱，从而提高销售额、利润额和投资收益率。并且，随着生产、分销渠道、广告宣传等的专一化，不仅逐步降低企业的营销成本、增加盈利，而且提高了商品和企业的声誉。但是应该看到，采用集中性目标市场策略一般风险比较大，因为所选的目标市场比较狭窄，一旦发生突然变化，消费者的兴趣就会转移，甚至会导致企业在竞争中失败。因此企业往往又要将经营目标分散于几种策略之中，根据具体情况加以选择实施。

（1）企业实力。当企业的生产能力、技术能力和销售能力很强时，就可采用无差异性目标市场策略和差异性目标市场策略；若实力不足，则最好采用集中性目标市场策略。

（2）产品特性。对于一些类似性很强的产品，以及不同工厂或地区生产的在品种、质量方面相差较小的同类产品，宜采用无差异性目标市场策略；而另外一些产品，如照相机、服装等，消费者的要求差别很大，宜采用差异性目标市场策略或集中性目标市场策略。

(3) 市场特性。如果不同市场的消费者对同一产品的需求和爱好相近，宜采用无差异性目标市场策略；否则，宜采用差异性目标市场策略或集中性目标市场策略。

(4) 产品所处生命周期的不同阶段。通常在产品处于投入期和成长期时，可采用无差异性目标市场策略，以探测市场与潜在顾客的需求；当产品进入成熟期或衰退期时，则应采取差异性目标市场策略，以开拓新的市场，或采取集中性目标市场策略，以维持和延长产品生命周期。

(5) 竞争者所采取的目标市场策略。企业采取哪种目标市场策略，往往视竞争者所采取的策略而定。若一个强有力的竞争者实施无差异性目标市场策略，那么，本企业则宜采取差异性目标市场策略。

第三节　市场定位

一、市场定位的概念

定位是适应市场竞争的加剧而产生的营销观念。早在1972年，美国的两位广告经理艾·里斯（Al Ries）和杰克·特劳特（Jack Trout）在《广告时代》上发表了题为《定位时代》的系列文章之后，"定位"一词开始广为流传。定位的目的就是要将差异化做出来。差异化就是竞争优势，这种差异化最终要通过目标受众的理解表现出来。定位的本质是针对受众的心理位置，实现差异化的传播。定位的提出者里斯和特劳特曾对定位的本质有如下阐述：定位是对现有事物的一种创造性，它是以事物为出发点，如一种商品、一项服务、一家公司、一所机构甚至一个人……但定位的对象不是这些，而是针对潜在顾客的思想。也就是说，要为产品或其他对象在潜在顾客的大脑中确定一个合适的位置。这个位置一旦确立起来，就会使人们的需要解决某一特定消费或其他问题时，首先考虑某定位于此的事物。定位并不是改变定位对象本身，而是在人们心目中占领一个有利的地位。目标消费群和竞争者是定位的依据，与此对应，其目的在于造成联想和形成差异。

要点： 市场定位的本质是产品在目标受众心里形成独特的有差异化的位置。

菲利普·科特勒对市场定位的概念是：所谓市场定位，就是对企业的产品进行设计，从而使其能在目标顾客心目中占有一个独特的、有价值的位置的行动。市场定位的实质是使本企业与其他企业严格区分开来，并使顾客明显感觉和认知这种差别，从而在顾客心目中留下特殊的印象。市场定位的目的是影响顾客心理，增强企业产品以及产品的竞争力，扩大产品销售，增加企业的经济效益。

二、市场定位的意义

市场定位的意义主要在于以下两点：

(1) 它有利于企业及产品在市场中建立自己的特色，从而使企业在激烈的市场竞争中立于不败之地。现代社会早已进入买方市场时代，几乎每个市场都存在供过于求的现象。为了争夺有限的顾客，防止自己的产品被其他产品替代，保持或扩大企业的市场占有率，企业必须为其产品树立特定的形象，塑造与众不同的个性，从而在顾客中形成一种特殊的偏好。例如，青岛海尔经过不懈努力，在竞争激烈的中国家电市场上建立了以质量和服务取胜的形象，赢得了消费者的信任，同时也增加了效益。

（2）企业的市场定位决策是制定市场营销组合策略的基础，市场定位在企业的营销工作中有着极为重要的战略意义。例如，企业决定生产质优价高的产品，这种定位就决定了企业所生产的产品质量一定要好，价格则要定得高，相应的广告宣传的侧重点应该是强调产品所具备的高质量，让消费者相信虽然产品价格高，但是物有所值；销售渠道应选择档次较高的百货商场，而不能是廉价品市场。可见，企业的市场定位决定了企业要设计与之相适应的营销组合策略。

三、市场定位的步骤

要点：市场定位是一个寻找自身独特优势，并将这种优势传播出去的过程。

市场定位的关键问题就是企业要设法在自己的产品上寻找出比竞争者更具有竞争优势之处。竞争优势一般有两种类型：一是价格竞争优势，即在同样的条件下，比竞争者定出更低的价格。这就要求尽一切努力，力求降低单位成本。二是偏好竞争优势，即能提供确定的特色来满足顾客的特定偏好。这就要企业尽一切努力在产品特色上下工夫。竞争优势的两种基本类型提供了市场定位的两条有利途径。因此，企业市场定位的全过程就可以通过以下三大步骤来完成：

1. 确认本企业的竞争优势

这一步骤的中心任务是要回答以下三个问题：一是竞争对手的产品定位如何；二是目标市场上足够数量的顾客的欲望满足程度如何以及还需要什么；三是针对竞争者的市场定位和潜在顾客真正的利益要求，企业应该和能够做什么。要回答这三个问题，企业市场营销人员必须通过一切调研手段，系统地设计、搜索、分析并报告有关上述问题的资料和研究结果。通过回答上述三个问题，企业就可以从中把握和确定自己的潜在竞争优势。

2. 准确地选择相对竞争优势

相对竞争优势表明企业能够胜过竞争者的能力。这种能力既可以是现有的，也可以是潜在的。准确地选择相对竞争优势，就是一个企业的各方面实力与竞争者的实力相比较的过程。比较的指标应是一个完整的体系，只有这样，才能准确地选择相对竞争优势。通常的方法是分析、比较企业与竞争者在下列七大方面究竟哪些是强项，哪些是弱项：①经营管理方面，主要考察领导能力、决策水平、计划能力、组织能力以及个人应变的经验等指标；②技术开发方面，主要分析技术资料（如专利、技术诀窍等）、技术手段、技术人员能力和资金来源是否充足等指标；③采购方面，主要分析采购方法、储存及运输系统、供应商合作以及采购人员能力等指标；④生产方面，主要分析生产能力、技术装备、生产过程控制以及职工素质等指标；⑤市场营销方面，主要分析销售能力、分销网络、市场研究、服务与销售战略、广告、资金来源等是否充足以及市场营销人员的能力等指标；⑥财务方面，主要考察长期资金和短期资金的来源及资金成本、支付能力、现金流量以及财务制度与人员素质等指标；⑦产品方面，主要考察可利用的特色、价格、质量、支付条件、包装、服务、市场占有率、信誉等指标。通过对上述指标体系的分析与比较，选出最适合本企业的优势项目。

3. 显示独特的竞争优势

在这一步骤中，主要任务是企业要通过一系列的宣传促销活动，将其独特的竞争优势准确传播给潜在顾客，并在顾客心目中留下深刻印象。首先，企业应使目标顾客了解、知道、熟悉、认同、喜欢和偏爱本企业的市场定位，在顾客心目中建立与该定位相一致的形象。其次，企业应通过一切努力强化目标顾客的感情，来巩固与市场相一致的形象。最后，企业应注意目标顾客对其市场定位理解出现的偏差，或由于企业市场定位宣传上失误而造成的目标顾客模糊、混乱和误会，以及矫正与市场定位不一致的形象。

四、市场定位策略

企业进行市场定位，就是着力宣传那些会对其目标市场产生重大影响的差异，以确定企业在目标顾客心目中的独特位置。换言之，企业应制定重点定位策略。

要点：企业对外传播的自身独特优势，要求能够对目标市场产生重大影响。

为了突出定位重点，企业首先要决定向顾客推出多少差异以及推出哪些差异。

1. 确定产品差异的数量

企业可以只推出一种产品差异，即单一差异定位。许多营销人员倡导这种做法，如宝洁公司的“舒肤佳”香皂始终宣传其杀菌功能——促进全家健康。这种做法的关键是要保持连贯一致的定位，并且应选择自己能成为“第一名”的差异属性。这是因为，当今社会信息爆炸，人们头脑中首次接收到的信息，有稳如磐石、不易排挤的稳固位置。这与人脑的定位记忆机能是密切相关的。

有的企业相信双重差异的定位策略，尤其是当两家或更多的企业都宣传自己的某一属性最好时，这样做就显得很有必要了，可以在目标细分市场内找到一个特定的空缺。例如，沃尔沃汽车曾定位为“最安全”和“最耐用”，这两种利益是可以相容并存的。一般来说，人们都认为安全性能很好的汽车也会很耐用。高露洁牙膏加氟加钙，强调使牙齿“更坚固、更洁白”。还有实行多重差异定位的成功例子。比切姆公司在促销其 Aquehesh 牙膏时，强调其“防止蛀牙，口味清新，洁白牙齿”的三重功效。由于大多数人都认为这三种功效很重要，因此公司所需要做的，就是针对三重功效设计出三色牙膏，以便人们相信它确实可以提供三种功效。值得引起重视的是，企业推出的差异不宜过多，否则会降低可信度，也影响产品定位的明确性。

2. 确定具体的产品差异

为了确定具体的产品差异，企业要对目标市场竞争者和企业自身情况进行竞争优势分析。对于所设计的产品，要考虑产品差异对目标顾客的重要性、企业实施产品差异的能力（人力、物力、财力等）、所需时间、竞争者的模仿能力等。进行了这些分析以后，企业就能作出对所设计的差异应采取的决策，选择那些真正能够增加企业竞争优势的产品差异。

企业应当如何选择定位呢？一般的定位策略有以下八种：

(1) 根据竞争定位。这是根据市场竞争状况，根据与竞争有关的属性或利益进行定位。这种策略主要是突出企业的优势，如技术可靠性程度高，售后服务方便快捷，以及其他顾客欢迎的因素等，从而在竞争者中突出自己的形象。例如，百事可乐强调“新一代的选择”，而可口可乐则推崇“齐欢乐”。

(2) 根据属性定位。产品本身的属性能使消费者体会到它的定位。产品属性包括制造技术、设备、生产流程、产品功能，也包括产品的原料、产地、历史等因素。例如，湖南养生堂的定位体现了使用的原料和悠久的历史；王守义十三香强调其专门的调料配方；宜宾五粮液、北京烤鸭等产品则强调其产地定位。如果企业的一种或几种属性是竞争者所没有或有所欠缺的，同时又是顾客认可和接受的，这时采用按产品属性定位的策略，往往容易收到良好效果。

(3) 根据利益定位。这种策略即把产品定位在某一特定利益上。这里的“利益”包括顾客购买企业产品时追求的利益，也包括购买企业产品所能获得的附加利益。例如，诗丽雅化妆品公司推出的一种去死皮的产品，使用后去除皮肤表面坏死的表皮，增进皮肤对任意品牌护肤化妆品的吸收。该产品依靠为消费者提供这一利益而获得了巨大成功。又如，新飞冰箱在同容积冰箱中耗电最省，给顾客提供“省电”的利益。

(4) 根据产品的用途定位。这是工业产品最常用的市场定位方法。此外，为老产品找到一种新用途，是为该产品创造新的市场定位的好方法。例如，杜邦公司的尼龙最初在军事上用于制作降落伞，后来许多新的用途——作为袜子、衬衫、地毯、汽车轮胎、椅套的原料等，一个接一个地被发现。又如，网络的研究也开始于军事领域，随后广泛应用于通信、日常生活、汽车工业等。

(5) 根据价格——质量定位。一件仿制的装饰性项链，无论其做工多么精美，都不可能与真正的钻石项链的定位是相同的。所以，对于那些消费者对价格和质量都很关心的产品，选择两者作为市场定位的因素是突出企业的好方法。据此，定位有以下几种情况：

1) 质价相符的情况。通俗地说，就是“一分钱一分货”。当企业产品价格高于同类产品时，企业总是强调其产品的高质量和物有所值，说服顾客支付溢价来购买其产品。海尔集团的家电产品很少卷入“价格战”，一直维持其同类产品中的较高价格，但其销售却一直稳定增长，就体现了其产品“优质高价”的定位。

2) 质高价低的情况。一些企业将质高价低作为一种竞争手段，用以加深市场渗透，提高市场占有率。格兰仕集团就是采用这种定位方式，快速占领了我国的微波炉市场，并一直保持着50%以上的极高市场占有率。这时，企业向顾客传递的信息是顾客所花的每分钱都能获取更大的价值，即“物超所值”。采用这种定位方式，企业要重视优于价格水平的产品质量的宣传，而不能只宣传产品的低价，否则就会造成在顾客心目中产品品质低的印象，从而造成定位失败。

(6) 根据产品的档次定位。企业在选择目标市场时，常根据本企业的产品档次，如家具市场可划分为高、中、低三档。产品也可通过强调与同档次的产品的不同特点来进行定位。例如，中美上海施贵宝公司出品的“日夜百服宁”等。

(7) 根据使用者类型定位。企业以市场细分为前提针对某个子市场、某些特定消费者进行促销，使这些消费者认为企业的产品是特地为他们生产并且适合他们使用，从而满足他们的心理需要，促使他们对企业产生信任感。

(8) 多重定位。这是将市场定位在几个层次上，或者依据多重因素对产品进行定位，给消费者的感觉是产品有多个特征、多重效能。作为市场定位体现的企业和产品形象，都必须是多维度、多侧面的立体。这种方式应该避免因描述的特征过多而冲淡企业及产品的形象。

五、重新定位

在通常情况下，定位完成之后，不能轻易改变和随意变动，定位应该保持稳定性、连续性和持续性。但是，是否在任何情况下都不能改变原有定位呢？答案是不可绝对的。定位是否恰当，需要在激烈的市场竞争中检验。而且，市场是不断变化的，消费者的需求和偏好也不是一成不变的，因而原有的定位有可能不适应新的市场形势。归纳起来，重新定位主要基于以下三种情形：

要点： 当消费者的需求和偏好发生了变化，企业就需要重新定位以寻找新的竞争优势。

1. 原有定位不能达到营销目标

从理论上看，某些定位是不错的，确实找到了市场空隙或是发现了一块空白领地，但在执行过程中遇到困难，原有定位不能如预期的那样被消费者所接受。或者是虽然定位的目标实现了，在消费者心目中辟出一席之地，但无法达到营销的目标，市场占有率、利润等均不理想。此时，企业要考虑改弦易辙，重新定位。另外，由于市场形势的变化，如政府政策、法律、经济环境及消费者需求的变化，也会导致企业原有的定位对其发展形成制约，无法实现营销的目标。在这种情况下，无论原有定位曾经取得过多么辉煌的业绩，企业都应根据实际情况，调整原有定位。

例如，万宝路刚进入市场时，是以女性作为目标消费者的。它的口味也是特意为女性消费者而设计的，淡而柔和。为此，它推出的广告口号是“像五月的天气一样温和”。从产品的包装设计到广告宣传，万宝路都致力于明确的目标消费群——女性烟民。然而，尽管当时美国的吸烟人数年年都在上升，万宝路香烟的销路始终平平。20 世纪 40 年代初，莫里斯公司被迫停止生产万宝路香烟。后来，广告大师李奥·贝纳为其做广告策划时，作出一个重大决定，万宝路的命运也由此发生了转折。李奥·贝纳决定沿用万宝路品牌对其进行重新定位。他将万宝路重新定位为男子汉香烟，并将它与最具男子汉气概的西部牛仔形象联系起来，吸引所有喜爱、欣赏和追求这种气概的消费者。通过这一重新定位，万宝路树立了自由、野性与冒险的形象，在众多的香烟品牌中脱颖而出。从 20 世纪 80 年代中期到现在，万宝路香烟一直居世界各品牌销量首位，成为全球香烟市场的领导品牌。

2. 发展新市场的需要

在企业发展过程中，原有定位可能会成为制约因素，阻碍企业渗透到相关行业、发展相关产品和开拓新市场。或者由于环境的变化，消费者新的需求不断涌现，企业有可能获得新的市场机会，进入新的市场。面对新的市场环境和不同文化、社会背景的消费者，原有定位也可能变得不再适合。在此情况下，企业出于发展扩张的目的，也需要调整和改变的原有定位。

3. 竞争的需要

企业在竞争中可能会丧失原来的在某些方面的明显优势，而建立在此优势上的定位也就无法使企业具有竞争力。甚至竞争对手会针对企业定位的缺陷，塑造他们自身的优势。企业如果仍死守原来的定位不放，就会在竞争中处于“被动挨打”的地位，最终丧失市场。例如，Louts1-2-3 试算表在软件业获取成功后，遭遇到了微软 Excel 的冲击，莲花（Louts）公司面临绝境。后来公司将软件重新定位为“群组软件”，用来解决联网计算机上的同步运算。此举使莲花公司重获生机，并凭此赢得 IBM 青睐，卖出了 35 亿美元的价值。

总之，企业要特别注意：目标市场不是一成不变的；要分析竞争者的细分市场，找出空白点；企业实力的差异导致目标市场选择模式上的差异；市场定位要满足顾客的需要；市场定位强调“第一”；市场定位要准确。

第四节　制定市场营销组合策略

要点：基于4P的市场营销组合策略，即产品、价格、渠道和促销。

企业在进行了市场定位之后，就要考虑如何进行市场营销组合了。市场营销组合是企业针对选定的目标市场而整合的一系列可控的市场营销手段。企业的营销优势很大程度上取决于其营销手段整合的良好效果，而非单个策略的优劣。企业在目标市场上的经营特色和竞争地位也是通过其营销组合的特点体现的。

一、基于4P的市场营销组合

20 世纪 60 年代，美国学者杰罗姆·麦卡锡（Jerome McCarthy）教授提出了著名的 4P 营销组合策略，即产品（Product）、价格（Price）、渠道（Place）和促销（Promotion）。他认为一次成功和完整的市场营销活动，意味着以适当的产品、适当的价格、适当的渠道和适当的促销手段，将适当的产品和服务投放到特定的市场。

（1）产品。它是指企业提供给目标市场的货物、服务的集合，包括产品的效用、质量、外观、式样、品牌、包装和规格，还包括服务和保证等因素。

（2）价格。它是指企业出售产品所追求的经济回报，主要包括基本价格、折扣价格、付款时间、借贷条件等。企业应根据不同的市场定位，制定不同的价格策略。产品的定价依据是企业的品牌战略，应注重品牌的含金量。

（3）渠道。渠道通常称为分销的组合，主要包括分销渠道、储存设施、运输设施、存货控制。它代表企业为使其产品进入和到达目标市场所组织和实施的各种活动，包括途径、环节、场所、仓储和运输等。企业并不直接面对消费者，而是注重经销商的培育和销售网络的建立。企业与消费者的联系是通过分销商来进行的。

（4）促销。它主要是指企业利用各种信息载体与目标市场进行沟通的传播活动，包括广告、人员推销、营业推广与公共关系等。企业注重通过销售行为的改变来刺激消费者，以短期行为（如让利、“买一送一”、调动营销现场气氛等）促进消费的增长，吸引其他品牌的消费者或促成提前消费来促进销售的增长。

4P 的提出奠定了管理营销的基础理论框架。它最早将复杂的市场营销活动加以简单化、抽象化和体系化，构建了营销学的基本框架，促进了市场营销理论的发展与普及。

该理论以单个企业作为分析单位，认为影响企业营销活动效果的因素有两种：一种是企业不能够控制的因素，如政治、法律、经济、人文、地理等环境因素，称之为不可控因素，这也是企业所面临的外部环境；另一种是企业可以控制的因素，如产品、价格、渠道、促销等营销因素，称之为企业可控因素。企业营销活动的实质是一个利用内部可控因素适应外部环境的过程，即通过对产品、价格、渠道、促销的计划和实施，对外部不可控因素作出积极、动态的反应，从而促成交易，实现个人与组织的目标。用科特勒的话说就是“如果公司生产出适当的产品，制定出适当的价格，利用适当的分销渠道，并辅之以适当的促销活动，那么该公司就会获得成功”（科特勒，2001）。所以，市场营销活动的核心就在于制定并实施有效的市场营销组合。

二、基于4C的营销组合

要点：基于4C的营销组合包括消费者、成本、便利和沟通。

4C 理论是美国营销专家罗伯特·劳朋特（Robert Lauterborn）教授在 1990 年提出的。与 4P 理论的产品导向不同，4C 理论是以消费者需求为导向的。4C 理论重新设定了市场营销组合的四个基本要素，即消费者（Customer）、成本（Cost）、便利（Convenience）和沟通（Communication）。它强调企业首先应该把追求消费者满意放在第一位，产品必须满足消费者需求，同时降低消费者的购买成本。产品和服务在研发时就要充分考虑消费者的购买力，然后要充分注意到消费者购买过程中的便利性，最后还应以消费者为中心实施有效的营销沟通。如果从买方的角度看，4C 比 4P 更有竞争力。

从企业的实际应用和市场发展趋势看，4C 理论依然存在不足：①4C 理论以消费者为导向，着重寻找消费者需求。满足消费者需求。而市场经济还存在竞争导向，企业不仅要看到需求，而且还需要更多地注意到竞争对手。②在 4C 理论的引导下，企业往往被动地适应顾客需求，而失去了自己的方向。如何将消费者需求与企业长期获得利润结合起来是 4C 理论有待解决的问题。

营销思考：找一家你熟悉的企业，结合4P和4C理论分析其营销组合？

从一种更宽广的视角来看，4C 所提出的“满足消费者需求，降低消费者的购买成本，提高购买便利性，实施营销沟通”是一种营销理念和理想的营销标准；而 4P 所提出的“产品、价格、渠道与促销”则是一种营销策略和手段。4C 所提出的营销理念和标准最终还是要通过 4P 的策略和手段来实现。比如，要提升消费者购买的便利性，就要通过渠道策略来完成，要满足消费者需求，要通过产品策略、广告公关等促销策略才能达成。例如，路易威登的包要满足消费者追求奢华的需求，以非常考究的用材和经典的设计形成产品策略，以顶尖的甚至超五星的终端装修和巨星云集的公关活动来宣传品牌的档次和品位。可见，4P 与 4C 不是矛盾和对立的，4C 只是特别强调了消费者需求和双向互动沟通的重要性。

企业并不是在真空中制定市场营销组合。随着市场竞争和消费者需求特点及外界环境的变化，企业必须对营销组合随时纠正、调整，使其保持竞争力。总之，市场营销组合对外界环境必须具有充分的适应力和灵敏的应变能力。

本章小结

1. 市场细分是指企业按照消费者的一定特性，把原有的市场分割为两个或两个以上的子市场，以确定目标市场的过程。

2. 市场细分有一定的程序，先识别细分市场，再收集研究信息，再拟订综合评价标准，然后确定营销因素，接着估计市场潜力，再分析市场营销机会，最后提出市场营销策略。

3. 消费品市场和工业品市场都有其市场细分的基础。消费品市场细分标准是地理变数、人口变数、心理变数和购买行为变数；工业品市场细分标准还应考虑最终用户和用户规模。

4. 企业在市场细分的基础上形成了三种不同的目标市场策略，即无差异性目标市场策略、差异性目标市场策略和集中性目标市场策略。

5. 在市场细分的基础上，企业接下来就可以为自己进行市场定位，选择最适合企业发展的道路。

6. 市场营销组合是企业针对选定的目标市场而整合的一系列可控的市场营销手段。

思考题

1. 什么是市场细分？它有什么重要的作用？
2. 市场细分的基本要求是什么？
3. 市场细分的基本程序是什么？
4. 消费品市场细分的标准是什么？
5. 工业品市场细分的标准是什么？
6. 企业在市场细分的基础上，有哪些不同的目标市场策略？
7. 4P、4C 营销组合的区别和联系是什么？

选择题

1. ________差异的存在是市场细分的客观依据。

A. 产品　　B. 价格　　C. 需求偏好　　D. 细分

2. 把具有一种或多种共同的特征，并具有非常相似的产品需求的一组人群称为________。

A. 社会市场营销　　B. 一个细分市场　　C. 市场份额　　D. 一个客户基础

3. ________因素不是市场细分的依据。

A. 地理　　B. 行业　　C. 人口　　D. 心理　　E. 行为

4. 消费者的兴趣、爱好及其他特点很近似，即市场类似程度较高时，可采用________策略。

A. 集中性目标市场　B. 差异性目标市场　C. 整合目标市场　D. 无差异性目标市场

5. 集中性目标市场策略的不足之处主要表现为________。

A. 经营风险大　B. 营销成本高　C. 资源投入大　D. 管理费用高

6. 生产纯净水、食盐、电力、煤炭的企业适宜采用的目标市场策略是________。

A. 无差异性目标市场策略　B. 集中性目标市场策略

C. 差异性目标市场策略　D. 专业化目标市场策略

7. 经过市场细分后，选择其中的多个子市场为目标市场，并针对不同子市场特征，设计不同的市场营销组合方案并组织实施。这种策略是________。

A. 无差异性目标市场策略　B. 集中性目标市场策略

C. 差异性目标市场策略　D. 专业化目标市场策略

8. 下列细分消费者市场的依据中，属于购买行为变数的是________。

A. 购买动机　B. 品牌忠诚度　C. 社会阶层　D. 生活格调

9. 在产品生命周期的导入期，企业适合采用的目标市场策略是________。

A. 无差异性目标市场策略　B. 集中性目标市场策略

C. 差异性目标市场策略　D. 专业化目标市场策略

10. 下列细分消费者市场的依据中，属于心理变数的是________。

A. 追求利益　B. 品牌忠诚度　C. 社会阶层　D. 生活格调

章尾案例

吉利品牌细分重保汽车下乡

造车多年的吉利汽车表示，单一的吉利品牌已经不能满足吉利汽车的发展需要。吉利汽车董事长李书福在“走进新吉利”媒体座谈会上表示，吉利汽车今后将增加三个全新的品牌，而“汽车下乡”也将成为吉利汽车今年的重点工作。细分品牌和汽车下乡可看成是吉利汽车的“进城”与“下乡”两不误，更是转型后的吉利汽车为实现2015年产销200万辆目标的新调整。

1. 启动“千县千店”计划

“力争用三年时间把销售网络覆盖至全国所有的县市”是吉利汽车对国家出台鼓励汽车下乡政策后的最新回应。昨天，吉利控股集团副总裁、吉利汽车销售总经理刘金良接受记者采访时明确表示，吉利汽车今年将完成至少500个县市级销售网络的布局。按照规划，吉利汽车完成销售网络布满全国县市的时间力争不超过三年。

刘金良是在“全国媒体走进新吉利”的座谈会上作上述表示的。刘金良称，汽车下乡政策有利于贴近农村和三线城市的吉利汽车。根据目前形势，拉动二、三级市场及周边地区，将成为吉利汽车保持旺盛增长的关键。在2009年6月底前，吉利汽车完成“千县千店”计划。全国目前除县级市外，有1814个县级行政单位，吉利汽车将在这些地区新布点500个，截至2009年6月，二、三级城市经销商达到1000家的规模。新渠道不再沿袭4S店的模式，而是采用融合销售和快修功能的“便利店”，更贴近农村市场。

刘金良把吉利汽车的网络布局县市称为“三下乡”，即渠道下乡、产品下乡和服务下乡。刘金良向记者描述说，到2009年6月底，吉利汽车将完成布点，即在目前吉利全国500多家营销网点的基础上，再在三、四线城市（县级行政区域）增加1000个经销店，鼓励现有的4S店到县级行政区域建立两家以上的直营店，形成遍布全国县级市场的“小型迷你4S店”。而在产品下乡方面，吉利汽车将针对农村市场，选择在产品的内部空间、油耗、车身尺寸、经济价格下的舒适配置和安全保护系数，以及产品耐用性等方面，更加适合农民、农村的现实状况的汽车。服务下乡方面，吉利汽车将实施“移动服务站”，组建索赔员、维修技师、电器技师等技术人员，进行巡回服务。统一形象服务车、统一服装、统一物料，到用户相对集中的县、乡、镇开展上门检测与维修服务。对偏远地区的用户，只要用户的一个电话，说明一下他的车出现了什么样的问题，需要怎么样的服务，吉利汽车的“移动服务站”就可以直接将“服务快车”开到消费者家中，为消费者提供相应服务。

2. 新增三个全新品牌

根据吉利汽车品牌规划，到2015年，吉利将拥有5个技术平台、15个产品平台、40余款车型，这些车型分布在三个品牌之下，分别为全球鹰、帝豪和英伦。其中，全球鹰品牌主要涵盖代表个性、时尚、年轻、梦想的车型，该品牌已于2008年成功启动，其旗下第一款车就是吉利熊猫；帝豪品牌则主打大众化车型，旗下产品将以中高端公商务用车和家用轿车为主；而英伦则向经典、豪华发展，主要是高端汽车。

据了解，实行多品牌战略以后，吉利今后的全部新车型将从原来的以产品分网销售的方法，转移到分品牌销售，并利用两三年时间将上市的新车输入不同的品牌渠道和销售网络。吉利2009年推出的首款B级车（FE）就归于帝豪品牌旗下；而已实现小批量生产的TX4经典出租车则列入英伦品牌。

3. 投放四款新车

丰田的营销鼻祖神谷正太郎先生曾经说过：“一升的斗只能装一升的米”，也就是量体裁衣。吉利汽车将会根据各品牌的定位和个性选择独立的销售渠道，建设相应的汽车销售网络。

2009年，吉利计划每个季度推一款新车，将推出四款全新车型和四款改款车型，来逐步充实吉利的全新品牌。

（资料来源：周光军，《吉利品牌细分重保汽车下乡》，竞报，2009-3-24，有改动。）

案例思考题：

1. 吉利是如何细分轿车市场的？它为什么会取得经营成功？
2. 你认为现在的家庭轿车市场是否还需要细分？该如何细分？
3. 试比较奇瑞QQ和吉利汽车的市场细分。

第六章

产品、服务和品牌

学习目标：

1. 掌握产品整体概念，明确整体产品的层次。
2. 了解消费品及工业品的分类。
3. 理解产品组合的相关概念。
4. 知道如何对企业的产品组合状况进行分析判断和决策。
5. 理解产品生命周期的概念及意义。
6. 明确生命周期各阶段的市场特征及营销策略。
7. 明确市场营销学中的新产品含义。
8. 了解新产品开发的组织、程序及市场扩散。
9. 掌握包装策略并会具体应用。

导引案例

2009 年，奇瑞汽车宣布了多品牌的新路线，形成包括轿车品牌奇瑞（Chery）、中高端品牌瑞麒（Riich）和威麟（Rely）、微车品牌开瑞（Karry）在内的多品牌架构。按照奇瑞汽车公司董事长尹同跃的说法，之所以进行结构调整，主要目的是希望奇瑞的车以其四大品牌各自特有的个性，能适合更多人的需求。比如，在品牌扩张后，“威麟”品牌负责具有高档商务特征的多功能商用车型；“瑞麒”则承担开拓奇瑞高端轿车市场的任务，如瑞麒 G6 中高级轿车；“奇瑞”品牌负责奇瑞股份麾下的大部分现有产品的销售；“开瑞”品牌将负责所有的微型车车型。这新增的三个品牌也启用了各自的全新标识。

事实上，目前奇瑞平均单一车型销量过低是不争的事实。例如，虽然奇瑞这两年推出的车型很多，但销售量仍然主要由 QQ 旗云等改款车型为主，而近来推出的新车都还没有形成销售主力军。

根据瑞麒品牌部长助理陆昕的介绍，在“大奇瑞”的多品牌架构中，瑞麒肩负的使命是品牌形象提升、突破品牌“天花板”。瑞麒品牌上市的第一款车选择了“智能数字精品小车”瑞麒 M1。

（资料来源：李海强，《奇瑞跑出多品牌》，21 世纪经济报道，2010 年 11 月 15 日，有改动。）

产品是市场营销组合中最重要的因素。企业在制定营销组合时，首先需要回答的问题是发展什么样的产品来满足目标市场需求。产品策略的研究，将使这一问题得到全面、系统的回答。营销组合中的其他三个因素也必须以产品为基础进行决策，因此，产品策略是整个营销组合策略的基石。

第一节　产品整体概念

一、产品及产品整体概念

要点：现代市场营销学中产品既包括有形物品，也包括无形产品。

在现代市场营销学中，产品概念具有极其宽广的外延和深刻而丰富的内涵。它是指通过交换而满足人们需要和欲望的因素或手段，包括提供给市场，能够满足消费者或用户某一需求和欲望的任何有形物品和无形产品。

以往，学术界曾用三个层次来表述产品整体概念，即核心产品、形式产品和延伸产品（附加产品），这种研究思路与表述方式沿用了多年。但近年来，菲利普·科特勒等学者更倾向于使用五个层次来表述产品整体概念，认为五个层次的研究与表述能够更加深刻而准确地表述产品整体概念的含义。产品整体概念的五个基本层次如图 6-1 所示。

要点：产品整体有五个基本层次：核心产品、形式产品、期望产品、延伸产品和潜在产品。这体现了以顾客为中心的现代营销观念。

1. 核心产品

核心产品是指向顾客提供的产品的基本效用或利益。从根本上说，每一种产品实质上都是为解决问题而提供的服务。比如，人们购买空调不是为了获取装有某些电器零部件的物体，而是为了在炎热的夏季满足凉爽舒适的需求。因此，企业营销人员向顾客销售的任何产品，都必须具有反映顾客核心需求的基本效用或利益。

2. 形式产品

形式产品是指核心产品借以实现的形式或目标市场对某一需求的特定满足形式。形式产品由五个特征所构成，即品质、式样、特征、商标及包装。即使是纯粹的劳务产品，也具有相类似的形式上的特点。产品的基本效用必须通过特定形式才能实现，市场营销人员应努力寻求更加完善的外在形式以满足顾客的需要。

3. 期望产品

期望产品是指购买者在购买该产品时期望得到的与产品密切相关的一整套属性和条件。比如，旅馆的客人期望得到清洁的床位、洗浴香波、浴巾、衣帽间的服务等。因为大多数旅馆均能满足旅客这些一般的期望，所以旅客在选择档次大致相同的旅馆时，一般不是选择哪家旅馆能提供期望产品，而是根据就近和方便而定。

4. 延伸产品

营销思考：如何理解手机产品的整体概念？

延伸产品是指顾客购买形式产品和期望产品时，附带获得的各种利益的总和，包括产品说明书、保证、安装、维修、送货、技术培训等。国内外许多企业的成功，在一定程度上应归功于它们更好地认识了服务在产品整体概念中所占的重要地位。许多情况表明，新的竞争并非各企业在其工厂中所生产的产品，而是附加在产品上的包装、服务、广告、顾客咨询、资金融通、运送、仓储及其他具有价值的形式。能够正确发展延伸产品的企业必将在竞争中赢得主动。

5. 潜在产品

潜在产品是指现有产品包括所有附加产品在内的，可能发展成为未来最终产品的潜在状态的产品。潜在产品指出了现有产品的可能的演变趋势和前景。例如，彩色电视机可发展为录放影机、计算机终端机等。

产品整体概念的五个层次十分清晰地体现了以顾客为中心的现代营销观念。这一概念的内涵和外延都是以消费者需求为标准的，是由消费者的需求来决定的。可以说，产品整体概念是建立在“需求 = 产品”这样一个等式的基础之上的。没有产品整体概念，就不可能真正贯彻现代营销观念。

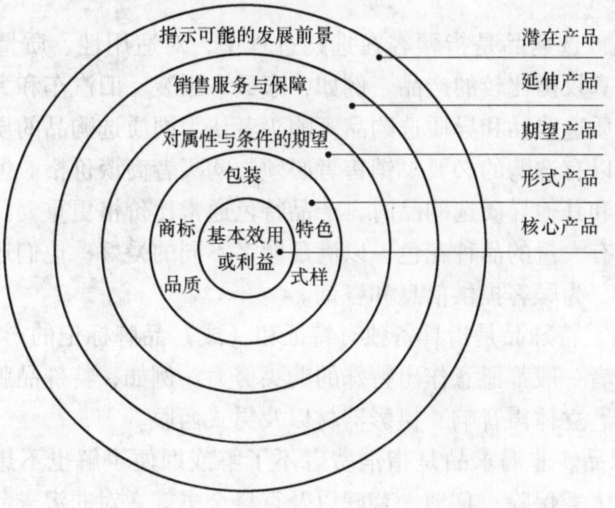

图 6-1　产品整体概念的五个层次

二、产品分类

在产品导向下，企业市场营销人员只是根据产品的不同特征对产品进行分类。而在现代营销观念下，产品分类的思维方式是：每一个产品类型都有与之相适应的市场营销组合策略。

要点：每一个产品类型都应有与之相适应的市场营销组合策略。这是产品分类的本质。

1. 非耐用品、耐用品和劳务

产品可以根据其耐用性和是否有形而分为以下三类：

(1) 非耐用品。非耐用品一般是有一种或多种消费用途的低值易耗品。例如，啤酒、肥皂和盐等。其售价中的加成要低，还应加强广告以吸引顾客试用并形成偏好。

(2) 耐用品。耐用品一般是指使用年限较长、价值较高的有形产品，通常有多种用途。例如，冰箱、彩电、机械设备等。耐用品倾向于较多的人员推销和服务等。

（3）劳务。劳务是为出售而提供的活动、利益或满意。例如，理发和修理。劳务的特点是无形、不可分、易变和不可储存。一般来说，它需要更多的质量控制、供应商信用以及适用性。

2. 消费品分类

消费品可区分为便利品、选购品、特殊品和非渴求物品四种类型。

（1）便利品。便利品是指顾客频繁购买或需要随时购买的产品。例如，烟草制品、肥皂和报纸等。便利品可以进一步分成常用品、冲动品以及救急品。常用品是顾客经常购买的产品。例如，某顾客也许经常要购买"可口可乐""佳洁士"牙膏。冲动品是顾客没有经过计划或搜寻而顺便购买的产品。救急品是当顾客的需求十分紧迫时所购买的产品。救急品的地点效用也很重要——一旦顾客需要，能够迅速实现购买。

（2）选购品。选购品是指顾客在选购过程中，对适用性、质量、价格和式样等基本方面要作认真权衡比较的产品。例如，家具、服装、旧汽车和大的器械等。选购品可以划分成同质选购品和异质选购品。购买者认为同质选购品的质量相似，但价格却明显不同，所以有选购的必要。销售者必须与购买者商谈价格。但对顾客来说，在选购服装、家具和其他异质选购品时，产品特色通常比价格更重要。经营异质选购品的经营者必须备有大量的品种花色，以满足顾客不同的爱好；他们还必须有受过良好训练的推销人员，为顾客提供信息和咨询。

（3）特殊品。特殊品是指具备独有特征和（或）品牌标记的产品。对这些产品，有相当多的购买者一般都愿意作出特殊的购买努力。例如，特殊品牌和特殊式样的花色商品、小汽车、立体声音响、摄影器材以及男式西服。

（4）非渴求品。非渴求品是指消费者不了解或即便了解也不想购买的产品。传统的非渴求品有人寿保险、墓地、墓碑以及百科全书等。对非渴求品需要付出诸如广告和人员推销等大量营销努力。一些最复杂的人员推销技巧就是在推销非渴求品的竞争中发展起来的。

3. 产业用品分类

各类产业组织需要购买各种各样的产品和服务。产业用品可以分成三类：材料和部件、资本项目以及供应品和服务。

（1）材料和部件。这是指完全转化为制造商产成品的那类产品，包括原材料、半制成品和部件。例如，农产品、构成材料（铁、棉纱）和构成部件（发动机、轮胎）。上述产品的销售方式有所差异。农产品需进行集中、分级、储存、运输和销售服务。其易腐性和季节性的特点，决定了要采取特殊的营销措施。构成材料与构成部件通常具有标准化的性质，意味着价格和供应商的可信性是影响购买行为的最重要因素。

（2）资本项目。资本项目是指部分进入产成品中的商品。包括两个部分：装备和附属设备。装备包括建筑物（如厂房）与固定设备（如发电机、电梯）。该产品的销售特点是：售前需要经过长时期的谈判；制造商需使用一流的销售队伍；设计各种规格的产品和提供售后服务。附属设备包括轻型制造设备和工具以及办公设备。这种设备不会成为最终产品的组成部分，它们在生产过程中仅仅起辅助作用。这一市场的地理位置分散，用户众多，订购数量少。质量、特色、价格和服务是用户选择中间商时所要考虑的主要因素。促销时人员推销比广告重要得多。

（3）供应品和服务。这是指不构成最终产品的那类项目。例如，打字纸、铅笔等。供应品相当于工业领域内的方便品，顾客人数众多、区域分散且产品单价低，一般都是通过中间商销售的。由于供应品大多标准化，顾客对其无强烈的品牌偏爱，价格因素和服务就成了影响购买的重要因素。商业服务包括维修或修理服务和商业咨询服务，维修或修理服务通常以订立合同的形式提供。

第二节　产品组合

一、产品组合及其相关概念

1. 产品组合、产品线及产品项目

产品组合是指一个企业提供给市场的全部产品线和产品项目的组合或结构，即企业的业务经营范围。企业为了实现营销目标，充分、有效地满足目标市场的需求，必须设计一个优化的产品组合。产品线是指产品组合中的某一产品大类，是一组密切相关的产品。比如，以类似的方式发挥功能，销售给相同的顾客群，通过同一销售渠道出售，属于同一价格范畴等。产品项目是指产品线中不同品种、规格、质量和价格的特定产品。例如，某自选采购中心经营家电、百货、鞋帽、文教用品等，这就是产品组合；而其中“家电”或“鞋帽”等大类就是产品线；每一大类里包括的具体品牌、品种为产品项目。

要点：企业的产品组合就是企业的业务经营范围。优化产品组合可以更有效地满足目标市场需求。

2. 产品组合的宽度、长度、深度和相关性

产品组合包括四个变数：宽度、长度、深度和相关性。产品组合的宽度是指产品组合中所拥有的产品线的数目。产品组合的长度是指产品组合中产品项目的总数。以产品项目总数除以产品线数目即可得到产品线的平均长度。产品组合的深度是指一条产品线中所含产品项目的多少。产品组合的相关性是指各条产品线在最终用途、生产条件、分配渠道或其他方面相互关联的程度。例如，某家用电器公司拥有电视机、收录机等多条产品线，但每条产品线都与电有关，因此这一产品组合具有较强的一致性。相反，实行多角化经营的企业，其产品组合的相关性则小。

以宝洁公司的产品组合为例，如图 6-2 所示。

根据产品组合的四种尺度，企业可以采取四种方法发展业务组合：①加大产品组合的宽度，扩展企业的经营领域，实行多样化经营，分散企业投资风险；②增加产品组合的长度，使产品线丰满充裕，成为拥有更全面的产品线的企业；③加强产品组合的深度，占领同类产品的更多细分市场，满足更广泛的市场需求，增强行业竞争力；④加强产品组合的一致性，使企业在某一特定的市场领域内加强竞争和赢得良好的声

清洁剂	牙膏	条状肥皂	纸尿布	纸巾
象牙雪1930年	格利1952年	象牙1879年	帮宝适1961年	媚人1928年
德来夫特1933年	佳洁士1955年	柯克斯1885年	露肤1976年	粉扑1960年
汰渍1933年		洗污1893年		旗帜1982年
快乐1950年		佳美1926年		绝顶1100　1992年
奥克雪多1914年		爵士1952年		
德希1954年		保洁净1963年		
波尔德1965年		海岸1974年		
圭尼1966年		玉兰油1993年		
伊拉1972年				

深度（纵轴）　宽度（横轴）

图6-2　宝洁公司的产品组合

（资料来源：[美] 菲利普·科特勒，《营销管理》（新千年版·第十版），第479页，北京：中国人民大学出版社，2001.7。）

誉。因此，产品组合决策就是企业根据市场需求、竞争形势和企业自身能力对产品组合的宽度、长度、深度和相关性方面作出的决策。

二、优化产品组合的分析

产品组合状况直接关系到企业的销售额和利润水平。企业必须对现行产品组合作出系统的分析和评价，并决策是否加强或剔除某些产品线或产品项目。优化产品组合的过程，通常是分析、评价和调整现行产品组合的过程。优化产品组合包括以下两个重要步骤：

（1）产品线销售额和利润分析。分析、评价现行产品线上不同产品项目所提供的销售额和利润水平。在一条产品线上，如果销售额和盈利高度集中在少数产品项目上，则意味着产品线比较脆弱。为此，企业必须细心地加以保护，并努力发展具有良好前景的产品项目。

（2）产品项目市场地位分析。将产品线中的各产品项目与竞争者的同类产品作对比分析，全面衡量各产品项目的市场地位。

三、产品组合决策

要点：优化产品组合的方法有：扩大或缩减产品组合、产品线延伸等。

1. 扩大产品组合

其具体包括开拓产品组合的宽度和加强产品组合的深度。前者是指在原产品组合中增加产品线，扩大经营范围；后者是指在原有产品线内增加新的产品项目。当企业预测现有产品线的销售额和盈利率在未来可能下降时，就需要考虑在现有产品组合中增加新的产品线，或加强其中有发展潜力的产品线。

2. 缩减产品组合

在市场繁荣时期，较长、较宽的产品组合会为企业带来更多的盈利机会。但是在市场不景气或原料、能源供应紧张时期，缩减产品线反而能使总利润上升，因为剔除那些获利小甚至亏损的产品线或产品项目，企业可集中力量发展获利多的产品线和产品项目。

3. 产品线延伸策略

每一企业的产品都有特定的市场定位。例如，美国的“林肯”牌汽车定位在高档汽车市场，“雪佛莱”牌定位在中档汽车市场，而“斑马”牌则定位于低档汽车市场。产品线延伸策略是指全部或部分地改变原有产品的市场定位。其具体有向下延伸、向上延伸和双向延伸三种实现方式。

（1）向下延伸。向下延伸就是在高档产品线中增加低档产品项目。实行这一策略需要具备以下市场条件：利用高档名牌产品的声誉，吸引购买力水平较低的顾客慕名购买此产品线中的低价产品；高档产品销售增长缓慢，企业的资源设备没有得到充分利用，为赢得更多的顾客，将产品线向下伸展；企业最初进入高档产品市场的目的是建立厂牌信誉，然后再进入中、低档市场，以扩大市场占有率和销售增长率；补充企业的产品线空白。实行这种策略也有一定的风险，如处理不慎，会影响企业原有产品，特别是名牌产品的市场形象，还必须辅之以一套相应的营销组合策略，如对销售系统的重新设置等。所有这些都将大大增加企业的营销费用开支。

营销思考：日本丰田汽车公司为了争夺高档豪华车市场，专门推出了一个全新品牌雷克萨斯，一举成功。这属于哪种产品线延伸策略？

（2）向上延伸。向上延伸就是在原有的产品线内增加高档产品项目。实行这一策略的主要目的是：高档产品市场具有较大的潜在成长率和较高利润率的吸引；企业的技术设备和营销能力已具备加入高档产品市场的条件；企业要重新进行产品线定位。采用这一策略也要承担一定的风险，要改变产品在顾客心目中的地位是相当困难的，如处理不慎，还会影响原有产品的市场声誉。

（3）双向延伸。双向延伸即原定位于中档产品市场的企业掌握了市场优势以后，向产品线的上、下两个方向延伸。

第三节 产品生命周期

一、产品生命周期的概念及其阶段划分

（一）需求与技术的生命周期

要点：产品生命周期一般分为产品导入阶段、市场成长阶段、市场成熟阶段和市场衰退阶段。并不是所有产品的生命历程都完全符合这种理论形态。

产品生命周期（Product Life Cycle，PLC）是指某产品从进入市场到被淘汰退出市场的全部运动过程。产品生命周期由需求与技术的生命周期决定。企业开展市场营销活动的思维视角，不是从产品开始，而是从需求出发的。任何产品都只是作为满足特定需要或解决问题的特定方式而存在的。例如，人类对“计算能力”的需求呈持续增长趋势，可用需求生命周期曲线来描述，首先是出现期（E），随后是加速成长阶段（G1）、缓慢增长期（G2）、成熟期（M）和衰退期（D）。可以看出，从人类追求和可获得的“计算能力”而言，至今仍处于成长阶段。对“计算能力”需求的满足形式与特定的技术水平相关，最初是借助计算尺这一特定技术形式的产品实现的，随后是计算器和计算机，每一种技术都把人类对计算能力的需

求推进了一步。因此，每种新技术都有一个需求—技术生命周期。

这一研究表明，如果企业过分地注重自身现有的产品形式，而忽视产品生命周期趋势的变化，将导致一个极其致命的弱点——“营销近视症”，最终会使企业的优势殆尽。

（二）产品生命周期的阶段划分

产品生命周期一般分为四个阶段：产品导入阶段（Introduction Stage）、市场成长阶段（Growth Stage）、市场成熟阶段（Maturity Stage）和市场衰退阶段（Decline Stage），如图6-3所示。

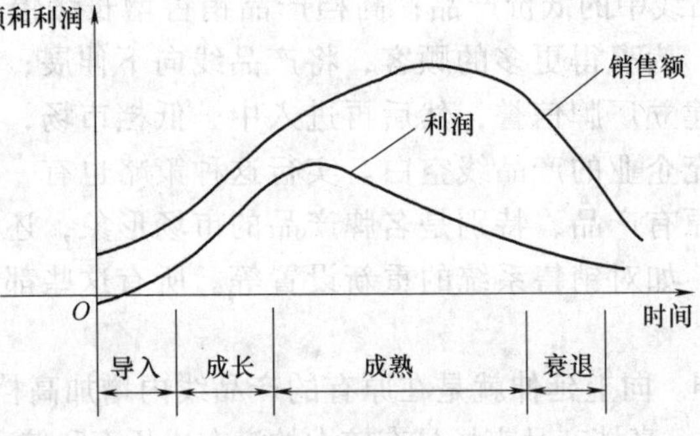

图6-3　产品生命周期及其阶段划分

营销思考：3D电视目前处在产品生命周期的哪个阶段？

产品导入阶段（也称介绍期）是指在市场上推出新产品，产品销售呈缓慢增长状态的阶段。市场成长阶段是指该产品在市场上迅速为顾客所接受，销售额迅速上升的阶段。市场成熟阶段是指大多数购买者已经接受该项产品，市场销售额缓慢增长或下降的阶段。市场衰退阶段是指销售额急剧下降，利润渐趋于零的阶段。

（三）产品生命周期的其他形态

产品生命周期是一种理论抽象，在现实经济生活中，并不是所有产品的生命历程都完全符合这种理论形态。除了上述的正态分布曲线，产品生命周期还有以下几种形态：

（1）再循环形态（见图6-4a）。它是指产品销售进入衰退期后，由于种种因素的作用而进入第二个成长阶段。这种再循环型生命周期是市场需求变化或厂商投入更多的促销费用的结果。

（2）多循环形态（见图6-4b）。它也称扇形运动曲线，或波浪形循环形态，是在产进入成熟期以后，厂商通过制定和实施正确的营销策略，使产品销售量不断达到新的高度。

（3）非连续循环形态（见图6-4c）。大多数时髦商品的生命周期呈非连续循环形态。这些产品可能在一上月热销，而后很快在市场上销声匿迹。厂商既无必要也不愿意作延长其成熟期的任何努力，而是等待下一周期的来临。

（四）产品种类、形式和品牌的生命周期

一般而言，产品种类（如香烟）、产品形式（如过滤嘴香烟）和产品品牌（如云

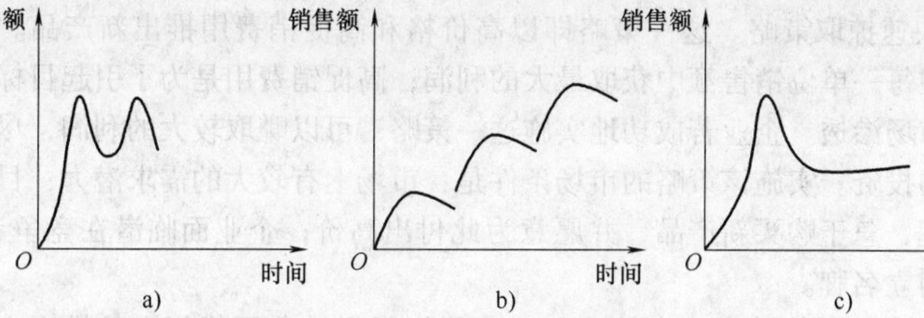

图 6-4 产品生命周期的其他形态

a）再循环形态 b）非连续循环形态 c）多循环形态

烟）的寿命周期各不相同。产品种类具有最长的生命周期。很多产品种类，如食盐、汽车、冰箱的产品成熟阶段可以无限期地持续下去，其销售量增加与人口增长率成正比关系。产品形式比产品种类能够更准确地体现标准的产品生命周期历程。例如，手控打字机在经历了典型的导入期、成长期、成熟期之后，由于计算机的普及而进入衰退期，退出市场。

二、产品生命周期各阶段的市场特点与营销策略

（一）导入期的市场特点与营销策略

1. 导入期的市场特点

（1）由于对该产品不了解，大部分顾客不愿放弃或改变自己以往的消费行为。产品销售量小，相应地增加了单位产品成本。

（2）尚未建立理想的营销渠道和高效率的分配模式。

（3）价格决策难以确立。高价可能限制购买，低价可能难以收回成本。

（4）广告费用和其他营销费用开支较大。

（5）产品的技术、性能还不够完善。

（6）利润较少，甚至出现经营亏损，企业承担的市场风险最大。

要点：产品生命周期的每个阶段营销的重点不同。

营销思考：苹果手机在导入期的市场营销策略是什么？

但这个阶段市场竞争者较少，企业若建立起有效的营销系统，即可以将新产品快速推进导入阶段，进入市场发展阶段。

根据上述特点，导入阶段一般有四种可供选择的策略。

2. 导入期的营销策略

从价格和促销费用考虑的导入期的营销策略如图 6-5 所示。

价格		促销费用：高	促销费用：低
	高	快速掠取策略	缓慢掠取策略
	低	快速渗透策略	缓慢渗透策略

图 6-5 从价格和促销费用考虑的导入期的营销策略

（1）快速掠取策略。这一策略即以高价格和高促销费用推出新产品。实行高价格是为了在每一单位销售额中获取最大的利润；高促销费用是为了引起目标市场的注意，加快市场渗透。企业若成功地实施这一策略，可以赚取较大的利润，尽快收回新产品开发的投资。实施该策略的市场条件是：市场上有较大的需求潜力；目标顾客具有求新心理，急于购买新产品，并愿意为此付出高价；企业面临潜在竞争者的威胁，需要及早树立名牌。

（2）缓慢掠取策略。这一策略即以高价格低促销费用将新产品推入市场。高价格和低促销水平结合可以使企业获得更多利润。实施该策略的市场条件是：市场规模相对较小，竞争威胁不大；市场上大多数用户对该产品没有过多疑虑；适当的高价能为市场所接受。

（3）快速渗透策略。这一策略即以低价格和高促销费用推出新产品。其目的在于先发制人，以最快的速度打入市场。该策略可以给企业带来最快的市场渗透速度和最高的市场占有率。实施这一策略的条件是：产品市场容量很大；潜在消费者对产品不了解，且对价格十分敏感；潜在竞争比较激烈；产品的单位制造成本可随生产规模和销售量的扩大而迅速下降。

（4）缓慢渗透策略。这一策略即企业以低价格和低促销费用推出新产品。低价是为了促使市场迅速地接受新产品；低促销费用则可以实现更多的净利。企业坚信该市场的需求价格弹性较高，而促销弹性较小。实施这一策略的基本条件是：市场容量较大；潜在顾客易于或已经了解此项新产品且对价格十分敏感；有相当的潜在竞争者准备加入竞争行列。

（二）成长期的市场特点与营销策略

1. 成长期的市场特点

（1）消费者对新产品已经熟悉，销售量增长很快。

（2）大批竞争者加入，市场竞争加剧。

（3）产品已定型，技术工艺比较成熟。

（4）建立了比较理想的营销渠道。

（5）市场价格趋于下降。

（6）为了适应竞争和市场扩张的需要，企业的促销费用水平基本稳定或略有提高，但占销售额的比率下降。

（7）由于促销费用分摊到更多销量上，单位生产成本迅速下降，企业利润迅速上升。

2. 成长期的营销策略

企业营销策略的核心是尽可能地延长产品的成长期。具体说来，可以采取以下营销策略：

（1）根据用户需求和其他市场信息，不断提高产品质量，努力发展产品的新款式、新型号，增加产品的新用途。

（2）加强促销环节，树立强有力的产品形象。促销策略的重心应从建立产品知名度转移到树立产品形象，主要目标是建立品牌偏好，争取新的顾客。

(3) 重新评价渠道、选择决策，巩固原有渠道，增加新的销售渠道，开拓新的市场。

(4) 选择适当的时机调整价格，以争取更多顾客。

企业采用上述部分或全部市场扩张策略，会加强产品的竞争能力，但也会相应地增加营销成本。因此，在成长阶段，面临着“高市场占有率”或“高利润率”的选择。一般来说，实施市场扩张策略会减少眼前利润，但加强了企业的市场地位和竞争能力，有利于维持和扩大企业的市场占有率，从长期利润观点看，更有利于企业发展。

(三) 成熟期的市场特点与营销策略

1. 成熟期的阶段划分和市场特点

成熟期可以分为三个时期：

(1) 成长成熟期。此时期各销售渠道基本呈饱和状态，增长率缓慢上升，还有少数后续的购买者继续进入市场。

(2) 稳定成熟期。由于市场饱和、消费平稳、产品销售稳定，销售增长率一般只与购买者人数成比例，如无新购买者，则增长率停滞或下降。

(3) 衰退成熟期。销售水平显著下降，原有用户的兴趣已开始转向其他产品和替代品，全行业产品出现过剩，竞争加剧，一些缺乏竞争能力的企业将渐渐被取代，新加入的竞争者较少。竞争者之间各有自己特定的目标顾客，市场份额变动不大，突破比较困难。

2. 成熟期的营销策略

鉴于上述情况，有三种基本策略可供选择：市场改良策略、产品改良策略和营销组合改良策略。

(1) 市场改良策略。其也称为市场多元化策略，即开发新市场，寻求新用户。

(2) 产品改良策略。其也称为“产品再推出”，是指改进产品的品质或服务后再投放市场。

(3) 营销组合改良策略。它是指通过改变定价、销售渠道及促销方式来延长产品成熟期。

(四) 衰退期的市场特点与营销策略

1. 衰退期的市场特点

(1) 产品销售量由缓慢下降变为迅速下降，消费者的兴趣已完全转移。

(2) 价格已下降到最低水平。

(3) 多数企业无利可图，被迫退出市场。

(4) 留在市场上的企业逐渐减少产品附带服务、削减促销预算等，以维持最低水平的经营。

2. 衰退期的营销策略

(1) 集中策略。把资源集中使用在最有利的细分市场、最有效的销售渠道和最易销售的品种、款式上。概言之，缩短战线，以最有利的市场赢得尽可能多的利润。

(2) 维持策略。保持原有的细分市场和营销组合策略，把销售维持在一个低水平上。待到适当时机，便停止该产品的经营，退出市场。

(3) 榨取策略。大大降低销售费用，如广告费用削减为零、大幅度精简推销人员等。虽然销售量有可能迅速下降，但是可以增加眼前利润。

如果企业决定停止经营衰退期的产品，应在立即停产还是逐步停产问题上慎重决策，并应处理好善后事宜，使企业有秩序地转向新产品经营。

产品生命周期各阶段的特点与营销目标如表 6-1 所示。

表 6-1　产品生命周期各阶段的特点与营销目标

	导入期	成长期	成熟期	衰退期
销售量	低	剧增	最大	衰退
销售速度	缓慢	快速	减慢	负增长
成本	高	一般	低	回升
价格	高	回落	稳定	回升
利润	亏损	提升	最大	减少
顾客	创新者	早期使用者	中间多数	落伍者
竞争	很少	增多	稳中有降	减少
营销目标	建立知名度，鼓励试用	最大限度地占有市场	保护市场，争取最大利润	压缩开支，榨取最后价值

第四节　新产品开发

一、新产品的概念及类型

市场营销学中使用的新产品概念不是从纯技术角度理解的，产品只要在功能或形态上得到改进与原有产品产生差异，并为顾客带来新的利益，即视为新产品。新产品可分为六种基本类型：①全新产品，即运用新一代科学技术革命创造的整体更新的产品；②新产品线，即使企业首次进入一个新市场的产品；③现有产品线的增补产品；④现有产品的改进或更新，即对现有产品性能进行改进或注入较多的新价值；⑤再定位，即进入新的目标市场或改变原有产品市场定位推出新产品；⑥成本减少，即以较低成本推出同样性能的新产品。

要点： 市场营销学上的新产品并非指技术上的完全创新，产品只要在功能或形态上得到改进，为顾客带来了新的利益，都属于新产品范畴。

企业新产品开发的实质是推出上述不同内涵与外延的新产品，对大多数公司来说，是改进现有产品而非创造全新产品。

二、新产品开发的组织

1. 新产品开发的组织形式

(1) 产品线经理。有些实力雄厚、产品线丰富的大公司，将产品开发的主要职责委派给产品线经理。但产品线经理更多地强调对现有产品线的管理，往往缺乏开发新产品的专业知识与技能。

（2）新产品经理。在国外，有些大公司设有隶属于产品群经理领导的新产品经理。例如，美国强生公司。这被认为是一种比较成功的模式：一是能使新产品开发的功能专业化；二是使新产品经理能集中投入更多的时间与精力。

（3）新产品开发委员会。对于那些全球化公司来说，新产品开发战略关系到公司与其他全球竞争者的力量对比和在全球竞争中的地位，因此，它们在产品线或产品群经理之上设置一个最高层次的新产品开发委员会，专门负责新产品开发的计划、组织及管理实施。

（4）新产品部。设立新产品开发专职部门，直接受公司最高管理层领导。

（5）新产品开发小组。由公司内各部门的智囊人员组成，制定新产品开发预算、工作任务、期限和市场投放策略并组织实施。

2. 团队导向的“同时型产品开发”组织

传统的产品开发组织模式，虽然每个开发环节的管理责任分明，但彼此之间却缺乏有组织的团队工作精神，使得“序列化的产品开发”引发了某些难以避免的问题。例如，试制车间经常把设计方案退还设计室，理由是不能按照预计的成本试制出样品，设计人员必须重新设计；由于产品研发期过长，顾客的要求在不断地变化，加之激烈的竞争因素，使新产品不得不以低于预定的价格出售，在此情形下，销售部门对研究开发部门感到不满，而研究开发部门则指责销售部门无能。

在新产品开发中，应引入团队导向的“同时型产品开发”组织体制。“同时型产品开发”是相对于“序列化的产品开发”而言的，即在整个开发过程中，研究部门、设计部门、技术部门、生产部门、采购部门、市场营销部门和财务部门自始至终地通力合作，各种职能的交叉管理始终贯穿于产品开发过程。

3. 新产品开发与经营管理体制

一些公司，特别是那些全球化公司，其经营管理体制在很大程度上决定新产品开发的组织体制。关于此问题的研究，以多母国营销公司与全球营销公司的产品开发作一比较。例如，荷兰飞利浦是一家典型的多母国营销公司，20 世纪 60 年代遇到了三菱等日本公司的挑战。日本公司采取的是全球营销战略，与飞利浦公司存在很大差异。表现在电视接收器产品上，三菱提供给欧洲消费者的是单一品种底座基础上的两种模式接收器；而飞利浦由于在各主要欧洲国家中的子公司高度自主，都自行设计接收器，体现出更多技术设计上的不同，提供欧洲各国消费者建立在四种底座基础上的七种模式的接收器。但遗憾的是，多种模式的产品并非针对顾客的需要，欧洲人想要的是质量、性能、外形、价格等方面的价值。顾客从三菱的全球营销战略中获得的比从飞利浦的多母国营销战略中获得的更多。三菱集中资源创造顾客所需要的价值，而飞利浦则把资源浪费在一些重复的活动上，导致增加的成本没有给顾客带来相应的价值。由于三菱战略的成功，飞利浦失去了很多市场份额，迫使其最终从多母国营销战略转变为全球营销战略。

三、新产品开发的程序

为了提高新产品开发的成功率，必须建立科学的新产品开发管理程序。不同行业的生产条件与产品项目不同，管理程序也有所差异。新产品开发的程序如图6-6所示。

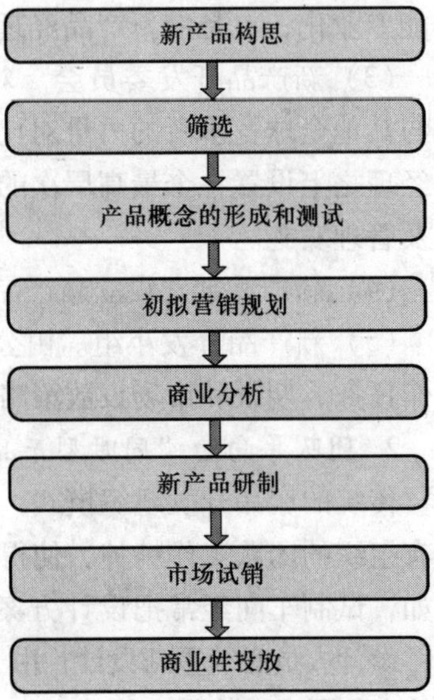

图6-6 新产品开发的程序

1. 新产品构思

构思是为满足一种新需求而提出的设想。在产品构思阶段，营销部门的主要责任是：寻找，积极地在不同环境中寻找好的产品构思；激励，积极地鼓励公司内外人员发展产品构思；提高，将所汇集的产品构思转送公司内部有关部门，征求修正意见，使其内容更加充实。

营销人员寻找和搜集新产品构思的主要方法有如下几种：

（1）产品属性排列法。将现有产品的属性一一排列出来，然后探讨，尝试改良每一种属性的方法，在此基础上形成新的产品创意。

（2）强行关系法。先列举若干不同的产品，然后把某一产品与另一产品或几种产品强行结合起来，产生一种新的构思。例如，组合家具的最初构想就是把衣柜、写字台、装饰柜的不同特点及不同用途相结合，设计出既美观又较实用的组合型家具。

（3）多角分析法。这种方法首先将产品的重要因素抽象出来，然后具体地分析每一种特性，再形成新的创意。例如，洗衣粉最重要的属性是其溶解的水温、使用方法和包装。根据这三个因素的不同标准，便可以提出不同的新产品创意。

（4）聚会激励创新法。将若干名（一般以不超过10人为宜）有见解的专业人员或发明家集合在一起，开讨论会前提出若干问题并给予时间准备，会上畅所欲言，彼此激励，相互启发，提出种种设想和建议，经分析归纳，便可形成新产品构思。

（5）征集意见法。产品设计人员通过问卷调查、召开座谈会等方式了解消费者的需求，严求科技人员的意见，询问技术发明人、专利代理人、大学或企业的实验室负责人、广告代理商等人的意见，并且坚持经常进行，形成制度。

2. 筛选

筛选的主要目的是选出那些符合本企业发展目标和长远利益，并与企业资源相协调的产品构思，摒弃那些可行性小或获利较少的产品构思。筛选应遵循如下标准：①市场成功的条件。具体包括产品的潜在市场成长率，竞争程度及前景，以及企业能否获得较高的收益。②企业内部条件。其主要衡量企业的人、财、物资源，企业的技术条件及管理水平是否适合生产这种产品。③销售条件。企业现有的销售结构是否适合销售这种产品。④利润收益条件。其主要包括产品是否符合企业的营销目标，其获利水平及新产品对企业原有产品销售的影响。

这一阶段的任务是剔除那些明显不适当的产品构思。筛选新产品构思可通过新产品构思评审表进行。表 6-2 是一份比较典型的新产品构思评审表。

表 6-2　×××产品构思评审表

<table>
<tr><td colspan="2">评价人员</td><td></td><td></td><td colspan="5">评价得分</td></tr>
<tr><td rowspan="2">评价类型</td><td rowspan="2">权重</td><td rowspan="2">评价因素</td><td rowspan="2">评价等级</td><td colspan="5">评价分数</td></tr>
<tr><td>5</td><td>4</td><td>3</td><td>2</td><td>1</td></tr>
<tr><td rowspan="5">市场</td><td rowspan="5"></td><td>市场容量估计</td><td></td><td></td><td></td><td></td><td></td><td></td></tr>
<tr><td>竞争对手产品威胁</td><td></td><td></td><td></td><td></td><td></td><td></td></tr>
<tr><td>产品上市周期</td><td></td><td></td><td></td><td></td><td></td><td></td></tr>
<tr><td>与现有销售渠道的关系</td><td></td><td></td><td></td><td></td><td></td><td></td></tr>
<tr><td>产品战略定位</td><td></td><td></td><td></td><td></td><td></td><td></td></tr>
<tr><td rowspan="2">财务</td><td rowspan="2"></td><td>产品预计销售收入</td><td></td><td></td><td></td><td></td><td></td><td></td></tr>
<tr><td>产品预计价格</td><td></td><td></td><td></td><td></td><td></td><td></td></tr>
<tr><td rowspan="3">技术</td><td rowspan="3"></td><td>新产品的不确定性</td><td></td><td></td><td></td><td></td><td></td><td></td></tr>
<tr><td>技术人员储备程度</td><td></td><td></td><td></td><td></td><td></td><td></td></tr>
<tr><td>与现有产品系列关系</td><td></td><td></td><td></td><td></td><td></td><td></td></tr>
</table>

说明：

1. 每位评委评分按照评价类型分为不同的权重，总分为 100 分。
2. 每个评价因素总分为 5 分。5 分最好，1 分最差；对于高于 4.5 以及小于 3 分的，进行补充说明。
3. 每个类型最终得分 = ∑每个类型的各个评价因素得分/该类型的评价因素数量。
4. 每位评委评估分值 = ∑（每个类型得分 × 权重系数）/100。

在筛选阶段，应力求避免两种偏差：一种是漏选良好的产品构思，对其潜在价值估计不足，失去发展机会；另一种是采纳了错误的产品构思，仓促投产，造成失败。

3. 产品概念的形成与测试

新产品构思经筛选后，需进一步发展更具体、明确的产品概念。产品概念是指已经成型的产品构思，即用文字、图像、模型等予以清晰阐述，使之在顾客心目中形成一种潜在的产品形象。一个产品构思能够转化为若干个产品概念。

每一个产品概念都要进行定位，以了解同类产品的竞争状况，优选最佳的产品概念。选择的依据是未来市场的潜在容量、投资收益率、销售成长率、生产能力，以及对企业设备、资源的充分利用等。可采取问卷方式将产品概念提交目标市场有代表性的消费者群进行测试、评估。问卷调查可帮助企业确立吸引力最强的产品概念。

4. 初拟营销规划

企业选择了最佳的产品概念之后，必须制订把这种产品引入市场的初步市场营销计划，并在未来的发展阶段中不断完善。初拟的营销计划包括三个部分：①描述目标市场的规模、结构，消费者的购买行为，产品的市场定位，以及短期（如三个月）的销售量、市场占有率、利润率预期等；②概述产品预期价格、分配渠道及第一年的营销预算；③分别阐述较长期（如3~5年）的销售额和投资收益率，以及不同时期的市场营销组合等。

5. 商业分析

商业分析即从经济效益分析新产品概念是否符合企业目标。其包括两个具体步骤：预测销售额和推算成本与利润。

预测新产品销售额可参照市场上类似产品的销售发展历史，并考虑各种竞争因素，分析新产品的市场地位、市场占有率等。成本包括生产成本和营销成本。若在国内生产，估计较为容易；若在国外生产，则预测难度加大。由于新产品在各个国家的份额、营销策略不同，所以各国的营销费用也不相同。企业可借助外国经销商和分公司完成对新产品的商业分析，具体估算可采用现金流量表进行分析预测，也可用损益平衡模式进行估算。

6. 新产品研制

新产品研制主要是将通过商业分析后的新产品概念交送研究开发部门或技术工艺部门，试制成为产品模型或样品，同时进行包装的研制和品牌的设计。这是新产品开发的一个重要步骤。只有通过产品试制，投入资金、设备和劳力，才能使产品概念实体化，发现不足与问题，改进设计，从而才能证明这种产品概念在技术、商业上的可行性。应当强调，新产品研制必须使模型或样品具有产品概念所规定的所有特征。

7. 市场试销

新产品试销应对以下问题作出决策：①试销的地区范围。试销市场应是企业目标市场的缩影。②试销时间。试销时间的长短一般应根据该产品的平均重复购买率决定。再购率高的新产品，试销的时间应当长一些，因为只有重复购买，才能真正说明消费者喜欢新产品。③试销中所要取得的资料。一般应了解首次购买情况（试用率）和重复购买情况（再购率）。④试销所需要的费用开支。⑤试销的营销策略及试销成功后应进一步采取的战略行动。

8. 商业性投放

新产品试销成功后，就可以正式批量生产，全面推向市场。这时，企业要支付大量费用，而新产品投放市场的初期往往利润微小，甚至亏损，因此，企业在此阶段应对产品投放市场的时机、区域、目前市场的选择和最初的营销组合等方面作出慎重决策。

四、新产品市场扩散

新产品扩散过程是指新产品上市后随着时间的推移不断地被越来越多的消费者所采用的过程。也就是说，新产品上市后逐渐地扩张到其潜在市场的各个部分。

（一）新产品特征与市场扩散

（1）创新产品的相对优点。新产品的相对优点越多，在诸如功能、可靠性、便利性、新颖性等方面比原有产品的优越性越强，市场接受得就越快。

（2）创新产品的适应性。创新产品必须与目标市场的消费习惯以及人们的产品价值观相吻合。当创新产品与目标市场的消费习惯、社会心理、产品价值观相适应或较为接近时，则有利于市场扩散；反之，则不利于市场扩散。

（3）创新产品的简易性。这是要求新产品设计、整体结构、使用维修、保养方法必须与目标市场的认知程度相适应。一般而言，只有新产品的结构和使用方法简单易懂，才有利于新产品的推广扩散，消费品尤其如此。

（4）创新产品的明确性。这是指新产品的性质或优点是否容易被人们观察和描述，是否容易被说明和示范。凡信息传播较便捷、易于认知的产品，其采用速度一般比较快。例如，流行服装不用说明即可知晓，因而流行较快；反之，某些除草药剂因不能立时看到效果如何，市场扩散就会比较慢。

（二）购买行为与市场扩散

1. 消费者采用新产品的程序

人们对新产品的采用过程，客观上存在着一定的规律性。美国市场营销学者罗杰斯（Rogers）调查了数百人接受新产品的实例，总结归纳出人们接受新产品的程序和一般规律，认为消费者接受新产品一般表现为以下五个重要阶段：认知——兴趣——评价——试用——正式采用。

（1）认知。这是个人获得新产品信息的初始阶段。新产品信息情报的主要来源是广告，或者通过其他间接渠道获得，如商品说明书、技术资料等。显然，人们在此阶段所获得的情报还不够系统，只是一般性的了解。

（2）兴趣。这是指消费者不仅认识了新产品，并且发生了兴趣。在此阶段，消费者会积极地寻找有关资料，并进行对比分析，研究新产品的具体功能、用途、使用等问题，如果满意，将会产生初步的购买动机。

（3）评价。这一阶段消费者主要权衡采用新产品的边际价值。比如，采用新产品获得的利益和可能承担风险的比较，从而对新产品的吸引力作出判断。

（4）试用。试用是指顾客开始小规模地试用新产品。通过试用，顾客评价自己对新产品的认识及购买决策的正确性。企业应尽量降低失误率，详细介绍产品的性质、使用和保养方法。

（5）正式采用。顾客通过试用收到了理想的效果，放弃原有的产品，完全接受新产品，并开始正式购买、重复购买。

2. 顾客对新产品的反应差异与市场扩散

在新产品的市场扩散过程中，由于社会地位、消费心理、价值观、个人性格等多种因素的影响和制约，导致顾客对新产品接受程度的快慢程度不同。罗杰斯根据这种接受快慢的差异，把采用者划分成五种类型，即创新采用者、早期采用者、早期大众、晚期大众和落后采用者。

（1）创新采用者（Innovators）。创新采用者也称为“消费先驱”，该类采用者约占全部潜在采用者的2.5%。任何新产品都是由少数创新采用者率先使用，因此，他们具备如下特征：富有个性，勇于革新冒险，性格活跃，消费行为很少听取他人意见，经济宽裕，社会地位较高，受到高等教育。该类采用者一般是年轻人，交际广泛且信息灵通。企业市场营销人员在向市场推出新产品时，应把促销手段和传播工具集中于创新采用者身上。如果他们采用后认为效果较好，就会大力宣传，影响到后面的使用者。

（2）早期采用者（Early Adopters）。这是第二类采用创新的群体，占全部潜在采用者的13.5%。他们大多是某个群体中具有很高威信的人，受到周围朋友的拥护和爱戴。正因如此，他们常常去收集有关新产品的各种信息资料，成为某些领域的舆论领袖。这类采用者多在产品的介绍期和成长期采用新产品，并对后面的采用者影响较大。所以，他们对创新扩散有着决定性影响。

（3）早期大众（Early Majority）。这部分消费者一般较少有保守思想，接受过一定的教育，有较好的工作环境和固定的收入；对社会中有影响的人物，特别是自己所崇拜的“舆论领袖”的消费行为具有较强的模仿心理；不甘落后于潮流，但由于特定的经济地位所限，购买高档产品时持非常谨慎的态度。他们经常是在征询了早期采用者的意见之后才采纳新产品。研究他们的心理状态、消费习惯，对提高产品的市场份额具有很大的意义。

（4）晚期大众（Late Majority）。晚期大众是指较晚地跟上消费潮流的人。他们的工作岗位、受教育水平及收入状况往往比早期大众略差，对新事物、新环境多持怀疑态度或观望态度，往往在产品成熟阶段才加入购买。

（5）落后的购买者（Laggards）。这些人受传统思想束缚很深，思想非常保守，怀疑任何变化，对新事物、新变化多持反对态度，固守传统消费行为方式，在产品进入成熟期后期以至衰退期才能接受。

新产品的整个市场扩散过程，从创新采用者至落后的购买者，形成完整的正态分布曲线。这与产品生命周期曲线极为相似，为企业规划产品生命周期各阶段的营销战略提供了有力的依据。激光唱机（CD Player）的扩散采用过程如图6-7所示。

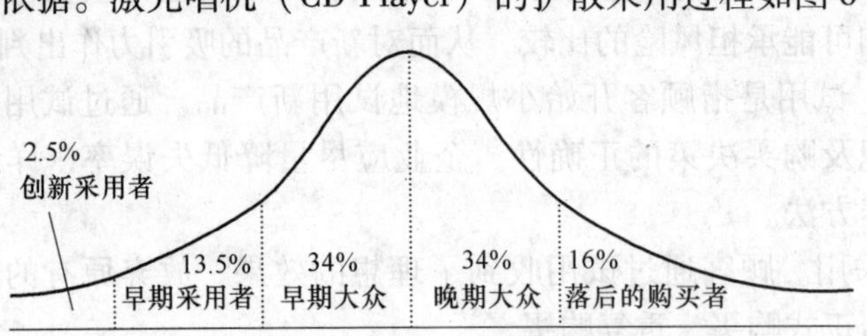

图6-7　激光唱机（CD Player）的扩散采用过程（罗杰斯模式）

要点： 包装是整体产品的一部分。企业在设计、制造和销售过程中，应配合整个市场营销策略，采用相应的包装策略。

第五节　包装策略

包装是产品策略的重要组成部分，它不仅保证了产品的使用价值，而且还增加了产品的价值。良好的包装是获得市场竞争力的有效手段。

一、包装的含义、种类与作用

1. 包装的含义

包装是指对某一品牌商品设计并制作容器或包装物的一系列活动。也可以说，包装有两层含义：一是指盛放或包裹产品的容器或包装物；二是指设计、生产容器或包装物并将产品包裹起来的一系列活动。商品包装应该包括商标或品牌、形状、颜色、图案和材料等要素。

2. 包装的种类

（1）包装按其在流通过程中作用的不同，可以分为运输包装和销售包装两种。运输包装又称外包装或大包装，是指为了适应储存、搬运过程的需要所进行的包装。主要有纸箱装、袋装、防潮及防震装置等包装方式。销售包装又称内包装或小包装，是指为了顾客便于携带、使用、陈列的产品包装。这类包装一般美观大方，不仅能保护产品，而且能更好地美化和宣传商品，便于陈列展销，吸引顾客，方便消费者认识、选购、携带和使用。

（2）包装按其所处层次的不同，可以分为首要包装、次要包装和装运包装。首要包装即产品的直接包装，如牙膏皮、香烟盒等；次要包装即保护着首要包装的包装物，如牙膏盒、香烟的条包装；装运包装即为便于产品储运、装卸和防止破损而进行的包装。

要点： 为充分利用包装进行促销活动，企业应根据实际情况，选择适当的包装策略。

（3）包装按技术可分为防水包装、防潮包装、防锈包装、缓冲包装、真空包装等。近些年来，随着各种商业业态的发展，销售包装既有适合个人消费的小包装出现，也有方便家庭消费的较大包装单位出现；人类环保意识的增强，又使包装出现简单化、轻便化的趋势，并强调包装材料的可回收性、可利用性。

3. 包装的作用

包装作为商品的重要组成部分，其作用主要表现在以下几方面：

营销思考： 超市销售的鲜奶通常会采用何种包装？

（1）保护商品。良好的包装可以使产品在流通和使用过程中，以及在消费者保存产品期间，不致损坏、变质、散落，保护产品的使用价值。

（2）促进销售。商品给顾客的第一印象，不是来自产品的内在质量，而是它的外观包装。产品包装美观大方、漂亮得体，不仅能够吸引顾客，而且还能激发顾客的购买欲望。可以说，包装是无声的推销员。

（3）增加价值。由于装潢精美、使用方便的包装能够满足消费者的某种心理要求，因此，消费者一般愿意为良好包装带来的方便、美感、可靠性和声望而支付较高的价格。而且，包装材料本身也包含着一部分利润。由此可以说，包装能够增加企业的利润。

二、包装的设计原则

营销思考： 整箱牛奶在销售时通常会加一个提手，这体现了包装的什么设计原则？

由于产品包装的用途不同，对各类包装的要求也不同。为合理、充分地发挥产品包装的作用，在设计过程中必须遵循以下原则：

（1）安全原则。包装的主要目的是保护商品，安全是产品包装设计必须考虑的首要原则。因此，包装材料的选择及包装物的制作必须适合产品的物理、化学、生物性能，以保证产品不损坏、不变质、不变形、不渗漏等。一方面，保证商品质量完好、数量完整；另一方面，保护环境安全。

（2）方便原则。包装的形状、结构、大小应为运输、携带、保管、使用提供方便。例如，为方便顾客和满足消费者的不同需要，包装的体积、容量和形式应多种多样；包装的大小、轻重要适当，便于携带和使用；为适应不同需要，还可采用单件、多件和配套包装等多种不同的包装形式。

（3）美观、有特色原则。销售包装具有美化商品的作用，因此在设计上要求外形新颖、大方、美观，具有较强的艺术性，并能突出产品个性。

（4）匹配原则。包装与商品价值和质量水平要相适应。一般来说，包装不宜超过商品本身价值的13%～15%。若包装在商品价值中所占的比重过高，会使人产生名不副实之感；相反，价高质优的商品自然也需要高档包装来烘托商品的高雅贵重。

（5）尊重消费者的原则。由于不同国家、不同民族以及不同亚文化群的消费者都有不同的宗教信仰和风俗习惯，在包装设计中，对此必须尊重，切忌出现有损消费者宗教情感以及消费者忌讳的颜色、图案和文字。

（6）符合法律规定、兼顾社会利益的原则。包装设计作为企业市场营销活动的重要环节，在实践中必须严格依法行事。例如，应按法律规定在包装上标明企业名称及地址；对食品、化妆品等与人民身体健康密切相关的产品，应标明生产日期、保质期及产品使用原料、成分等。不仅如此，包装设计还应兼顾社会利益，努力减轻消费者负担，节约社会资源，禁止使用有害包装材料，实行绿色包装。

三、包装策略的分类

营销思考：旅行用品盒、化妆盒采用的是什么包装策略？

包装是整体产品的一部分。企业在设计、制造和销售过程中，应配合整个市场营销策略，采用相应的包装策略。

1. 类似包装策略

类似包装是指企业生产经营的所有产品，在包装外形上都采取相同或相近的图案、色彩，以便于消费者识别本企业产品。类似包装策略不仅可以节省包装设计成本，树立企业整体形象，扩大企业影响，而且还可以充分利用企业已拥有的良好声誉，有助于消除消费者对新产品的不信任感，进而有利于带动新产品销售。这种策略只适宜质量相同的产品，品种差异大、质量水平悬殊的产品则不宜采用。

2. 配套包装策略

配套包装就是指企业将几种有关联性的产品组合在同一包装物内的做法。这种策略能够节约交易时间，便于消费者购买、携带与使用，有利于扩大产品销售，还能够通过捆绑新旧产品，促使新产品顺利进入市场。

3. 等级包装策略

等级包装是指企业对自己生产经营的不同质量等级的产品分别设计和使用不同的包装。显然，这种依产品等级来配比设计包装的策略可使包装质量与产品品质等级相匹配，对高档产品采用精致包装，对低档产品采用简略包装，其做法可适应不同需求层次消费者的购买心理，便于消费者识别、选购商品，从而有利于全面扩大销售。不过，该策略的实施成本高于类似包装策略。

4. 分类包装策略

分类包装是指根据消费者购买目的的不同，对同一种产品采用不同的包装。例如，若购买者购买商品用作礼品赠送亲友，则可精致包装；若购买者自己使用，则简单包装。此种包装策略的优、缺点与等级包装策略相同。

5. 再使用包装策略

再使用包装是指产品使用完后包装物还有其他的用途。由于这种包装策略增加了包装的用途，可以刺激消费者的购买欲望，有利于扩大产品销售，同时，也可使带有商品商标的包装物在再使用过程中起到延伸宣传的作用。

6. 附赠品包装策略

附赠品包装策略是指在包装上或包装内附赠实物或奖券，以吸引消费者购买的做法。该包装策略对儿童和青少年以及低收入者比较有效，也是一种有效的营业推广方式。

7. 改变包装策略

改变包装策略是指企业包装策略随着市场需求的变化而改变的做法。当某种产品销路不畅或长期使用一种包装时，企业可以改变包装设计、包装材料，使用新的包装。这可以使顾客产生新鲜感，从而扩大产品销售。

第六节 服务决策

一、服务的内涵与特征

1. 服务的内涵

1960 年，美国管理协会（AMA）最先给服务下定义为："服务是用于出售或者是同产品连在一起进行出售的活动、利益和满足感。"菲利普·科特勒认为："服务是一方能够向另一方提供的基本上是无形的任何行为或利益，并且不导致任何所有权的产生。它的生产可能与某种物质产品相联系，也可能毫无联系。"A. 佩恩认为："服务是一种涉及某些无形性因素的活动，它包括与顾客或他们拥有财产的相互活动，它不会造成所有权的变更。条件可能发生变化，服务产出可能或不可能与物质产品紧密相连。"

要点：企业的服务决策包括服务项目决策、服务水平决策、服务营销组合决策。

2. 服务的特征

服务的特征较多，以下几方面对制订营销方案影响较大：

（1）无形性。无形性也称不可触知性，是指若与有形的消费品或产业用品比较，服务的特质及组成服务的元素往往是无形无质的，让人不能触摸或凭肉眼看见其存在。因此，广告宣传不宜过多介绍服务的本体，而应集中介绍服务所能提供的利益，让无形的服务在消费者眼中变得有形。

（2）同步性。服务具有直接性，服务的过程是顾客同服务人员广泛接触的过程。

服务的供应者往往是以其劳动直接为购买者提供使用价值，生产过程与消费过程紧密连接，如照相、理发；在另一些情况下，虽然生产和消费可能在空间上有所分离，如餐饮业，但服务提供与消费需求仍然相互对应、不可分割。这一特征表明，顾客只有而且必须加入到服务的生产过程中，才能享受到服务；而且一个出售服务的人，在同一时间通常只能身临其境在一个地点提供直接服务。因此，直接销售通常是唯一的分销途径。

（3）易逝性。易逝性或称不可储存性。服务的生产与消费同时进行及其无形性，决定了服务不能在生产后储存备用，消费者也无法购后储存。甚至某些服务产品的使用价值，如不及时加以利用，就会“过期作废”，造成损失。例如，车、船、飞机上和剧院中的空位，宾馆中的空房间，电话线路的闲置等。因此，服务业的规模、定价与推广，必须力求达到人力、物力的充分利用；在需求旺盛时，要千方百计解决缺乏库存所引致的供求不平衡的问题。

（4）可变性。可变性主要是指服务的构成成分及其质量水平经常变化，很难统一界定。和实行机械化生产的制造业不同，服务是以人为中心的产业。由于人的感觉、知觉存在差异，同一服务由数人操作，品质难以完全相同；同一人提供同样的服务，由于时间、地点、环境与心态变化，其服务水平也难完全一致。因此，服务的产品设计须特别注意保持同一稳定的品质，力求标准化，维持高水准，建立顾客信心，树立优质服务形象。

二、服务项目决策

服务项目决策是指营销人员通过调查顾客，以辨明可能提供的主要项目以及它们的相关重要性。服务项目是企业为顾客提供的各种服务产品的品名。服务项目决策就是决策提供什么样的顾客服务。

做好服务项目决策，需要确定本企业能够提供的服务项目及其对顾客的重要性。前者由企业列出清单，后者要让顾客按重要性分出等级。要在顾客认为重要的服务项目上，优先做好服务。

服务项目决策要以竞争者所提供的服务项目作为参照。因为某项服务对顾客来说可能很重要，但如果其他供应商也提供了同样的较高水平的服务，则此时服务项目的重要性就决定不了选择何种服务项目，因此企业应该选择竞争者没有进入的“空白服务项目”。

三、服务水平决策

顾客不仅要求企业在产品销售中提供各种重要的服务项目，而且还希望这些服务具有令人满意的数量和质量。通过对顾客调查，了解到顾客对企业现有服务中的哪些不满意，以提高这些项目的服务水平，这就是服务水平决策。它实质上是决策提供什么样的服务水平。高的服务水平会使顾客更加满意，从而提高重复购买率。

定期对顾客抽样调查是了解企业顾客服务水平的一种有效方法。其做法是，先列出反映顾客服务水平的各项特征，如：①首次服务得体；②迅速处理意见；③及时执行保单；④胜任所需的服务工作；⑤服务有求必应；⑥客气友好地服务；⑦廉价服务；⑧服务后进行打扫等。对每一服务特征的重要性划分为“十分重要”“重要”“次要”“不重要”四级，然后对执行情况也分为“优”“良”“中”“劣”四级，并对服务特征的重要性和执行情况分别给予一定的分值，由顾客进行评定对比。这样就可以发现哪些服务项目顾客认为十分重要，而服务水平太低。从而使企业营销管理者明确应把力量集中在何处，以及各个服务项目应达到什么样的服务水平。

四、服务营销组合决策

市场营销实际是一种交换关系，物质产品营销的理论和原则同样适用于服务产品营销。但由于服务所具有的特征，服务营销组合也会显示出其不同的特点。它包括以下因素：

(1) 产品。服务产品必须考虑的要素是提供服务的范围、服务质量、服务项目、服务水平、品牌、保证以及售后服务等。服务产品包括核心服务、便利服务和辅助服务。核心服务体现了企业为顾客提供的最基本效用；便利服务是为配合、推广核心服务而提供的便利；辅助服务用以增加服务的价值或区别于竞争者的服务，有助于实施差异化目标市场战略。

(2) 定价。由于服务质量水平难以统一界定，质量检验也难以采用统一标准，加上季节、时间因素的重要性，服务定价必须有较大的灵活性。而在区别一项服务与另一项服务时，价格是一种重要的识别标志。顾客可以从一项服务的价格感知其价值的高低，同时，价格也可以提高或降低人们的期望。而价格与质量间的相互关系，也是服务定价的重要考虑因素。

(3) 分销。服务分销以直销最为普遍，而且渠道很短。虽然直销在某些服务市场中相当普遍，但有很多服务企业的分销渠道往往包括一个或一个以上的中介机构。中介机构主要有代理、代销、专营、经纪、批发、零售等形态。例如，歌舞剧团或乐团演出、博览会展出、体育文艺比赛等，往往经中介机构推销门票。在分销因素中，服务提供者的所在地以及地缘的便利性都是影响服务营销效益的重要因素。地缘的便利性不仅是指实体意义上的便利，还包括传导和接触的其他方式。因此，分销渠道的类型以及其涵盖的地区范围都与服务的便利性密切相关。

(4) 促销。服务促销包括广告、人员推销、营业推广、宣传、公共关系等营销沟通方式，要根据企业的营销目标、资源状况、购买者特点、本企业服务和其他营销组合因素、竞争对手的情况等，确定在促销组合中以何种方式占主导地位。为增进消费者对无形服务的印象，企业在促销活动中要尽量使服务产品有形化。

(5) 人员。服务业的生产或操作人员，在顾客看来可能就是服务产品的一部分。服务企业的特色，往往体现在操作者的服务表现和服务销售上，操作人员可能承担服务表现和服务销售的双重任务，尤其是那些经营“高接触度”服务业务的企业。因此，企业必须重视人员的甄选、训练、激励和控制。另外，顾客与顾客间的互动关系也应受到重视。一位顾客对服务质量的认识很容易受到其他顾客的影响，因此企业要建立口碑传播机制。

（6）有形展示。有形展示会影响消费者对一家服务企业的评价。其包含的因素有：实体环境（建筑、结构、颜色、造型、风格等）；服务提供时所需用的装备实体（如汽车租赁公司所需要的汽车）；其他实体性的信息标志。例如，麦当劳公司针对儿童的快乐餐设计的游戏、迷宫等图案盒面，把目标顾客的娱乐和饮食联系起来，取得了很好的效果。

（7）过程。在服务企业中，服务的传递过程相当重要。整个系统的运作政策和程序方法的采用、服务供应中的器械化程度、员工决断权的适用范围、顾客参与服务操作过程的程度、咨询与服务的流动等，都是企业必须特别关注的问题。企业要运用服务过程分析即通过分解组织系统和架构，鉴别顾客同服务人员的接触，并从这些接触点出发来改进企业服务质量。

第七节　品牌策略

一、品牌的基本概念

1. 品牌的含义

要点： 品牌是用以识别产品或服务，并使之与竞争对手的产品或服务区别开来的商业名称及其标志。

品牌是指用以识别某个销售者或某群销售者的产品或服务，并使之与竞争对手的产品或服务区别开来的商业名称及其标志，通常由文字、标记、符号、图案和颜色等要素或这些要素的组合构成。就其实质来讲，它代表着销售者对交付给买者的产品特征、利益和服务的一贯性的承诺，包括以下内容：

（1）品牌名称，是指品牌中可以用语言称谓表达的部分，如李宁、耐克、麦当劳。

（2）品牌标志，是指品牌中可被认出、易于记忆，但不能用言语称呼的部分。

一个品牌可从以下六个方面透视：

（1）属性。这是品牌最基本的含义。品牌首先代表着特定的商品属性。例如，奔驰意味着工艺精湛、制造优良、昂贵、耐用、速度快。公司可用一种或几种属性做广告。多年来，奔驰的广告一直强调“全世界无可比拟的工艺精良的汽车”。

（2）利益。品牌体现了特定的利益。顾客不是在买属性，而是买利益，这就需要属性转化为功能性或情感性的利益。就奔驰而言，“工艺精湛、制造优良”可转化为“安全”，“昂贵”可转化为“令人羡慕、受人尊重”的利益。

（3）价值。品牌体现了生产者的某些价值观。

（4）文化。品牌可能代表某种文化。例如，奔驰蕴涵着“有组织、高效率、高品质”的德国文化。

（5）个性。不同的品牌会使人们产生不同的联想，这由品牌的个性所决定。例如，奔驰让人想到一位严谨的老板；红旗则让人想到一位严肃的领导。

(6) 用户。品牌暗示了购买或使用产品的消费者类型。

当受众可识别品牌的六个方面时，该品牌可称为深度品牌，否则只是一个肤浅品牌。品牌最持久的含义是其价值、文化、个性，它们构成了品牌的实质。

2. 品牌化

企业为其产品选择、规划、决策品牌名称和品牌标志，并向政府有关部门进行注册登记的全部活动，称为"品牌化"。品牌注册之后则产生注册商标。注册商标作为一种产权，不仅受到各个国家法律的保护，而且在国际上还受到以《保护工业产权巴黎公约》(1883 年) 为基础的国际工业产权制度的保护。

要点：注册商标受到法律的保护。

二、品牌资产

品牌资产是一种超越商品或服务本身利益以外的价值。它通常通过为消费者和企业提供附加利益来体现，并与某一特定的品牌联系在一起。某种品牌能给消费者提供的超过商品或服务本身以外的附加利益越多，则该品牌对消费者的吸引力越大，因而品牌资产价值越高。如果该品牌的名称或标志发生变更，则附着在该品牌上的资产价值将全部或部分丧失。品牌给企业带来的附加利益最终源自其对消费者的吸引力和感召力，即品牌的知名度、认知度、联想度、消费者忠诚度和品牌形象。

要点：品牌资产是一种企业无形资产。品牌价值高低在某种程度上反映了该品牌对消费者的吸引力大小。

1. 品牌资产的特征

品牌资产作为企业财产的重要组成部分，具有以下特征：

(1) 无形性。品牌资产与厂房、设备等有形资产不同，它不能使人通过感觉器官直接感受到它的存在与大小，所以品牌资产是一种无形资产。这种无形性，一方面增加了人们对其直接把握的难度，这也是我国部分企业不重视品牌资产的原因；另一方面决定了其所有权获得与转移也与有形资产存在差异。有形资产通过市场交换的方式取得所有权；而品牌资产通过品牌或商标的使用者申请注册，由法定注册机关予以确立。

(2) 在利用中增值。就有形资产而言，投资就会增加资产存量，利用则会减少资产存量。但品牌作为一种无形资产，其投资与利用往往交织在一起，品牌资产的利用并不一定会减少品牌资产，而且利用得当，会增加资产。例如，品牌扩张就会提高品牌影响力。

(3) 难以准确计量。品牌资产的计量较有形资产的计量相比，难度较大，甚至无法准确计量。其原因是：一方面，品牌资产构成具有特殊性，品牌资产需要通过消费者对品牌的认知度、联想度、忠诚度和品牌本身的品质形象来透视，而这些因素又是相互联系、相互影响、彼此交错的，难以截然分开；另一方面，反映品牌资产的品牌获利性受多种因素的影响，这也增加了计量的难度。

(4) 波动性。由于品牌的知名度、联想度、消费者忠诚度和品牌形象不是一开始就形成的，而是品牌经营者长期经营的结果，如果经营得当，其资产就会上升；否则，就会下降。所以，品牌资产会随着品牌的经营状况而波动。

(5) 评价营销绩效的重要指标。由于品牌反映了企业与消费者的关系，所以企业要开展积极的市场营销活动，履行对消费者的承诺。因此，品牌资产的高低反映了企业市场营销的总体水平，是评价营销绩效的重要指标。

2. 品牌资产的价值

品牌与商标信誉是企业的生命，它不受厂房、设备、商品、人员等有形财富生命周期的限制，有着取之不尽、用之不竭的价值。这主要表现在：

（1）经济价值。这是由商标的物质属性决定的，即生产商标所投入的一定量的社会劳动，是可以用货币计算的部分。其具体包括：制造商标过程中所花的费用（市场调研费，设计、印刷、原料费，工资等）和取得法律保护过程中所花的费用（注册费、续展费）。

（2）信誉价值。信誉是品牌与商标在市场上的知名度和声望。决定品牌与商标信誉的因素包括：商标所代表商品的质量、商标的使用范围、市场占有率等。信誉价值是企业的无形财富，它是衡量企业经济技术水平的重要标志，是企业竞争能力的象征。由信誉价值产生最有价值品牌评估。

（3）权利价值。商标的价值与商标专用权密切相关。商标专用权在法律许可的范围内可以转移，这种转移的实质是一种财产交换关系，由此表现出的价值就是权利价值，一般通过投资、使用许可、转让等形式表现出来。

（4）艺术价值。这表现为：具有显著特征和吸引力的商标设计是占领市场的有效工具；同时，一个具有较高艺术水平的商标，本身就是一件艺术珍品。

三、品牌的设计要求与命名方法

（一）品牌的设计要求

1. 简洁醒目，易读易懂

营销思考：你所在的大学、学院或系有专属的标志吗？你能说出它的含义吗？请评价这个标志。

例如，“美加净”“佳洁士”，其品牌名称易记忆、易理解，被誉为商品品牌的文字佳作。“M”这个很普通的字母，对其施以不同的艺术加工，就形成表示不同商品的标记或标志：棱角圆润、鲜艳金黄色拱门的“M”是麦当劳的标记，给人以亲切之感，已出现在全世界很多个国家和地区的数百个城市的闹市区，成为人们喜爱的快餐标志；而棱角分明、双峰突起的“M”是摩托罗拉的标志，突出了其在无线电领域的特殊地位和高科技的形象。

2. 构思巧妙，暗示属性

品牌应是企业形象的典型概括，反映企业的个性和风格，让人有信任感。

本茨（Benz）先生作为汽车发明人，以其名字命名的奔驰汽车，100 多年来赢得了顾客的信任，其品牌一直深入人心。其构思巧妙、简洁明快、特点突出的圆形的汽车方向盘似的特殊标志，已经成了豪华优质高档汽车的象征。

圣马龙品牌 1968 年创始于意大利，2001 年 5 月进入中国大陆，经过几年的筹备，已经实现产品系列化、市场规模化、生产自动化。圣马龙的商标图案是由一只手持利斧的神兽和皇冠组成。它出自一个神话：一支正义的欧洲某国军队遭到敌军伏击，在突围中，前面是一座大山难以翻越，后有敌军追兵。在危难关头，一只手持利斧的神兽从天而降，用手中的斧头劈开大山，使正义的军队得以通过，又将山推拢，一斧挡万军。它象征着“决不放弃、大道光明”的奋斗勇气，而将此理念上升为“励精图治、终成大器”的服装内涵。

3. 富蕴内涵，情意浓重

品牌可引起顾客强烈兴趣，引发美好联想，产生购买动机。

“红豆”是一种植物，也是人们常用的镶嵌饰物，是美好情感的象征。同时，“红豆”也是江苏红豆集团的服装品牌和企业名称，其英文是“The seed of love”（爱的种子）。提起红豆，人们就会想起王维的千古绝句，牵动人的思乡及相思之情。红豆服装正是借助“红豆”这一蕴含着中国传统文化内涵、情意浓重的品牌而“红”起来的。

4. 避免雷同，超越时空

品牌设计的雷同，是实施品牌运营的大忌。品牌运营的最终目标是通过不断提高品牌竞争力，超越竞争对手。如果品牌的设计与竞争对手雷同，就将永远落后于人，达不到最终超越的目的。

超越空间的限制，是指品牌要超越地理文化边界的限制。由于世界各国的历史文化传统、语言文字、风俗习惯、价值观念和审美情趣不同，对一个品牌的认知、联想必然会有很大差异。例如，若将“Sprite”直译成“妖精”，又有多少中国人乐于认购呢？而译成符合中国文化特征的“雪碧”，就比较准确地揭示了品牌标定产品的“凉、爽”等属性。上海的名牌产品“美加净”牙膏，不仅中文名字取得美，英文名字“MAXAM”也颇有创意。它既像是一个土生土长的英语单词，又不是一个现成的英语单词，而是一个创造的英文单词。从形态上看，四平八稳，从左念从右念都一样，也十分便于记忆。

在营销实践中，许多企业不惜重金设计品牌。美国埃克森（EXXON）公司为了给自己的产品创出一个能够通行于世界，为全世界消费者所接受的名称及标志，曾动用了心理学、社会学、语言学、统计学等各方面的专家，历时6年，耗资1.2亿美元，先后调查了55个国家和地区的风俗习惯，对约1万个预选方案几经筛选，最后定名为“EXXON”，堪称是世界上最昂贵的品牌设计。1998年，埃克森与美孚（Mobil）的合并成为历史上最大的一宗工业收购案和最大的商业合并案。埃克森市值约1760亿美元，美孚市值为600亿美元，二者合一，总市值为当时世界之最。

（二）品牌命名的主要方法

（1）效用命名——以产品的主要性能和效用命名，使消费者迅速理解商品功效，便于联想和记忆，如感冒清、胃必治、太太口服液等。

（2）产地命名——用商品的产地命名，可反映商品传统特色和优越性能，如茅台、鄂尔多斯等。

（3）人物命名——以历史人物、传奇人物、制造者以及对产品有特殊偏好的名人的姓名命名，可衬托和说明产品品质，提高产品身价，如麦当劳、李宁、奔驰、吉列等。

(4) 制法命名——多用于具有独特制造工艺或有纪念意义的研制过程的商品，表示制作精良以提高产品威望，如北京烤鸭、北京二锅头、傣家干烧牛肉等。

(5) 好兆命名——以吉利的词句、良好的祝愿命名，既暗示了商品的优良性能，又能迎合消费者的美好愿望，如登喜路、草原兴发、红双喜等。

(6) 译名命名——即国外进口商品的商标译名，以及模仿国外商标译名而制作的中文品牌。其主要有音译、意译和音意兼顾三种形式：

1) 音译。纯粹音译的品牌有限，如 SONY——索尼、Olympus——奥林巴斯、Lux——力士等。

2) 意译。意译的外国商标较少，如 Crown——皇冠、Gold Queen——金皇后等。

3) 音意兼顾。音意兼顾的品牌译名最为常见，如 Pepsi-Cola——百事可乐、Montaqut——梦特娇等。

(7) 夸张命名——用艺术夸张的词句命名，以显示商品的独特功效，如永久、飞鸽等。

(8) 企业命名——可直接说明商品的来源，有利于借助企业声誉推出新产品，如伊利、蒙牛等。

(9) 形象命名——用动物形象或抽象图案为商品命名，以增强感染力，如雪花、天鹅等。

(10) 数字命名——用阿拉伯数字命名，一般有以下两种情况：

1) 数字本身无任何含义，只是简单易记、活泼，如 555、999 等。

2) 数字的谐音暗含一定的意义，如 3388、888、520 等。

四、品牌决策

(一) 品牌建立决策

有关品牌的第一个决策就是决定是否给产品加上一个品牌。一般来说，使用品牌具有积极的作用，既有对营销者的作用，也有对消费者和市场的作用。

> **营销思考：**请评价你所在机构的品牌策略。你会如何提高自己所在学院的品牌？这么做的理由是什么？

品牌所起的作用在商品经济高度发达的今天体现得十分突出，几乎所有产品都有品牌。一方面，越来越多的传统上不用品牌的商品纷纷品牌化，如草原兴发肉鸡；另一方面，名牌也成为一种无形资产。名牌是产品质量的反映，是企业信誉的标志，它可以去收购、兼并别人的有形资产，从而扩大自己。世界一流企业无不是以名牌打天下，如美国的可口可乐、德国的奔驰、日本的丰田、中国的海尔等。2013 年第 19 届中国最有价值品牌研究结果显示，海尔品牌价值达到 992.29 亿元人民币。据消费市场权威调查机构欧睿国际（Euromonitor）的数据，海尔连续五年蝉联全球大型家电第一品牌；在美国波士顿（BCG）管理咨询公司发布的 2012 年度“全球最具创新力企业 50 强”中，海尔是唯一进入前十名的来自中国的企业，并且位居消费及零售类企业榜首。

(二) 品牌归属决策

品牌归属决策是指选择使用哪家品牌的决策。

1. 使用制造商品牌

制造商具有良好的市场信誉，拥有较大市场份额，则使用制造商品牌。

制造商所拥有的注册商标是一种工业产权，它的价值由商标信誉的大小所决定。享有盛誉的著名商标常可租借给别人使用，而收取一定的特许权使用费。例如，具有良好声誉的永久牌自行车商标已在全国若干家自行车的产品上使用，从而使产品销量大增。

2. 使用中间商品牌

中间商在某一市场领域拥有良好的品牌信誉及庞大完善的销售系统，因而一些新进入市场的中小企业往往借助于中间商商标。

西方国家已有越来越多的中间商使用自己的品牌。例如，美国著名的大零售商西尔斯公司已有90%以上的产品使用自己的品牌。

3. 制造商品牌与中间商品牌混合使用

（1）制造商在一部分产品上使用自己的品牌，另一部分以批量卖给中间商，使用中间商品牌，以求既扩大销路，又能保持本企业的品牌特色。

（2）为进入新市场，可先采用中间商品牌，取得一定市场地位后改用制造商品牌。例如，日本索尼公司的电视机初次进入美国市场时，在美国最大的零售商店西尔斯出售，用的是西尔斯品牌。后来索尼公司发现其产品很受美国人的欢迎，就改用自己的品牌出售了。

（3）制造商品牌与销售商品牌同时使用，兼收两种品牌单独使用的优点。许多大型零售商店，如上海中百一店、北京王府井百货大楼均出售数以万计的商品，有不少商品同时使用两种品牌。商品上除了使用制造商品牌外，还标明上海中百一店或北京王府井百货公司监制或经销。这种混合品牌策略对产品进入国外市场也很有帮助。

（三）品牌质量决策

1. 决定品牌的最初质量水平

品牌的质量可分为一般质量、中上质量和高质量。

（1）每一种质量水平都有其市场，也都有与之相适应的顾客。

（2）决定品牌最初质量水平应该和选择目标市场及产品定位结合进行。欧米茄手表的历史源远流长，它决定品牌的最初质量就是高质量，力求造型高雅、性能精确，在制表业独占鳌头。它今天的口号仍是“超凡绝伦的制表技艺，150年始终不渝”。

2. 管理品牌质量

有以下三种可供选择的策略：

（1）提高品牌质量。在研究开发上不断投入资金、改进产品质量，以取得最高的投资收益率和市场占有率，如宝洁公司。

（2）保持品牌质量。将品牌质量保持原状不作改变。因为品牌的最初质量水平经历了时间的变化，仍然适合目前的及可预测的未来市场的情况。

（3）逐渐降低品牌质量。

1）因产品价格下跌或原材料价格上涨，改用廉价材料替代降低质量。

2）为多得利润，偷工减料、掺假等降低质量。

3）产品进入衰退期，淘汰已成定局，可采取降低成本策略。

其中，前两种做法会败坏品牌声誉，损害其长期盈利的能力；而第三种做法则可以采用。

（四）品牌统分决策

制造商决定使用自己的品牌，但是各产品分别使用不同的品牌，还是使用一个统一的品牌或几个品牌？可供选择的策略有以下几种：

1. 个别品牌

企业各种不同的产品分别使用不同的品牌。这样做有利于企业扩充高、中、低档各类产品，以适应市场的不同需求。产品各自发展，在市场竞争中加强了安全感。宝洁公司生产的各种日化产品，分别使用汰渍、奥妙、碧浪等不同品牌，并创造了飘柔、海飞丝、潘婷、沙宣等不同洗发水品牌。从1988年进入中国以来，宝洁一直是一个成功的典范，足以使人们对宝洁的行为——品牌塑造模式与市场推广模式产生崇拜。

2. 统一品牌

企业的所有产品统一使用一个品牌，也称为整体的家族品牌。这样做的好处是可以节省品牌设计和广告费用，有利于为新产品打开销路。例如，我国上海益民食品公司的所有产品都是“光明”牌的；美国通用电气公司的所有产品都统一使用“GE”这个品牌名称。

3. 分类品牌

（1）各产品线分别使用不同品牌，避免发生混淆。西尔斯公司所经营的器具类产品、妇女服装类产品和主要家庭设备类产品分别使用不同的品牌名称；美国斯威夫特公司同时生产火腿和化肥两种截然不同的产品，分别使用“普利姆”（Premium）和“肥高洛”（Vigoro）的品牌名称。

（2）生产或销售同类型的产品，但质量水平有差异，也使用不同品牌以便于识别。内蒙古河套酒业公司生产的白酒，一等品的品牌名称是河套王，以下依次是河套老窖、河套人家等300多个名称。

4. 企业名称加个别品牌

这是统一品牌与个别品牌同时并行的一种方式。在产品的品牌名称前冠以企业名称，可使产品正统化，享有企业已有的信誉，又可使产品各具特色。

美国通用汽车公司（GM）所生产的各种小轿车分别使用不同的品牌，如凯迪拉克、土星、欧宝、别克、奥斯莫比、庞蒂亚克、雪佛兰等，每个品牌上都另加“GM”两个字母，以表示是通用汽车公司的产品。

（五）品牌延伸决策

品牌延伸策略是指企业利用其成功品牌的声誉来推出改良产品或新产品的策略。

营销实践告诉我们，在中国，品牌延伸有顽强的生命力，是企业发展的“加速器”。因为即使在竞争极为激烈的美国等发达国家市场，品牌延伸仍然十分盛行并取得了很大成功。有人比喻：在西方国家，品牌延伸就像当年成吉思汗横扫欧亚大陆一样，席卷了整个广告和营销界。过去 10 年来，十分成功的品牌中有 2/3 属于延伸品牌，而不是新品牌。

（六）品牌重新定位决策

随着时间的推移，品牌在市场上的位置会有所改变，如果出现下列情况，就有必要对品牌进行重新定位：

（1）竞争者的品牌定位接近本企业的品牌，夺走了一部分市场，使本企业品牌的市场占有率下降。

（2）消费者的偏好发生变化，具有某种新偏好的顾客群已经形成，企业面临有巨大吸引力的良好经营机会。

品牌重新定位，确定新的市场位置主要考虑两个因素：费用和收入。费用主要是改变产品质量、包装、广告等的花费；收入是品牌在新位置上所能增加的收益。品牌重新定位的收入影响因素有：

（1）市场范围的大小——有多少消费者？

（2）平均购买频率——购买频率越高，销售量越大。

（3）竞争者的数目及其实力——直接影响本企业品牌的市场占有率。

（4）其他品牌价格水平对本企业品牌定价的约束。

“日本制造”的标志一向是人们心目中可信赖的、微型的、精致的高科技产品形象。“日本制造”的三菱、东芝、索尼、松下等品牌，都成为世界最知名、最富信誉的品牌之一。但自 1999 年以来，日本公司的产品接连发生产品质量问题。例如，闹得沸沸扬扬的东芝笔记本电脑事件为日本货敲响了第一声警钟；日本三菱集团下属的汽车、电机、重工也接连发生质量问题，使三菱品牌陷入困境；接着，日本食品业因雪印、森永等牛奶事件也颇不平静。层出不穷的问题使“日本制造”在用户心目中的形象大打折扣，一些日本品牌陷入严重的信任危机，这些产品的重新定位迫在眉睫。

（七）品牌防御决策

商标是企业的无形资产，驰名商标更是企业的巨大财富。因此，企业在品牌与商标经营过程中，要及时注册，防止被他人抢注，还要杜绝“近似商标注册”事件的发生。而防止近似商标注册的有效方法就是主动进行防御性注册，实施商标防御性策略：

（1）在相同或类似的产品上注册或使用一系列互为关联的商标（联合商标），以保护正在使用的商标或备用商标。

（2）将同一商标在若干不同种类的产品或行业注册，以防止他人将自己的商标运用到不同种类的产品或不同的行业上（防御性商标）。

（八）国际互联网中的域名与企业商标

域名是互联网的单位名称。它能给人传达很重要的信息，如单位属性和业务特征等。域名具有三重属性：

（1）商标属性。许多企业都把知名商标注册成域名。麦当劳的商标“巨无霸”就被注册成了域名。它具有一定的含义，像商标一样，使用得久了，人们就会对它有一种有特殊的感觉。一般人们所知道的著名商标，几乎在国际上其本身就是域名。

（2）永久地址属性。

（3）企业正式名称属性。

域名系统（DNS）是国际共有资源，商业价值巨大。

目前，注册域名的企业越来越多，原有的三个通用顶级域名 COM（公司）、ORG（事业单位）、NET（网络单位）已不够用。互联网社会（ISCO）、互联网分址当局（IANA）、互联网结构理事会（IAB）、国际电信联盟（ITU）、国际商标协会（INTA）、世界知识产权组织（WIPO）共同发起成立的互联网国际特别委员会（IAHC）发表了《通用顶级域名管理操作最终方案》，增加了 7 个新的顶级域名。它们分别是：FIRM（企业或公司）、STORE（销售货物的企业）、WEB（强调与 WWW 活动有关的单位）、ARTS（强调文化与娱乐活动的单位）、REC（强调康乐活动的单位）、INFO（提供信息服务的单位）、NOM（个体或个人命名）。

域名注册规则采用时间优先原则，即谁先注册，谁拥有。一般企业有两种选择：一是在国内注册二级域名；二是在国际上注册一级域名。随着世界经济一体化进程，发达国家的企业都在争取国际域名。美国 99% 以上的企业都在国际互联网上注册一级域名，一级域不是美国域，而是国际域。对于我国大企业来说，如果想进入国际市场，就应争抢一级域名。

本章小结

1. 在企业市场营销活动中的产品、价格、分销和促销这四个可控因素中，产品因素处于核心地位，其他三个因素都是以产品决策为基础的。

2. 产品是一个整体概念，包括核心产品、形式产品、期望产品、延伸产品和潜在产品五个基本层次。这使企业对产品的认识不应局限在产品特定的物质形态和具体用途上，而是归结为消费者需求的实际利益与满足上。产品整体概念清晰地体现了以顾客为中心的现代营销观念。

3. 产品组合是指一个企业提供给市场的全部产品线和产品项目的组合或结构，即企业的业务经营范围。它一般用宽度、长度、深度和相关性等来衡量。当企业拥有多种产品时，就必须解决产品之间的结构问题。很多企业都拥有自己的产品项目、产品线和产品组合方式。产品线是产品组合的基础，实际产品组合的最优化离不开产品线的决策。其决策内容包括产品线的延伸、填充与缩减。

4. 产品只要在功能或形态上得到改进与原有产品产生差异，并为顾客带来新的利益，即视为新产品。为了提高新产品开发的成功率，必须建立科学的新产品开发管理程序。

5. 产品策略的一个重要组成部分是包装。为充分利用包装进行促销活动，企业应根据实际情况选择适当的包装策略，遵守一定的包装原则。

6. 服务是现代社会中企业的一个强有力的竞争手段。企业的服务决策包括服务项目决策、服务水平决策、服务营销组合决策。其中，服务营销组合决策又包括产品、定价、分销、促销人员、有形展示、过程七个方面的内容。

7. 品牌是指用以识别某个销售者或某群销售者的产品或服务，并使之与竞争对手的产品或服务区别开来的商业名称及其标志，通常由文字、标记、符号、图案和颜色等要素或这些要素的组合构成。对于现代企业来说，品牌日益成为生存和成功的核心要素之一。强势品牌意味着市场地位和利润。从某种程度上说，未来的营销就是品牌的竞争。

思考题

1. 什么是产品整体概念？它对市场营销活动有何意义？
2. 什么是产品生命周期？试述产品生命周期各阶段的特点及采取的营销策略。
3. 简述产品组合决策的相关概念。
4. 包装策略包括哪些种类？
5. 论述新产品开发的程序。

选择题

1. 企业开发新产品的第一个环节是________。

A. 测试　B. 筛选　C. 构思　D. 商品分析

2. 下面关于产品整体概念的描述中不正确的是________。

A. 产品整体概念认为产品是一个多层次的组合体
B. 产品整体概念更好地体现了现代市场营销观念
C. 产品整体概念有助于提高企业竞争力
D. 产品整体概念认为产品最核心的构成部分是服务

3. 在产品整体概念中，________是指消费者可以直接观察和感受到的有形部分。

A. 核心产品　B. 形式产品　C. 期望产品　D. 延伸产品

4. 在产品整体概念中，________是指消费者购买产品时所期望的一整套属性和条件。

A. 核心产品　B. 形式产品　C. 期望产品　D. 潜在产品

5. 服务产品的________使其供求矛盾显得格外突出。

A. 无形性　B. 易逝性　C. 可变性　D. 不可分离性

6. 在产品生命周期的导入期，以高价格低促销费用将新产品推向市场的营销策略是________。

A. 快速掠取策略　B. 快速渗透策略
C. 缓慢掠取策略　D. 缓慢渗透策略

7. 如果某产品的生产和销售正处于市场成长期，其营销重点应该是________。

A. 延长产品寿命，巩固市场占有率　B. 努力开拓市场，提高市场占有率
C. 加大推销力度，获取最大限度利润　D. 加大推销力度，增进顾客对产品的了解

8. 服务的________特征，使得服务的生产者和消费者对服务质量的好坏共同发生作用。

A. 无形性　B. 同步性　C. 可变性　D. 易逝性

9. 在产品生命周期的阶段中，销售增长率最高的是________。

A. 导入期　　B. 成长期　　C. 成熟期　　D. 衰退期

10. 产品组合的宽度是指产品组合中所拥有________的数目。

A. 产品项目　　B. 产品线　　C. 产品种类　　D. 产品品牌

11. 品牌中可以用语言称呼、表达的部分是________。

A. 品牌　　B. 商标　　C. 品牌标志　　D. 品牌名称

章尾案例

山姆森玻璃瓶——一个价值 600 万美元的玻璃瓶

说起可口可乐的玻璃瓶包装，至今仍为人们所称道。1898 年，鲁特玻璃公司一位年轻的工人亚历山大·山姆森在同女友约会时，发现女友穿了一条筒形连衣裙，显得臀部突出，腰部和腿部纤细，非常好看。约会结束后，他突发灵感，根据女友穿着这条裙子的形象设计出一个玻璃瓶。

经过反复的修改，亚历山大·山姆森不仅将瓶子设计得非常美观，很像一位亭亭玉立的少女，还把瓶子的容量设计成刚好一杯水大小。瓶子试制出来之后，获得大众交口称赞。有经营意识的亚历山大·山姆森立即到专利局申请了专利。

当时，可口可乐的决策者坎德勒在市场上看到了亚历山大·山姆森设计的玻璃瓶后，认为非常适合作为可口可乐的包装。于是，他主动向亚历山大·山姆森提出购买这个瓶子的专利。经过一番讨价还价，最后可口可乐公司以 600 万美元的天价买下此专利。在 100 多年前，600 万美元可是一项巨大的投资。然而实践证明，可口可乐公司的这一决策是非常成功的。

亚历山大·山姆森设计的瓶子不仅美观，而且使用非常安全，易握不易滑落。更令人叫绝的是，其瓶型的中下部是扭纹型的，如同少女所穿的条纹裙子；而瓶子的中段则圆满丰硕，如同少女的臀部。此外，由于瓶子的结构是中大下小，当它盛装可口可乐时，给人的感觉是分量很多的。采用亚历山大·山姆森设计的玻璃瓶作为可口可乐的包装以后，可口可乐的销量飞速增长，在两年的时间内，销量翻了一倍。从此，采用山姆森玻璃瓶作为包装的可口可乐开始畅销美国，并迅速风靡世界。600 万美元的投入，为可口可乐公司带来了数以亿计的回报。

（资料来源：《十大经典创意包装营销案例　探寻包装魅力所在》，中国经济网，2007-09-03，http：//www. ce. cn/cysc/cycy/cydt/200709/03/t20070903_ 12766979. shtml，有改动。）

案例思考题：

1. 包装对增加可口可乐的销量起到了多大的作用？

2. 设计饮料包装时有哪些注意事项？

第七章

定价

学习目标：

1. 明确企业定价的重要性及意义，了解企业定价的目标。
2. 理解企业定价的各种影响因素。
3. 掌握企业定价的方法。
4. 灵活运用企业定价策略。

导引案例

时值2010年8月，显示器行业又迎来了暑假销售的高峰期。在这个受人关注的时期，三星作出了大幅度的价格调整，最高下调额度达到200元。同时，三星也是显示器行业进入暑假以来第一个降价的厂商。这次降价调整针对了很多以前降幅不大的产品，其中以中、大尺寸主流机型为主，大部分降价产品是全高清产品。三星BX2350显示器降幅最大，突破2000元大关，对于一款上个月刚上市的新品来说，这样的降价实属罕见。

三星官方的负责人表示，这次的降价行为仅仅是三星一次正常的调价计划。时值8月，进入液晶显示器的销售旺季，这次的降价是为了对8月的液晶市场有一次积极的冲击，引起更高的市场热度。另外，他表明，受到上游液晶面板的牵制，整个液晶市场在接下来都会有一个下调的走势。所以，三星的这次降价只是率先遵循了这一规律而作出的调整。

价格战对显示器行业而言是一把锋利的双刃剑。当显示器市场进入日渐低迷的阶段，的确需要价格的改变来刺激消费者的购买欲望。但是对于一条成熟的产业链来说，如果只有依靠价格下调的举措才能推动市场的前行，这未免有些悲哀。

（资料来源：根据互联网资料改编。）

价格通常是影响交易成败的重要因素，同时又是市场营销组合中最难以确定的因素。无论是专事商品生产、商品流通，还是以提供服务为其主要营销活动的企业，无一例外都面临着价格决策。商品价格的制定、变化以及调整，不仅直接影响消费者的购买行为，而且影响着生产经营者盈利目标的实现，影响着中间商甚至竞争者的利益。可以说，越来越敏感的价格问题关系到市场的多个方面。因此，对价格展开研究成为企业必须重视的课题。

要点：定价问题涉及多方利益，尤其与企业的盈利目标相关，因此既有科学性，又有艺术性。

第一节 定价概述

市场营销中的价格决策是最具科学性与策略性的问题。专家指出，市场营销价格的制定既是一门科学又是一门艺术。这是对市场营销活动中制定价格的生动描述。其科学性体现在企业的商品或劳务的价格制定要以经济学的价格理论为基础，在了解商品价格的形成及其变化规律的基础上制定；其艺术性是指企业的商品和劳务价格的制定是在千变万化的市场环境中，在分析各种制约因素的基础上，灵活多变地产生的。因此，市场营销理论中关于营销价格的研究，既以经济学的价格原理为基础，又不同于经济学的价格理论。

一、定价的重要性

在马克思的《资本论》里，价格是商品价值的货币表现。这一相对静态的价格定义，揭示了价格作为商品交换尺度的本质原因。而在传统观念中，从历史上的大多数情况看，价格是在体现价值的基础上，通过买卖双方互相协调共同确定的。它会随着买卖双方的力量对比而出现波动。因此，西方经济学家提出了所谓的“均衡价格”概念。在均衡价格水平上，厂家与消费者均实现了自己的利益，市场处于相对平衡状态。此时，如果需求或供给发生变动，则价格也将相应调整，达到新的均衡价格；反之，若均衡价格发生变化，作出调整的将是供给或需求。西方经济学中的一般均衡理论直接阐释了价格在商品交易中的重要性。

营销思考：查找有关资料，尝试分析三星显示器在2010年暑期的降价行为给整个行业和企业本身带来了怎样的影响？

然而，经济学中众多关于价格的理论，对企业具体定价的指导作用却十分有限。定价是企业开拓市场营销的重要手段，企业的产品要想迅速卖出、顺利为消费者所接受，首先遇到的就是定价问题。据美国一些市场学家对部分大企业进行的调查显示，企业在1964年将定价列为营销活动的第六位因素，而在1975年则列为第一位重要因素。定价之所以被人们日益重视，主要有以下几方面原因：

（1）价格直接影响企业盈利目标的实现。企业作为独立的商品生产和经营者，必须实现一定的盈利目标，而盈利又与企业收入紧密联系。企业的收入主要是销售额，销售额 = 销货数量 × 单位产品价格。价格适当与否，常常影响销售量的增减。因此，价格从数量与单位两个方面决定着销货额，从而决定着企业的收入与盈利。

（2）价格最易引起社会各方面的关注。企业增设网点、增加广告，社会各方面，包括竞争对手未必马上注意到，但价格的变动可能会立即引起各方面的重视和反应，尤其成为影响消费者购买决策的最重要因素之一。市场上每次遇到商品全面涨价，各种大众传媒都会竞相报道，街头巷尾的人们也争相谈论和转告，甚至政府也不得不关注甚至加以调控。

（3）价格是一种重要的竞争手段。价格竞争不是最好的更不是唯一的竞争手段，它是竞争对手容易仿效采用的一种极具杀伤力的武器，但定价在企业营销活动中毕竟占有重要地位。消费者要求物美价廉，“物美”和“价廉”二者兼备则更有竞争力。因此，以廉取胜是重要的竞争策略之一。

随着市场的日益成熟，企业间竞争的重点已经逐步由单一的价格竞争转向研发能力、品牌优势、核心竞争力等非价格竞争，但毋庸置疑，价格仍然是决定企业市场份额和盈利率的最重要的因素之一。因为在营销组合中，价格是唯一能产生收入的要素，而其他要素均表现为成本。因此，合理的定价不仅可使企业顺利收回投资，达到盈利目标，而且能为企业的其他活动提供必要的资金支持。同时，价格也是营销组合中最灵活的因素，其变化异常迅速，而很多企业在定价中常常犯错。因此，企业的定价问题非常值得研究。

二、定价的影响因素

价格的形成及运动是商品经济中最复杂的现象之一。企业定价受到多方面因素的影响和制约，而且这些因素会相互交错地对定价发生作用，因此，企业应给予充分重视和全面考虑。

要点：价格是营销组合中产生收入的元素，受到企业自身、市场状况、商品特点和政府力量的影响。

1. 企业自身状况

企业自身状况是指企业的生产经营能力和企业的经营管理水平对定价的影响，如成本、规模实力以及销售渠道、信息沟通和营销人员素质能力等。

（1）成本。成本核算是定价行为的基础。企业要保证生产经营活动，就必须通过市场销售收回成本，并在此基础上形成盈利。产品成本是企业制定价格时的最低界限，即所谓的成本价格。低于成本价格出售产品，企业不可避免地要产生亏损，时间一长，企业的营销就难以为继。在市场竞争中，产品成本低的企业就拥有制定价格和调整价格的主动权和较好的经济效益；反之，就会在市场竞争中处于不利地位。

成本是企业能够为其产品设定的底价。企业应设定一种价格，既能够补偿所有生产、分销和直销产品的成本，又能够带来可观的效益和风险收益率。许多企业努力奋斗，就是为了成为本行业中的低成本生产商。低成本的企业能制定较低的价格，从而取得较高的销售量和利润额。

企业的成本有两种形式：固定成本和可变成本。固定成本（也称为企业日常管理费）是指那些不随生产或销售水平变化的成本。例如，企业必须支付每月的租金、暖气费、利息、管理人员的薪金，以及其他开支。可变成本直接随生产水平发生变化。例如，每台个人计算机都包括计算机芯片、电线、塑料、包装及其他投入成本。每台计算机上，这些成本都趋于一致。它们被称作可变成本，是因为其总量会随着生产的计算机数量而变化。总成本是指在任何生产水平下固定成本和可变成本之和。管理部门希望制定的价格至少能够补偿在既定生产水平下的生产总成本。

企业必须审慎地监督好成本。如果企业生产和销售产品的成本大于竞争者，那么企业将不得不设定较高的价格或减少利润，从而使自己处于竞争劣势。

（2）规模实力。规模大、实力强的企业在价格制定上余地大，企业如果认为必要时，可以有条件大范围地选用薄利多销和价格正面竞争策略；而规模小、实力弱的一些企业生产成本一般低于大企业，价格也易于调整变化。

要点：产品成本决定产品价格的下限，市场和需求决定产品价格的上限。

（3）销售渠道、信息沟通和营销人员素质能力。渠道成员有力、控制程度高的企业在价格决策上可以有较大的灵活性，反之，则应该相对固定价格。企业的信息沟通包括信息控制和与消费者的关系两个方面。信息畅通、与消费者保持良好关系可适时调整价格并得到消费者的理解和认可。企业拥有熟悉生产经营环节，掌握市场销售、供求变化等情况，并具备价格理论知识和一定实践能力的营销人员，是企业制定出最有利价格和最适当调整价格的必要条件。

2. 市场状况

（1）市场需求。与成本决定价格的下限相反，市场和需求决定价格的上限。消费者和工业购买者都会在产品或服务的价格与拥有产品和服务的利益之间，作一番权衡比较。因此，在设定价格之前，营销人员必须理解产品价格与产品需求之间的关系。

价格与需求直接相关，通常价格越高，需求越小；价格越低，需求越大。这一规律的内在机制在于，价格高低直接影响消费者的实际购买力，从而需求随着价格的变化而波动。企业需要预测各种价格水平下的市场需求状况，并根据市场需求大小，选择合理的价格水平，以便不仅能够将产品销售出去，而且可以获取尽可能大的利润。例如，某一时期，在市场上企业的产品需求量增加，那么企业可以采取适当的提价措施，反之则降价。

现实中，企业面临的市场需求特点存在着差异，有的市场需求对价格变化的反应比较敏感，有的则反应相对迟钝。西方经济学理论对此进行研究，将市场需求对价格变化的反应程度称为价格的需求弹性（简称需求弹性）。计算公式为

$$\text{价格的需求弹性}=\frac{\text{需求量变动的百分比}}{\text{价格变动的百分比}}$$

价格需求弹性主要有三种类型，如图 7-1 所示。其中，P 表示商品价格，Q 表示需求量。

营销思考：找出你身边不同价格需求弹性的商品。

1）弹性 =1，需求量与价格等比例变化（见图 7-1a）。该类商品具有一般需求弹性。这是一种特殊现象。

2）弹性 >1，即较小的价格变动就导致购买量的大幅变化，表明价格富有弹性（见图 7-1b）。该类商品价格下降时，需求量（销售量）增加的比率大于价格下降的比率，销售者的总收益增加。因此，企业可通过薄利多销达到增加销售额的目的。

3）弹性 <1，即价格变动对于购买量影响微小，表明价格缺乏弹性（见图 7-1c）。该类商品价格上升时，需求量减少的比率小于价格上升的比率，销售者的总收益增加。

（2）市场竞争。商品经济中的市场竞争是供给方争夺市场的竞争。企业定价的自由程度随市场类型不同而发生变化。具体有以下四种市场类型：

1）完全竞争市场。在完全竞争情况下，市场由众多进行均质产品（如小麦、铜、金融证券等）交易的购买者和企业组成。没有哪个购买者或企业有能力来影响

现行市场价格。企业无法将价格定得高于现行价格，因为购买者能以现行价格买到产品，而且要多少就有多少；企业的定价也不能低于市场价格，否则企业将一无所获。在完全竞争市场中，市场营销调研、产品开发、定价、广告及促销活动几乎没有什么作用或者根本不发挥作用。因此，在这些市场中的企业没有必要在营销上花许多时间。

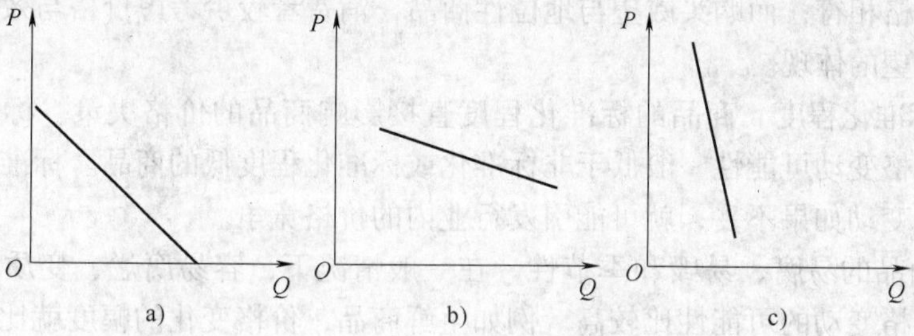

图 7-1　需求弹性的三种类型

a）一般弹性　b）富有弹性　c）缺乏弹性

2）垄断竞争市场。在垄断竞争情况下，市场由众多按照系列价格而不是单一市场价格进行交易的购买者和企业组成。系列价格产生的原因是购买者看到企业产品之间的差异，并且愿意为这些差异支付不同的价格。企业努力地开发不同的市场供应，以便适合不同顾客细分市场的需要。除了价格之外，企业还广泛地采用品牌、广告和直销来使它们的市场区分开来。由于存在众多的竞争者，因此与由少数几个制造商控制的市场相比，在垄断竞争市场中，企业较少受到竞争者营销策略的影响。

3）寡头市场。在寡头市场情况下，市场是由几个对彼此的定价和营销策略高度敏感的企业组成。产品可能均质（钢、铝）或非均质（汽车、计算机）。市场中销售者很少，因为新的企业很难进入。每个企业对竞争者的战略和行动都很警觉。如果一家钢铁公司将价格降低 10%，购买者很快便会转向这位供应商。其他钢铁生产者必须以降低价格或增加服务来作出反应。寡头垄断者从来也不能确定通过减价能得到哪些永久性的东西。相反，当一个寡头垄断者抬高价格时，它的竞争对手或许并不会跟着抬高价格。该寡头垄断者于是不得不取消涨价，否则便会面临失去顾客的风险。

4）完全垄断市场。在完全垄断（即纯粹垄断）情况下，一定地理范围内的某一行业只有一家公司供应产品或服务。完全政府垄断（如国有铁路、邮电等部门）与完全私人垄断的定价目标有所不同。政府垄断者的定价目标可能是：制定低于成本的价格，因为该产品对于无力支付整个成本的购买者很重要；制定的价格只用来抵补成本；抬高价格以减少消费，等等。私人完全垄断分为定价受控垄断和定价非受控垄断两种。定价受到政府控制的私人垄断企业（如美国的各个能源公司），政府允许其设定“公平收益率”，并允许企业维持或在必要时候扩展经营。定价为非受控性质的私人垄断企业（如在开发尼龙时期的杜邦公司），可以自由制定价格，只要市场承受得住即可，但是它们并不总是制定最高限度的价格。这有许多原因：不想引起竞争，想凭低价更快地进入市场，或者害怕政府管制等。

3. 商品特点

(1) 商品的种类。企业应分析自己生产或经营的商品种类是日用必需品、选购品、特殊品、威望与地位性商品或功能性商品。不同种类的商品对价格有不同的要求。购买功能性商品，如营销品、家用工具等，消费者着重考虑商品的实用价值和功能是否与价格相符；而购买威望与地位性商品，消费者较少考虑价格与效用，而注重其地位和威望的体现。

(2) 标准化程度。商品的标准化程度直接影响商品的价格决策。标准化程度高的商品的价格变动可能性一般低于非标准化或标准化程度低的商品。标准化程度高的商品的价格变动如果不妥，就可能引发行业内的价格竞争。

(3) 商品的易腐、易毁和季节性。在一般情况下，容易腐烂、变质并不宜保管的商品，价格变动的可能性比较高。例如生鲜商品，价格变化的幅度就比较大。常年生产季节性消费商品和季节性生产常年消费商品的企业，在利用价格的作用促进持续平衡生产和提高效益方面有较大的主动性。

此外，商品本身的易储、易运特性也在一定程度上影响着企业的定价决策。一般来说，如果商品的体积大、重量大，会对异地消费价格产生影响。如果以上这些方面特性较强，由于商品价格的波动性较大，则导致企业定价的空间较大。

(4) 时尚性。时尚性也称时潮性。时尚性强的商品价格变化较显著。一般在时潮的高峰阶段，价格应该定得高一些；当时潮高峰过后，应及时采取适当的调整策略。许多日用消费品具有较强的时尚性，而生产资料一般缺少时尚性。

(5) 生命周期阶段。商品生命周期的长短对定价的作用为：有些生命周期短的产品，如时装等时尚商品，由于市场变化快，需求增长得快，消退也快，其需求量的高峰一般出现在生命周期的前期。所以，企业应抓住时机，尽快收回成本和利润。

商品不同生命周期阶段对定价的影响为：处在不同周期阶段的商品变化有一定规律，是企业选择价格策略和定价方法的客观依据。

4. 政府干预

在当今市场经济舞台上，政府扮演着越来越重要的角色。作为国家与消费者利益的维护者和代表者，政府力量渗透到企业市场行为的每一个角落。在企业定价方面的政府干预，表现为一系列的经济法规，如西方国家的反托拉斯法、反倾销法和谢尔曼法等，在不同方面和不同程度上制约着企业的定价行为。这种制约具体表现在企业的定价种类、价格水平等几个方面。因此，企业的价格政策必须遵循政府的经济法规。我国政府除了通过宏观控制货币发行、财政收支、信贷、积累与消费的关系影响价格的总水平外，还对有关产品实行国家定价、国家指导价和市场调节价三种价格形式，并以法令的形式规定了企业的定价权限，如作价原则、利润水平、价格浮动方向和浮动幅度等。这是对企业制定价格的一种外部限制和规定。目前，国家定价部分的比例已很小，涉及铁路、邮政等部门的服务收费由国家定价。随着我国市场经济的发展，政府对价格的干预程度趋向于更低。

营销思考：政府对市场价格的干预可能会有哪些积极与消极的影响？

三、定价的目标

要点：定价是在企业目标、消费者利益和竞争者影响之间求取平衡。

1. 基于企业自身的定价目标

（1）利润最大化。利润是企业生存发展的源泉。在市场经济条件下，许多企业直接以此为定价目标。在这种目标下，企业主要考虑以何种价格出售可以获得最大利润，而对市场竞争的效果和价格在社会和消费者当中产生何种影响考虑甚少。因此，有较高声誉和在竞争中处于优势或供不应求成为此定价目标的条件。该目标是企业的长期定价目标。

营销思考：酒店的客房定价有淡季和旺季的区别。查找有关资料，分析不同时期酒店的定价目标。

（2）求生存。企业面临经济不景气、竞争激烈或消费需求不断变化的困境，本着生存比利润更重要的原则，在定价时，最好将维持生存作为主要目标。根据此目标，企业制定的价格较低，一般只能弥补可变成本或部分固定成本。但在困难时期，只要坚持就意味着成功。它可以使企业的实力得以保存，待经济好转时再图振兴。一些刚进入市场的中小企业因实力不足，进货和销售渠道有限，也会选择此定价目标。

（3）实现销售增长。企业可以通过连锁经营模式增加企业数量，开拓中小城市或乡村等二三线市场，或以折扣等定价形式来提高销量。企业有时为实现该目标，甚至愿意承担短期亏损。例如，服装店的换季清货、重大节假日特价商品促销等。

（4）依据收益指标。通常，企业以销售额收益率、固定收益额、投资收益率和资金收益率等指标作为定价目标。任何企业对于投入的资金都希望在一定时期内获得预期收益，其中，以投资收益率为定价目标的企业需要有较大的规模和较强的实力。

（5）维持企业形象。良好的企业形象是企业无形的财富和资源，是企业长期积累的结果。企业定价必须保持店内商品的价格水平同企业形象相一致，要避免与政府、供应商、消费者产生摩擦，利用价格来维护企业及其在市场上的形象和声望，以培养企业稳定的消费群体。

2. 基于消费者的定价目标

企业经营状况与商品竞争力主要由市场占有率反映出来。企业通过扩大市场占有率，可以了解和掌握消费者的需求变化，保证和扩大商品销路，实现对市场及其价格的控制，改善企业在消费者心目当中的地位。调查显示，市场占有率越高，企业对市场的控制能力越强，其盈利率就越高。企业可以通过低价策略来获得尽量大的市场占有率，但同时要考虑到以下条件：

（1）消费者对价格极其敏感。

（2）商品单位成本会随着经营经验的积累而下降。

（3）低价能使现有的和潜在的竞争对手退却。

3. 基于竞争者的定价目标

企业定价着眼于激烈的竞争市场，在分析企业的竞争能力和市场竞争位置后，以应对竞争对手作为企业的定价目标，通过价格进行竞争。当企业实力强大，在该行业中居于领袖地位时，应对现有竞争对手或阻止潜在竞争对手的进入就成为其主要的定价目标，所以它们经常变动价格；当企业具有一定竞争力量，居于市场竞争中的挑战者位置时，其定价目标是攻击竞争对手，侵蚀竞争对手的市场占有率，因此价格定得相对低一些；而市场上竞争能力较弱的中小企业，在定价时主要跟随市场领袖企业的价格，只有在具备特殊优越条件，如商品质量优越、服务水平高等情况下，才有可能自主定价。

第二节　定价的方法与程序

要点：价格分基本价格和成交价格两种。成本导向定价法、需求导向定价法和竞争导向定价法确定企业的基本价格。

一、定价方法

定价方法是指企业在特定的定价目标指导下，依据对影响价格形成各因素的具体研究，运用价格决策理论对产品价格进行测算的具体方法。定价方法的选择和确定是否合理，关系到企业定价目标能否实现和定价决策的最终成效。

制定价格应综合考虑成本、供求和竞争三个基本因素，但在实际定价时，往往又侧重于某一因素，于是便形成了成本导向定价法、需求导向定价法和竞争导向定价法三种类型的基本定价方法。

1. 成本导向定价法

成本导向定价法是以企业的生产或经营成本作为制定价格依据的一种基本定价方法。按照成本定价的性质不同，它又可分为以下几种：

要点：成本导向定价法可分为完全成本定价法、目标成本定价法和变动成本定价法。

(1) 完全成本定价法。完全成本定价法是指以产品的全部生产成本为基础，加上一定数额或比率的利润和税金制定价格的方法。生产企业的完全成本是单位产品生产成本与销售费用之和；经营企业的完全成本则是进价与流通费用之和。

价格中的利润一般以利润率计算。利润率有以成本和销价为基数计算的两种方法，因而销售价格也有外加法和内扣法两种计算方法。

1）外加法。其计算公式为

$$产品价格=\frac{完全成本\times(1+成本利润率)}{1-税率}$$

2）内扣法。其计算公式为

$$产品价格=\frac{完全成本}{1-销价利润率-税率}$$

完全成本定价法具有计算简便、能保证企业生产经营的产品成本得到补偿、并取得合理利润的优点。其主要适用于正常生产、合理经营的企业以及供求大体平衡、成本相对稳定的产品。但是，这种定价方法缺乏对市场竞争和供求变化的适应能力，同时还有成本和利税重复计算、定价的主观随意性较大等缺点。

(2) 目标成本定价法。目标成本定价法是指以期望达到的目标成本为依据，加上一定的目标利润和应纳税金来制定价格的方法。目标成本是企业在充分考虑到未来生产经营主客观条件变化的基础上，为实现企业的定价目标，谋求长远和总体利益，而拟定的一种“预期成本”。它一般都低于定价时的实际成本。目标成本定价法适用于经济实力雄厚、生产和经营有发展前途的企业，尤其适宜于新产品的定价。其计算公式为

$$产品价格=\frac{目标成本\times(1+目标利润率)}{1-税率}$$

其中

$$目标成本=\frac{固定成本}{目标产量}+单位产品变动成本$$

$$目标利润率=\frac{要求提供的总利润}{目标成本\times目标产量}\times100\%$$

目标成本作为一种预期成本，虽然不是定价时的实际成本，但也不是人们主观臆想出来的。它是建立在对“量、本、利”关系的科学测算基础上，利用盈亏平衡分析的原理加以确定的。企业通过市场预测，在确定一种产品的可销价格以后，根据固定成本总额和单位产品平均变动成本，可以先测定保本量，即在销售量动态曲线上，价格减去单位产品变动成本和税金后的销售收入与产量的乘积余额正好补偿固定成本总额时的某一点。这个点称为盈亏平衡点，如图 7-2 所示。

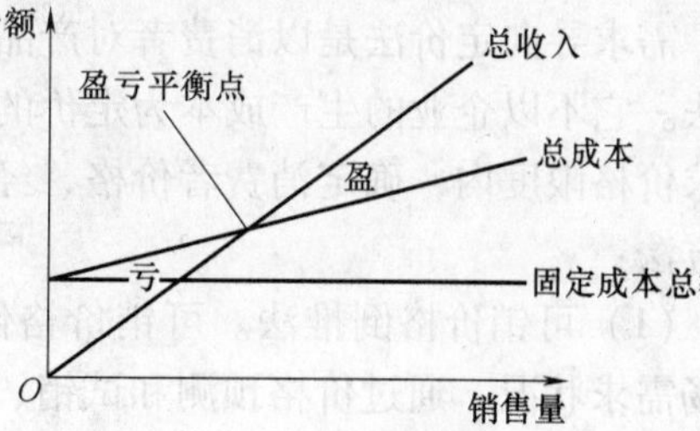

图 7-2 盈亏平衡原理

盈亏平衡点上的产量可以通过下列公式求得

$$Q(P-\mathrm{AVC}-\mathrm{At})=\mathrm{TFC}$$

$$Q=\frac{\mathrm{TFC}}{P-\mathrm{AVC}-\mathrm{At}}$$

式中，Q 为盈亏平衡点上的月生产能力（销售量）；P 为单位产品价格；AVC 为单位产品平均变动成本；At 为单位产品税金；TFC 为固定成本总额。

据此，目标成本所依据的目标产量的取值区域为

$$盈亏平衡点上的销售产量<目标产量\leqslant产量极限$$

采用目标定价法能保证企业按期收回投资，并能获得预期利润，计算也比较方便。但是，产品价格根据预计产量推算，并非一定能保证销售量也同步达到预期目标。因此，企业必须结合自身实力、产品特点和市场供求等方面的因素加以调整。

（3）变动成本定价法。变动成本定价法又称边际贡献定价法，是指在变动成本的基础上，加上预期的贡献计算价格的定价方法。其计算公式为

$$价格=单位变动成本+边际贡献$$

所谓边际贡献，就是销售收入减去变动成本后的余额。单位产品的销售收入在补偿其变动成本之后，首先用于补偿固定成本费用。在盈亏平衡点之前，所有产品的累

计贡献均体现为对固定成本费用的补偿，企业无盈利可言。在到达盈亏平衡点之后，产品销售收入中的累计贡献才是现实的盈利。所有产品销售收入中扣除其变动成本后的余额，不论能否成为企业盈利，都可视为是对企业的贡献。它既可以反映为企业盈利的增加，也可以反映为企业亏损的减少。从短期决策来看，企业增加生产只要能获得边际贡献，就是有经济效益的，即所增加的那部分边际产量对提高企业经济效益是有贡献的。产量可一直增加到边际贡献等于零为止。

变动成本定价法通常适用于以下两种情况：一种情况是当市场上产品供过于求，企业产品滞销积压时，如坚持以总成本为基础定价出售，就难以为市场所接受，其结果不仅不能补偿固定成本，连变动成本都无法收回，此时，用变动成本为基础定价，可大大降低售价，应对短期价格竞争；另一种情况是当订货不足，企业生产能力过剩时，与其让厂房和机器设备闲置，不如利用低于总成本但高于变动成本的低价来扩大销售，同时也能减少固定成本的亏损。

2. 需求导向定价法

需求导向定价法是以消费者对产品价格的接受能力和需求程度为依据制定价格的方法。它不以企业的生产成本为定价的依据，而是在预计市场能够容纳目标产销量的需求价格限度内，确定消费者价格、经营者价格和生产价格。其具体可以分为以下几种方法：

（1）可销价格倒推法。可销价格倒推法又称反向定价法，是指企业根据产品的市场需求状况，通过价格预测和试销、评估，先确定消费者可以接受和理解的零售价格，然后推导批发价格和出厂价格的定价方法。其计算公式为

要点：需求导向定价法可分为可销价格倒推法和理解价值定价法。

$$出厂价格 = 市场可销零售价格 \times (1 - 批零差价率) \times (1 - 销进差率)$$

采用可销价格倒推法的关键在于如何正确测定市场可销零售价格水平。测定的标准主要有：产品的市场供求情况及其变动趋势；产品的需求函数和需求价格弹性；消费者愿意接受的价格水平；与同类产品的比价关系。测定的方法有以下几种：

1）主观评估法。由企业内部有关人员参考市场上的同类产品，比质比价，结合考虑市场供求趋势，对产品的市场销售价格进行评估确定。

2）客观评估法。由企业的外部有关部门和消费者代表，对产品的性能、效用、寿命等方面进行评议、鉴定和估价。

3）实效评估法。以一种或几种不同价格在不同消费对象或区域进行实地销售，并采用上门征询、问卷调查、举行座谈会等形式，全面征求消费者的意见，然后判明试销价格的可行性。按可销价格倒推法定价，具有促进技术进步、节约原料消耗、强化市场导向意识、提高竞争能力等优点，符合按社会需要组织生产的客观要求。

（2）理解价值定价法。理解价值即消费者对某种产品价值的主观评判，它与产品的实际价值往往会发生一定的偏离。理解价值定价法是指企业以消费者对产品价值的理解为定价依据，运用各种营销策略和手段，影响消费者对产品价值的认知，形成对企业有利的价值观念，再根据产品在消费者心目中的价值地位来制定价格的一种方

法。有些营销学家认为，把买方的价值判断与卖方的成本费用相比较，定价时应侧重考虑前者。因为消费者购买产品时，总会在同类产品之间进行比较，选择那些既能满足消费需要，又符合其技术标准的产品。消费者对产品价值的理解不同，会形成不同的价格限度。如果价格刚好定在这一限度内，就会促进消费者购买。为此，企业定价时应对产品进行市场定位，研究该产品在不同消费者心目中的价格标准，以及在不同的价格水平上的销售量，并作出恰当的判断，进而有针对性地运用市场营销组合中的非价格因素影响消费者，使之形成一定的价值观念，提高他们接受价格的限度。然后，企业拟定一个可销价格，并估算在此价格水平下产品的销量、成本和盈利状况，从而确定可行的实际价格。

3. 竞争导向定价法

要点：竞争导向定价法可分为随行就市定价法、竞争价格定价法和投标竞争法。

竞争导向定价法是以市场上竞争对手的价格作为制定企业同类产品价格主要依据的方法。这种方法适宜于市场竞争激烈、供求变化不大的产品。它具有在价格上排斥对手、扩大市场占有率、迫使企业在竞争中努力推广新技术的优点。其一般可以分为以下几种具体方法：

（1）随行就市定价法。随行就市定价法是指与本行业同类产品价格水平保持一致的定价方法。这种“随大流”的定价方法主要适用于需求弹性较小或供求基本平衡的产品。在这种情况下，单个企业提高价格，就会失去顾客；而降低价格，需求和利润也不会增加。所以，随行就市成为一种较为稳妥的定价方法。它既可避免挑起价格竞争，与同行业和平共处，减少市场风险，又可补偿平均成本，从而获得适度利润，而且易为消费者接受。如果企业能降低成本，还可以获得更多的利润。因此，这是一种较为流行的定价方法，尤其为中小企业所普遍采用。

（2）竞争价格定价法。竞争价格定价法是指根据本企业产品的实际情况及与竞争对手的产品的差异状况来确定价格。这是一种主动竞争的定价方法，一般为实力雄厚或产品独具特色的企业所采用。企业定价时，首先，将市场上竞争企业的产品价格与本企业的估算价格进行比较，分为高于、等于和低于三种价格层次；其次，将本企业产品的性能、质量、成本、产量等与竞争企业的产品进行比较，分析造成价格差异的原因；再次，根据以上综合指标确定本企业产品的特色、优势及市场地位，在此基础上，按定价所要达到的目标，确定产品价格；最后，跟踪竞争企业产品的价格变化，及时分析原因，相应调整本企业的产品价格。

（3）投标竞争法。投标竞争法是指在投标交易中，投标方根据招标方的规定和要求进行报价的方法，一般有密封投标和公开投标两种形式。其主要适用于提供成套设备、承包建筑工程、设计项目、开发矿产资源或大宗商品订货等。

企业的投标价格必须是招标单位所愿意接受的价格水平。在竞争投标的条件下，投标价格的确定，首先要根据企业的主客观条件，正确地估算完成指标任务所需要的成本；其次要对竞争对手的可能报价水平进行分析预测，判断本企业中标的机会，即中标概率。企业中标的可能性或概率大小取决于参与投标竞争企业的报价状况。报价高，则中标率小；报价低，则中标率大。报价过低，虽然中标的概率极大，但利润可能很少甚至亏损，对企业并非有利。因此，如果使报价容易中标且有利可图，企业就要以投标最高期望利润为标准制定报价水平。所谓投标期望利润，就是企业投标报价预期可获得利润与该报价水平中标概率的乘积。

二、定价程序

企业的定价决策是一个很复杂的过程，涉及很多方面的问题。为了使定价工作有条不紊地进行，需要有一套比较完善的定价程序，一般包括以下步骤：

1. 确定定价目标

企业首先要明确定价目标，即通过产品定价，企业要达到什么目的。定价目标是定价决策的指导思想，在不同情况下可有不同的目标，从而决定不同的策略和方法。

2. 估计成本

明确了定价目标之后，接下来要做的就是估计成本，包括固定成本和变动成本。但是需要注意的是，成本估计固然是定价过程中的一个重要环节，切忌忽视消费者需求和市场竞争形势而单纯根据成本确定价格。

3. 分析竞争者的价格

分析竞争对手的价格和产品性能及品质无疑是定价之前的一个必要环节。了解了竞争者的产品，公司就可以进行比较，明确自己产品的相对地位，从而为产品确定合理的价格范围。

4. 寻找消费者心中的价格带

寻找消费者心中的价格带主要基于两项调查分析：一是通过问卷调查等方式找出消费者能够并且愿意接受的价格水平；二是需求分析，主要是需求价格弹性预测，即预测价格变动对需求的影响。

5. 选择定价方法

定价方法取决于企业的定价目标和影响价格的主要因素，同时还要根据不同产品本身的特点加以运用。

6. 确定价格水平

经过上述过程之后，企业可以大致为产品确定一个合理的价格水平。需要注意的是，价格确定之后并非是一成不变的，企业需要根据市场变化和竞争者的反应及时调整自己的价格。但是，无论是提价还是降价，都应向消费者或客户说明调价原因，以避免不必要的误解带来的负面影响。

第三节　定价策略

要点：定价策略是在基本价格的基础上对成交价格的确定。

在实际交易过程中，产品价格有基本价格与成交价格之分。基本价格是指企业根据定价目标和影响因素，利用基本定价方法制定的，在价目表中标明的价格；成交价格则是指企业根据不同交易方式、数量、时间及条件，在前者的基础上加以适当调整而形成的实际售价。由于企业面临的市场环境和竞争状况在不断变化，且产品本身也有不同的生命周期阶段，因此虽然经过严格程序制定出的基础价格体系有一定的科学性，但在实际运作中，统一固定的价格却显得僵硬而缺乏灵活性，甚至最终会变成市场销售的障碍。因此，基本价格必须进行适当的修正才能作为最终的成交价格，而运用灵活的定价策略和技巧，也使企业的成交价格更加合理，更具艺术性。

一、新产品定价策略

新产品定价合理与否，关系到其能否及时打开销路、占领市场和获得预期利润等问题，对于新产品以后的发展具有十分重要的意义。新产品定价策略有以下三种：

> **营销思考：**列出几种使用不同定价策略入市的新产品。思考其背后的原理。

1. 取脂定价策略

取脂定价又称“撇油”定价，意为提取精华，快速取得利润。这是一种高价策略，即在新产品投放市场的初期，利用消费者求新、求奇的心理动机和竞争对手较少的有利条件，以高价销售，在短期内获得尽可能多的利润。以后随着产量的扩大、成本的下降、竞争对手的增多，再逐步地降低价格。

采用取脂定价策略，必须具备四个基本条件：①产品的质量和形象必须能够支持产品的高价格，并且有足够的购买者想要这个价格的产品；②产品必须新颖，具有较明显的质量、性能优势，并且有较大的市场需求量；③产品必须具有特色，在短期内竞争者无法仿制或推出类似产品；④生产较少数量产品的成本不能够高到抵消设定高价格所取得的好处。这种策略的优点是：能够在短期内获得较高的利润，尽快收回投资，并掌握降低价格的主动权。其缺点是：风险大，容易吸引竞争者加入，若产品不为消费者接受，会导致产品积压，造成亏损。因此，采取此策略时，要求企业对市场需求有较准确的预测。

例如，当英特尔公司率先研制出奔腾芯片时，单位定价约为1000美元。其结果是计算机制造商对他们的第一台奔腾个人计算机的定价达到3500美元甚至还要高，吸引的顾客仅仅是严肃的计算机使用者和商业购买者。但是，在导入期之后，英特尔公司将奔腾芯片的价格每年削减30%，最后将奔腾个人计算机的价格降到一般家用计算机购买者所能承受的范围之内。通过这种方法，英特尔公司从不同的细分市场中撇取了最大限度的收益。

2. 渗透定价策略

渗透定价也称“别进来”定价。这是一种低价策略，即在新产品上市初期，将产品价格定得低于人们的预期价格，给消费者以物美价廉的感觉，借此打开销路，占领市场。

渗透定价适用于资金实力雄厚、生产能力强、在扩大生产以后有降低成本潜力的企业，或者新技术已经公开，竞争者纷纷效仿生产和需求弹性很大，市场上已有代用品的中、高档消费品。这种策略的优点是：有利于吸引顾客，增强产品的竞争能力，使竞争者不敢贸然进入；有利于迅速打开产品销路，开拓市场。其缺点是：低价利微，收回投资的时间较长，在产品生命周期和需求弹性预测不准的条件下，具有一定的风险性。

3. 满意定价策略

满意定价又称“均匀”定价。这是一种中价策略，即在新产品刚进入市场的阶段，将价格定在介于高价和低价之间，力求使买卖双方均感满意。

营销思考：房地产开发商通常以何种方式鼓励顾客全款购房？原因是什么？

满意定价策略适用于需求价格弹性较小的日用生活必需品和主要的生产资料。这种策略既可以避免取脂定价策略因高价而带来的风险，又可以消除渗透定价策略因低价而引起的企业生产经营困难，因而既能使企业获取适当的平均利润，又能兼顾消费者利益。

二、折扣定价策略

折扣定价策略也称折扣让价策略，是指企业根据产品的销售对象、成交数量、交货时间、付款条件、取货地点以及买卖双方负担的经济责任等方面不同，给予不同价格折扣的一种策略。常用的折扣定价策略有以下几种：

1. 现金折扣

现金折扣也称付款期限折扣，即对现金交易或按约定日期提取付款的顾客给予不同价格折扣。它是为鼓励买方提前付清货款而采用的一种减价策略，目的是加速资金周转，降低销售费用和经营风险。其折扣率的高低，一般由买方提前付款期间利息率的多少、提前付款期限的长短和经营风险的大小来决定。

2. 批量折扣

营销思考：比较网络团购的商品价格和正常价格之间的差异。这种差异给买卖双方带来了什么好处？

批量折扣即根据购买数量多少而给予不同程度的价格折扣。它是为了鼓励买方批量购买或集中购买一家企业的产品而采用的一种减价策略。一般来说，购买的数量或金额越大，给予的折扣也越大。批量折扣有一次折扣和累计折扣两种形式。

（1）一次折扣。一次折扣是指按照单项产品一次成交数量或金额的多少，规定不同的价格折扣率。它一般适用于能够大量交易的单项产品，用于鼓励买方大批量购买。

（2）累计折扣。累计折扣是指在一定时期内购买一种或多种产品的数量或金额超过规定数额时，给予买方的价格折扣。折扣的大小与成交数量或金额的多少成正比。它一般适用于单位价值较小、花色品牌复杂、不宜一次大量进货的产品，以及大型机器设备和耐用消费品。

3. 交易折扣

交易折扣也称功能性折扣，是指企业根据交易对象在产品流通中的不同地位和功能，以及承担的职责，给予不同的价格优惠。对买方企业实行何种价格折扣，是以其在产品流通中发挥何种作用为依据的。为鼓励各类经营企业的积极性，各种折扣和差价应补偿其必要的流通费用，并提供合理利润。

4. 季节折扣

季节折扣是指企业对于购买非应季产品或劳务的用户的一种价格优惠。一些产品常年生产、季节消费，宜采用此策略。其目的在于鼓励买方在淡季提前定购和储存产品，使企业生产保持相对稳定，也减少因存货所造成的资金占用负担和仓储费用。

三、心理定价策略

心理定价策略是指销售企业根据消费者的心理特点，迎合消费者的某些心理需要而采取的一种定价策略。这种策略主要适用于零售环节。常用的心理定价策略主要有如下几种：

营销思考：下次去超市时，关注一下超市里促销商品的零头价格。它们会促进你的购买吗？

1. 尾数定价策略

尾数定价也称零头定价或缺额定价，即给产品定一个以零头数结尾的非整数价格。企业针对消费者对一般商品求便宜、怕上当的心理，当商品价格为整数或略高于整数时，宁可减少一些，使得价格尾数为零头。例如，标价为9.8元，而非10元。大多数消费者购买产品时，尤其是购买一般的日用消费品时，乐于接受尾数价格，如0.99元、9.98元等。消费者会认为这种价格经过精确计算，购买不会吃亏，从而产生信任感。同时，价格虽离整数仅相差几分或几角钱，但给人一种“低一位”的感觉，符合消费者求廉的心理愿望。这种策略通常适用于基本生活用品。据心理学分析和市场调查统计结果显示，消费者对整数定价和尾数定价的心理反应是完全不同的。例如，消费者会认为98元一双的鞋要比100元一双便宜很多，因而前者销量更高。尾数定价也能使消费者相信企业在科学、认真地定价，制定的价格是合理、精确、有根据的。

近年来，某些数字，如“6、8、9”之类，在很多场合广受欢迎。这些数字寓意吉祥，用这些数字定价能给消费者带来心理上的安慰和某种程度的满足。例如，“8”在粤语中与“发”谐音，含有“发财致富”之意，以“8”为尾数的价格，会使人产生兴旺发达的美好联想；还有，“六六顺”寄托了事事顺心如意的寓意。在企业定价中，这样的尾数方法十分盛行。为迎合我国消费者图吉利的心理，我国商品价格多以“8”“6”等数字为零头。

2. 整数定价策略

整数定价即企业有意将产品价格定为整数，以显示产品具有一定质量。整数定价多用于价格较贵的耐用品或礼品。以及消费者不太了解的产品。对于价格较贵的高档产品，顾客对质量较为重视，往往把价格高低当作衡量产品质量的标准之一，所谓“一分价钱一分货”，因而整数定价有利于销售。

与将商品价格设为带零头数字的尾数定价法不同的是，对于价格较高的商品，如高档时装、皮衣等，企业可反其道而行之，把基础价格略作变动，凑成一个整数，给顾客一种商品高价的印象，以吸引社会上高收入阶层。如一件高档西服，要是依同类企业的平均价格来制定价格的话，其定价应为996元，而有的企业会将价格定为1000元。原因就在于企业充分了解到此类高档品的购买者多为高收人者，重视质量而很少计较价格，这样做不仅不会失去顾客，还能增强顾客的购买欲望。

3. 声望定价策略

声望定价即针对消费者“便宜无好货”“价高质必优”的心理，对在消费者心目中享有一定声望、具有较高信誉的产品制定高价。不少高级名牌产品和稀缺产品，如营销思考：面对商场里一件定价很高的商品，你可能产生什么样的心理？

豪华轿车、高档手表、名牌时装、名人字画、珠宝古董等，在消费者心目中享有极高的声望和地位，价格越高，心理满足的程度也越高。很多消费者选择高档百货商店和品牌专卖店购买名牌商品，不仅看重名牌产品优良性能、上乘品质，更看重名牌产品所蕴含的社会地位。例如，一些消费者经常光顾高档百货商店，购买上万元的皮鞋、上千元的钢笔。高定价就迎合了这部分消费者的心理需求。

一般来说，声望定价往往采用整数定价。对于高档商品，消费者更乐意接受整数价格。美国宝洁公司的系列产品，尽管比同类产品价格高许多，但仍备受众多消费者的青睐，原因就在于消费者看中了它的声望。同样，有些商品由于企业多年的苦心经营，在消费者中有了一定声望，消费者对它们产生了信任感，所以即使价格定得比其他企业高一些，消费者也能接受。这种定价策略特别适合于经营药品、饮食、化妆品的企业。

4. 习惯定价策略

有些产品在长期的市场交换过程中已经形成了为消费者所适应的价格，称为习惯价格。企业对这类产品定价时，要充分考虑消费者的习惯倾向，采用“习惯成自然”定价策略。对消费者已经习惯了的价格，不宜轻易变动。降低价格会使消费者怀疑产品质量是否有问题；提高价格会使消费者产生不满情绪，导致购买的转移。在不得不需要提价时，应采取改换包装或品牌等措施，减少消费者的抵触心理，并引导消费者逐步形成新的习惯价格。

5. 招徕定价策略

这是适应消费者“求廉”的心理，将产品价格定得低于一般市价，个别的甚至低于成本，以吸引顾客、扩大销售的一种定价策略。采用这种策略，虽然几种低价产品不赚钱，甚至亏本，但从总的经济效益看，由于低价产品带动了其他产品的销售，企业还是有利可图的。

四、地理定价策略

地理定价策略是指企业不同地区的顾客采用不同的定价策略的做法。理论上，距离越远的市场供货价格越高，因为需弥补较高的运输成本及承担其他风险。地理定价策略主要有以下五种做法：

1. FOB原产地定价

FOB（Free On Board）原产地定价是买方按出厂价格订货，卖方负责将货物送到产地的某种运输工具上交货的价格。在国际贸易术语中，这种价格称为离岸价格或船上交货价格。交货后的产品所有权归买方所有，运输过程中的一切费用和保险费均由买方承担。产地交货价格对卖方来说较为便利，费用最省，风险最小，但对扩大销售有一定影响。

2. 目的地交货定价

目的地交货定价是由卖方承担从产地到目的地的运费及保险费的价格策略。在国际贸易术语中，这种价格称为到岸价格或成本加运费和保险费价格。目的地交货定价还可分为目的地船上交货定价、目的地码头交货定价以及买方指定地点交货定价。目的地交货价格由出厂价格加上产地至目的地的手续费、运费和保险费等构成，虽然手续较烦琐，卖方承担的费用和风险较大，但有利于扩大产品销售。

3. 统一交货定价

统一交货定价也称送货制定价，即卖方将产品送到买方所在地，不分路途远近，统一制定同样的价格策略。这种价格类似于到岸价格，其运费按平均运输成本核算。这样可减轻较远地区顾客的价格负担，使买方认为运送产品是一项免费的附加服务，从而乐意购买，有利于扩大市场占有率；同时，能使企业维持一个全国性的广告价格，易于管理。该策略适用于体积小、重量轻、运费低或运费占成本比例较小的产品。

4. 分区运送定价

分区运送定价也称区域价格，是指卖方根据顾客所在地区距离的远近，将产品覆盖的整个市场分成若干个区域，在每个区域内实行统一定价。这种价格介于原产地交货价格和统一交货价格之间。采用这种策略，处于同一价格区域内的顾客就得不到来自卖方的价格优惠，而处于两个价格区域交界地的顾客之间就要承受不同的价格负担。

5. 运费津贴定价

运费津贴定价是指为弥补产地交货价格策略的不足，减轻买方的运杂费、保险费等负担，由卖方补贴其部分或全部运费。该策略有利于减轻边远地区顾客的运费负担，使企业保持市场占有率，并不断开拓新市场。

五、差别定价策略

差别定价策略也称为价格歧视，是指企业以两种或两种以上不反映成本比例差异的价格来销售某种产品或服务。差别定价策略主要有如下一些形式：

1. 因顾客而异的差别定价

企业将同一种产品或劳务以不同价格出售给不同的顾客。例如，电力部门对工商企业和居民用电分别制定了不同的价格。又如，由于消费者的商品知识、讨价还价能力及需求强度存在差异，商家可能将同样的服装以不同的价格卖给不同的消费者。

营销思考：坐飞机时问问旁边的乘客支付了多少票价。价格差异的原因是什么？你或他们是否会感到不满呢？

2. 因产品式样而异的差别定价

产品式样不同，价格也不同，但是价格的差异与它们之间的成本差异不成比例。例如，某超市里果冻布丁的散装价格为15元/kg，但装在塑料玩具小背包和塑料玩具坦克里，600g就分别卖13元和18元。

3. 因地点而异的差别定价

企业为处于不同位置的产品或劳务分别制定不同的价格，即使它们的成本费用没有任何差异。例如，剧院里的前座和后座的价格就有所不同。

4. 因时间而异的差别定价

企业为不同季节、不同日期，甚至同一天内不同时间的产品或劳务制定不同的价格。例如，长途电话在不同的时间段收费不同，旅游业在淡季和旺季的收费也有所不同。例如，洛杉矶至纽约的经济舱往返票最便宜时仅250美元，最贵时达1500美元以上。

企业实行差别定价应该具备一定的条件：①市场必须是能够细分的，并且各个细分市场要具备不同的需求强度；②以低价购买产品的顾客不可能将产品用高价转卖出去；③竞争者不可能在企业以较高价格销售产品的市场上以低价倾销产品；④细分市场和控制市场的费用不超过因实行差别定价所获得的额外收入；⑤实行的差别定价不会引起顾客的反感；⑥差别定价的形式不违法。我国《价格法》规定，“提供相同商品或者服务，对具有同等交易条件的其他经营者实行价格歧视”属于不正当价格行为。

六、产品组合定价策略

产品组合是指一个企业所生产经营的全部产品线和产品项目的组合。对于生产经营多种产品的企业来说，定价须着眼于整个产品组合的利润实现最大化，而不是单个产品。由于各种产品之间存在需求和成本上的联系，有时还存在替代、竞争关系，所以，实际定价的难度相当大。

1. 产品线定价

通常企业开发出来的是产品大类，即产品线，而不是单一产品。当企业生产的系列产品存在需求和成本的内在关联性时，为了充分发挥这种内在关联性的积极效应，需要采用产品线定价策略。在定价时，首先，确定某种产品价格为最低价格，它在产品线中充当招徕角色，吸引消费者购买产品线中的其他产品；其次，确定产品线中某种产品价格为最高价格，它在产品线中充当品牌质量象征和收回投资的角色；最后，产品线中的其他产品也分别依据其在产品线中的角色不同而制定不同的价格。如果是由多家企业生产经营时，则共同协商确定互补品价格。选用互补定价策略时，企业应根据市场状况，合理组合互补产品价格，促进系列产品的销售，以发挥企业多种产品整体组合效应。

2. 系列产品定价

有时企业向顾客提供一系列相关的产品和服务。例如，一家宾馆既为顾客提供住宿、餐饮服务，也提供娱乐、健身服务，那么，可考虑将住宿、餐饮的价格定得低些，以吸引顾客，而将娱乐、健身的价格定得高些，以获取利润。

3. 互补产品定价

互补产品是指两种或两种以上功能互相依赖、需要配合使用的商品。具体的做法是：把价值高而购买频率低的主件价格定得低些，而把与之配合使用的价值低而购买频率高的易耗品价格适当定得高些。例如，照相机的价格定得适当低一点，胶卷的价格提高些；电动剃须刀架的价格定低一些，而刀片的价格适当提高；手机的价格可适当降低，电池的价格可适当提高。

4. 副产品定价

在生产加工肉类、石油产品和其他化学产品时，常常会有副产品。如果副产品没有价值，而且处理它们的花费也很大，就会影响主产品的定价。制造厂商将为这些副产品寻找市场，并接受比储存和利用这些副产品的费用更多些的其他价格。这样，企业就可以降低主要产品价格，提高其竞争能力。

5. 任选品定价

任选品是指那些与主要产品密切关联的可任意选择的产品。例如，顾客去饭店吃饭，除了点饭、菜之外，可能还会点酒、饮料、烟等。在这里，饭、菜是主要商品，烟、酒、饮料等就是任选品。企业为任选品定价有两种策略可供选择：一种是为任选品定高价，依靠它盈利；另一种策略是定低价，把它作为招徕顾客的项目之一。例如，有的饭店的饭、菜定价较低，而烟、酒、饮料等任选品定价很高；而有些饭店，烟、酒、饮料等任选品定低价，而饭、菜定高价。

6. 分部定价

服务性企业经常收取一笔固定费用，再加上可变的使用费。例如，电话用户每月支付一笔固定的月租费，超过部分还要再交费；游乐园一般先收门票费，如果游玩一些特定的项目就要再交费。

本章小结

1. 定价对于企业是非常重要的，因为价格是直接影响企业利润实现的因素，是影响消费者购买决策的最重要因素之一，是企业重要的竞争手段。尽管在现代市场营销进程中，非价格因素的作用在增强，但价格策略仍是市场营销组合中重要的基本因素。

2. 价格的形成及运动是经济活动中最复杂的现象之一。除了价值这个形成价格的基础因素外，现实中的产品价格还受到多种因素的影响和制约，主要有企业自身状况、市场状况、商品特点以及政府干预等。

3. 企业的定价目标根据价格制定的针对性和出发点不同，可分为基于企业自身、基于消费者以及基于竞争者三个方面的定价目标。

4. 企业定价有三种基本定价方法，即成本导向定价法（包括完全成本定价法、目标成本定价法和变动成本定价法）、需求导向定价法（包括可销价格倒推法和理解价值定价法）、竞争导向定价法（包括随行就市定价法、竞争价格定价法和投标竞争法）。企业定价程序所采取的步骤是：确定定价目标、估计成本、分析竞争者的价格、确定消费者心中的价格带、选择定价方法、确定价格水平。

5. 企业应适应不同的市场条件，寻找在一定条件下，针对不同产品、不同目标市场和不同竞争情形下实现企业营销目标的最近途径，制定相应的定价策略。企业常用的定价策略有：新产品定价策略、折扣定价策略、心理定价策略、地理定价策略、差别定价策略和产品组合定价策略。

思考题

1. 简述定价的重要性。
2. 企业定价的影响因素有哪些?
3. 企业定价的目标如何?
4. 企业的定价程序是什么?
5. 阐述企业定价的三种方法的要点，并能将各类方法运用到价格决策中。
6. 阐述企业定价策略的要点。

选择题

1. 以行业的平均价格水平或竞争对手的现行价格为基础制定本企业产品价格的定价方法是________。

A. 随行就市定价法　B. 竞争价格定价法　C. 密封投标定价法　D. 成本导向定价法

2. 某企业单位产品可变成本是10元，总固定成本是10万元，产销量是5万件。如果企业想实现10%的成本利润率，企业应将价格定为________元。

A. 10　B. 12　C. 15.5　D. 13.2

3. 能够满足顾客“求廉”消费心理的定价策略是________。

A. 整数定价策略　B. 招徕定价策略　C. 尾数定价策略　D. 声望定价策略

4. 对企业而言价格是重要的，因为它________。

A. 体现了产品质量　B. 代表了顾客对产品的信任
C. 传递了企业信誉　D. 给企业带来了利润

5. 我们将需求对价格的敏感性称作________。

A. 成本方差　B. 财务反应效应
C. 需求弹性　D. 经验效应

6. 有助于满足消费者“求名”心理的定价策略是________。

A. 整数定价策略　B. 尾数定价策略　C. 招徕定价策略　D. 声望定价策略

7. 渗透定价策略和取脂定价策略适用于________。

A. 边际定价　B. 新产品定价　C. 奖励定价　D. 老产品定价

8. 影响产品定价的外部因素是________。

A. 企业目标　B. 竞争者行为　C. 生产成本　D. 营销目标

9. 下列属于地理定价的方式是________。

A. 供求对价格产生影响
B. 根据目标消费群所处的不同地区对产品定价
C. 利用尾数定价，例如将价格定为29.9元，而不是30元
D. 企业通过定价来塑造品牌形象

10. 企业定价程序的首要步骤是________。

A. 估计成本　B. 确定定价目标
C. 分析竞争者的价格　D. 寻找消费者心中的价格带

章尾案例

宝钢大幅降价意欲何为

按照惯例，每个月月初，作为国内钢铁价格主导者的宝钢都会公布下一个月产品价格政策，随后国内各大企业跟随。

2010 年 5 月初，密集而空前的房地产调控政策开始实施不足 20 天，市场敏锐地察觉到钢铁价格不可能持续 2010 年前 5 个月的上涨态势，宝钢集团应势平盘开出 6 月份钢价。在整个 2010 年 5 月期间，来自各方的消息都证实，国内房地产市场成交量持续缩小，这种压力自然传导至“30%以上产品依靠房地产消耗”的钢铁企业。

居高不下的产能与日益萎缩的成交形成鲜明对比，钢价回调在所难免。2010 年 6 月 4 日，宝钢集团宣布了 7 月份产品售价政策：热轧产品下调 300～500 元/t，冷轧产品下调 400～600 元/t，高端产品中，汽车板材降幅更是达到 1000 元/t。2010 年 6 月 7 日，继宝钢大幅下调全线产品价格后，武钢、鞍钢等国内钢铁巨头纷纷跟风，下调幅度和宝钢持平。

“7 月份钢价下调原本在意料之中，但是意料之外的是宝钢下狠手，如此大幅度下调，一举抹平了 2010 年前 5 个月的累计涨幅；而武钢、鞍钢等钢铁企业的跟风则在意料之中，超过宝钢的下调幅度，亏损会很大，降得少则会丢失市场份额。”一位钢铁行业第三方研究员认为，宝钢突然一剂猛药，使得国内其他钢铁企业措手不及。

“通过大幅降价，宝钢将充分保证其主要产品的订单和相对国内其他钢厂的产品价格竞争力。”东方证券钢铁行业研究员如此评述宝钢大幅降价。

铁矿石价格持续上涨、房地产成交量持续萎靡、汽车家电等行业订单减少、钢铁产量居高不下、社会库存增加等，这些都可以成为宝钢突然大幅下调价格的理由。

“这些客观原因都存在，都可以用来解释钢价下调，但是不能成为宝钢突然大幅下调的充分条件。”前述钢铁行业第三方研究员认为，宝钢此次大幅下调钢价是出于对巩固国内钢铁业定价权的考虑，“通过价格调整，逼迫国内钢铁行业减产，长痛不如短痛，宝钢可以扛得住，但是中小钢厂却不能。”

2010 年 5 月，国内钢铁市场已经出现了现货价格与出厂价格倒挂的现象，很多企业通过补贴经销商的方式“死扛”钢价，这已经使得钢铁企业，特别是中小型钢铁企业处于亏损边缘。此时的国内钢铁行业，谁都不愿意主动降价，更不愿减产。“包含企业库存、社会库存在内，钢铁市场因为容量巨大，对于市场供需有一定的缓冲带，而如果选择减产，那么就相当于主动放弃了市场份额，这是宝钢等巨头不愿意看到的，价格战就成了他们竞争的手段，大幅降价，乃至亏损，都要占据控制权。”该研究员表示。

（资料来源：《宝钢下狠手大幅降价，价格战意在巩固“定价权”》，载《中国经营报》搜狐证券，2010-06-19，http：//stock. sohu. com/20100619/n272909409. shtml，有改动。）

案例思考题：

.请对宝钢的降价策略加以分析。

第八章

分销渠道选择

学习目标：

1. 理解分销渠道的含义。
2. 清楚渠道的功能。
3. 理解分销渠道的结构与类型。
4. 了解分销渠道的设计与选择需要考虑的因素。
5. 阐述渠道选择方案的评估。

营销思考： 查找有关资料，分析北京汽车网销成功的原因。

导引案例

网购已经逐步取代传统购物方式，成为当今消费渠道的重要一环。而作为大额消费品，汽车却始终与网络营销保持着一定距离。探其原因，汽车作为大宗商品，在现阶段还难以让消费者完全信服地从网上购买消费。然而，在2012年“双十一”期间，北京汽车推出的“淘宝双十一网上购车促销活动”，成功斩获超过千辆的销售订单；其覆盖全国、线上线下紧密结合的网上售车新模式，为汽车网络营销的探索实现了重要突破。

北京汽车是北汽集团的自主汽车品牌，投资超300亿元，成立于2010年9月。2012年3月，首款轿车产品“北京汽车E系列”正式上市销售，历经9个月的运营，已经月销稳超2500辆，进入了A0级两厢轿车前五名。而此次“淘宝双十一网上购车促销活动”，更助北京汽车E系列11月实际销量超过3500辆，登上新台阶。通过“双十一”网购活动，北京汽车收获了近1300辆车的订单，不仅成为所有汽车品牌“双十一”网销的最高纪录，更以截止11月30日1105辆的实际成交量，大幅突破既往汽车网购中仅20%左右的平均成交转化率天花板，成为业界一个新的成功营销案例。

（资料来源：曹斌、冯晓岚，《北京汽车的渠道创新》，第一营销网，2013-3-1，http://www.cmmo.cn/article-130420-1.html，有改动。）

要点： 掌控分销渠道是生产者实现产品或劳务销售的关键。

分销渠道策略是市场营销策略中最具挑战性的策略。因为在现代经济体系中，大部分生产者不直接向最终消费者出售产品，而是通过一定的分销渠道，借助中间商实现对最终消费者的销售。居于分销渠道上的中间商不是生产者的雇佣者，也不是生产者铸造的营销链条上的一个环节，而是独立的机构或个人。当中间商努力发展并拥有自己的顾客时，他们在市场上就占有比生产者更重要的地位。因此，能否掌控分销渠道就成为生产者实现产品或劳务销售的关键。如果生产者能够控制中间商，使中间商有效地合作，促进产品与服务流通顺畅，则生产者比竞争对手更具优势。

本章主要考察产品分销渠道的含义、特点、职能与流程、结构以及分销渠道的设计与选择等问题。

第一节　分销渠道概述

明确分销渠道的特点、功能与流程、结构等，是生产者成功地进行分销渠道决策的前提。

一、分销渠道的定义

分销渠道是指产品或服务从生产领域到消费领域的通路，由一系列的执行中介职能的相互依存的企业或个人组成。这一定义包括下列含义：

（1）分销渠道上的企业和个人是指生产者、批发商、零售商等不同类型的企业和个人。他们被称为渠道成员。

（2）分销渠道是指一种产品的流通过程。其起点是该产品的生产者，终点是该产品的消费者和用户。

（3）渠道成员相互联系、相互制约，各自承担着营销职能，起着便利交换、提高营销效率的重要作用。

二、分销渠道的特点

分销渠道具有下列特点：

要点：分销渠道具有外部性、稳定性、关联性、系统性和动态性的特点。

1. 外部性

E. 雷蒙德 · 柯立（E. Raymond Corey）指出："一个分销系统……是一项关键性的外部资源。"㊀

生产者利用中间商分销产品或劳务，不能随心所欲地控制中间商的行为。因为中间商是独立于生产者之外，与生产者并行的企业或个人。其虽然为生产者销售产品或劳务，但不是生产者营造的营销链条中的一个环节，不可以随意控制。当中间商拥有自己的顾客时，便在市场中占有重要位置。中间商同生产者一样追求利润最大化。分销渠道的这种外部性特征，要求生产者在选择中间商时十分慎重。

2. 稳定性

生产者决定使用中间商的分销渠道，需与中间商签约确定买卖关系，这样双方便产生了长期合作的关系。这种长期性的关系使分销渠道具有了比较稳定、不易改变的特征。即使在市场情况出现变化的时候，生产者也不能单方面撕毁协定。

㊀ 资料来源：菲利普 · 科特勒著，营销管理，梅清豪译，上海人民出版社，第569页。

3. 关联性

分销渠道不仅与生产者确定目标市场关系密切，而且也与其他营销策略密切相关。生产者确定了目标市场，由于没有适当的渠道利用，则会令生产者改变目标市场。例如，石膏护墙板的生产者首先把目标市场放在所有的承包商及胚墙承造商身上，可是存放这种产品所需要的木料场却为竞争者所有。所以，石膏护墙板的生产者只好将目标市场转移到房地产商方面，这样可以减去木料场中间商的干预。分销渠道的选定也对其营销策略有影响，如生产者对产品的价格决策取决于经销商的信誉及形态，促销决策取决于经销商所需要的训练和激励程度。

4. 系统性

分销渠道自身也是一个系统，要求系统内部处于和谐状态。生产者与渠道成员只有相互配合、步调一致，才能有效地转移产品与劳务，满足顾客的要求。

5. 动态性

分销渠道建立后并不意味着具有永久性、固定性，营销环境的变化影响着渠道形式的改变与效率。生产者需要在监控环境变化的同时，关注渠道的变化，并进行调整、梳理，甚至删减或增加新渠道以及渠道成员，以保证渠道的畅通、有效，适应顾客获取商品与劳务的要求。

20 世纪 50 年代以来，渠道出现了一些新的特征，新的渠道形式不断涌现，渠道向扁平化发展，如图 8-1 和图 8-2 所示。

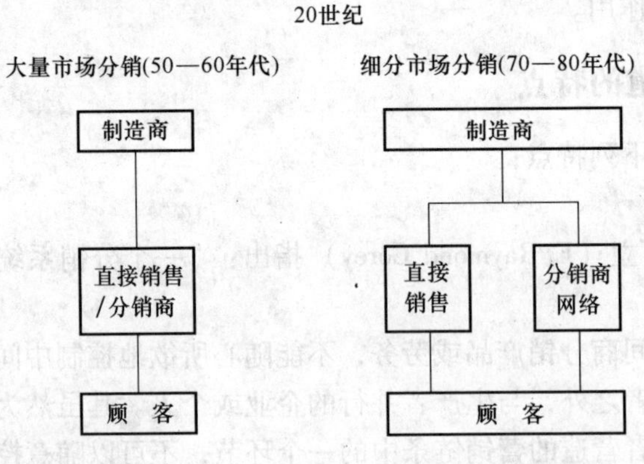

图 8-1　20 世纪 50—60 年代和 70—80 年代的分销渠道形式

三、分销渠道的职能与流程

渠道成员通过执行其职能，使商品和服务流通顺畅。分销渠道克服了生产规模经济带来的与需求之间的数量、花色品种、时间和空间的差异。分销渠道把供给与消费者需求之间的差距弥合起来，达到了各种细分市场的供给与需求相互匹配，使整体经济节约化。

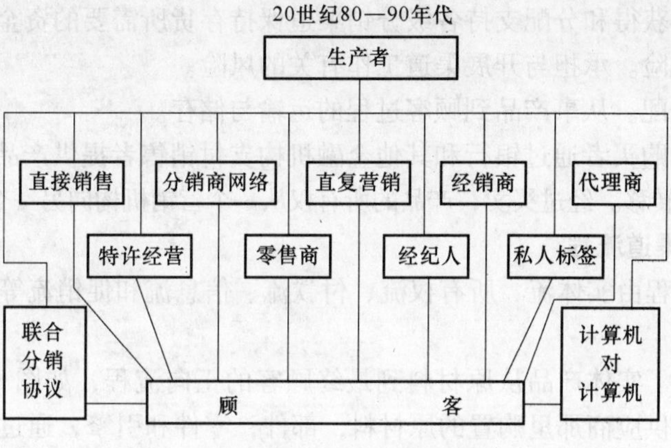

图 8-2 20 世纪 80—90 年代的分销渠道形式

图 8-3 展示了分销渠道的基本功能。由图可见，中间商的存在减少了交易过程必须完成的工作量，提高了交易效率。

要点：中间商的存在提高了生产企业和顾客之间的交易效率。

营销思考：中间商的存在是否真的提高了交易效率？你如何看待这件事？

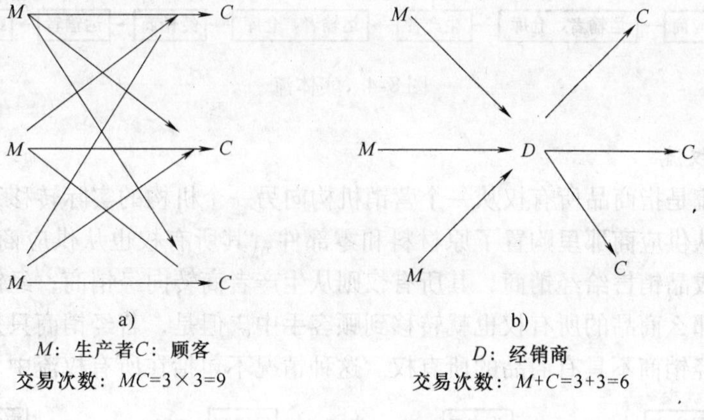

图 8-3 分销渠道的基本功能

a）缺少中间商的交易 b）有中间商的交易

（一）渠道成员的职能

渠道成员执行的职能有：

（1）信息收集与传播。收集和传播有关潜在的和现实的顾客、竞争者和其他参与者及力量的供给和需求等营销研究的信息。

（2）促销。制作并传播旨在吸引顾客的有说服力的产品沟通材料，以影响消费者。

（3）协商。试图就提供产品的价格和其他条件达成最终协议，以实现所有权或占有权的转移。

（4）订货。分销渠道成员向生产者进行有购买意愿的反向沟通。

(5) 筹资。获得和分配支持各级分销渠道保持存货所需要的资金。

(6) 承担风险。承担与开展渠道工作有关的风险。

(7) 实体分配。从事产品到顾客过程的运输与储存。

(8) 付款。购买者通过银行和其他金融机构支付销售者提供产品和服务的款项。

(9) 所有权转移。经过买卖，产品的所有权从一个营销机构向另一个营销机构转移。

(二) 分销渠道流程

分销渠道流程由实体流、所有权流、付款流、信息流和促销流等构成。

1. 实体流

实体流描述了实体产品从原材料到最终顾客的正向流程，如图 8-4 所示。例如，汽车制造商将从供应商那里购置的原材料，部件，零件和引擎，通过运输公司运送到自己的仓库和工厂。汽车制成后放在仓库里，然后运到订货的经销商那里，再由经销商销售和运送给顾客。大批量订货可以直接从公司的仓库或工厂运出。运输方式可以采用一种或一种以上，包括铁路、公路和空运。

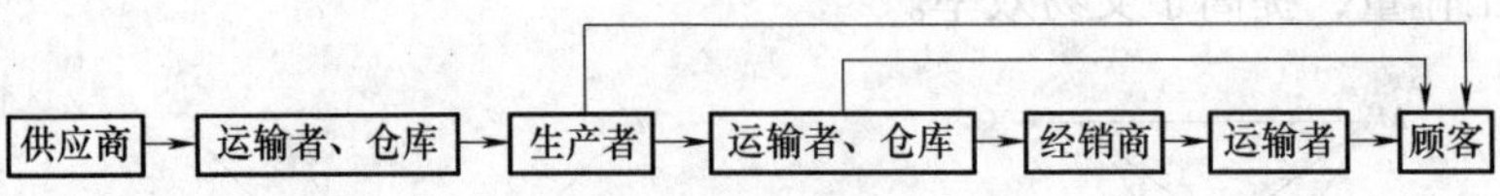

图 8-4 实体流

2. 所有权流

所有权流是指商品所有权从一个营销机构向另一个机构的实际转移，如图 8-5 所示。生产者从供应商那里购置了原材料和零部件，其所有权也从供应商转向生产者。生产者将产成品销售给经销商，其所有权则从生产者商转向经销商；经销商将商品销售给顾客，那么商品的所有权也就转移到顾客手中。但是，若经销商只是为生产者代销商品，则经销商不具有商品的所有权。这种情况不包括在所有权流中。

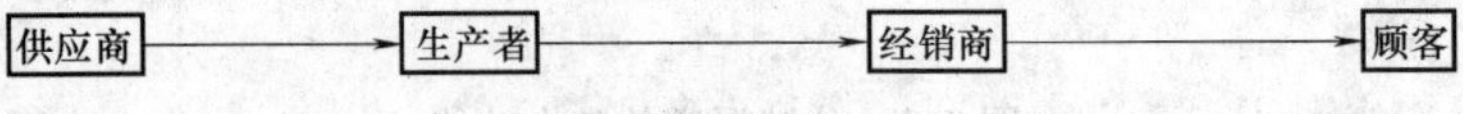

图 8-5 所有权流

3. 付款流

付款流是指顾客通过银行和其他金融机构将货款付给经销商，再由经销商转交给制造商（扣除佣金），而制造商把贷款支付给不同的供应商（见图 8-6），还要向运输公司和独立仓库支付费用（图中没有表示）。这是一种反向流程。

图 8-6 付款流

4. 信息流

信息流是指渠道成员相互传递信息，是双向流通的过程，如图 8-7 所示。

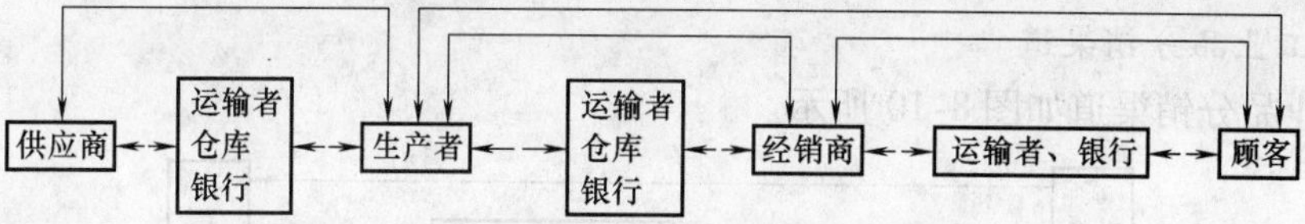

图 8-7　信息流

5. 促销流

促销流是指从系统的供应方，通过信息传播中介向生产者、顾客方转移的正向流程，如图 8-8 所示。供应商向生产者，也向最终顾客推介他们的企业和产品，以期影响生产者采用他们的产品。生产者通过贸易促进影响经销商经营他们的产品，通过促销吸引最终顾客使用他们的产品。

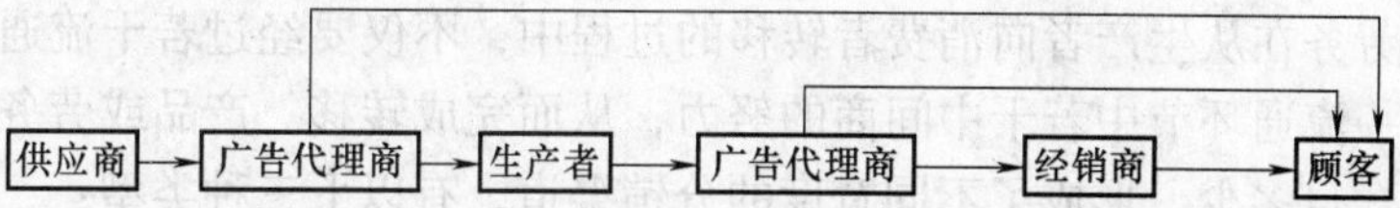

图 8-8　促销流

四、分销渠道的结构

从不同的角度观察分销渠道，能够看到分销渠道的不同结构。

（一）长度不同的分销渠道

产品或劳务从生产者向消费者转移的过程中，要经过若干流通环节。环节越多，意味着渠道越长；相反，环节越少，表示渠道越短。

根据渠道环节的数目区分渠道长短，可有如下类型的分销渠道：

1. 消费品分销渠道

消费品分销渠道如图 8-9 所示。

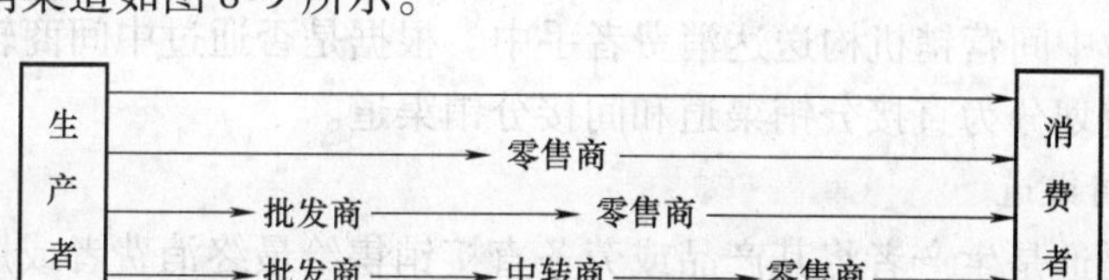

图 8-9　消费品分销渠道

（1）从生产者到消费者之间没有任何中介机构的渠道被称为零级渠道，也称直接渠道。

（2）从生产者到消费者之间有一个中介机构，如零售商的渠道被称为一级渠道。

（3）从生产者到消费者之间有两个中介机构，如批发商和零售商的渠道被称为二级渠道。

（4）从生产者到消费者之间有三个中介机构，如批发商、中转商和零售商的渠道被称为三级渠道。

2. 工业品分销渠道

工业品分销渠道如图 8-10 所示。

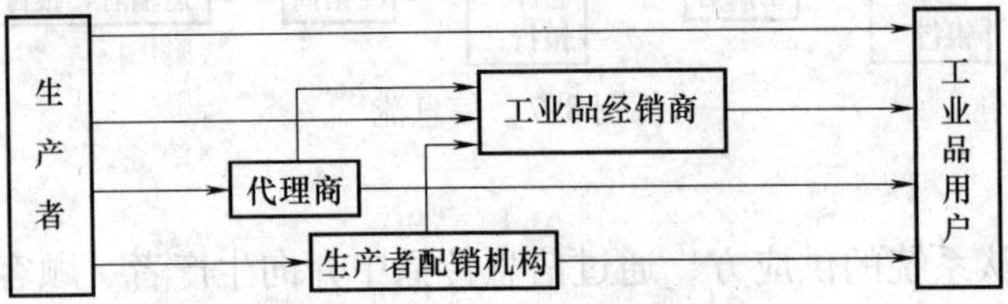

图 8-10　工业品分销渠道

常见的工业品分销渠道也有零级渠道（直接渠道）、一级渠道、二级渠道和三级渠道。

（二）宽度不同的分销渠道

产品和劳务在从生产者向消费者转移的过程中，不仅要经过若干流通环节，而且也要通过同一流通环节中若干中间商的努力，从而完成转移。产品或劳务通过同一环节中间商的数目多少，形成了不同宽度的分销渠道，有以下三种类型：

（1）宽渠道。这是指生产者在同一流通环节中利用中间商的数目较多，形成渠道的宽度大，因此被称为宽渠道。一般来说，消费品中的日用品和工业品中的标准化产品适合于宽渠道营销。

（2）适中渠道。这是指生产者在同一流通环节中有选择地挑选较少数目的中间商从事产品的销售，渠道的宽度处于宽与窄之间，因此被称为适中渠道。一般来说，消费品中的选购品适合于这类渠道。

（3）窄渠道。这是指生产者在同一流通环节上只利用一家中间商从事产品的专门销售，通常也被称为独家销售。

要点：产品和劳务在从生产者向消费者转移的过程中，不仅要经过若干流通环节，也要通过同一流通环节中若干中间商的努力。

（三）直接分销渠道与间接分销渠道

产品或劳务在从生产者向消费者转移的过程中，可以直接被送达消费者或用户手中，也可以通过中间营销机构送达消费者手中。根据是否通过中间商转卖分类，可以把市场分销渠道划分为直接分销渠道和间接分销渠道。

1. 直接分销渠道

直接分销渠道是生产者将其产品或劳务直接销售给最终消费者或用户。这种渠道类型在工业品营销渠道中居主要地位。这主要因为大部分工业产品品种单一，有些是根据用户企业的特殊需要组织生产加工的，因而不需要中间商的介入；而且，一些生产者提供的产品技术复杂，在产品销售的同时还要伴随提供安装、维修和技术培训等服务，也适宜于直接分销；另外，一些生产者提供产品的用户集中，用量较大，也使生产者愿意采用直接分销方式。

直接分销渠道也在一些消费品中被采用。例如，鲜活商品、食品、手工业制品等。随着电子技术的发展，直接分销方式在消费品中被使用的范围日渐宽广。

传统的直接分销渠道依靠生产者的销售人员登门推销和自设的店铺实现销售。新兴的直接分销渠道也被称为直复营销渠道。美国直销协会对直复营销的定义是：“一种为了在任何地方产生可度量的反应或达成交易而使用的一种或多种传播媒体的交互作用的市场营销系统。”这种分销渠道具有时空的无限性，沟通的双向性、互动性，针对性，营销活动效果可衡量性的特点。直复营销的方式有直接邮寄营销、目录营销、电话营销、电视市场营销、网络营销、购物亭营销、数据库营销等。

营销思考：直复营销减少了中间商的环节，这给买卖双方带来了哪些实际的利益？

2. 间接分销渠道

间接分销渠道是生产者将其产品和劳务通过中间机构销售给最终消费者或用户。间接营销渠道一般要通过1～2个中间机构，有的甚至通过3个或更多的中间机构。这种渠道类型在日用消费品销售中居于主要地位。由于生产者在提供产品方面与消费者需求存在着时间、空间、单一化与综合性等各方面的矛盾，而这些矛盾依靠生产者自身难以解决，因此需要中间商介入予以调节。

消费品的间接分销渠道一般是通过批发商或代理商至零售商完成消费品销售的；工业品的间接渠道则是通过工业经销商、生产者代理商、生产者配销机构、生产者代理商或生产者配销机构至经销商完成销售的。

（四）传统分销渠道与分销渠道系统

要点：分销渠道系统中渠道成员的联系紧密程度强于传统分销渠道成员。

在分销渠道中，渠道成员之间相互联系的程度不同。根据渠道成员之间相互联系的紧密程度，分销渠道可以划分为传统分销渠道和分销渠道系统两种类型。

1. 传统分销渠道

传统分销渠道是由独立的生产者、批发商和零售商所组成。他们在保持距离的情况下相互讨价还价，谈判销售条件，并且在其他方面自主行事，各自追求利润的最大化，而不顾整体的利益。传统分销渠道是高度分散的销售组织网络。

2. 分销渠道系统

分销渠道系统是渠道成员实行纵向或横向联合或利用多渠道达到同一目标市场，以取得规模经济效益。其基本上有以下三种类型：

营销思考：查找资料，找出使用不同分销渠道系统的企业。尝试评价这种分销系统。

（1）垂直分销渠道系统。这是对传统渠道再选，实行专业化管理和统一计划的销售组织网络。网络中的渠道成员为取得规模经济的经营和最大的市场效果，采取的一体化经营或联合经营。其中的一个成员拥有较大的权力，可以迫使其他成员合作。这种分销渠道有三种主要形式：

1）公司式垂直营销系统。这是指在单一所有权下把生产和销售两个连续阶段结合在一起的一种系统。一家公司拥有和统一管理着工厂、批发机构和零售机构等，控制市场分销渠道的若干层次，甚至控制整个分销渠道。拥有统一管理和控制权的公司可以是生产者，也可以是中间商，既可以工商一体化经营，也可以商工一体化经营。

2）管理式垂直营销系统。这不是通过共同的所有权，而是以某一方的规模和权力来连接生产和销售的连续阶段的形式。例如，拥有优势厂牌的生产商可能得到转卖中间商的强有力的合作与支持。

3）契约式垂直营销系统。这是指不同层次的生产者和经销商为了实现其单独经营所不能达到的经济效益和销售效果，以契约形式结成的联合体。这种系统有三种形式：

① 批发商组织的自愿连锁店。这是批发商为帮助独立的小型零售商与大型连锁

零售商竞争而组织的。它由批发商制订使独立零售商销售业务标准化和取得进货经济的计划，实行“联购分销”。

② 特许经营组织。这是由经营特许人的渠道成员把生产和经销过程的连续阶段衔接在一起，与特许经营者联合。这种联合有三种形式：生产商组织的零售商特许经营系统；生产商组织的批发商特许经营系统；服务公司组织的零售商特许经营系统。

③ 零售商合作社。这是一群独立的小零售商为了与大零售商竞争而联合组织的从事批发和部分生产业务的机构。该机构集中采购和统一规划广告业务，所得利润按成员采购比例返还给成员。非成员零售商也可以向合作社进货，但不分配利润。

（2）水平分销渠道系统。这种系统是指两个或两个以上的相互无关联的企业自愿联合，以资金或计划共同开拓新的市场营销机会，以实现每一个企业由于缺乏资金、技术、生产或营销资源等而无力单独经营，或惧怕风险，或期望实现最佳协同作用的效果而实行的暂时或永久性的相互合作。例如，美国得克萨斯州的兰马储蓄银行与赛夫威百货公司订立协议，赛夫威公司内设置其储蓄办事处和自动出纳机，使兰马储蓄银行以较低成本打入市场，也使赛夫威公司能够为顾客提供店内存取款的方便。

（3）多渠道分销系统。这种系统是指一个企业建立两条或更多的分销渠道以达到一个或更多的顾客细分市场。例如，美国的 IBM 公司，除自设 IBM 产品中心外，还与西尔斯公司，其他各种计算机商店、办公用品经销商，以及价值增值转卖商等签订合同销售 IBM 产品。

（4）价值网络。这种系统是一个公司为创造资源、扩展和缴付货物而建立的合伙人和联盟合作系统。例如，美国的 Palm 公司拥有包含半导体、塑料箱、LCD 播放器和其他附件的多个供应商社团，45000 个合作者为 Palm 操作系统创造了 5000 种产品。㊀

（5）战略性渠道联盟。这种系统是企业使用另一个生产商已经建立起来的渠道。例如，星巴克咖啡公司与卡夫食品公司宣布了一项长期的特许协议：星巴克负责烘焙和包装咖啡，卡夫公司负责在全国的超级市场销售星巴克咖啡。

第二节　分销渠道的设计与选择

生产者在设计分销渠道时，必须在理想的渠道和可能得到的渠道之间作出选择，最后确定达到目标市场的最佳渠道。

一、分销渠道目标与制约因素

渠道目标是企业确定的为目标顾客的服务水平。分销渠道可以提供五项服务，如图 8-11 所示。

㊀ 资料来源：菲利普·科特勒著，营销管理，梅清豪译，上海人民出版社，第 568 页。

(1) 购买数量。它是指生产企业允许典型顾客一次购买的单位数量。

(2) 等待时间。它是指顾客收到货物所等待的平均时间。

(3) 空间便利。它是指为顾客购买产品提供的地点方便程度。

(4) 产品种类。它是指提供给顾客的产品线的宽度以及平均每一产品线的品种数量。

(5) 服务支持。它是指为顾客提供的附加服务，如信贷、送货、安装、服务等。

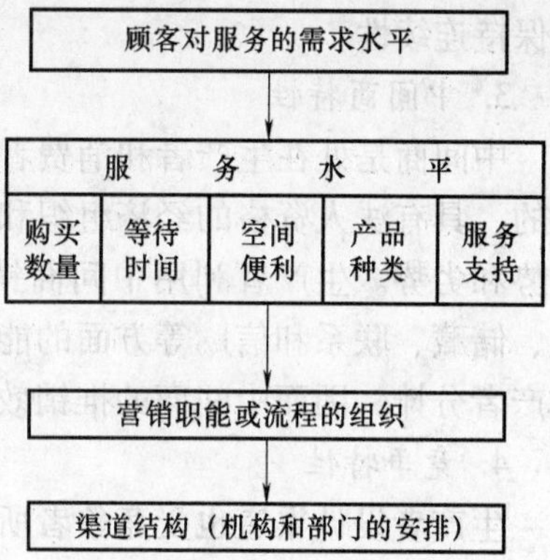

图 8-11 分销渠道可提供的服务

生产者接受顾客一次购买较少的单位数量，并提供快速交货、最大限度地接近顾客或者送货上门，提供更多的品种选择，以及完善的售后服务。这样做是因为生产者设定的是产出高水平服务的渠道目标。但是，分销渠道产出的服务水平与渠道结构密切相关，不同的渠道类型产出的服务水平不同，而且受到期望产出的服务水平渠道费用最小化管理原则的制约。

有效的渠道设计是对目标市场提供的服务水平高而费用低，以及在各种情况下都能应用的渠道结构。这种渠道结构对目标市场的覆盖能力最强，目标市场的顾客满意程度最高，对生产者能提供较多利润。但是，这样的渠道会受到顾客、产品、中间商、企业、环境等特性因素的影响。

1. 顾客特性

渠道设计受到顾客人数、地理分布、购买频率、平均每次购买量，以及对不同市场营销方式的接受程度等特性的影响。如果顾客人数庞大，生产者使用多环节而每一环节都有较多的中间商的长渠道会更有效。确定渠道也受到顾客地理分布的制约。如果顾客人数多而地理分布集中，那么，生产者更宜使用直接分销的短渠道，从而节约营销费用。另外，还要考虑顾客的每次平均购买数量。如果顾客是少量多次购买，生产者可使用较长的分销渠道，减少因少量频繁的订货而增加的成本；相反，如果顾客购买的数量多而次数少，则宜于使用短渠道。此外，还要考虑顾客对不同营销方式的接受程度。如果顾客更愿意到零售店购买商品，则生产者宜使用间接渠道。

2. 产品特性

不同产品的特性影响生产者对营销渠道的设计。产品的易腐、易损性使生产者选择直销，以避免长渠道的流通时间过长和多次反复搬运装卸造成的损失。产品体积大与笨重，如建筑材料，使生产者选择能把运输距离和装卸次数降到最低限度的渠道。产品的非标准化，使生产者选择直接分销，因为中间商缺乏必需的知识。产品需要安装与维修服务，使生产者选择直销或通过授权专卖的经销商渠道。产品的单位价值高，使生产者选择直销。产品的时间性，如产品的季节性、时尚性，由于产品销售期受到流行和季节的限制，使生产者愿意选择较短的渠道，使产品迅速达到顾客面前；而生产与消费存在时空差别的产品，生产者愿意选择多环节的长渠道，以使生产和消费保持连续性。

3. 中间商特性

中间商是处在生产者和消费者之间，参与商品交易业务，促进买卖行为发生和实现的、具有法人资格的经济组织和个人。渠道设计还必须考虑中间商履行营销职能的优势和劣势。生产者利用中间商销售虽然可以降低成本，但中间商在处理促销、商谈、储藏、联系和信用等方面的能力是不相同的。由于中间商的总成本由委托销售的生产者分摊，因而中间商的推销效果不如生产者直销有效。

4. 竞争特性

生产者设计渠道也受竞争者所用渠道的影响。一般而言，竞争者使用的分销渠道是其他生产者避免使用的渠道。例如雅芳化妆品公司，不与其他化妆品生产者竞争，不去争夺零售店内的稀缺空间，而是采取登门推销的方式，并且获利丰厚。但是，也有一些产业的生产者希望他们的产品在经营竞争者产品的商店或附近商店经营，与竞争者的产品相抗衡。例如，食品生产者希望自己的产品与竞争者的产品陈列在一起销售，因而使用同一中间商。

5. 企业特性

企业的自身状况对选择渠道起着重要的作用。

企业的长期发展目标、规模、财力、产品组合程度、过去的业务、经验及现行的营销策略等因素都影响着生产者对营销渠道的选择。由于渠道一旦选定之后再改换，其费用很高，而且也不容易改换，因此，企业在设计和选择营销渠道时应考虑到与企业长期目标的相符程度。

企业的整体规模对拥有的市场范围、获得大客户、争取中间商的合作具有决定性。企业的财力状况能够决定哪些营销职能由自己承担，哪些营销职能委托给中间商。企业的产品组合的广度越大，企业对顾客直销的能力就越强；产品组合的深度越大，就越能吸引该类产品的中间商；产品组合的关联性越强，使用的分销渠道性质就越相同或类似。

企业过去的业务经验、过去曾经使用某种特定类型的中间商，会使企业形成渠道偏好。企业现行的营销策略，如向顾客提供快速交货和服务，影响生产者对中间商的职能执行，零售商、存货点的数目，采用的运输系统等的要求；又如采用大量广告策略使生产者争取愿意举办商品展览以及参加广告规划合作的中间商。

6. 环境特性

经济形势和法律规定对生产者选择渠道也有较大的制约性。在经济萧条时期，市场需求下降，生产者希望以较低价格出售产品，因此要以最经济的方式将产品送至市场，并取消增加产品价格的不必要的服务，这样就使生产者选择较短的分销渠道。还有有关的法律、政策，如美国法律规定禁止使用“可能倾向于大幅度减少竞争或倾向于产生垄断”的渠道。

二、确定渠道选择方案

生产者如果已经明确了自己要占领的目标市场和理想的市场定位，接下来就应该确定主要渠道的选择方案。

要点：生产企业可自建渠道或者利用中间商的渠道。

（一）自建渠道

自建渠道是指企业通过建立或者收购现有的渠道成员而组成的分销网络。企业自建渠道是基于保护企业的核心能力和与“外来者”合作难的观点。安德森（Anderson）和维兹（Weitz）认为：[㊀]

（1）只有很少的外来者能令人满意地工作。

（2）如果现存的渠道伙伴不能完成工作，寻找新的合作伙伴需要相当长的时间并要付出昂贵的代价。

营销思考：尝试评价一家自建渠道的企业。

（3）一个公司的地位、程序及产品都是独一无二的，要使一个“外来者”默契合作需要很多的训练。

（4）购买手续既复杂又麻烦。

（5）亲密的合作对于实施营销活动是基本的要求。

（6）购买者对销售商忠诚而非对公司忠诚。

（7）规模经济在市场运行中存在。

（8）环境非常不确定。

（9）要监控“外来者”的行为极其困难。

（10）对于渠道成员来说，“搭便车”非常容易。

（11）交易量大而且经常发生。

自建渠道的优势是：能够控制渠道产出期望的服务水平；通过控制分销赚取更多利润；可以提供更多的品种和更好的展示；试验新产品和价格；与消费者直接接触；获得更准确的信息。

自建渠道的劣势是不一定能产生更高的分销效率。一个企业既从事生产又从事分销，会导致企业规模扩大和复杂化，从而产生低效率；同时，虽然自建分销渠道具有吸引力的供应货源能免于商业竞争，但提高生产效率的动机便荡然无存。

（二）利用中间商渠道

这是生产企业向外部寻求合作，利用社会商业机构的分销网络实现商品与服务的销售渠道。

要点：生产企业选择利用中间商渠道，要注意在优势和劣势间求取平衡。

利用中间商渠道的优势是：变固定价格为变动价格；平衡劳动力的需要；减少资产投资；通过合作伙伴们的规模经济及低工资结构降低成本；加速新产品发展；获得合作伙伴的发明和革新；把焦点集中在高附加价值的行为上。

㊀ Louis W. Stern/Adel I. EI-Ansary/Anne T. Coughlan 著，市场营销渠道，赵平、廖建军、孙燕军译，清华大学出版社，第130页。

利用中间商渠道的劣势是难以取得中间商的精诚合作。中间商通常不会关心某一产品的销售，而是关心商品组合的整体销售；当中间商拥有市场时，他们的议价能力提高，就会在渠道中处于强势地位，掌控产品的销售权；他们不是生产企业的部门，不能被任意支配。

利用中间商对生产企业来讲，需要考虑四个因素：

1. 中间商类型

企业在选择中间商时，应根据目标市场的定位以及企业自身的状况，力求借助能发挥最高效率的中间商促进产品的销售，达到企业的目的。生产者有必要将能够触及目标市场的各种中间商排列出来，那些卓有成效地完成产品营销职能的中间商类型才是最佳选择。有关中间商的详细内容，会在本书第九章专门阐述。

营销思考：浏览京东商城的网站，分析什么样的生产企业适合选择京东商城这样的新兴中间商？

2. 中间商数目

这是指生产者决定在每一渠道环节上利用多少个中间商。确定中间商数目有三种策略：

（1）密集型分销。这是指生产者尽可能通过更多的中间商，或批发商，或零售商，推销本企业的产品，以求迅速进入目标市场或扩大市场。这种策略适用于消费品中的便利品和工业品中的通用机具，以及标准件产品。这种营销策略可以创造最大限度的品牌展示度和顾客购买的便利性，但与众多的中间商联系以及广告支出等也给生产者带来费用的增加。

（2）选择性分销。这是指生产者在某一地区对有意经营本企业产品的中间商并不全部采用，而是从中选择几个最适合要求的中间商从事本企业产品的推销。这种策略适用于所有产品，但对消费品中的选购品、特殊品以及工业品中专用性较强、技术服务要求较高的产品则更适宜。这种策略减少了生产者采用密集型分销带来的与众多中间商联系的精力耗费，有利于生产者与挑选过的中间商形成良好的合作关系，也可以调动挑选过的中间商的积极性，使其在销售方面高于平均水平；同时，也有利于生产者获得适当的市场占有率，并且有利于控制中间商，减少中间商之间的盲目竞争，维护企业产品的声誉，降低成本。

（3）独家分销。这是指生产者在某一地区仅选择一家中间商推销本企业的产品，并且要求中间商不得再经营与本企业产品竞争的其他企业产品。生产者和中间商通常通过签订合同，规定双方的权利和义务，以此维护各自的利益。这种策略适合于名牌产品、新产品、专利技术产品等。生产者采用这种策略，有利于在价格促销、信用和各种服务方面对中间商实施控制，也有利于提高产品的形象，获得较高的利润。但也存在着在某地区过分依赖某中间商，一旦该中间商经营不好，就会使生产者受到较大损失或失去该地区市场的情况。

3. 中间商条件

在选择确定中间商类型、数目的基础上，要选择具体的中间商。由于具体中间商的素质对保证渠道功能的正常发挥起着重要作用，因而生产者要明确具体中间商须具备的条件：

（1）中间商的声誉。该中间商从业的历史年限，以及在同行中的声誉如何。

（2）经营其他产品情况。

（3）创利润纪录。

（4）偿付能力，以及拥有资产和负债状况。

（5）协作的态度。

（6）销售人员的规模与素质。

（7）经营条件。

中间商具备的这些条件处于良好状态，就会促进生产者的产品与服务转移，满足目标顾客的需求。

4. 与中间商建立条件及责任关系

生产者在决定使用间接渠道，将产品营销职能交与不同类型的中间商执行前，需要与渠道成员之间建立起综合的条件及责任关系。产品的流通由于中间商的介入，使得生产者和消费者的关系间接化，生产者对产品销售的期望要通过中间商实现，生产者与中间商直接发生了关系。生产者对营销的期望能否实现，依赖于中间商对营销职能的履行。然而中间商作为独立于生产之外的机构和个人，也有自己的利益，绝不会放弃自己的利益而只是执行生产者对营销职能的要求。生产者和中间商都要获得一定的利益，因此，生产者与中间商建立条件及责任关系就成为必要。通过与渠道成员建立条件及责任关系，可以保证营销功能顺利、有效地执行。

要点：将产品营销职能交给不同类型的中间商执行前，须与渠道成员之间建立起综合的条件及责任关系。

与渠道成员建立的条件及责任关系被称为贸易关系，主要包括四个方面的关系：

（1）价格政策。价格涉及渠道成员各自的经济利益，每一位渠道成员对此都保持高度的敏感性。作为生产者，采取价格策略时要谨慎从事。一般情况下，生产者会制定出产品价目表和明细表，对来往不同或对购买量不同的中间商给予不同的折扣。生产者使用价格折扣时，既要力求使中间商感到公平合理，也要保持对不同购买动机调整折扣的能力。价格折扣的执行通常是引起渠道冲突的主要原因之一。例如，向批发商进货的零售商不满意生产者以折扣价销售给连锁零售商，而批发商也对大量购进不能得到最佳折扣不满。

（2）销售条件。这主要是指付款条件和生产者对产品的保证。付款条件与生产者利益实现关系密切，大多数生产者对提前付款的中间商根据发票上的价格给予折扣优惠，折扣优惠根据时间而不同。例如，中间商在10天内付款可享受到2%的折扣；超过10天付款则不优惠。同时，生产者也要向中间商提供产品保证，如对不合格产品的退换、产品跌价损失的补偿等，以此吸引中间商大量购买产品。

（3）地域权利。这是指生产者授予中间商在某一地区专门销售的权利。中间商通常希望了解生产者将在何处授特许权给其他中间商，而且希望取得其所在地区完全的售货权利，得到生产者对其所在地区发生的全部销售实绩的承认。

（4）相互服务与责任。这是生产者与中间商相互为对方提供服务的约定。相互服务的项目一般是在对等的基础上制定和履行的。这一因素在生产者使用特许经销和独家代理渠道中表现得尤为充分。例如，麦当劳公司向其特许经销商提供建筑物、促销支持、档案保存系统、培训和一般管理技本等，同时也要求特许经销者执行公司制定的有关物资设备标准、配合新的促销方案、供给需要的情报及购买指定的食物产品等。当然，在使用密集型分销渠道时，由于生产者仅向中间商提供促销媒介和技术服务，使得中间商也只向生产者提供销售结果报告，而对顾客购买行为以及促销媒介的分发则不那么热心。

三、渠道选择方案的评估

要点：评估渠道选择方案要考虑经济效益、控制程度、适应性。经济效益是首选标准。

生产者为了进入目标市场，可以提供几种渠道选择方案，但确定最终的渠道执行方案时，还要看其是否能够满足企业长期发展目标的要求，因而必须进一步评定估价。

评估渠道选择方案有以下几个标准：

1. 经济效益标准

这是指生产者比较渠道方案所能带来的最大利益，以便最后确定利益高的渠道。每一渠道都会产生不同的销售量和成本。对于生产者来说，最佳的渠道不是获得最大销售量或者取得最低成本的渠道，而是可以获得最大利益的渠道。因高成本产生的高销售量和低成本带来的低销售量都不能给企业带来最大的经济效益，只有最高销售量和最低成本才能创造最大经济利益。

生产者可以通过两种方法评估渠道方案的经济效益：

（1）对每一渠道的同一销售额的不同成本进行比较，从而选择低成本渠道，如图 8-12 所示。

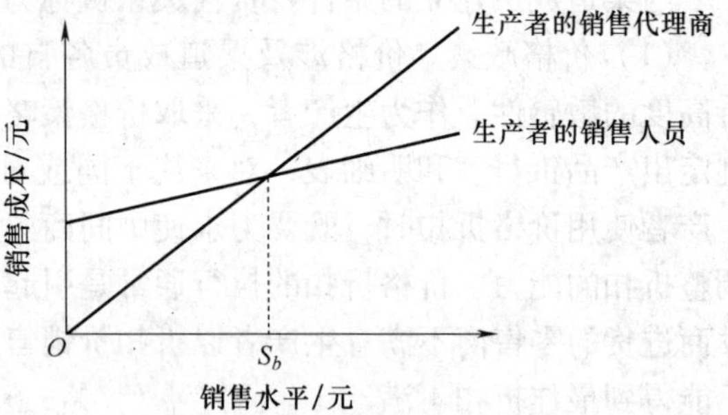

图 8-12　不同渠道销售成本的比较

图 8-12 显示，在 S_b 点的销售额，两条渠道的成本是相同的。当销售额较低，位于 S_b 点左边时，最好选择销售代理商渠道；当销售额较高，位于 S_b 点右边时，最好选用生产者的销售人员渠道。

（2）利用投资回报率对渠道方案进行评估。投资回报率的公式为

$$R_i = \frac{S_i - C_i}{C_i}$$

式中，R_i 为生产者选用的渠道 i 的投资回报率；S_i 为生产者选用的渠道 i 的销售额估计；C_i 为生产者选用的渠道 i 的成本估计。

在其他条件相同时，生产者应该选择投资回报率高的渠道。

2. 控制标准

这是指生产者对所使用渠道应该控制的程度。生产者对中间商的控制程度涉及销售期望的实现程度。生产者对中间商实施控制有三方面原因：

（1）中间商目标与生产者目标的冲突。由于中间商属于独立的系统，他们感兴

趣的是如何获得最大利益，因而他们在与顾客联系方面重视对所经营的全部商品感兴趣的顾客，而对那些对某一生产者的产品感兴趣的顾客却不会在意，并且不会花费时间处理个别生产者的技术资料和促销材料。

（2）渠道中间的纵向及横向的关系结构。从生产者方面看，渠道中的各环节关系的两极化都会带来不利。渠道两个环节或两个以上环节之间的利益完全冲突，会给生产者的产品销售带来损失；渠道环节的利益完全一致，也会使他们联合起来迫使生产者在某些条件方面让步。渠道中同一环节各成员之间的两极化也同样给生产者带来不利。同一环节中的成员彼此利益相抵触，或利益一致而联合起来，也会导致生产者损失与让步。

（3）渠道成员的法律地位。生产者首先要确定自己的合法地位，以便能够控制其他成员。

3. 适应性标准

这是指渠道对环境变化的适应性，也就是生产者在渠道中能否灵活应用渠道功能以适应环境的变化。生产者决定使用的每一种渠道都涉及一些限制条件并会降低灵活性。因为生产者与中间商是一种较为长期的契约关系，彼此要在契约期限内承担义务与责任。例如，生产者在利用销售代理商时，可能要签订一份为期五年的合同。而在此期间，其他的销售方法，如直接邮售，可能变得更有效，但生产者却不能随意取消销售代理商。

以上三种标准中，经济效益标准是首要标准。生产者并不是为了控制和适应而选择渠道，而是为了获取最大的经济效益。

本章小结

1. 分销渠道策略是市场营销策略中最具挑战性的策略。分销渠道是指产品或服务从生产领域到消费领域的通路，由一系列的执行中介职能的相互依存的企业或个人组成。分销渠道对生产者而言，具有外部性、稳定性和关联性、系统性、动态性等特点。

2. 分销渠道流程有实体流、所有权流、付款流、信息流和促销流，执行信息收集与传播、促销、协商、订货、筹资、承担风险、实体分配、所有权转移等职能。

3. 分销渠道有长度不同的三级渠道、二级渠道、一级渠道和零级渠道（直接渠道）；有宽度不同的宽渠道、适中渠道和窄渠道；有直接分销渠道和间接分销渠道；有传统分销渠道和分销渠道系统。

4. 生产者对渠道的设计与选择，由确定分销渠道目标、考虑制约因素、确定渠道选择方案和评估渠道选择方案几个步骤构成。

思考题

1. 什么是分销渠道？

2. 分销渠道成员有哪些职能？

3. 分销渠道有哪些分类方法？各有什么特点？

4. 有效的渠道设计受到哪些具体因素的影响？

5. 自建渠道和利用中间商渠道各有什么优、劣势？

6. 怎样合理地对渠道选择方案进行评估？

选择题

1. 不属于分销渠道特点的是________。

A. 外部性　B. 内部性　C. 稳定性　D. 系统性

2. 生产者通过销售人员将产品销售给消费者或用户，采用的是________。

A. 直接渠道　B. 间接渠道　C. 长渠道　D. 传统分销渠道

3. 把各种零售业集中在一个地点上的零售业态是________。

A. 百货商店　B. 连锁商店　C. 购物中心　D. 超级市场

4. 不拥有商品所有权，只执行少数几个批发职能的是________。

A. 批发商　B. 代理商

C. 生产者的销售办事处　D. 其他批发商

5. 某企业用成本—效益评估各种可能的渠道方案。该企业采用的评估标准是________。

A. 灵活性标准　B. 适应性标准　C. 经济性标准　D. 控制性标准

6. 宽渠道适用于________。

A. 生产用原材料　B. 消费品中的选购品　C. 日用消费品　D. 工厂机器设备

7. 间接分销渠道在________的销售中居于主要地位。

A. 服务　B. 消费品　C. 工业品　D. 农产品

8. 直接分销渠道在________分销渠道中居主要地位。

A. 农产品　B. 服务　C. 工业品　D. 消费品

9. 计算机、汽车等技术复杂且购买者较多的选购品，适宜采用的渠道策略是________。

A. 密集分销　B. 独家分销　C. 选择性分销　D. 直销

10. 像牙膏、方便面等日用消费品，适宜采用的渠道策略是________。

A. 密集分销　B. 独家分销　C. 选择性分销　D. 直销

11. 大多数网上销售可以描述为________。

A. 零级渠道　B. 一级渠道　C. 二级渠道　D. 反向渠道

章尾案例

北京汽车的渠道创新

2012 年 11 月，北京汽车在“淘宝双十一网上购车促销活动”中取得了骄人的业绩，主要在于北京汽车对汽车网销的现有问题进行了全面分析，并逐个击破，在营销政策制定、销售过程管理、市场推广宣传等方面作出了诸多有益的创新尝试。

一、营销政策创新

要推行全国性网上购车促销活动并非易事。北京汽车必须首先解决两大问题：一是改变消费者传统购车习惯，从实体店转向网购；二是解决线上、线下渠道冲突，化解经销商后顾之忧。

针对以上两点，北京汽车于 2012 年 9 月开始，由销售部牵头，分别同淘宝公司、经销商代表、公司销售本部领导及财经本部领导多次会商，最终制定如下促销政策：

对消费者——加大促销力度，诱之以利。针对看好北京汽车的各款车型，但犹豫或等待时机下单的消费者，推出“天猫四重礼”活动。活动期间，在享受各种线下优惠的基础上，网上购车成功再送1111元加油卡、500元长城润滑油限量礼包、100元淘宝车险，并可参与4999元的幸运大抽奖；针对希望能以最低价格购买代步车的消费者，推出“聚划算团购价最低”活动，原价58800元的车型一次剧降近万元，以49999元的价格团购，并加赠以上“四重礼”。

对经销商——提高支持力度，解除后顾之忧。重点解决好线上与线下销售政策差异的问题。在9~10月较为稳定的支持政策的基础上，再次提高11月的经销商支持力度，使终端销售价格足以下探到49999元，解除经销商担心赔钱卖车的后顾之忧。并考虑到维持年终促销的政策稳定性，向经销商承诺，“双十一”活动结束后，厂家将延续较高的支持政策，确保经销商保持促销力度。

二、销售管理创新

除有吸引力的促销政策外，北京汽车更要确保在执行中，消费者能通过细节体会到安全保障而在网上下单，经销商能及时分配到下单数据，跟踪订单并进行高效沟通，以确保订单不流失。

1. 创新网络营销渠道模式，通畅线上线下销售通路

由于北京汽车产品上市时间短，北京汽车经销商面临开业不足百家、覆盖区域多为二三线城市、进入市场晚、销售地理位置不佳、营销水平差异较大等问题。如果要求所有经销商在短时间内各自建设网店并参与此次促销活动，不仅不能最充分地发掘消费者，可能还会引起经销商在网上的“混战”。因此，北京汽车销售公司在消费者和经销商之间必须扮演一个信息集合和分配的角色，对外集合消费者的订单需求，对内则向经销商分解订单。

通过与天猫的反复沟通，此次活动设计的销售模式如下：

与传统网上销售模式相比，这个模式以主机厂为信息集散中心，充分发挥了北京汽车对此次全国活动和经销商的主导作用。同时，该模式在宣传阶段只用宣传一个沟通管道（天猫或聚划算的活动商城），能大量节约宣传资源且扩大宣传效果，在实际销售阶段也能弥补各地经销商之间的水平差异，均享促销活动成果。这个模式的创新使汽车销售的线上线下两张网充分打通融合，取长补短，让消费者的购买过程顺畅、便捷。

2. 创新网络营销管理模式，实现标准化作业

天猫和聚划算作为网上专营店和定金信用保障方，让消费者减少疑虑；实体店负责完成车辆的实际销售工作，确保订单不丢失；北京汽车作为桥梁连接网络与实体销售，使上百家形态各异的实体销售网点能够整齐划一地保持销售行为一致。

为减少执行过程中的长尾效应，北京汽车对网络管理也进行了创新。

鉴于北京汽车没有在天猫开设网店，且为便于沟通淘宝杭州总部，北京汽车选取浙江和诚经销商为此次活动前沿指挥所，建立起厂家、天猫、全国经销商三方沟通机制，并进行全国统一部署；建立了淘宝网店、厂家、经销商三级专人负责制，从2012年10月25日活动开始，由浙江和诚负责人每天统计当天咨询客户信息，并传递至厂家负责人，厂家负责人分发至全国各经销商负责人处，并由各经销商销售人员对客户进行及时跟踪；“全民皆兵”的服务创新，除在和诚汽车网店配备10名专职网络客服外，每个经销商还专配了2名客服，加上厂端及区域15名负责人，三方共同组成了200余人的客户服务体系，随时为购车消费者提供咨询服务。客户不仅可以登录网店享受即时客服，亦可到店咨询。

三、市场传播创新

线上线下双网融合，必定需要两种资源互助共享。北京汽车结合经销商、天猫、主机厂三个层面的资源，对此次淘宝“双十一网上购车促销活动”展开了全面宣传。

经销商方面，充分利用成熟的宣传渠道和手段，活动期间全国经销商累计投放报纸60余期，投放网络广告350余天次，执行店头活动30余场。在传统线下宣传的基础上，北京汽车在店内还创新设立了网购专区，协助不会使用网络的客户在网上下订单，通过多重利益促成客户成交。淘宝方面，作为合作方，淘宝天猫和聚划算提供了包括网络广告、软文等多种线上传播资源。淘宝还结合汽车销售的传统特性，在11月11日当天，专为北京汽车举行了线下售车活动。厂家方面，考虑到此次活动的针对人群——网购消费者，北京汽车首次忽略了传统媒体的投放，转向大力利用互动传播方式，进行了微博、论坛、搜索、官网内部自媒体等多种方式的推广，收效明显。

活动期间，北京汽车新浪、腾讯官微上的“双十一”促销信息及淘宝商城链接的微博，经微博红人推广后覆盖了上亿名“粉丝”，并被转发及评论超过75万次；同期，官微总“粉丝”量在活动最后五天内剧增23.3万人，增长率为68%。官网日均流量亦突破日均1.5万人次，较活动前增长60%。央视二套《第一时间》栏目的两次追踪报道，不仅进一步坚实了消费者的网上购车信心，也进一步提升了北京汽车的品牌形象和社会影响力。

（资料来源：曹斌、冯晓岚，《北京汽车的渠道创新》，第一营销网，2013-3-1，http://www.cmmo.cn/article-130420-1.html，有改动。）

案例思考题：

1. 试分析北京汽车渠道创新体现在什么地方。
2. 结合北京汽车的成功，分析网络渠道对于汽车销售的特殊之处。

第九章

分销渠道管理

学习目标：

1. 理解渠道冲突和合作的含义。
2. 理解渠道冲突的管理策略。
3. 了解如何激励渠道成员。
4. 阐述评价渠道成员业绩的方法。
5. 了解中间商的含义，清楚中间商的分类。
6. 清楚中间商的发展趋势。
7. 理解市场物流的含义，清楚市场物流管理的任务。
8. 了解市场物流管理决策的基本步骤。

导引案例

营销思考：评价格力的渠道管理策略。

格力在10年前与国美“分手”，10年后又与苏宁“再见”，几乎如出一辙。因为国美和苏宁都触碰了格力的价格底线，都“冒犯”了格力销售和品牌形象的主阵地——专卖店。

从销售数据看，格力空调占到整个空调市场40%左右的份额，其中90%的空调产品都是通过自己的专卖店以及零售终端销售给消费者的，而零售渠道商的销售量在格力的总销售量中只占到很小的一部分。格力自己掌控终端渠道，可以根据消费需求变化，迅速调整销售政策；可以根据竞争对手的变化，及时采取应对措施。

从品牌建设看，格力自己掌控终端渠道，可以避免零售渠道商在采购、促销等方面制约条款的限制，潜心将品牌理念、品牌形象植入终端，在与消费者接触的前沿阵地，传递其体验、服务，展示其卓越的研发能力和高科技产品，慢慢渗透到消费者的内心。

综上可见，品牌运营商对终端渠道的掌控，并不是终端渠道铺开的“面”有多大，而是终端渠道的“质”有多高。品牌运营商对终端渠道的话语权和掌控力，更多地体现在对品牌的渗透和对体验、服务、促销的话语权上。

随着互联网电商平台的迅猛发展，家电行业传统渠道逐渐电商化。家电行业或将形成新兴电商平台、传统零售渠道商及其附属电商平台、品牌运营商自有电商渠道“三足鼎立”的局面，家电零售渠道商不再“独步天下”。

（资料来源：http：//news. cnfol. com/shangyeyaowen/20140718/18425871. shtml，有改动。）

要点：渠道管理包括解决渠道冲突、激励渠道成员和调整渠道等。

第一节 渠道管理

生产者在确定分销渠道后，要对渠道进行有效的管理，不断鼓励渠道成员，检查渠道成员，并对效能不佳的渠道及成员进行调整和改进，以获得理想的分销利益。

一、渠道的合作、冲突与竞争

由于渠道是由不同的渠道成员构成的，渠道成员之间为了共同的利益以及各自的利益，会产生合作、冲突和竞争。

渠道的合作是指同一渠道的不同企业之间为了谋取共同的利益而结成联盟。生产者、批发商和零售商为互相补充彼此的需要而进行合作，他们共同努力创造的利润，通常比每一参与者单独经营所得到的利润要大得多。他们通过合作，能够更有效地了解市场，更好地服务目标市场和满足目标市场的需要。

要点：渠道冲突源自各个独立企业追求的利益不一致。

渠道冲突是指生产者建立的多渠道之间，同一渠道中不同环节以及同一环节中不同渠道成员之间的矛盾。

（一）渠道冲突的类型

（1）从渠道冲突产生的环节分析，渠道冲突的类型有：

1）垂直渠道冲突。这是指同一渠道中不同环节的矛盾。例如，经销商抱怨生产者在价格方面控制得太严，而提供的服务太少。

营销思考：分析窜货现象产生的原因。这种现象能避免吗？

2）水平渠道冲突。这是指同一渠道中同一环节的不同成员的矛盾。例如，某生产者的一些经销商抱怨同一城市其他经销商在产品价格、广告、服务等方面过分进取，导致这些经销商的生意清淡。当渠道成员都力求自身利益最大化时，就有可能损害其他成员的利益。

3）多渠道冲突。这是指生产者已经建立的两个或更多的渠道，这些渠道在向同一市场推销产品时产生的矛盾。例如，某服装生产者既建立自己的专卖店销售服装，又选择大型百货店销售，还授权一些商店特许经销。由于渠道多，渠道成员会认为自己的销售将被其他渠道抢夺，尤其是某一渠道降低价格或者是毛利时，渠道之间的冲突会变得异常激烈。

当前，多渠道冲突的主要焦点在于生产者增加电子商务渠道。在有些产品领域里，如图书、音像制品等，电子商务渠道会对零售商、经纪人、代理人和其他中间商产生反冲作用。

（2）从渠道冲突的后果严重性分析，渠道冲突的类型有：

1）良性冲突。这是指渠道成员之间的矛盾能够促进更好、更新的观点与方法产生，相互之间的攻击行为没有失去理智、不具有破坏性，有利于提高整体渠道绩效。

2）恶性冲突。这是指渠道成员之间的敌对情绪和对抗超过一定的限度，对渠道关系和渠道绩效产生破坏性影响，带来严重的消极后果。这种冲突分散了渠道成员为实现整体目标所作的努力，渠道资源被用于报复对方的行动中，渠道成员彼此不信任和敌视。

（二）渠道冲突产生的原因

渠道冲突产生的基本原因是各个独立企业的利益不一致。具体分析，有以下几个方面的原因：

（1）目标不一致。生产者可能通过低价来追求迅速发展，而经销商则可能通过高价来追求盈利。

（2）任务和权利不明确。渠道成员忽视自己的任务与权利，在追求利润的前提下向同一个市场推销商品。销售的区域界限混乱，销售方式不一，因此产生冲突。例如，某企业曾发生全国客户经理与现场销售人员的矛盾冲突，现场销售人员与电话营销的矛盾冲突，现场销售人员与经销商的矛盾冲突。

（3）感知不同。经销商可能认为生产者会将其取而代之，而实际情况并非如此。

（4）相互依赖程度。渠道成员的相互依赖程度越大，发生冲突的可能性越大。

（三）渠道冲突管理

虽然渠道冲突有积极的一面，但也有很多消极冲突。对渠道冲突管理的目的就是化解消极冲突。

1. 渠道冲突管理过程

渠道冲突管理过程如图 9-1 所示，根据过程中的每一阶段采取相应的解决措施。

（1）确定冲突问题。作为渠道管理者，首先要端正对渠道冲突的认识，判断冲突的性质和类型、矛盾的可调节性程度以及矛盾产生的根本原因。对冲突问题的确认，与管理者掌握的信息程度有关。因此，建立有关冲突的调研分析制度，构建冲突管理的信息系统，是确定冲突问题的依托和条件。

（2）分析冲突问题。主要是分析冲突产生的原因以及后果。分析界定冲突的性质，有利于找到解决冲突的方法和措施，有利于解决冲突资源的配置和利用。

（3）明确冲突管理目标。冲突管理目标有缓解性目标和化解性目标。缓解性目标在于降低冲突水平；化解性目标在于消除和解决冲突的问题。

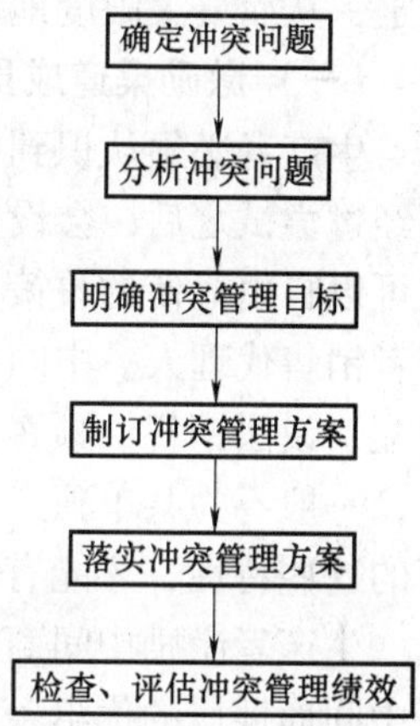

图 9-1 渠道冲突管理过程

要点：渠道冲突的解决方法有寻找共同目标，渠道人员互换，合作，协商，仲裁等。

（4）制订冲突管理方案。具体包括提出解决冲突的策略措施、工作流程、制度、资源准备和激励或控制措施。

（5）落实冲突管理方案。选派适当的人员，在适当的时机推行和落实冲突管理方案。

（6）检查、评估冲突管理绩效。对冲突解决效果进行检查和评估，目的是完善冲突管理措施，提高冲突管理水平。

2. 渠道冲突管理策略

目前对渠道冲突管理的研究者提出以下管理策略：

（1）共同目标策略。与渠道成员签订共同的基本目标协议，其中包括共同关心的问题，如生存、市场份额、高品质产品、顾客满意度等。这种协议在渠道遇到外部威胁时是容易达成的。

（2）在两个或两个渠道环节上互换人员。通过互换人员，渠道成员会相互理解对方的观点和行为，取得对冲突产生后果的共识，促进自我约束。

（3）合作。邀请渠道成员参加企业的咨询会议或董事会会议等，使渠道成员了解生产者的目标方针以及渠道成员获得的利益，并让渠道成员参与意见，取得渠道成员的认同。这样可以促进渠道成员行动上的理解和支持，降低冲突水平或避免冲突产生。

（4）协商。发生冲突的渠道成员面对面地交流，解决冲突。在协商的过程中，双方应本着求大同存小异的原则，相互理解，相互让步，开诚布公地交流信息，心平气和地协商，最后消除分歧，达成对彼此目标的理解与认同。

（5）仲裁。当管理者运用以上管理策略无效时，可以采取这一策略。取得双方的同意，将冲突的解决交给中立的第三方，双方接受第三方的处理结果。

要点：激励渠道成员是在综合性贸易关系的基础上，对渠道成员予以适度激励。

二、渠道成员的管理

生产者在选择、确定了中间商的具体成员后，还要对中间商不断地检查、激励、评定，从而最大限度地调动中间商的积极性，保证分销渠道的顺畅和高效。

（一）激励渠道成员

营销思考：浏览招聘网站上渠道经理的招聘广告，分析招聘企业的渠道管理方式可能是怎样的。

生产者必须认识到中间商的特性。中间商是独立的企业，拥有自己的市场。中间商经过尝试之后，会设立一种操作方法，执行自认为达到目标所不能缺少的功能，制定可以自由行使的政策。中间商认为自己主要是顾客购买商品的采购员，其次才是生产者销售代理人。中间商感兴趣的是销售顾客想购买的商品，把经营的商品经过重新编配，设法销售给顾客。中间商最关心的是整体商品的销售，在没有某种激励的前提下，一般不为某单独产品付出销售努力或是提供其销售记录。生产者只有把握住中间商的这些特性，才能有效地激励中间商。

生产者激励中间商应以适度激励为基本原则。生产者对中间商的过分激励，如给予中间商慷慨的优惠条件，虽能激发中间商的销售兴趣，甚至付出很大努力，产生高销售量，但未必能获得高利润；同样，对中间商的低激励，也会造成低销售量、低利润的结果。

生产者对中间商的适度激励，建立在综合性贸易关系的基础上。在提供给中间商产品的价格、付款条件、产品保证、地域权利、服务等方面给予照顾，使中间商乐于接受产品的销售并格外付出努力。如果贸易关系的条件不能明显奏效，生产者就要考虑改进贸易关系。还要考虑使用补充激励措施，如给予促销方面的支持，举办一些销售竞赛等活动。

对中间商激励的具体措施有如下方面：

（1）向中间商提供适销对路、物美价廉的产品。中间商认为适销对路的商品是销售成功的一半，因而生产者提供符合市场需求的产品会受到中间商的欢迎。

（2）合理分配利润。生产者在产品定价方面要充分考虑中间商的利益，对进货数量、信誉、财力、管理水平等不同的中间商给予不同的价格折扣，使中间商感到经营生产者的产品会得到比较理想的利润收入。

（3）促销支持。生产者承担宣传推广产品的全部或部分费用，不要求中间商承担或只要求承担部分费用，并且派出人员协助中间商安排商品陈列，举办展览和操作表演，帮助培训推销人员等，都会受到中间商的欢迎。

（4）资金支助。生产者可以通过融资，采取售后付款或先部分付款的方式，促进中间商积极进货，努力推销产品。

（5）提供情报。生产者将获得的市场信息及时通报给中间商，同时也将生产方面的发展状况告诉中间商，使中间商心中有数；通过邀请中间商共同探讨市场状态及发展动向，制定扩大销售的措施，使中间商能够有效地安排销售。

如何处理好与中间商的关系，使相互之间保持较高的亲和性，是生产者销售成功的关键。

（二）设法取得中间商的合作

要点：生产企业可以利用奖励权、惩罚权、专家权和施加影响权来取得中间商的合作。

生产者可以运用下列权力，促进与中间商的合作：

（1）奖励权。这是指对配合的渠道成员给予奖赏，鼓励其行为。当中间商执行特定活动时，生产者给予附加利益，如许诺较高的毛利率、给予促销支持等；也可以使用贸易关系的优惠条件，较高额的利润、奖金等额外酬劳，以及广告补助、展览津贴等促销资助，刺激中间商的积极性，从而得到中间商的合作；还可以利用自身拥有的优势，如提供的是名牌产品，吸引中间商的合作。

生产者对中间商提供的佣金报酬不必直接付给，而应根据中间商履行协议的情况分别付给。例如，某生产者根据协议向中间商付给25%的佣金，并将25%的佣金分配在各项约定中：①如能保持适当的存货水平付给5%；②如能完成销售定额再付给5%；③如能向顾客提供有效服务再付给5%；④如能正确报告顾客购买水平再付给5%；⑤如能适当管理应收账款再付给5%。

（2）惩罚权。这是指对不配合的渠道成员实施惩罚。例如，减少利润、收回奖赏许诺、减慢运货速度等；对中间商在贸易关系方面给予苛刻的条件；或利用消极的制裁，如不能完成贸易条件要求，要减少合作、推迟交货或中止关系等。

这样处理与中间商的关系可能在当时是有效的，但是会使中间商不满，使他们组织抵消力量。这样双方之间的关系只是得到暂时的合作，但不会有长久的发展。

（3）专家权。这是指向中间商提供成功经营的相关知识，使其掌握。例如，提供促销规划、培训、商品陈列技术等。但是，一旦中间商掌握这些知识，这种权力就会被抵消。

（4）施加影响权。这是指生产者利用被赋予或被认为的拥有施加影响的权力。如在渠道中的优势地位，产品销售的经验等影响渠道成员。

（三）与中间商建立伙伴关系

成功的生产者都愿意与中间商结成长期的伙伴关系，更愿意花费精力培养这种关系。生产者明确地认识到在市场开发、市场覆盖、产品提供、账务要求、招徕顾客、技术服务和市场信息等方面，企业与中间商的彼此要求，因此根据平等、互利、互惠的原则，与中间商共同议定在这些方面的协议，从而使双方长期合作、共同发展。

（四）建立一套有计划的、实行专业化管理的垂直分销系统

高效地把生产者与中间商的需要结合起来，实现双方的密切合作。生产者可在这一系统中建立一个中间商关系规划部，由这个部门与中间商共同规划销售目标、存货水平、商品陈列、培训员工以及广告宣传计划，使中间商认识到作为这一系统的成员，可以从中获得更大的利益，因而更愿意竭诚合作。

要点：检查渠道成员业绩的标准是生产者与中间商约定的项目。

三、对渠道成员的业绩评价

为了能使中间商有效合作，及时掌握中间商履行约定的情况，生产者有必要经常检查中间商的分销努力状况，并以一定标准衡量中间商的表现程度。

检查的标准是生产者与中间商约定的项目，通常包括以下几个方面：

（1）销售额完成情况。

（2）销售增长情况。

（3）产品的销售范围及占有情况。

（4）向顾客交货的速度快慢。

（5）平均存货水平。

（6）对损坏或损失商品的处理。

（7）对顾客服务的表现。

（8）在促销及员工训练方面的合作程度等。

在上述标准中，销售方面的标准是比较重要的，因为销售是企业期望的最终归属。生产者通过销售方面的标准对中间商进行检查，目的是鼓励那些销售量大的中间商继续努力、保持声誉，同时鞭策那些销售量小的中间商加倍努力、完成销售要求。同时，生产者也可以通过对中间商的检查，发现问题，分析产生的原因，并采取相应的措施予以改进。

要点：渠道调整是为了适应市场变化，可以通过增减渠道成员、增减渠道、调整全部渠道三种方式来实现。

四、渠道调整

由于市场情况纷繁复杂、瞬息万变，生产者要保持渠道的高效性，还必须不断地调整分销渠道，以适应市场变化的要求。

生产者调整渠道有三种方式：

（一）增减渠道成员

这是指在某一分销渠道模式里增减个别中间商，而不是增减各种渠道模式。生产者决定增减个别中间商时，需要作经济效益分析，要考虑到增减某个中间商对企业的盈利是否有影响，是否会引起渠道其他成员的反应，是否会影响其他成员的销售等。

生产者在决定渠道成员增减时必须充分考虑到这些情况，以便采取相应的措施，防止出现不必要的矛盾。

（二）增减渠道

这是指增减某一渠道模式，而不是增减渠道里的个别中间商。当生产者利用某一分销渠道销售产品不理想时，市场需求扩大而原有渠道不能满足需求时，以及生产者所利用的分销渠道一方面销售量低下，而另一方面市场需求又未满足时，生产者就要考虑增加或减少渠道，或者一方面减少某种渠道，另一方面增加另一种渠道。增加或减少渠道，生产者都要考虑所带来的经济效果，以及其他渠道的反应，并且估计到被减掉的渠道日后可能成为本企业渠道的竞争者，使保留的渠道产生不安全感、在销售上不大胆、降低销售量等的可能性。对此，生产者要制定预防措施。

（三）调整全部渠道

这是指生产者对所利用的全部渠道进行调整。例如，直接渠道改为间接渠道，单一渠道改为多渠道等。这种调整是最困难的。它不仅使全部销售渠道改观，而且还会涉及营销组合因素的相应调整、营销策略的改变。作为生产者，调整全部渠道要特别谨慎，进行系统分析，以防考虑不周，影响企业的整体销售。

第二节　中　间　商

生产者要成功地利用中间商向消费者销售产品或劳务，必须了解中间商，研究中间商，认识中间商的性质、类型及职能，掌握中间商的发展趋势，这样才能达到目的。

一、中间商的含义

要点：生产者利用中间商是由于中间商在广泛提供产品和进入目标市场方面能够发挥最高效率。

中间商是处在生产者和消费者之间，参与商品交易业务，促进买卖行为发生和实现，具有法人资格的经济组织和个人。中间商作为一种行业，是独立于生产之外的，专门从事商品从生产领域向消费领域转移的流通产业，也就是商业。商业是社会分工发展的产物。人类历史上第三次社会大分工产生了商人，形成了商业的最初形式。随着商品生产与交换的发展，商业得到进一步发展。商业的专业化，使它对生产与消费的发展起到了巨大的促进作用。

二、中间商存在的缘由

虽然生产者可以直接销售产品给最终消费者或用户，但是更多的生产者还是利用中间商实现产品的销售。这是因为：

（1）生产者缺乏直接市场营销的财力。由于消费者居住分散，使销售需要形成网络，且销售网点众多，而生产者产品生产集中，如果生产者独自营销，将耗去大量资金。

（2）生产者直接营销需要其他生产者提供互补产品，以便取得大规模配销的经济效益。消费者购买某些商品并不是单一性和专程性的，而是具有比较性、选择性和顺便性。因此，生产者从事直接营销时，就需要同时经销其他生产者的与自己产品相关联的产品，以招徕顾客。生产者不会采用这种低效的营销方式，因而更愿意由广泛的私人配销机构网进行销售。

(3) 生产者对投资利润率最大化的追求使其更愿意使用中间商。当生产者在制造产品方面能获得较之直接营销更大的投资利润率时，生产者便会将资金投资于生产领域，而会放弃直接分销渠道。

总之，生产者利用中间商，是由于中间商在广泛提供产品和进入目标市场方面能够发挥最高效率。

要点：中间商有批发商和零售商两种基本类型。

三、中间商的分类

随着社会分工的发展，商业内部的分工也不断地发展，形成了批发商和零售商两种基本类型。

(一) 批发商

1. 批发商的特点

批发是指将货物或服务批量销售给为转卖或为商业用途而购买的企业或个人的活动。从事这种活动的企业或个人被称为批发商。

批发商与零售商的区别为：

(1) 销售对象不同。批发商是向转售者或生产者出售商品；而零售商是向最终消费者出售商品。

(2) 销售批量不同。批发商从事大宗买卖，批量购进，批量销售；而零售商是批量购进，零星销售。

(3) 地区分布不同。大型批发商主要分布在全国性的经济中心城市、大城市，中小批发商主要集中在地方性的经济中心的中小城市；而零售商则是分散在全国各地的广大消费者中间。批发商的数量较之零售商少得多，但所覆盖的贸易区域比零售商大。

2. 批发商的职能

生产者和零售商愿意选择利用批发商，是因为批发商能够发挥下列效能：

(1) 销售。批发商提供的销售人员能使生产者以较低的成本接触大批小客户，并且业务关系广泛，比生产者更受顾客的信赖。

(2) 购买和编配商品。批发商能够选择和编配顾客需要的花色品种，可以为顾客节省时间。

(3) 分装。批发商是整批购进，并按零售商的一般需要量分装后销售，可以为顾客节省资金。

(4) 仓储。批发商持有存货，能为顾客减少仓储成本和风险。

(5) 运输。批发商比生产者更接近顾客，能够向购买者更迅速地交货。

(6) 融资。批发商向顾客信用销售，向生产者提前交货、准时付账。

（7）风险承担。批发商因持有商品所有权（代理批发商除外），所以要承担商品失窃、破损、腐烂、过时降价等费用支出。

（8）提供信息。批发商能向供应商和顾客提供关于新产品、价格变动、竞争者活动等信息。

（9）咨询和服务。批发商能帮助零售商训练销售人员、布置店堂、陈列商品、建立会计与库存管理制度、提供技术服务等。

3. 批发商的类型

不同国家对批发商的分类标准不同。我国一般按照以下标准对批发商分类：

（1）按经营商品种类范围划分，分为综合批发商和专业批发商。综合批发商经营商品种类繁多，如百货批发站；专业批发商则只经营某一类或某几类商品，如五金电器批发站。

（2）按服务地区范围划分，分为全国性批发商、区域批发商和地方批发商。全国性批发商担负着全国范围的商品批发，如我国商业部门一级采购供应站；区域批发商承担着一个省或经济区范围的商品批发任务，如二级采购供应站；地方批发商只担负一个市、县或某一贸易区的商品批发业务，如三级采购供应站，是基层批发单位。

（3）按是否拥有商品所有权划分，分为经销批发商和代理批发商。经销批发商也被称作商人批发商，拥有商品所有权；而代理批发商不拥有商品所有权。

（4）按照批发商在商品流通过程中的环节划分，分为产地批发商、口岸批发商、中转批发商和销地批发商。产地批发商处于流通的起点，负责向生产者收购产品，然后供应给其他批发商；口岸批发商地处沿海口岸，负责接收进口商品，然后向各地调拨；中转批发商处于流通的中间环节，负责商品的集中与分散；销地批发商是批发流通的终端环节，直接联系零售商，负责把购入的商品直接供应给零售商或生产单位。

（5）按商品经营的方式划分，分为专业批发商、工业部门自营批发商、联营批发商、代理批发商和批发交易市场。专业批发商是直接经营商品批发买卖的经济实体，负责商品批发的主要任务；工业部门自营批发商是工业生产部门绕过头道批发直接将商品批售给中转批发商或销地批发商，或零售企业；联营批发商是商品经营者与生产者之间合作，或商品经营者之间进行联合经营批发活动的组织；代理批发商为商品供需双方居间介绍，媒介交易，并提供方便交易及服务；批发交易市场是商品生产者、经营者以及用户之间直接进行交易的场所，参加者不受地区和经济成分限制，以等价交换和自愿让渡为原则，价格随行就市，自由成交。

（6）按服务内容划分，分为综合服务批发商和专业服务批发商。综合服务批发商是对生产者、零售商或用户提供市场经营的各种服务；专业服务批发商是对生产者、零售商或用户只提供某一方面的服务，通常有承运批发商、货车贩运批发商、现货自运批发商等。

国外一般把批发商分为四类，即商业批发商、经纪人和代理商、生产者和零售商的分店或销售办事处以及其他批发商。

（1）商业批发商。商业批发商分为完全服务批发商和有限服务批发商。

1）完全服务批发商。完全服务批发商分为：①商业批发商，主要向零售商销售，并提供广泛的服务；②工业配销商，即向生产者销售产品。

2）有限服务批发商。有限服务批发商分为：①现购自运批发商。他们经销有限而周转快的商品，收现款，不负责送货。②货车批发商。他们主要行使销售和送货职能，主要销售易腐商品。③承销批发商。他们主要承销煤、木材、重型设备等大宗商品，不持有存货，不负责运输。④托售中间商。他们为杂货和药品零售商服务，经营非食品的品种。⑤生产合作社。他们负责组织农产品到市场上销售。⑥邮购批发商。他们通过将产品目录寄给零售商、工业部门机关团体进行批售，经营范围主要有珠宝、化妆品、专用食品和其他小品种。

（2）经纪人和代理商。他们对商品没有所有权，只执行少数几个职能。经纪人的主要作用是为买卖双方牵线搭桥，协助他们谈判，向雇用他们的一方收取费用。他们没有存货，也不参与融资或承担风险。代理商可分为：①生产者代理商。他们代表两个或若干个互补产品线的生产者，分别与每个生产者签订有关定价政策、销售区域、送货等方面的正式书面合同。②销售代理商。他们被授权销售生产者的所有产品，起到生产者的销售部门的作用。③采购代理商。他们代顾客进行采购，负责为顾客收货、验货、储运以及将货物交与买主。④代办行。这是指那些实际拥有产品，并参加生意谈判的代理商。

（3）生产商和零售商的分店或销售办事处。这是生产者或零售商自行经营批发业务的机构，有两种类型：①销售分店和销售办事处。生产者自己设立此种机构以改进存货控制、销售和促销业务。一般销售分店持有存货，销售办事处不持有存货。②采购办事处。零售商在中心市场设采购办事处，以发现或采购时令商品。

（4）其他批发商。这是指不属于上述类型的批发商，如农产品采购商等。

营销思考：分析百货商场这种老牌零售商的经营特征。

（二）零售商

1. 零售商的特点

零售是将商品或服务直接销售给最终消费者的商业活动。从事这种活动的企业或个人被称为零售商。

零售商从事的商业活动与批发商从事的商业活也有明显的不同。

（1）零售交易次数多，但平均每笔交易数额小；而批发交易次数相对较少，平均每笔交易数额相对较大。

（2）零售交易多为当面挑选的现货交易；而批发交易多为期货交易。

（3）零售交易中，购买者具有较强的随机性；而批发交易中，购买者具有较强的计划性。

（4）零售商提供的商品种类综合性强；而批发商提供的商品种类专业性强。

（5）零售活动范围的地方性强；而批发活动范围不限于当地，而是辐射到区域，甚至全国。

2. 零售商的职能

零售商作为必要的商品流通环节，是因为其在商品流通过程中担负如下职能，能满足生产者、批发商和消费者的需求：

(1) 分类、组合、配货职能。零售商执行消费者采购代理人的任务，把购进的商品按照消费者的需求分类、组合和搭配，使消费者便于购买，既满足了消费者的综合需求，也弥补了生产者提供产品的单一化与消费者综合化需求的差距。

(2) 服务职能。零售商在销售商品的同时，向消费者提供多样性服务，以方便消费者购物，促进销售。

(3) 储存商品及承担风险职能。零售商储存一定量的商品，以保证消费者能够随时购买，满足消费者不同时间的需求。因而，零售商同时承担着商品储存中发生的各种风险成本。

(4) 融资职能。零售商通过信用销售商品，如采用赊销，分期付款等销售方法，为消费者起到融资的作用。

(5) 信息传递职能。零售商处于生产者、批发商与消费者之间，来自生产者、批发商以及消费者需求变化及欲望的信息，往往在零售商处汇集。零售商通过沟通信息，起到促进生产、引导消费的作用。

(6) 娱乐职能。店铺零售商不仅销售商品，也为消费者提供娱乐、休闲的去处。零售商通过店堂美化、商品陈列及宣传艺术化，给消费者以美的享受，若兼营娱乐服务，则更能体现娱乐职能。

3. 零售商的类型

要点：零售商的不同分类与零售业态有关。

零售机构繁复多变，新形式不断涌现。我国目前按零售业态对零售商分类。零售业态是指零售企业为满足不同的消费需求进行相应的要素组合而形成的不同经营形态。

(1) 根据零售商有无店铺分类，可以分为以下两种类型：

1) 有店铺零售商。这是有固定的进行商品陈列和销售所需要的场所和空间，并且消费者的购买行为主要在这一场所内完成。有店铺零售的业态分类和基本特点如表9-1所示。

2) 无店铺零售商。这是不通过店铺销售，由厂家或商家直接将商品递送给消费者。无店铺零售的业态分类和基本特点如表9-2 所示。

(2) 根据零售组织形态分类，可分为以下几种类型：

1) 独立商店。这种商店通常是由业主自己经营，是只有一个店铺的零售商。

2) 连锁商店。它也称联号商店，是指流通领域行业中若干同业店铺，以共同进货或授予特权等方式连接起来，实现服务标准化，共享规模效益的一种现代化商业组织。其有三种形式：①单一所有权的连锁商店，也称直营连锁；②特许连锁商店，也称加盟连锁；③自愿连锁，独立的零售商自愿联合，按合同约定联购分销。单一所有权的连锁店与特许连锁商店、自愿连锁的区别是，单一所有权的连锁店高度统一，而后两者是在合同规定内统一行动，合同规定外可以自由活动。

表 9-1 有店铺零售的业态分类和基本特点

业态	基本特点						
	选址	商圈与目标顾客	规模	商品（经营）结构	商品售卖方式	服务功能	管理信息系统
1. 食杂店	位于居民区内或传统商业区内	辐射半径 0.3km，目标顾客以相对固定的居民为主	营业面积一般在 $100m^2$ 以内	以香烟、饮料、酒、休闲食品为主	柜台式和自选式相结合	营业时间 12h 以上	初级或不设立
2. 便利店	商业中心区、交通要道以及车站、医院、学校、娱乐场所、办公楼、加油站等公共活动区	商圈范围小，顾客步行 5min 内到达。目标顾客主要为单身者、年轻人。顾客多为有目的地购买	营业面积 $100m^2$ 左右，利用率高	以即时食品、日用小百货为主，有即时消费性、小容量、应急性等特点，商品品种在 3000 种左右，售价高于市场平均水平	以开架自选为主，结算在收银处统一进行	营业时间 16h 以上，提供即时性食品的辅助设施，开设多项服务项目	程度较高
3. 折扣店	居民区、交通要道等租金相对便宜的地区	辐射半径 2km 左右，目标顾客主要为商圈内的居民	营业面积 300 ~ $500m^2$	商品平均价格低于市场平均水平，自有品牌占有较大的比例	开架自选，统一结算	用工精简，为顾客提供有限的服务	程度一般
4. 超市	市、区商业中心、居住区	辐射半径 2km 左右，目标顾客以居民为主	营业面积在 $6000m^2$ 以下	经营包装食品、生鲜食品和日用品。食品超市与综合超市的商品结构不同	自选销售，出入口分设，在收银台统一结算	营业时间 12h 以上	程度较高
5. 大型超市	市、区商业中心、城郊结合部、交通要道及大型居住区	辐射半径 2km 以上，目标顾客以居民、流动顾客为主	实际营业面积 $6000m^2$ 以上	大众化衣、食、日用品齐全，一次性购齐，注重自有品牌开发	自选销售，出入口分设，在收银台统一结算	设不低于营业面积 40% 的停车场	程度较高
6. 仓储式会员店	城乡结合部的交通要道	辐射半径 5km 以上，目标顾客以中小零售店、餐饮店、集团购买和流动顾客为主	营业面积 $6000m^2$ 以上	以大众化衣、食、用品为主，自有品牌占相当部分，商品在 4000 种左右，实行低价、批量销售	自选销售，出入口分设，在收银台统一结算	设相当于营业面积的停车场	程度较高并对顾客实行会员制管理
7. 百货店	市、区级商业中心、历史形成的商业集聚地	目标顾客以追求时尚和品位的流动顾客为主	营业面积 6000 ~ $20000m^2$	综合性，门类齐全，以服饰、鞋类、箱包、化妆品、家庭用品、家用电器为主	采取柜台销售和开架面售相结合方式	注重服务，设餐饮、娱乐等服务项目和设施	程度较高

（续）

业态	基本特点						
	选　址	商圈与目标顾客	规　模	商品（经营）结构	商品售卖方式	服务功能	管理信息系统
8. 专业店	市、区级商业中心以及百货店、购物中心内	目标顾客以有目的地选购某类商品的流动顾客为主	根据商品特点而定	以销售某类商品为主，体现专业性、深度性、品种丰富，选择余地大	采取柜台销售或开架面售方式	从业人员具有丰富的专业知识	程度较高
9. 专卖店	市、区级商业中心、专业街以及百货店、购物中心内	目标顾客以中高档消费者和追求时尚的年轻人为主	根据商品特点而定	以销售某一品牌系列商品为主，销售量少、质优、高毛利	采取柜台销售或开架面售方式，商店陈列、照明、包装、广告讲究	注重品牌声誉，从业人员具备丰富的专业知识，提供专业性服务	程度一般
10. 家居建材商店	城乡结合部、交通要道或消费者自有房产比较高的地区	目标顾客以拥有自有房产的顾客为主	营业面积 $6000m^2$ 以上	商品以改善、建设家庭居住环境有关的装饰、装修等用品、日用杂品、技术及服务为主	采取开架自选方式	提供一站式购足和一条龙服务，300个以上停车位	程度较高
11. 购物中心							
社区购物中心	市、区级商业中心	商圈半径为 5～10km	建筑面积为5万 m^2 以内	20～40个租赁店，包括大型综合超市、专业店、专卖店、饮食服务及其他店	各个租赁店独立开展经营活动	300～500个停车位	各个租赁店使用各自的信息系统
市区购物中心	市级商业中心	商圈半径为 10～20km	建筑面积10万 m^2 以内	40～100个租赁店，包括百货店、大型综合超市、各种专业店、专卖店、饮食店、杂品店以及娱乐服务设施等	各个租赁店独立开展经营活动	500个以上停车位	各个租赁店使用各自的信息系统
城郊购物中心	城乡结合部的交通要道	商圈半径为 30～50km	建筑面积10万 m^2 以上	200个以上租赁店，包括百货店、大型综合超市、各种专业店、专卖店、饮食店、杂品店及娱乐服务设施等	各个租赁店独立开展经营活动	1000个以上停车位	各个租赁店使用各自的信息系统

（续）

业态	基本特点						
	选址	商圈与目标顾客	规模	商品（经营）结构	商品售卖方式	服务功能	管理信息系统
12. 工厂直销中心	一般远离市区	目标顾客多为重视品牌的有目的地购买	单个建筑面积 $100 \sim 200m^2$	为品牌商品生产商直接设立，商品均为本企业的品牌	采用自选式售货方式	多家店共有500个以上停车位	各个租赁店使用各自的信息系统

表9-2　无店铺零售的业态分类和基本特点

业态	基本特点			
	目标顾客	商业（经营）结构	商品售卖方式	服务功能
1. 电视购物	以电视观众为主	商品具有某种特点，与市场上同类商品相比，同质性不强	以电视作为向消费者进行商品宣传展示的渠道	送货到指定地点或自提
2. 邮购	以地理上相隔较远的消费者为主	商品包装具有规则性，适宜储存和运输	以邮寄商品目录为主向消费者进行商品宣传展示的渠道，并取得订单	送货到指定地点
3. 网上商店	有上网能力，追求快捷性的消费者	与市场上同类商品相比，同质性强	通过互联网络进行买卖活动	送货到指定地点
4. 自动售货亭	以流动顾客为主	以香烟和碳酸饮料为主，商品品种在30种以内	由自动售货机器完成售卖活动	没有服务
5. 电话购物	根据不同的产品特点，目标顾客不同	商品单一，以某类品种为主	主要通过电话完成销售或购买活动	送货到指定地点或自提

（资料来源：中华人民共和国商务部网站。）

3）消费者合作社。这是消费者所有制的零售组织，由消费者自行投资、自行经营管理，并分配利益。

4）零售企业集团。这是以大型零售机构为主体，将不同商品类别和形式的各种机构组合在一起，并将配销与管理功能综合为一个整体，实行多样化经营，向消费者提供多功能服务。

（3）根据商店群集的关系分类，可分为以下几种类型：

1）商店街。这是指同业或不同业的多家独立的零售商集合在城市的某一地区，形成商品的零售区域。其特点是设在城市中心的交通便利之处，由各种独立的零售商构成。

2）购物中心。这是指为满足消费者所需要的商品和劳务，把各种行业的零售业集中起来的地点，为消费者购买商品提供地点上的方便。其特点是以少数大店、名店为核心提供综合服务，而且环境舒适。

(4) 根据零售商经营业务范围划分，可分为以下几种类型：

1) 多元化经营的零售商店。这是以零售业务主，兼营加工或劳务的零售机构。它有零售兼生产加工、零售兼营批发、零售兼营其他劳务几种形式。

2) 单一经营的零售商店。这种商店就是经营零售业务，没有兼营其他业务。

(5) 根据零售商提供的服务水平划分，可分为以下几种类型：

1) 提供充分服务的零售商。这是指顾客在寻找——比较——挑选——购买等一系列的购货过程中，商店都提供服务，如百货店、珠宝店、照相器材店等专业店。

2) 提供有限服务的零售商。其只在顾客购货过程的某个阶段提供服务。例如，提供购买后的退换货服务，提供结算的赊欠服务，提供送货服务等。

3) 顾客自我服务的零售商。顾客在购货过程中完全自我服务。例如，超级市场、折扣商店等。

四、中间商的发展趋势

(一) 批发商的发展趋势

从批发商方面看，呈现出衰落与发展交替的趋势。一些批发商衰落下去，尤其是那些专业批发商的活动范围日渐缩小。其原因是：

(1) 生产的纵向联合，减少了生产领域中相互之间的商品流通。

(2) 生产的集中、单位大规模化，使生产者设立自己的销售部成为可能。

(3) 商品标准化，使销售技术操作简单，广告销售成为可能，方便生产者本身的直接销售。

(4) 信用制度的发展，降低了批发商的金融职能。

(5) 零售组织与规模经营的发展。零售商日益追求规模效益，大型零售机构增多，单独的、分散的、小规模零售商组成连锁商店，从而能够从生产者那里大批量进货。

(6) 生产者对中间商选择、调整的自由权利。生产者对那些他们认为不能积极促销产品、不能满足顾客的订货、不能提供最新市场信息等的批发商实行放弃政策，也使批发商衰落下去。另一些批发商发展起来，他们迎接来自零售商的挑战，改弦更张，调整服务方式，满足供应商和目标顾客的要求。他们认识到自身生存的基础是提高整个分销渠道的效率和效益，并不断改进服务，降低成本。

(二) 零售商的发展趋势

1. 零售机构发展假说

零售商的新型机构不断产生，原有机构不断衰落，零售商不断地自我更新。人们通过对零售商产生、发展的观察，提出了种种零售机构发展假说。

(1) 零售轮转假说。美国哈佛商学院零售学权威 M. 麦克奈尔教授认为，新型的零售机构变革有一个周期性的像一个旋转的车轮一样的发展趋势。新型零售机构最初都采取“低地位、低毛利、低价格”的经营政策。当他们取得成功后，必然会引起许多人的效仿，结果引起这种新型零售机构之间的竞争。这样就会促使他们改善设施，提供更多的顾客服务，从而带来费用的增加，使他们必然要提高价格。这样，他们就和他们所替代的旧的零售机构一样，转化为“高费用、高价格、高毛利”的零售机构。与此同时，新的革新者又以“低地位、低毛利、低价格”为特色的零售机构出现，于是“轮子”重新转动起来。以美国的零售业发展情况看，超级市场、折扣商店等都是以追求低价格销售而出现的，但随着时间的推移，都不能始终如一地贯彻“三低”政策，不得不提高商品价格，而当价格提高到一定程度，又必然走向反面，被另一种零售机构所代替。

（2）零售机构生命周期假说。这一假说认为零售机构和任何产品一样，也有其生命周期及四个阶段：①创新阶段。这是指创办和发展新型的零售机构。由于新型零售机构和传统零售机构根本背离，因此新型零售机构较其有差别优势。在发展新型零售机构之初，企业的投资收益率、销售增长率和市场占有率都迅速提高。②加速发展阶段。在这一阶段，出现了许多模仿者纷纷效法创新者开办新型零售机构；已经营业的企业又在其他地区开办新商店，进行地区扩张。到这个阶段结束时，企业的市场占有率和投资收益率均达到最高水平。③成熟阶段。处在成熟阶段的零售机构，以前那种朝气蓬勃的生命力已经消失，逐渐受到处在创新阶段的零售机构的竞争影响，其必然结果是市场占有率稳定或下降，投资收益率下降。但是，对大多数零售机构而言，成熟阶段是长期的。如果经营者善于应变，会使商店的经营管理适应市场变化的形势，能够保持稳定增长，取得中等水平的盈利。④衰退阶段。企业的市场范围明显缩小。

（3）零售机构综合化与专业化循环假说。这一假说认为，零售机构是以新经营的商品种类从综合化向专业化再到综合化的不断循环而发展变化的。当综合化的业态发展到一定程度后，就会出现以专业化为主要特征的业态；同样，当专业化的业态发展到一定程度后，又会出现综合化的业态。零售业态的演进就像手风琴弹奏一样，零售网点提供的商品组合由宽至窄，再由窄至宽，循环不已。按照这一理论，零售机构的发展顺序大致经历了五个时期（见图9-2）：①杂货店时期（商品综合化经营）；②专业店时期（商品专业化经营）；③百货店时期（商品综合化经营）；④便利店时期（商品专业化经营）；⑤商业街或购物中心时期（商品综合化经营）。

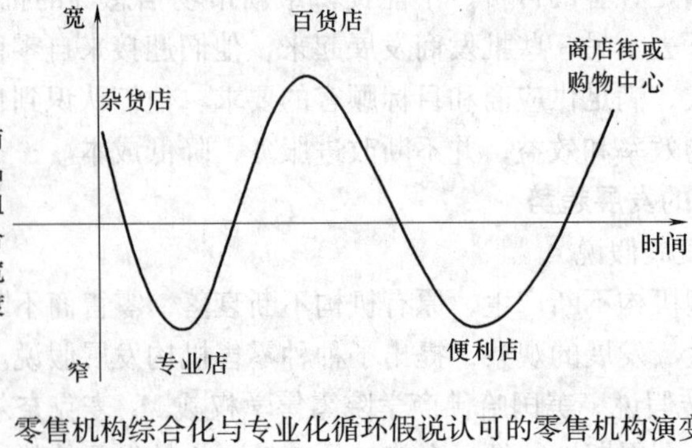

图9-2　零售机构综合化与专业化循环假说认可的零售机构演变过程

2. 网络零售商的发展

自1995年杰夫·贝佐斯（Jeff Bezos）在互联网上创办了亚马逊（Amazon）书店以来，网络零售商发展迅速，销售增长率飞速增长。

目前，网络零售商出现了许多类型：

（1）纯粹的在线零售商。这是在互联网上建立虚拟化的商城，向线上购买者线上销售商品的企业，例如，京东商城、当当网等。

（2）依托在网络平台的零售商，例如，淘宝网。阿里巴巴提供网络平台，吸纳众多的企业以及商户在其网站上向线上购买者销售商品。

（3）线上线下结合的零售商。一些实体零售商不仅在线下向顾客销售商品，而且自己在线上建立网站，同时向线上顾客销售商品。

（4）依托物流系统建立线上零售业务。例如，顺丰"嘿客"网购服务社区店。门店选购店虽为实体，但没有实物商品，顾客可以进店选购，在网上下单，然后由顺丰送货。

以上是关于零售机构发展的论述。虽然对零售机构发展变化历史地进行了考察，揭示了零售机构发展的某些共同特征，但并不能说明所有零售机构发展变化的规律。事实上，零售机构的发展变化是社会环境的综合反映。没有人口、就业、消费者生活方式及购买行为、同业竞争、社会生产的发展变化，也就没有零售机构的发展变化。而这些恰是影响零售机构发展变化的基础。

要点： 市场物流管理的主要职能是预测销售量、制订分销计划、订单处理、存货管理和运输管理。

第三节 市场物流

产品在从生产者向消费者转移的过程中，不仅发生产品的价值运动、信息流动等，产品的实体也发生运动。

一、市场物流的定义

目前市场物流的定义有狭义和广义两种。

狭义定义的表述为：市场物流是指商品实体从生产地点到消费者使用地点转移。其职能主要是商品的运输与仓储。

广义定义的表述为：市场物流是指与商品实体有关的全部流通活动，不仅包括商品的运输和仓储，而且还包括流通加工、包装、库存控制以及相关的信息流程等，如图9-3所示。

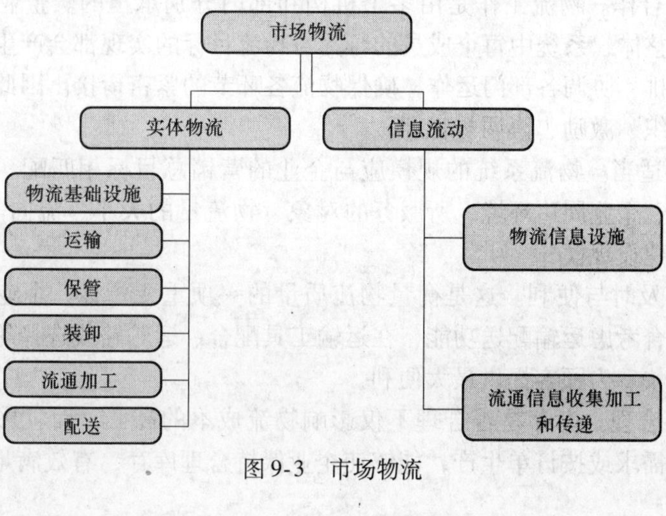

图9-3 市场物流

市场物流管理是指为满足顾客的需求，对商品实体从生产地点到消费者使用地点转移过程所进行的决策、计划、实施和控制的活动。

二、市场物流管理的职能

市场物流管理承担着以下职能：

营销思考：你怎样看待“双十一”快递“爆仓”的现象？有什么预防措施吗？

(1) 预测销售量。这是物流的基础工作。企业根据历史的销售数据、营销目标、市场需求变化等因素，分析和预测目标期内可以达到的销售数量，并以此作为企业制订分销计划和确定存货水平的依据。

(2) 制订分销计划。在对销售预测的基础上，根据企业的销售目标和渠道结构等，对商品分销工作，包括时间、市场区域、商品种类与批量、执行者和所需费用等问题进行统筹安排，制订行动方案，以便把商品及时、方便、有效、经济地提供给市场和消费者，实现企业的营销目标。

(3) 订单处理。这是指从接受订单到发送交货的全过程。这一过程包括订单接收、订单审核、将联运单分送至各个部门、按单配货、安排运输、开出收据、收回货款等项工作。这一过程能否做到迅速、准确、服务周到，会直接影响顾客的满意程度。如何加快订单处理过程，成为企业物流管理需要攻克的重要问题之一。现在，越来越多的企业运用现代科技手段，利用计算机控制系统解决这一问题。

(4) 存货管理。存货水平高会增加销售机会和提高顾客的满意度，但是也会给企业增加储存费用和占压资金。企业必须在提高顾客满意度和保持存货成本之间进行权衡、比较得失，确定合理的库存水平，并根据销售和市场状况及时予以调整。

(5) 运输管理。运输管理包括确定运输工具、运输路线、商品品种和运量、装运时间、起运地、目的地以及每项活动的执行者和所需费用等。对运输管理必须制订运输计划，统筹安排，以相对低的费用，保证商品在规定时间内，由生产点转移到使用地点。

三、市场物流管理的任务

(1) 促进合作。物流工作是由多个机构和部门分别承担的。企业必须认识到物流系统是一个整体，系统中每个成员的行为对物流目标的实现都会产生很大影响。企业需要统筹安排，协调各部门运作，确保物流各环节的紧密衔接。因此，企业应加强对各部门的组织、激励、协调与管理。

(2) 规模适当。物流系统的规模应与企业的营销总目标相匹配。企业可以通过对所处的位置、企业周边环境、所服务的对象、物流量的大小、流向等因素的调研，确定物流系统建设规模。

(3) 运送及时与便利。这是衡量物流质量的一项重要指标。企业在开展物流活动时，必须综合考虑运输配送功能，在运输工具配合、运输路线选择等方面做到成本最低、时间最快、为顾客提供最大便利。

(4) 库存合理。库存是否合理不仅影响物流成本的高低，而且影响企业的经济效益。企业按需求或按订单生产，能够使企业保持合理库存，有效满足市场需求，避免产品积压。

(5) 节约成本，提高经济效益。物流活动创造了产品的附加值，同时为企业创造了利润。但是，物流成本过高，造成产品高定价，顾客不接受。因此，企业应通过对物流的有效管理，降低成本，提高物流绩效，并转化成更大的产品附加值增量，从而提高企业的经济效益。

四、市场物流系统的构成

要点：市场物流系统由企业物流部门、经销商、储运公司、财务金融机构和保险公司组成。

在现代市场条件下，能够高效运作、重视满足顾客需要的专业性物流企业或运输、仓储机构得到了充分发展，形成了相对完善的物流专业服务体系。这使得企业产品分销中的物流活动往往通过企业物流部门统筹组织或委托专业物流公司、保险公司、经销商等内外部门或机构共同参与完成。这些部门构成了产品分销的市场物流系统。

1. 企业物流部门

企业物流部门是物流活动的统筹组织者、实施者和监控者，是企业物流活动的中枢，对物流的各个环节进行规划、选择、联系、协调，保证物流活动的顺利进行，提高物流效率，降低成本，达到物流目标。

2. 经销商

经销商是企业分销渠道的主要成员之一。经销商的数量、位置、销售效率和分销功能都与物流活动紧密相关。在一些场合下，经销商本身也是物流的组织者和承担者。企业物流部门必须和经销商保持良好的合作关系，以保证物流的顺畅，完成产品从生产领域向消费领域的转移。

3. 储运公司

储运公司是专门承办商品运输和储存业务的机构。虽然有一些规模较大的企业，由于物流业务量较大，自己设立了物流部门，但大部分企业还是利用专业的储运公司来完成物流活动。储运公司由于是专业机构，拥有较完善的物流设备设施，因而在组织储运活动方面往往比企业自己组织物流更有效率、更科学、更合理且成本更低。

4. 财务金融机构和保险公司

财务金融机构和保险公司是提供资金融通和保险服务的专业机构。企业在开展物流活动过程中，需要金融机构提供资金融通，以支付包装、装卸运输、储存保管、保险等费用；需要各种保险服务，以避免物流过程中可能发生的风险所带来的损失。

五、市场物流管理决策

要点：市场物流管理决策包括确定物流目标、加快订单处理、存货控制和运输方式选择。

物流管理的根本目的是以尽可能低的成本，为顾客提供高质量的服务。然而，两者兼顾又是困难的。高质量的顾客服务意味着大量的存货、足够多的运输工具和仓库，这一切都将增加物流成本。物流各环节发生的费用常常会从相反方向相互影响。例如，运输经理总是偏好铁路运输而反对空运，因为铁路运输的成本低。但是，由于铁路运输较慢，火车送货减慢了流动资金的周转，延迟了顾客的付款，有可能导致顾客转向其他迅速提供服务的竞争者。

企业对物流进行管理，面临着对物流活动中各种要素的选择与最佳配置，并需要作出决策。

1. 确定物流目标

企业需要决定服务目标。企业应该了解顾客的需求。一般来说，顾客希望供应商能够按时送货，愿意满足紧急需要，稳稳当当地运送商品，愿意收回次品并且立刻组织再供应。企业还应该研究竞争者提供什么服务，企业能够比竞争者更出色地为顾客提供什么服务。在确定自己的服务标准时，可参照竞争者的做法。一般要求提供至少和竞争者水平相同的服务。目标确定应考虑利润最大化，而不是销售额。企业必须考虑在提供较高水平的服务时所产生的费用。有些企业提供的服务很少，但售价很低。有些企业提供的服务多，但售价很高。

企业必须制定承诺目标，给每项服务要素制定明确标准。例如，可口可乐公司提出“把可口可乐存放在与需要近在咫尺之间”。一家器具制造商确定了下列服务标准：在接到订货单后的7天内，至少有95%的经销商订货必须送达；以99%的准确性处理经销商的订货，对经销商有关订货情况的询问必须在3h内做出答复；保证商品在运输中的损失不超过1%。

在制定了一系列市场物流目标后，企业就可以着手设计一个以最小的成本达到这些目标的方案。每一个可能的物流系统都包含了下列所表示的总费用

$$M = T + FW + VW + S$$

式中，M为物流总成本；T为运输总成本；FW为总固定仓储成本；VW为该系统的仓储总变动成本（包括存货）；S为平均的交货延误而失去销售额的总成本。

企业需要比较不同的物流系统，分析每一系统伴随的总成本（M），然后选择一个总成本为最小的系统。如果S难以测算的话，那么，企业可以致力于成本（T+FW+VW）最小化来实现顾客服务的目标水平。

2. 加快订单处理

企业需要为完善订单处理制定标准。企业从拿到订单、交货到付款，期间包括许多步骤：销售员转交订单、订单输入和客户信用检查、存货与生产安排、订单和发票传递、收到货款。这个周期越长，顾客就会越不满意，从而转向其他企业订货，企业的销售和利润就会下降。

企业需要加快这个周期过程，按顾客的希望准时送货、准确递送和准确支付。

3. 存货控制

存货水平形成物流的主要成本。销售人员总是希望企业备有充足的库存，以便随时满足顾客的订货。但是，维持大量存货对于企业来说，经济上并不划算。当对顾客的服务水平趋近100%时，存货成本将加速增长。管理者应该了解，销售量和利润的增加是否足以抵消较高的存货和加快订单程序所产生的成本。

存货决策的制定一是对何时进货和进多少货作出决策。当存货下降时，管理者必须知道库存在什么水平时要提出新的订货。这个库存水平称为订货点（Order Point），或重新订货点（Reorder Point）。所谓订货点，是指当库存的商品减少到某一数量单

位时，就要重新订货。订货点的数量，应该在脱销造成的风险与存货过量所发生的费用之间进行权衡后作出决定。

二是对进多少货作出决策。订货量大，订货次数就少。企业应该在订货处理成本和存货维持成本之间进行权衡。制造商的订货处理成本（Order-Processing Costs）包括该产品的设备安装成本（Setup Costs）和营运成本（Running Costs），以及产品运作过程中产生的成本。如果设备安装成本比较低，制造商就可以经常性地生产该产品，其单位生产成本会是一个常数，与营运成本几乎相等。如果设备安装成本高，制造商可以安排一个较长的生产周期，维持较大的库存量来降低每单位的平均成本。

订货处理成本必须与存货维持成本（Inventory Carrying Costs）相比较。平均库存量越大，存货维持成本越高。这些维持成本包括仓储费用、资金成本、税金和保险费、折旧和报废。如果企业维持较多的存货，就需要证明较大的存货量所增加的毛利将超过存货量增加而带来的成本。

为了能在订货与存货之间取得平衡，使总成本达到最低，人们运用最佳订货量方法进行决策，如图 9-4 所示。

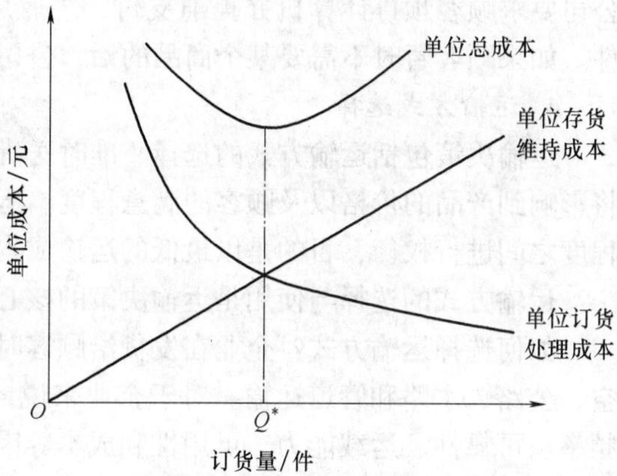

图 9-4　最佳订货量方法

从图上可见，单位订货处理成本随着订货量增加而下降，因为订货成本被分摊到更多的单位上；单位存货维持成本则随着订货量增加而上升，因为每单位的货品储存时间相对延长了。

最佳订货量计算公式为

$$Q^{*}=\sqrt{\frac{2DC_{S}}{IC_{P}}}$$

式中，Q^{*} 为最佳订货量；D 为年销售量；C_P 为产品单价；C_S 为每次订货费；I 为平均储存费用率。

例如：某企业的某产品销售量是 10000 件，产品单价为 100 元，平均储存费用率是 1%，每次订货费用是 80 元，求最佳进货量。

解

$$Q^{*}=\sqrt{\frac{2\times10000\times80}{1\%\times100}}\text{件}\approx1265\text{ 件}$$

为使存货成本降低，企业还可以依据风险和收益为存货分级，将商品分为瓶颈商品（高风险、低收益）、关键产品（高风险、高收益）、一般商品（低风险、高收益）和不受欢迎商品（低风险、低收益），并实施不同的管理方法。

准时制生产方法也为降低存货成本提供了改进思路。准时制（Just-In-Time，JIT）生产包括安排供应商按照需求量运送物料进厂。如果供应商可以信赖的话，那么制造商既可保持很低的库存水平，又可完全满足顾客订货的标准。其基本思路是安排适时的流动（Flow）而非库存（Stocks）。如英国最大的特斯科连锁超市，建立了准点生产的市场物流系统。管理层为减少仓库成本，用一天补两次货的方法达到目的。一般来说，它需要三种货车来分别运送冷冻食品、冰箱食品和一般食品。结果，它设计了一种分割为三个空间的新型货车同时运送这三种商品。

近似零存货（Near-zero Inventory）方法也为降低存货成本提供思路。这种方法是建立在订单而非存货之上的。其模式是企业“销售一个，生产一个”。例如，戴尔公司要求顾客预订计算机并提前支付，之后用顾客的资金要求供应商运送必要的零件。如果顾客暂时不需要某个商品的话，公司就可以节省这笔开支。

4. 运输方式选择

运输决策包括运输方式的选择、准时送货的执行和商品抵达时的损耗等。这些都将影响到产品的价格以及顾客的满意程度。运输决策也是要在运输成本和顾客的满意程度之间进行权衡，目的是以最低的运输成本满足顾客的需求。

运输方式的选择与使用是运输决策的核心问题。

如何选择运输方式？企业在发货给顾客时，可在五种运输方式中选择：铁路、航空、公路、水路和管道运输。对于企业来说，选择某一种运输方式，要考虑到速度、频率、可靠性、运载能力、可用性和成本等因素。如果托运人要求快速，航空运输是主要选择对象；如果目的是谋求低成本，水路和管道运输就是主要考虑对象。

将两种或两种以上的运输方式结合起来使用，更有利于达到运输管理的目的。集装箱的发展为两种以上的运输方式结合起来使用提供了方便。将商品装在集装箱内或挂车内，方便了在两种运输方式之间的转换。

联运的运输工具结合方式有：①“猪背（Piggyback）联运”。它是指铁路和卡车的联合运输。②“鱼背（Fish-back）联运”。它是指水路和货车的联合运输。③火车船（Train-ship）联运。它是指水路和铁路联合运输。④空中货车（Air-truck）联运。它是指航空和货车运输结合使用。每一种联运方式对于托运人都有某种独特的好处。

从另一角度看，有私人运输、契约性运输和公共运输等方式。如果托运人拥有自己的货车或飞机，该托运人就是一个私人运输商（Private Carrier）。契约性运输者（Contract Carrier）就是指某个独立的组织，按照所订的契约，向另一个组织出售运输服务。公共运输者（Common Carrier）按照规定时间提供预订地点之间的运输服务，它向所有的托运人都按标准价格收费。

本章小结

1. 生产者对渠道的管理，主要是分析中间商的特征，选择、激励、检查渠道成员和调整渠道。选择渠道成员须明确应中间商的条件，激励渠道成员可按照适度激励原则，采取具体的措施，运用各种权力影响中间商的合作。渠道冲突管理首先确定冲突问题，分析冲突问题，然后明确冲突管理目标，制订并落实冲突管理方案，最后检查、评估冲突管理绩效。分销渠道调整有增减渠道成员、增减渠道和调整全部渠道三种方式。

2. 中间商是处在生产者和消费者之间，参与商品交易业务，促进买卖行为发生和实现的，具有法人资格的经济组织和个人。

3. 中间商有批发商和零售商两种基本类型。批发是指将货物或服务批量销售给为转卖或为商业用途而购买的企业或个人的活动。从事这种活动的企业或个人被称为批发商。根据不同的分类标准，批发商可以划分为不同的类型。如在我国，有综合批发商、专业批发商；全国性批发商、区域批发商和地方批发商等。在国外，一般将批发商分为商业批发商、经纪人和代理商、生产者和零售商的分店和销售办事处、其他批发商。零售商从事将商品或服务直接销售给最终消费者的商业活动。零售商的类型可分为有店铺零售商、无店铺零售商；独立商店，连锁商店、消费者合作社和零售企业集团等类型。

4. 中间商的发展趋势，从批发商方面看，呈现出发展与衰落交替的趋势；从零售商来看，新型机构不断产生，原有机构不断衰落，零售商在不断地自我更新。

5. 市场物流的狭义定义是指商品实体从生产地点到消费者使用地点转移。其职能主要是商品的运输与仓储；广义定义是指与商品实体有关的全部流通活动，不仅包括商品的运输和仓储，而且还包括流通加工、包装、库存控制以及相关的信息流程等。

6. 市场物流管理承担着预测销售量、制订分销计划、订单处理、存货管理和运输管理等职能。市场物流管理的根本目的是以尽可能低的成本，为顾客提供高质量的服务，对物流活动中各种要素的选择与最佳配置作出决策。企业通过确定物流目标、加快订单处理、存货控制和运输方式选择的策略实现这一目的。

思考题

1. 什么是渠道冲突？渠道冲突产生的原因是什么？
2. 生产者对中间商的激励措施有哪些？
3. 什么是中间商？生产者利用中间商销售产品的目标是什么？
4. 描述批发商和零售商可能的发展趋势。
5. 什么是市场物流？物流管理决策的基本步骤有哪些？

选择题

1. 同一层次中的渠道成员之间发生冲突，被看作是________。

A. 纵向冲突　　B. 横向冲突　　C. 目标分歧　　D. 地域差异

2. 在营销学中，中间商是指______。

A. 提供金融支持的银行

B. 在一个组织和它的竞争对手之间出现的竞争者

C. 帮助组织向购买者促销、推销和分销产品的企业

D. 四处游说反对组织的压力集团

3. 生产者对中间商的适度激励的首要基础是______。

A. 综合性贸易关系　B. 资金支助　C. 施加影响　D. 风险共担

4. 零售商主要的销售对象是______。

A. 最终消费者　B. 制造商　C. 经纪人　D. 代理商

5. 下列不属于市场物流管理职能的是______。

A. 预测销售量　B. 制订分销计划

C. 订单处理　D. 融资职能

6. 按照零售轮转假说，新型零售机构采取的经营政策是______。

A. “低地位，低毛利，低价格”　B. “低地位，高毛利，低价格”

C. “高地位，低毛利，低价格”　D. “低地位，低毛利，高价格”

7. 造成渠道成员之间产生冲突的主要原因之一是______。

A. 接近顾客　B. 角色预期　C. 缺乏整合　D. 所有权确定

8. 下列不属于市场物流系统部门的是______。

A. 企业物流部门　B. 经销商

C. 消费者机构　D. 保险公司和财务金融机构

章尾案例

娃哈哈构建“联销体”

杭州娃哈哈集团有限公司（以下简称娃哈哈）以信用为基础，建立“联销体”制度，通过保证金、销售责任分区、价差分级以及市场督导等方式，把渠道上各个层次的客户及客户占有的资金、市场、仓储，甚至配送体系等各项资源有机整合进娃哈哈的联合销售共同体内，“以义为基础，以利为纽带”形成厂商利益联合体，变一家企业在市场上与人竞争为几千家企业合力一起与人竞争，解决“谁来为你卖”的问题，并辅以企业中央集权制的内部营销运作体系，借助信息化管理手段，实现低成本产销运作；以准确定位，开发生产适销对路的高品质产品，通过广告宣传，解决“谁来买”的问题。

一、构建核心销售体系

娃哈哈的营销组织结构是：总部——各省销售分公司——特约一级批发商——特约二级批发商——二级批发商——三级批发商——零售终端。娃哈哈的销售体系由两个系统构成，即经销商系统和分公司系统。经销商是物流商，主要负责仓储、资金和送货到终端等，而各省销售分公司则负责管理、服务以及广告促销等业务。由于所有特约二级批发商都掌握在娃哈哈手中，因此无须担心出现失控的局面，而对于经销商的管理，娃哈哈主要采取“利益驱动”，严格保护经销商的利益。

每年年初，特约一级批发商根据各自销售额的大小打一笔预付款给娃哈哈，娃哈哈支付高于银行的利息，然后每次提货前，结清上一次货款。特约一级批发商在自己的区域内发展特约二级批发商与二级批发商。两者的差别是，前者将打一笔预付款给特约一级批发商以争取到更优惠的政策。娃哈哈保证在一定区域内只发展一家特约一级批发商，同时常年派出若干位销售经理和理货员帮助经销商发展特约二级批发商网络，开展各种铺货、理货和促销工作，无偿帮助经销商建立较为稳定的二批网络，辐射更多的终端。在某些县区甚至出现这样的情况：当地的特约一级批发商仅提供了资金、仓库和一些搬运工，其余的所有营销工作都由娃哈哈销售人员具体完成。对经销商，一是要有一定的资本金垫底，二是必须全力投入，把本区域市场做大，否则第二年经销权就可能旁落他家。

二、实施区域销售责任制和市场督导制度

娃哈哈成立专门机构，巡回全国专门查处冲货的经销商。可是，要彻底解决冲货问题，治根之策还是要严格分配和控制好各级经销商的势力半径。一方面，充分保护其在本区域内的销售利益；另一方面，则严禁其对外倾销。在联销体制度建立两年后，娃哈哈开始着手实施区域销售责任制，放弃以往广招经销商、来者不拒的策略，开始精选合作对象，从众多的经销商中发展、扶植大客户，同时，有意识地划小经销商的辐射半径，促使其精耕细作，挖掘本区域市场的潜力。根据经销商的能力和他们当地的客情关系，对所有经销商、二批商进行区域合理布局，严格划分责任销售区域。努力消灭销售盲区，让经销商、二批商各得其所，互不进犯对方的势力范围。通过给经销商划分合适的销售范围和销售产品，既要充分发挥他们的资金实力和经营能力，满足他们生存发展的需要，又要把握他们确有能力在责任区域内精耕细作，保证厂家利益和发展需求。

娃哈哈根据资金实力、仓储配送能力、终端网络完善度、客情关系等方面的情况，筛选出优质经销商来承载销售任务，并对经销商队伍定期进行任务完成率、辖区人均消费、终端网络建设、回款情况等方面的考核，从而稳固并壮大经销商队伍。

娃哈哈制定了一套销售业务员工作规范，并建立了一支专业的市场督导巡检队伍和督导巡检制度，确保公司各项营销政策、策略及指令的执行。娃哈哈分八大片区建立市场督查队伍，直接受总部领导，由总部每月下达督查计划和重点督查内容，不间断地进行市场巡查，及时了解市场信息、听取经销商意见、检查营销政策执行情况，为公司的下一步决策提供依据。

三、建立利益共享机制，提高销售商积极性

诚信和双赢是娃哈哈经营中一直坚持的最基本的原则。在娃哈哈的营销策略设定中，经销商的利益被摆在非常重要的位置上。因此，在利益分配上，娃哈哈坚持：

一是要保证经销商帮你销售产品能赚钱。只有让别人赚了钱，有积极性帮你销售更多的产品，厂家才能赚钱。

二是价格、价差要设置合理。价差是指产品从厂家到消费者手中经过的所有批零通路各环节之间的利益分配。高价的产品如果没有诱人的价差分配，仍然无法引起经销商的积极性；而低价产品如果价差控制得当，仍然可以因为量大而为经销商带来利润。有序地分配各级经销层次的利益空间，不但是生产商的责任，更是其控制市场的关键所在。生产商推出任何一项促销活动或政策，应该考虑设计一套层次分明、分配合理的价差体系。一方面，零售价要设置合理，让消费者能接受；另一方面，各级渠道的价差要足够，而且价差要比竞争对手略高。销售你的产品比销售竞争对手的产品更赚钱，渠道自然会更愿意销售你的产品。但如果给渠道留的价差过高，很有可能零售价就被抬高，消费者不接受。而且渠道卖很少的量就能满足其利润需求，而不努力去多卖产品。或者由于价差过高、量过大，部分渠道客户会担心产品积压，降价销售，造成价格混乱、自己的产品与自己竞争。因此，娃哈哈一直采取价差比竞争对手高一点的策略，而且把比竞品价差高的部分利差通过月度考核返利、终端陈列费用等形式再返回给渠道。娃哈哈促销的重点是经销商。公司会根据一定阶段内的市场变动、竞争对手的异动以及自身产品的配备，推出各种各样的促销政策，常年循环，月月如是。针对经销商的促销政策，既可以激发其积极性，又能保证各层销售商的利润，因而可以做到促进销售而不扰乱整个市场的价格体系。相反，依赖于直接让利于消费者的促销，则会造成经销商无利可图而缺乏动力，最终竞相降价，可能把零售价格打乱。在培育起忠诚的客户群体之后，则应该把工作的重点转移到消费者身上。只要经销体系内的价差体系一旦形成，就应该把更多的优惠政策放到零售终端上。

四、准确定位市场，开发生产适销对路产品

娃哈哈一直坚持大众化的品牌路线，产品价格不是很高，要让大多数消费者都能接受。同时，娃哈哈以技术创新打造质优、价廉的大众化品牌，引进世界一流的实验、生产、检测仪器设备，不仅保证产品质量，而且通过全国布局实现规模化经营，通过集团采购降低生产成本，形成规模效益，使娃哈哈的产品成本与任何竞争对手相比均占有优势；通过联销体不断做大市场，使娃哈哈的产品随处可见、伸手可及，成为真正的大众化产品。产品的适销对路，就是针对消费者的需求开发具有真正使用价值的产品。在产品创新上，娃哈哈坚持“合理领先适度创新”的原则，坚持“领先半步，小步快跑”式的产品创新。娃哈哈成立专职市场拓展队伍，通过对全国各地消费者需求的调研，以及对饮料行业的发展趋势判断，对现有产品及后续开发产品进行产品规划。

娃哈哈的产品创新随着公司的发展壮大经历了三个阶段：从早期的跟进模仿创新、引进创新到现在的自主创新，始终以消费者需求为基础，通过创新取得领先优势，占据主动。娃哈哈的第一个产品——儿童营养液，就是针对儿童偏食、挑食而造成的缺乏食欲、营养不良问题而开发的，并在广告宣传中挖掘出“吃饭香”这一卖点，迅速取得成功。娃哈哈果奶的推出，是基于当时人们都知道牛奶是好东西，但是有的小孩又不喜欢牛奶的口味，不愿意喝，还有的小孩喝纯牛奶会有过敏反应，所以通过添加果汁，做成娃哈哈果奶，结果深受小孩子的欢迎，产品再次卖火了。随后娃哈哈开发的纯净水，实际上也是因为国内工业发展造成水污染，而随着生活的改善，人们对自身健康越来越重视，于是推出既干净又甘甜的纯净水。目前娃哈哈年产销瓶装饮用水近400万t，已成为全球最大的饮用水生产厂家之一。随着经济全球化进程加快，以及我国改革开放不断深化，依赖引进创新已经很难取得优势。娃哈哈就利用自己的实力，开始自主创新。近年，娃哈哈利用生物工程技术，将牛奶、果汁与15种营养素有机结合起来，开发出新产品营养快线，口感好、营养丰富，又一次受到消费者的青睐，至今累计销售已达300多亿元。

正是通过摸准消费者需求，不断地创新，不断地满足消费者需求，20多年来，娃哈哈已累计开发新产品150多个，投产100多个，保证每年都出新产品、每年都有新的增长点，并逐步形成自己的产品链，较好地解决了产品生命周期影响企业生命周期的问题。

五、建立中央集权制的产销运作组织体系

与联销体模式相配套，娃哈哈实行一切资源均统一管理的“中央集权制”，其物流、商流、现金流都由总部控制，是一种“对内高度计划管控、对外高度市场运作”的模式。娃哈哈产销运作流程如图9-5所示。

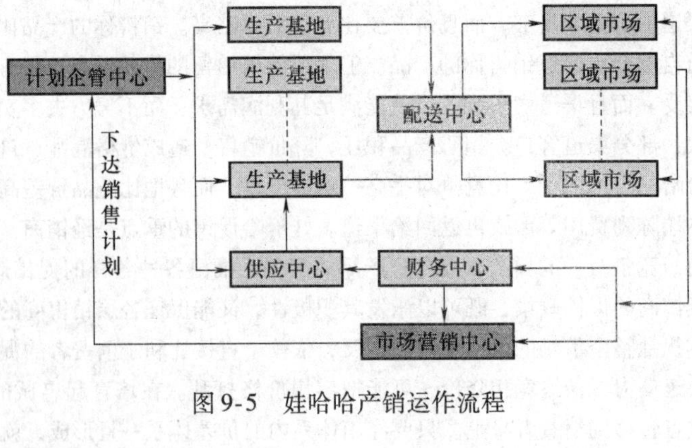

图9-5　娃哈哈产销运作流程

娃哈哈产销运作最多只有四个层次：决策层——市场中心——制造基地——采购、财务及配送门。其内部实行的是“统一采购、统一销售、统一调拨”的大一统体制，而各个部门之间又严格实行内部结算制。这样既能发挥高速运转的效果，又避免了部门间的无谓消耗。同时，实施“以销定产”的产销政策，在全国各省、自治区、直辖市建立100余家生产分公司，在产品的销售区域组织生产，然后在当地销售，通过这种方式减少销售环节，降低生产成本。娃哈哈充分利用信息化管理，采用门户管理系统、销售管理系统、生产管理系统、供应管理系统及SAP管理系统进行系统核控、分析，定期进行产供销部门沟通协调，采取集中模式，低成本、高效率地完成娃哈哈遍布全国的100余家分厂、300条成品生产线、300余个产品、5600余家经销商的生产、供应、发货及一系列协调工作。

目前，娃哈哈所建立的严密的、全国联网的销售客户系统，为所有经销商建立了动态档案，通过各地派驻市场销售人员，随时了解其销售动态，进行适时的配送。这个客户系统大大提高了企业的产销管理和现金流管理，加快了货物的周转速度，减少了存货损失。

（资料来源：《娃哈哈构建“联销体”》，《企业管理》，2012年第7期，有改动。）

案例思考题：

1. 说明娃哈哈的分销渠道结构。
2. 娃哈哈是怎样调动销售商积极性的？
3. 说明娃哈哈的产销运作体系的优缺点。

第十章 整合沟通

学习目标：

1. 理解整合沟通的深刻含义，认识整合沟通对企业的作用。
2. 明确整合沟通策略的影响因素，以及正确制定整合沟通决策。
3. 领会人员推销的特点和具体形式，了解对推销队伍的组织管理。
4. 明确广告的含义，正确选择广告媒体，了解广告效果的测定。
5. 掌握营业推广的特征和具体实践的工具。
6. 理解公共关系的本质含义，了解公共关系的实施过程。

导引案例

经历了“3G元年”（即2009年）的市场培育，度过周岁的3G手机市场在2010年迎来了购销两旺的态势，无论是运营商还是手机生产厂商，纷纷加大推广力度，意图进一步打开市场。2010年4月，国产手机厂商青岛海信通信有限公司配合中国电信的市场推广步伐，推出多款EVDO手机，并向消费者发出邀请：2010年4月1日—5月31日将在全国范围内开启“海信3G智能互联网手机，翼起来”的整合传播活动，让不断升温的3G手机市场更加火爆。

据了解，此次海信的春季整合传播攻势可谓多头并举：以第一款基于Android平台的智能3G手机海信E90领衔，以具备EVDO/GSM双模配置为特点的EG59让利销售，直降300元仅售1299元。除此之外，更有海信EG60、E7、E6三款手机参与本次整合传播，凡购买海信EVDO手机即可获赠精美的迪士尼、乐扣乐扣牌水杯。堪称豪华的推广机型阵容、多样化的促销策略，势必在2010年的3G手机市场上掀起海信EVDO手机的抢购风暴。

（资料来源：http：//www. china. com. cn/economic/txt/2010-04/06/content_19755706. html，有改动。）

要点：营销沟通是企业与目标消费者之间的一种信息传递过程。

沟通是人类社会的一种日常活动。为了沟通，人们创造了语言和文字，于是人们能够互相交流思想。沟通似乎是人类与生俱来的一项基本技能。然而，误解时常发生，准确沟通未必简单。营销沟通是一种有目的的活动，为了有效达到沟通目的，沟通发出者必须准确理解沟通的概念，并遵循一定的沟通模式（见图10-1）。

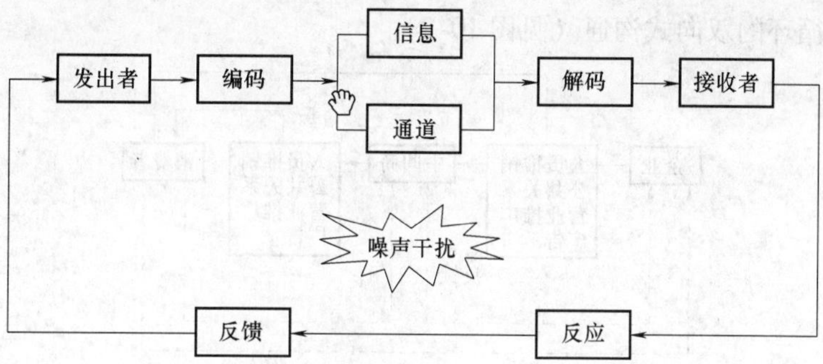

图 10-1　沟通模式

要点：沟通的目标是更好地满足消费者的需求；使企业的整个营销工作的效率更高。

现代市场营销要求企业开发优良的产品，制定有吸引力的价格，并且使它易于购得。除此之外，企业还必须与其现行和潜在的关系方以及公众沟通。由此，企业不可避免地担当起沟通者和促销者的角色。对于大多数企业而言，问题不在于是否要沟通，而在于沟通什么，怎样沟通，与谁沟通，隔多久沟通一次等。越来越多的企业越发感觉到，抓住顾客日益分散的注意力的同时，营销沟通变得越发困难了。

沟通及其组合是企业市场营销的一个有机组成部分。按照现代市场营销观念，沟通就是企业把产品或服务在向消费者传递的过程中，通过一定的方法及组合，使之更有效率地达成两个方面的目标：更好地满足消费者的需求；使企业的整个营销工作的效率更高。其实质是卖方使用更有效的策略，与目标顾客进行有效的信息沟通。随着大众传播向分众传播的发展，多样性的沟通手段和与之相应的整合沟通得到了相应的运用并不断发展。从企业的角度来说，适应沟通环境的变化，创造出契合企业整体营销战略和战术的促销思路及其实施方法，对实现企业的营销目标有着极其重要的影响。

第一节　整合沟通概述

要点：沟通是促销的本质，目的是对消费者进行诱导、说服，从而促进产品或服务的销售。

营销沟通（Marketing Communication Mix）也称促销（Promotion Mix），是市场营销组合（Marketing Mix）的四大策略之一，是企业营销活动中最锐利的竞争武器。

沟通是促销的本质。它可以是一对一的，也可以是一对多的；可以是面对面的，也可以是远距离的。沟通通过各种渠道向消费者传递信息，对消费者进行诱导、说服，从而促进产品或服务的销售。一方面，企业作为商品的供应者或卖方，面对广泛的消费者，需要把有关企业自身及所生产的产品、劳务的信息传达给消费者，使他们充分了解企业及其产品、劳务的性能、特征、价格等，借此进行判断和选择。这种由卖方向买方的信息传递，是买方得以作出购买行为的基本前提。另一方面，作为买方的消费者，也把对企业及产品、劳务的认识和需求动向反馈到卖方，促使卖方根据市场需求进行生产。这种由买方向卖方的信息传递，是卖方得以适应市场需求的重要前提。可见，买卖双方的信息沟通不是单向式沟通，而是一种由卖方到买方和由买方到卖方的不断循环的双向式沟通（见图 10-2）。

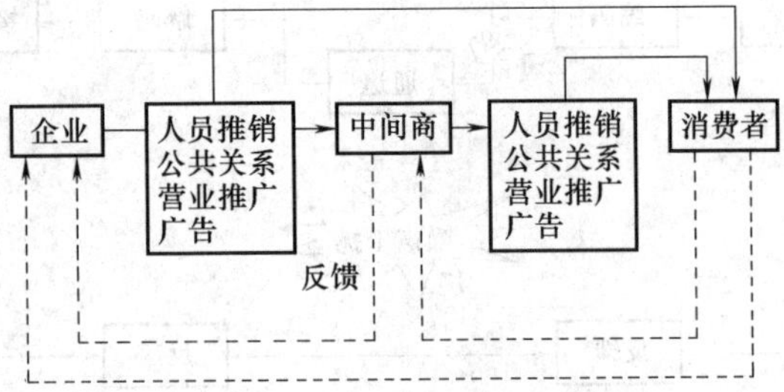

图 10-2　买卖双方的信息沟通

> 要点：整合沟通是把人员推销、广告、营业推广、公共关系和直接营销整合为一个销售促进系统。

沟通的最终目的是引发和刺激消费者产生购买行为。企业通过整合沟通，对产品进行有效宣传，刺激消费者的消费欲望，引发消费需求和购买动机，促成消费者的购买行为，实现产品和劳务的转移。

一、整合沟通的内涵

整合沟通是用以计划、开发、执行和评估企业对大众的整体传播的一项战略性业务过程。整合沟通的方式多种多样，归纳起来主要有人员推销（Personal Selling）、广告（Advertising）、销售促进（Sales Promotion，又称营业推广）、公共关系（Public Relations）和直接营销（Direct Promotion）。整合沟通体现了现代市场营销理论的核心思想——整体营销和全面营销。广义上，整合沟通被看成是一种组织促销活动的策略思路。它主张企业把广告、人员推销、营业推广、公共关系及直接营销五种基本促销手段组合为一个策略系统，使企业的各种促销活动互相配合，协调一致，最大限度地发挥整体效果，从而顺利实现促销目标。

> 营销思考：查询有关加多宝的资料，它的哪些广告和营销沟通活动给你留下深刻的印象？为什么？

广告是一种以付费形式通过一定媒体对产品或企业进行宣传的沟通方式。其具体手段种类繁多，常见的有电视广告、广播广告、报纸广告、杂志广告、网络广告、产品说明书、户外广告、海报招贴和传单、售货现场陈列、视听资料、产品目录等。

公共关系是以非付费方式借助大众传媒的新闻报道间接宣传企业及其产品的一种沟通方式。其常见的具体手段或工具包括新闻发布会、公益服务活动、经过策划的公关事件或专题活动、演讲、研讨会等。

营业推广是通过各种具有短期刺激作用的特定活动，促使潜在消费者更快地或更多地购买某一产品的一种沟通方式。比较常见的具体手段有赠送样品、优惠券、价格折扣、有奖销售、对经销商的各种折扣或奖励等。

人员推销是以销售人员直接说服消费者购买产品为基本内容的一种沟通方式，其具体手段包括上门推销、电话推销、展会或交易会推销、零售现场推销等。

直接营销是一种不通过营销中间人，使用消费者直接渠道进行的送达和交付商品和服务的行为。这些渠道包括直接邮寄、目录营销、互动电视、购物亭营销以及网上站点和移动设备营销。由于广告、公共关系、营业推广、直接营销四种方式并不需要通过人员直接与消费者接触和沟通，因而被称为非人员沟通传播；推销则相应地被称为人员沟通传播。

整合沟通的五种基本方式随着经济的发展和竞争的加剧，不断扩充和丰富其内容，出现了许多新的沟通手段和工具。五种基本方式各具特点，又都包括丰富的具体手段或工具。这一方面意味着企业在制定沟通策略时可以有多种选择和多种搭配方式，另一方面则意味着可能由此产生一系列问题。一是通过不同的沟通手段或工具向消费者传递的信息可能缺乏一致性，从而使不同沟通活动的作用互相抵消；二是各种沟通活动可能互相重复，或者缺乏连续性，从而浪费企业资源。

整合沟通是发展和实施针对现有和潜在消费者的各种劝说性沟通计划的长期过程，目的是对特定沟通受众的行为施加影响。整合沟通认为，现有或潜在消费者与产品或服务之间发生的一切有关品牌或企业的接触，都可能是未来的信息传递渠道。

二、整合沟通的作用

在现代市场营销活动中，整合沟通比之早期的商品推销有更为重要的作用。早期的商品推销，作用仅仅局限于直接促进商品所有权的转移。现代的沟通促销活动作用则更为广泛和深刻。通过整合沟通，不仅帮助或说服潜在顾客购买，而且更刺激了消费需求的产生。现代市场营销所需要的，不仅是开发价廉物美的产品，方便消费者购买，而且要有高效率的促销活动与之相配合。一件出色的产品，只有为消费者所欣赏，并惬意地购买，才能成为现实的产品，造福于公众和社会。由于竞争和消费者的购买特性，市场日益广阔，潜在顾客不断形成，使整合沟通变得十分重要。其作用主要体现在以下几个方面：

（1）传递消息。产品进入市场或即将进入市场，企业通过沟通，及时向中间商和消费者提供情报，引起社会公众的广泛注意，吸引他们注意这些产品和劳务的存在。通过传递产品信息，把分散的、众多的消费者与企业联系起来，便利消费者选择购买，成为现实的买主。

（2）唤起需求。在沟通活动中向消费者介绍产品，不仅可以诱导需求，有时还可以创造需求。消费需求产生的原始动机，是由人类生存和发展的需要而引发的。随着经济发展和人民生活水平的提高，人们生存、发展需要的内容和范围也在不断扩展，从而形成不断发展的潜在需求。沟通的重要作用就在于通过介绍新的产品，展示合乎潮流的消费模式，提供满足消费者生存和发展需要的承诺，从而唤起消费者的购买欲望，创造出新的消费需求。

（3）突出特点。在同一类商品市场上，一种商品基本上是满足消费者某一方面的需求，商品的基本功能大体上也是相同的。面对市场上琳琅满目的商品，消费者往往难以准确地识别商品的性能、效用。企业通过沟通活动，可以显示自身产品的突出性能和特点，或者显示产品消费给顾客带来的满足程度，或者显示产品购买给顾客提供的附加价值等。这些都促使消费者加深对本企业产品的了解，从而增加销量。

（4）稳定销售。由于商品市场的激烈竞争，企业本身的产品销售可能起伏不定，企业的市场份额呈现不稳定状态，有时甚至可能出现较大幅度的滑坡。通过有效地实施沟通活动，企业可以得到反馈的市场信息，及时作出相应的对策，加强沟通的目的性，使更多的消费者对企业及产品由熟悉到偏爱，形成对本企业产品的惠顾动机，从而稳定产品销售，巩固企业的市场地位。

要点：整合沟通策略的制定要考虑沟通目标、产品性质、产品生命周期、市场性质等因素。

三、整合沟通策略的影响因素

整合沟通是企业有计划、有目的地把人员推销、广告、公共关系、营业推广、直接营销等促销形式进行适当配合和综合运用，形成一个完整的销售促进系统。整合沟通包括人员推销、广告、公共关系、营业推广以及直接营销等，五种方式或手段可有长处和短处，沟通的重点在不同时期、不同商品上也有区别。因此，在实际沟通策划过程中，就需要根据企业现实要求，对五种促销方式进行适当选择，综合编配，形成不同的整合沟通策略。确定整合沟通策略，主要应考虑以下因素：

1. 沟通目标

营销思考：回忆你最近的一次购物经历，潜在供应商是如何与你沟通的？

促进销售的总目标，是通过向消费者的报道、诱导和提示，促进消费者产生购买动机，影响消费者的购买行为，实现产品由生产领域向消费领域的转移。但在总目标的前提下，在特定时期对特定产品，企业又有具体的沟通目标。例如，针对某些产品，企业的沟通目标可以是引起社会的公众注意，报道产品存在的信息；也可以是重点突出产品特点、性能，以质量、造型或使用方便吸引顾客；还可以是强调售后服务优良等。总之，在进行整合沟通组合时，要根据具体而明确的营销目标，对不同的沟通方式进行适当选择，组合使用，从而达到整合沟通的要求。

2. 产品性质

不同性质的产品，消费者状况以及购买要求不同，因而采取的整合沟通策略也不同。一般来说，消费者广泛，价值比较小、技术难度也较小的消费品，广告的成分要大一些；消费者较集中，价值较大、技术难度也较大的工业品，人员推销的成分要大一些。公共关系和营业推广两种方式，在沟通活动中对不同性质的产品的反应相对较均衡，应根据具体情况而定（见图10-3）。

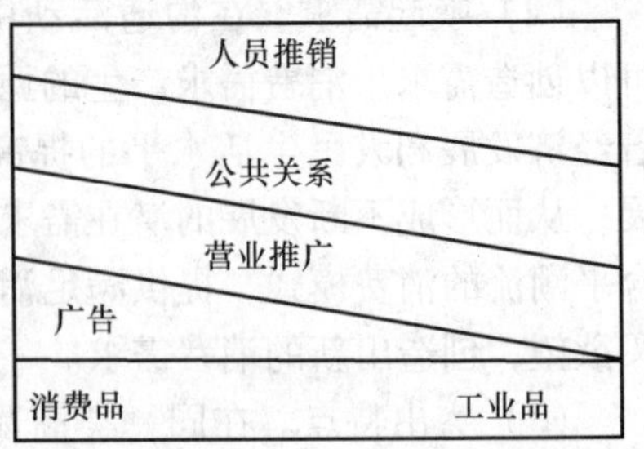

图10-3 不同性质产品的沟通方式选择

3. 产品生命周期

产品生命周期的不同阶段，企业沟通的重点和目标不同，要相应制定不同的沟通组合。（见表10-1）导入期重点是让消费者了解产品，所以主要采取广告方式，同时也可以通过人员推销诱导中间商采购；成长期和成熟期重点是增进消费者的兴趣与偏好，多采取不同形式的广告介绍商品的特点、效用；衰退期重点是促成持续的信任和刺激购买，多做广告效果已不大，适宜多采取营业推广的方式增进购买。

表 10-1 不同时期采取不同的沟通方式

产品生命周期	促销重点目标	促销主要方式
导入期	认识了解产品	各种广告
成长期	增进兴趣与偏好	改变广告形式
成熟期		
衰退期	促成持续的信任和刺激购买	营业推广为主，辅以广告、减价促销活动等
产品生命周期各阶段	消除不满意感	改变广告内容，利用公共关系

4. 市场性质

市场地理范围、市场类型和潜在顾客的数量等因素决定了不同的市场性质，不同的市场性质又决定了不同的促销组合策略。一般来说，目标市场的空间大，属于消费品市场，潜在顾客数量较多，则促销组合中广告的成分要大一些；反之，目标市场空间小，属于工业品市场，潜在顾客的数量有限，则促销组合中推销的成分要大一些。

5. 推动与拉引策略

推动策略是通过以人员推销方式为主的促销组合，把商品推向市场的促销策略（见图 10-4a）。推动策略的目的在于说服中间商和消费者，使他们接受企业的产品，从而让商品一层一层地渗透到分销渠道中，最终抵达消费者。拉引策略是通过以广告方式为主的促销组合，把消费者吸引到企业特定的产品上来的促销策略（见图 10-4b）。拉引策略的目的在于引起消费者的消费欲望，激发购买动机，从而增加分销渠道的压力，进而使消费需求和购买指向一层一层地传递到企业。

推动策略和拉引策略都包含了企业与消费者双方地能动作用。但前者的重心在推动，着重强调企业的能动性，表明消费需求是可以通过企业的积极促销而被激发和创造的；而后者的重心在拉引，着重强调消费者的能动性，表明消费需求是决定生产的基本原因。企业的促销活动必须顺乎消费需求，符合购买指向，才能取得事半功倍的效果。

营销思考：请举例说出一个使用拉引策略沟通的企业或集团。它成功了吗？原因何在？如果失败了，原因又是什么？

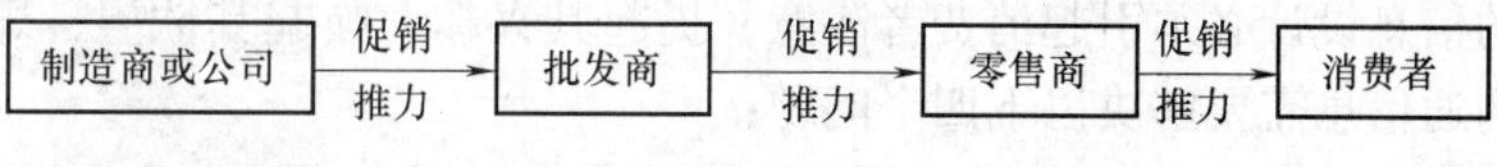

a)

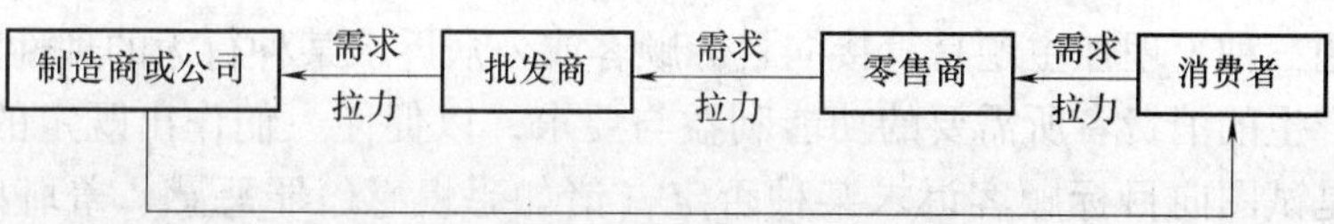

b)

图 10-4 推动与拉引策略

a）推动策略 b）拉引策略

四、整合沟通决策的制定

有效的整合营销沟通过程，要求市场营销沟通者必须作出如下决策（即所谓的6M）：①市场（Market）：确定目标沟通对象；②任务（Mission）：确定沟通目标；③信息（Message）：设计沟通信息；④媒体（Media）：选择信息沟通渠道；⑤经费（Money）：制定沟通预算；⑥测量（Measurement）：测量沟通的影响，即建立信息反馈渠道。

1. 确定目标沟通对象

有效的整合沟通过程要求营销沟通者必须首先确定其目标沟通对象。在整合沟通中，目标沟通对象一定是对传递来的产品及其相关信息感兴趣的人或组织，他们可能是企业产品的潜在购买者或现实使用者，可能是购买决策过程的决定者或影响者，可能是特殊公众或一般公众。目标沟通对象是由营销沟通者运用市场细分原理确定的。在确定目标沟通对象的过程中，营销沟通者应该注意寻找与目标沟通对象可说服程度相关的个人的和心理的特点，据此指导信息与媒体的选择。在确定目标沟通对象之后，沟通者还须研究目标沟通对象的特征、分析评价沟通对象对企业产品及竞争产品的印象，了解特定的目标沟通对象处理信息的方式。

2. 确定沟通目标

沟通目标是营销沟通者通过广泛、迅速和连续地传播信息，以期在大量的、多种多样的目标沟通对象中寻求到可能的认识反应、情感反应或行为反应。市场营销沟通者在确定目标沟通对象之后，必须了解目标对象会作出何种反应或行为。在决定购买某一产品之前，相应地形成一系列的准备阶段，如认识阶段、情感阶段和行为阶段，并相应地形成一系列的认识、情感和行为反应层次。因此，从消费者完整的购买决策过程与消费者在购买过程中所处的位置来看，确定营销沟通目标即为确定如何把沟通对象从他们目前所处购买过程的层次推向更高的准备阶段或状态。

3. 设计沟通信息

设计沟通信息是将营销沟通者的想法用有说服力的信息表达方式表现出来的过程。有效的信息设计必须引起消费者注意，提起其兴趣、唤起其欲望、导致其行动。设计营销沟通信息需要解决以下四个问题：

（1）确定信息内容，即企业必须了解对消费者、用户或社会公众说些什么才能产生预期的认识、情感和行为反应。一般来说，信息主题形式有理性主题、情感主题和道德主题三种。理性主题是直接向目标顾客或公众诉求某种行为的理性利益，或显示产品能产生的消费者所需要的功能利益与要求，以促使人们作出既定的行为反应；情感主题是试图向目标顾客诉求某种否定（诸如恐惧感、罪恶感、羞耻感等消极情感因素）或肯定（诸如幽默、喜爱、自豪、快乐等）的积极情感因素，以激起人们对某种产品的兴趣和购买欲望；道德主题是为使广告接收者从道义上分辨什么是正确的或适宜的，进而规范其行为。

（2）确定信息结构，即包括提出结论、论证方式以及表达次序三个问题。提出问题即向接收者提供一个明确的结论，用以诱导消费者作出预期的选择，也可以留待接收者自己归纳结论；论证方式可分为单向论证与双向论证，采用哪种论证方式取决于信息接收者对产品的既有态度、知识水准和受教育程度；表达次序要求在单向论证时，首先提出最强有力的论点，可以即刻吸引目标顾客注意并引起兴趣。在采用双向论证时，应考虑先提出正面论点还是先提出反面论点。

（3）确定信息形式，即选择最有效的信息符号来表达信息内容和信息结构。信息的表达形式通常受到媒体的制约，如有的只能用文字传播，有的则只能用声音传播，而所能传播的又只能是有限的信息内容。信息沟通者必须为信息设计具有吸引力的形式。一般来说，沟通信息的表现形式主要有印刷品沟通、电台沟通和人员沟通。

（4）确定信息源，即那些直接或间接传递销售信息的人。信息源属性可归为三大类：可靠性、吸引力和有感染力。有吸引力的信息源发出的信息往往可获得更高的关注与更深的印象，信息由具有较高信誉的信息源进行沟通时，更具有说服力。

设计信息是营销沟通过程中实践性、操作性极强的一个环节，也是差异性、特殊性、个性极为突出的沟通决策。

4. 选择信息沟通渠道

信息沟通渠道通常分为两大类：人员沟通渠道与非人员沟通渠道。

（1）人员沟通渠道。这是指涉及两个或更多的人相互间的直接沟通。这种沟通可以是面对面的、个人对听众的或通过电话和邮件传达的。人员沟通渠道通过人员间的接触表达思想、反馈信息而产生效果。

（2）非人员沟通渠道。这是指不经人员接触和交流而携载信息的沟通方式。其具体包括大众及选择性的媒体、气氛及事件。大众及选择性媒体包含印刷媒体（如报纸、杂志、直接邮件）、电子媒体（如收音机、电视机、互联网）及显示性媒体（如广告牌、指示牌、海报）。气氛是指设计好的环境，用以产生或加强购买者购买消费品的倾向。事件是为了给目标视听众传达特殊信息而设计的专门活动，如企业的公共关系部门经常安排记者招待会或听证会等，来达到一定的沟通目标。

5. 制定沟通预算

沟通预算是企业为从事沟通活动而支出的费用，关系着沟通活动的实施以及效果的大小。在企业决定沟通预算的实际业务中，普遍采用以下几种方法：

（1）量力支出法。这是一种量力而行的方法，即企业根据自己估计的本企业的能力而大致估算出促销活动的经费，是一种“能拿得出多少就花多少”的做法。此方法忽略了促销与整个企业销量的关系，且每年财力不一，促销预算波动也就较大，使得长期规划很困难。

（2）促销额百分比法。企业依照其销售额的一定百分比来制定促销预算。此方法的优点在于顾及了促销成本、单位价格与单位利润之间的关系，同时各竞争者促销支出的百分比相似，有稳定竞争格局的作用。但其因果颠倒，使预算根据资金而不是根据市场机会而定，且百分比的确定只凭借过去的经验或参考竞争者的做法。

（3）竞争对等法。企业根据主要竞争者的支出来确定自己的促销预算。此方法的支持点在于竞争者的支出是合理的，因为竞争者的支出代表了整个行业的集体智慧，具有重要参考价值。

（4）目标任务法。这种方法要求营销人员依据以下方面来发展促销预算：第一，有明确目标；第二，决定为达到这些目标必须执行的任务；第三，估计执行这些任务的成本。此方法的优点在于企业明确了支出费用、展露水平、试用率及其与正常使用量之间的关系，使促销预算制度化。

6. 建立信息反馈渠道

营销沟通者把产品信息传播到目标购买者之后，整个传播过程并未结束，还必须通过市场调研，调查这些信息对目标沟通对象的影响。这种调查通常须与目标沟通对象中的一组样本人员接触，询问他们对信息的反应、对产品的态度和购买行为的变化等。营销人员根据反馈的信息，再决定是否需要调整整体营销战略或某个方面的营销策略。为了提高信息传递的效果，企业在传递信息过程中应当防范各种可能发生的干扰或失误。这些干扰或失误有可能导致目标受众的怀疑、困惑甚至反感。

第二节 人员推销

一、人员推销的特点

要点：人员推销的最大特点是直接性，管理成本较高。理想的推销人员不易获得。

人员推销是指通过推销人员深入中间商或消费者进行直接的宣传介绍活动，使其采取购买行为的促销方式。人员推销是人类最古老的促销沟通手段。远在小商品经济时代，商人的沿街叫卖、上门送货等就属于人员推销的性质。在商品经济高度发展的现代社会，人员推销这种古老的形式更焕发了青春，成为现代社会一种重要的促销形式。

同非人员促销相比，人员推销的最大特点是具有直接性。无论是采取面对面地与顾客交流的形式，还是采取通过电话访问顾客的形式，推销人员都在通过自己的声音、形象、动作或拥有的样品、宣传图片等直接向顾客展示、操作、说明，直接发生交流。人员推销的这种直接性的特点，决定了其实施过程中既具有优于非人员推销的一面，也有劣于非人员推销的一面。人员推销的优点主要表现在以下方面：

（1）作业弹性大。推销人员与顾客保持直接联系，在促销过程中可以直接展示商品，进行操作表演，帮助安装调试，并且根据顾客反映出来的欲望、需求、动机和行为，灵活地采取必要的协调措施，对顾客表现出来的疑虑和问题，也可以及时进行讨论和解答。此外，推销人员在促销的同时，尚可兼做许多相关性的工作，如服务、调研、情报搜集等。

（2）针对性强。采取广告方式等非人员推销手段，面对的是广泛的社会公众，他们可能是也可能不是该产品的顾客。而人员推销在作业之前往往要事先对顾客进行调查研究，选择潜在顾客，直接针对潜在顾客进行促销活动。针对性强可以减少浪费，促销绩效也比较明显。

（3）及时促成购买。人员推销的直接性，大大缩短了从促销活动到采购购买行为之间的时间间隔。采取广告促销方式，顾客有一个接受、思考、比较、认定以及到店购买的时段；而人员推销活动，则可以使顾客的种种问题迎刃而解，在推销人员面对面的讲解、说服帮助下，可以促使顾客迅速采取购买行为。

（4）巩固关系。推销人员在与顾客长期反复的交往过程中，往往培养出亲切友好的关系。一方面，推销人员在帮助顾客选择称心如意的商品，解决产品使用过程中的种种问题，使顾客对销售人员产生亲切感和信任感；另一方面，顾客对推销人员的良好行为予以肯定和信任，也会积极宣传企业的产品，帮助销售人员扩展业务，从而形成长期稳定的关系。

人员推销最主要的缺点是：当潜在顾客广阔而又分散时，推销成本较高；同时，推销人员的管理也比较困难；此外，理想的推销人员也非易得。

二、人员推销的形式

1. 上门推销

上门推销是最常见的人员推销形式。它是由推销人员携带产品样品、说明书和订单等走访顾客，推销产品。这种推销形式可以针对顾客的需要提供有效的服务，方便顾客，故为顾客广泛认可和接受。

营销思考：回忆你最近一次在百货商场的购物经历，销售员是如何向你推销商品的？评价该销售员的专业素质。

2. 柜台推销

柜台推销又称门市，是指企业在适当地点设置固定门市，由营业员接待进入门市的顾客，推销产品。门市的营业员是广义的推销员。柜台推销与上门推销正好相反，它是等客上门式的推销方式。由于门市里的产品种类齐全，能满足顾客多方面的购买要求，为顾客提供较多的购买方便，并且可以保证产品完好无损，故顾客比较乐于接受这种方式。

3. 会议推销

会议推销是指利用各种会议向与会人员宣传和介绍产品，开支推销活动。例如，在订货会、交易会、展览会、物资交流会等会议上推销产品。这种推销形式接触面广、推销集中，可以同时向多个推销对象推销产品，成交额较大，推销效果较好。

三、推销队伍的设计

推销人员是企业与消费者之间的纽带。一方面，推销人员代表着企业，是企业的代表，因而对推销人员的一种流行的称谓是销售代表；另一方面，推销人员又从消费者那里带回市场需求的有关信息。因此，企业应认真研究推销队伍的设计问题，确定推销队伍的目标、结构、规模和报酬方式。

1. 推销人员的职责

（1）探寻。不仅了解和熟悉现有顾客的需求动向，而且尽力寻找新的目标市场，发现潜在顾客，从事市场开拓工作。

（2）沟通。与现实的和潜在的顾客保持联系，及时把企业的产品介绍给顾客，同时注意了解他们的需求，沟通产销信息。

(3) 销售。通过与消费者的直接接触，运用推销的艺术，分析并解答顾客的疑惑，达成交易的目的。

(4) 服务。除了直接的销售业务，推销人员尚需提供各类服务，诸如业务咨询、技术性协助、融资安排、准时交货。

(5) 调研。推销人员可以利用直接接触市场和消费者的便利，进行市场调研和情报工作，并且将访问的情况做成报告，为开拓市场和有效推销提供依据。

(6) 分配。在产品稀缺时，将稀缺产品分配给最急需的顾客，并指导其合理利用资源。

(7) 建立和维护积极有益的关系。关系营销理论和实践都已经证实：推销人员必须重视发展与顾客的关系。关系营销理论认为，推销人员在推销活动中，如果善于建立与顾客的关系，将会对推销效率产生积极的影响。

2. 推销队伍的结构

随着市场经济日益发展，市场状况复杂多变，需要把推销队伍的结构问题纳入企业销售战略的高度来认真研究。推销队伍的结构主要有以下几种设计：

(1) 地区式结构。按区域设置销售代表，几个销售代表或销售小组负责一个区域的商品销售。这种结构的好处是：推销人员的责任明确；促进推销人员与当地客户的联系；因推销人员固定在一个区域而减少费用开支。

(2) 产品式结构。按产品设置销售代表。随着产品技术日益复杂、产品种类的增加以及产品间关联度的下降，推销人员要掌握全部产品的知识日益困难。按产品专门化组成销售队伍有利于推销人员熟悉产品性能，有效组织销售。

(3) 市场式结构。按顾客的特点设置销售代表。企业可针对不同行业设置销售代表，便于推销人员长期了解该行业的需求特点；企业也可针对客户规模设置销售代表，便于对大客户和小客户分别促销。市场式结构的好处在于，每个推销人员对特定客户的需求可进行深入了解；市场式结构的缺点是，如果各类顾客较为分散，则销售人员的费用开支较大。

(4) 复合式结构。将地区、产品、市场几种结构混合起来设置销售代表。这一类结构可以按地区—产品、地区—顾客、产品—客户进行分工，也可按地区—产品—客户进行分工。复合式结构适应于复杂多变的市场情况，增强了企业营销能力，但由于形式复杂，也给管理带来一定的难度。

3. 推销队伍的规模

推销队伍是企业最具生产力也是最昂贵的资产之一。一方面，企业产品最终是由推销人员销售出去的，高质量的推销队伍能为企业创造巨大的财富；另一方面，推销人员人数的增加又会使企业的成本增加。因此，需要将推销队伍的规模确定在适当的水平。企业通常采用工作量法来确定销售队伍的规模。这个方法主要包括五个步骤：第一步，将顾客按年销售量分成大小类别；第二步，确定每类顾客所需的访问次数；第三步，确定各类顾客所需的访问次数即是整个地区的访问工作量，即每年的销售访问次数；第四步，确定一个销售代表每年可进行的平均访问次数；第五步，将总的年访问次数除以每个销售代表的平均访问次数，即得到所需的销售代表数。

四、推销队伍的管理

企业推销队伍管理的任务是努力保持推销队伍的高素质和高效率，以便实现企业为人员推销工作所确立的目标，具体包括推销人员的招聘、培训、督导、激励和评估等环节。这说明保持队伍的高素质、高效率并非易事。

1. 推销人员的招聘

企业高效率的推销取决于拥有一支高素质的推销队伍。一般来说，优秀的推销人员需要具备以下素质：

（1）富有进取心。销售人员肩负联系企业与消费者的重任，同时要尽可能达成交易，工作是艰巨的。因此，合格的推销人员应具有对企业和产品的高度热情，有坚定的信心、勤劳的习惯、任劳任怨的精神和克服困难的勇气。好的推销人员有一种内驱力，具有强烈要求完成推销任务的内在需要。

（2）具有服务精神。推销人员不仅是企业的代表，也是消费者的顾问，要想顾客之所想，急顾客之所急，勇于服务，不辞辛苦，不仅能掌握良好的推销机会，还能以顾客的顾问自居，有强烈的探求心，帮助顾客获取购买和消费的利益。好的推销人员有一种能设身处地为顾客着想的精神。

（3）知识层面广。良好的推销人员必须有旺盛的求知欲，善于学习为完成推销工作所必需的广泛知识。推销人员的知识主要包括：①企业知识。熟悉企业的历史及其在同行业中的地位；企业销货政策、产品种类及服务项目；企业定价策略、交货方式、付款条件以及保管方法等有关的销货知识。②产品知识。了解产品的性能、用途、用法、维修及管理程序等知识；竞争产品的有关情况。③用户知识。何人掌握购买决定权，其动机与习惯，采购的条件、方式、时间等有关情况。④市场知识。现实的客户情况如何，怎样才能增加购买量；潜在的用户在何处，潜在的销售量有多大。⑤有关政策法规的规定。

好的销售人员是一个“万事通”，是熟悉本行业产品的行家里手，推销技巧熟练。销售人员要举止适度，谦恭有礼，仪表端庄，态度从容，谈吐文雅，口齿流利，平易近人，谨慎机敏；绝对避免与顾客争吵，保持良好的礼貌与风度；不利用业务关系谋取私利。为了获得推销的成功，推销人员要准确地了解顾客的愿望、需要、爱好、职业和购买习惯，利用推销艺术，帮助顾客克服疑虑，把握良好的成交机会。好的推销人员能做到不卑不亢，知己知彼，灵活机动，应对自如。

选拔优秀的推销人员，对于企业拓展市场极为重要。如果好的推销人才为竞争者所罗致，对企业将是双重损失。企业领导者的重要任务之一，就在于识别人才、选拔人才。推销人员的甄选，可选自企业内部，亦可对外公开招聘。从企业内部挑选，由于被选人员业已具备企业产品技术知识，对企业的政策及经营计划也比较清楚，可以减少培训的时间与内容，迅速扩充销售力量。推销人员的招聘方式一般包括以下几个方面：

（1）表格遴选。通常先由应征人员填写应征表格，包括年龄、性别、受教育程度、健康状况、工作经历的基本项目，据此判别其是否符合候选人的基本条件。

（2）卷面测试。设计有关推销知识、商品知识、市场知识的试卷，用以考核备选人员的知识水平。这是招聘推销人员的一种基本方式。

（3）个别交谈。个别交谈或面试是一项广泛运用的甄选方式。经过表格遴选出来基本符合条件的人员，企业销售主管和人事主管要对其进行面谈。这种方式可以比较满意地评定一个人的语言能力、仪表风度、推销态度、面临窘境的处理方法以及知识的深度、广度。

（4）心理测验。除面试外，还可辅之以心理测验的方法。心理测验的主要类型及内容有：①能力测验，主要测知一个人全心全力做一项工作成果怎样，也称最佳工作表现测验，包括智力测验、特殊资质测验；②性格测验，主要测知可能的推销人员将如何做他每天的工作，也称典型工作表现测验，包括态度测验、个性测验、兴趣测验；③成就测验，主要测知一个人对一项工作或某个问题所知的多寡。

2. 推销人员的培训

营销思考：购物时，尝试了解销售员接受的培训状况。

销售人员甄选决定后，应认真加以培训，才可充任企业的代表从事推销工作。原有的推销人员，每隔一段时间，也应组织集训，学习和认识企业新的经营计划、新的市场营销策略与新产品。

推销人员培训的总目标一般是：以一定的推销成本获得最大的销售量；稳定推销队伍；达成良好的公共关系。在总目标下，还应根据推销人员的任务、推销人员的建议以及推销工作中出现的问题，确定培训项目，作为每阶段培训的特殊目标。推销培训的内容一般包括产品知识、市场知识、推销技巧，具体要结合推销目标、推销职务所需的条件、推销人员现有的素质、企业的市场策略等因素来确定。推销培训的方法可分为集体培训和个别培训两种。集体培训的方法有：专题演讲与示范教学、按学习纲要进行考试与品评、分组研讨、职位演练等。个别培训的方法有：在职培训、个别谈话、函授课程、采用手册或其他书面资料、利用视听教辅器材等。由于新产品、新技术、新设备、新建议、新市场、新竞争对手不断产生，因此，推销人员的培训是一项经常性的工作。应对培训效果进行品评，从而针对训练中的问题不断改进训练项目和内容。推销培训的效果一般从以下三个方面品评：第一，新进推销人员达到一般水平所需时间；第二，受过培训与未受培训的推销成果比较；第三，最佳与最差销售人员的个别受训背景。

3. 推销人员的督导

对推销人员的工作进行必要的指导与监督，主要目的在于提高其工作效率。企业对推销人员进行督导的严格程度，取决于付酬方式。通常企业对于以固定工资为主的推销人员会给予更多的日常指导与监督。督导的主要方式有：①规定某一时期推销人员应访问老客户的次数和应达到的目标；②规定某一时期推销人员应发展新客户的数量和质量；③规定销售定额；④给予推销技术方面的指导；⑤要求推销人员定期报告业务进展、市场状况等。

4. 推销人员的激励

推销工作被公认为具有挑战性和相当的难度。如果企业能够经常提供一些激励因素，推销人员就有可能更有效地完成推销任务。企业通常用于激励推销人员的主要手段有增加工资或奖金、物质奖励、职位提升、休假等休息机会，以及表扬、关心等辅助手段。

5. 推销人员的评估

对推销人员的工作绩效进行评估，既有助于督导、激励、再培训等项管理工作的开展，也有助于合理确定推销人员的报酬。绩效评估必须以准确的信息和翔实的数据为基础，因此，管理部门应建立一套评估指标体系，随时注意收集有关信息和资料、数据。除了对推销人员的业务绩效进行评估外，还应对其素质进行评估。

6. 推销人员的报酬

为了吸引高素质的推销人员，企业应拟订一个具有吸引力的报酬计划。推销人员的报酬水平，一般应以同类销售工作和所需能力的"当前市场价格"为依据。推销人员的报酬支付一般采取三种方式：

（1）纯薪金制。推销人员获得固定的薪金，开展业务所需的费用由企业支付。这种方式的优点是给推销人员很高的安全感，易于管理；缺点是缺少激励，难以激发推销人员的进取心。

（2）纯佣金制。推销人员的报酬完全与其销售额或利润挂钩。在纯佣金制中，推销人员的各项费用开支已计入所获的报酬中，费用开支大小完全由销售人员自已负责。纯佣金制的优点是给推销人员巨大的激励，鼓励推销人员尽最大努力工作；缺点是推销人员缺乏安全感，不愿意做推销工作以外的其他工作。

（3）薪金佣金混合制。企业把推销人员的报酬分成两大部分：一部分是相对固定的薪金，另一部分是佣金。这种方式既力求保留纯薪金制和纯佣金制的优点，又尽量避免各自的缺点。薪金与佣金的比例要根据企业的实际情况确定。

推销人员除了获得金钱报酬，还获得精神报酬。这种报酬来自推销成功所带来的成就感和受到顾主的重视。因此，企业对推销人员的报酬构成中，应该考虑对他们的精神报酬的提供。

第三节 广 告

一、广告的概念

广告具有悠久的历史。自从人类社会出现商品交换和市场以来，就产生了广告。商品生产初期，社会分工使剩余产品进一步增加，交易日益增多，生产者和中间商为了广为招徕，就开始利用一些比较原始的手段进行促销活动，广告便应运而生，如街头叫卖、悬挂招牌等。随着商品经济和科学技术的发展，广告形式也日益丰富。

15世纪中叶，美国第一位印刷家威廉·卡克斯顿（William Caxton）印出第一张文学广告。1662年，英国《每日新闻》开始刊登报纸广告。1882年，哈默在伦敦安装了第一个灯光广告。20世纪20年代出现了广播广告，20世纪40年代出现了电视广告。

要点：广告的必备要素是广告主、媒介、广告费用和广告信息。

广告的定义随着时代的发展而变迁。早期人们通常把凡是以说服方式（包括口头方式和文字、图画等）、有助于商品和劳务销售的公开宣传，都称为广告。这是所谓广义的广告。随着时代的发展，人们逐步把广告的概念进一步界定，形成狭义的广告，或营销活动中的广告。在营销活动中，广告是指由特定的广告主，有偿使用一定的媒体，传播商品和劳务信息给目标顾客的促销行为。这个概念包含了以下含义：

（1）广告应有特定的广告主，并由其付给一定的代价。市场营销活动中所指广告需要有特定的广告主，并为其所作的广告付费。这是广告与其他宣传形式的根本区别。企业为了扩大其知名度，推广其产品，都需要利用一定的大众传播媒介。如果由传媒本身组织的宣传报道，则无需付费；而由企业组织的宣传，则要向传媒付费。

（2）广告是市场经济活动的一种传播手段。广告本身不是一个独立的实体，而是市场营销活动的组成部分。它的真正目标是为增加销售作有效传播，因而广告的最后效果在于修正消费者的态度和行为。

（3）广告以非人员方式有计划地进行促销活动。广告活动必须通过一定的媒体，并且要为之支付费用。它是一种系列活动，包括计划、准备和通过大众传播媒体作信息的传递。

（4）商品广告的范围主要包括商品与劳务两大部分。商品与劳务构成市场经济活动的物质基础，广告活动与市场经济紧密结合。通过广告活动，能唤起消费者有关商品与劳务的需求，诱导和促进购买动机的产生。广告有时用于树立产品和劳务的观念，最终仍然是为了销售商品与劳务。

二、广告的作用

营销思考：关注一则电视广告，分析它的主要功能是什么。

在市场经济条件下，无数生产者、中间商和消费者构成了错综复杂的经济联系。他们之间的联系，首先是进行信息沟通。通过传播商品信息，才能激起消费者的购买欲望，引起中间商和消费者的购买行为。如果这种信息传播单靠生产者向中间商推销，中间商再向消费者推销的方式，则不仅信息传递速度较慢、传递范围也有限，并且整个沟通、传递过程的费用也将是极为庞大的。广告作为促销的一种重要形式，对于迅速、广泛地传播信息，沟通产销联系发挥了重要的作用。相对来说，利用广告传播信息，使整个产销联系的费用大为节省。从市场经济总体运行上看，广告节约了社会交易费用，是市场活动中必不可少的促销手段。我国经济改革的市场取向，决定了广告在国民经济中的重要作用。广告是社会生产总过程的“润滑剂”，它有利于开展竞争，促进生产，指导消费，活跃经济，方便人民生活，加速商品流通，扩大对外交流。在市场营销活动中，广告的功能主要包括以下几个方面：

（1）认识的功能。多种广告媒体传播面广而及时，深入到社会各个角落，传递到千家万户。对某些商品购买的决策者，人员推销反而不易接近，唯有广告才能迅速缩短距离、减少隔阂。广告可为企业敲开广大消费者的心门，使他们对企业、产品、品牌、商标等有所认识。通过广告的介绍消费者可以认识新产品的质量、性能、用途、保养使用方法和购买地点、手续以及各种售后服务情况。

（2）心理的功能。广告可使消费者对企业和产品具有良好的印象，诱发消费者的感情，引起购买的欲望，促进消费者采取购买行为。成功的广告活动可以吸引顾客对企业和产品的偏爱，增加习惯性购买，防止销路萎缩，延长产品生命周期。在大多数情况下，利用广告来扩大销路比削价的办法更为有效。削价不仅易遭到竞争者的报复，而且会引起消费者对产品的不信任感。生产者的广告活动还可以增强中间商对产品的信心，密切工商关系。

（3）美学的功能。广告也是一种艺术，好的广告能给人以美的享受，能使店容店貌更加宜人，能美化市容环境。广告设计应选择令人感兴趣的题材，进行艺术加工，形成形式与内容的统一，引人入胜。

（4）教育的功能。广告题材十分广泛，不仅来自商品本身，而且可选择与人们身心健康有关的题材、与儿童成长有关的题材、与社交活动有关的题材、有助于人们发愤进取的题材等，从而起到帮助消费者树立新的道德观、人生观和良好道德风尚的作用。

三、广告策略

1. 广告目标的确定

决定广告策略，首先要考虑的因素是广告欲达成的目标。依据对增加销售和利润的重要程度，广告目标可以有以下四种：①显现。目标在于通过广告把商标、企业名称传送给社会，让大家知道这家企业的存在，当推销人员去拜访时，顾客的头脑里已有印象。②认识。企业在目标顾客已看到或听到其广告后，要进一步通过广告让顾客充分认识企业和产品，记住产品的性能、品质特点。③态度。目标在于增进目标顾客对企业和产品的喜爱程度，希望通过广告改变人们的态度和思考方式，更倾向于本企业的产品。④销售。一切广告的最终目标都在于增加销售，但是广告本身很可能并不会达成某一交易。以销售为目标的广告，重点是宣传“现在就买”的理由。

要点： 企业在制订广告方案时需要作出四项基本决策：广告目标的确定、广告预算的安排、广告媒体的选择和广告效果的测定。

由于广告目标的差别，可将广告分为两种类型：①企业广告，目的在于提高企业的名望，属于商誉广告，可间接加强产品的推广；②产品广告，目的在于提供产品信息，增进商品销售。产品广告又分为开拓性广告和竞争性广告。前者的目的在于唤起初级需求，适用于产品初期推广阶段；后者的目的在于唤起选择性需求，适用于市场成长阶段及成熟阶段。企业究竟选择什么样的广告目标，需要具体分析以下一些重要因素：第一，企业的市场发展总策略。广告目标必须与之相协调。第二，产品的市场生命周期。处于不同生命周期阶段的产品，广告目标也必然不同。第三，消费者特征及所处的行为程序阶段。

消费者对不同的产品有不同的购买特点，在购买过程中也有不同阶段的行为特征。广告必然要针对具体的情况和要求选择相应的目标。

2. 广告预算的安排

广告预算从财务上决定了企业广告宣传的规模和进程。广告预算大，企业可以从事许多种类的广告，也可选择一些花费高昂的广告；反之，则只可能进行有限的选择。影响广告预算的因素主要有：产品新颖程度、产品差别的可能性、产品竞争能力、目标市场的大小、竞争对手的强弱等。当然，最根本的是企业自身的实力如何。如果企业的实力雄厚，财务状况良好，预算的额度就可能大一些。安排广告预算的主要方法有：

（1）倾力投掷法。在企业实力雄厚的情况下，广告预算采取广告费用能支付多少就定多少的办法。这种方法的优点在于，有利于大力宣传企业的产品，易于迅速扩大知名度；缺点是广告费用的支出不一定符合市场开发的需要，可能出现浪费。

（2）销售百分比法。按销售额的一定百分比确定预算。其中，因销售额的选择不同，如可选上年的销售额、本年计划的销售额以及前几年的平均销售额等，可能有不同的销售百分比。这种方法的优点是广告费与销售额挂钩，使企业的每一笔广告费支出都与企业盈亏息息相关；缺点是倒果为因，把销售额的变动作为广告费变动的原因而不是结果，由于不区分市场情况，常依过去的经验采取同一百分比，缺乏机动性。

（3）竞争对等法。以竞争对手的广告支出作为参照来确定本企业的广告预算。其基本假定是竞争对手的支出行为在本行业中有一定的代表性，同时本企业有能力赶上竞争对手的广告努力。这种方法的优点是有利于企业竞争；缺点是竞争对手的广告费用不易确定，并且很多方面难于模仿。

（4）目标任务法。在确定广告预算时，主要考虑企业广告所要达到的目标。首先，尽可能地明确广告的目标；其次，确定这些目标所要从事的工作；最后，估计每项工作所需的成本，各项成本相加即为广告预算。这种方法的优点是逻辑上合理，使企业的特定目标与广告努力联系起来；缺点是广告目标不易确定，预算也就不易控制。

要点：五大媒体既有优势也有劣势，广告活动中应根据实际情况择善而行。

3. 广告媒体的选择

广告所发出的各种信息，必须通过或负载到一定的媒介载体上才能传达到消费者。广告媒体是在广告主与广告接收者之间起媒介作用的物体。广告所运用的媒体有报纸、杂志、广播、电视、电影、幻灯片、户外张贴、广告牌、霓虹灯、样本、传单、书刊和包装纸等，其中最常用的四大媒体是报纸、杂志、广播、电视。同时，作为一种新兴的广告媒体的网络广告，在营销传播中正扮演着越来越重要的角色。由于不同的广告媒体有不同的特点，起不同的作用，各有其优缺点，因此在广告活动中应根据实际情况择善而行。就五大媒体来说，其优缺点主要表现在以下方面：

（1）报纸广告。其优点是：读者的广泛性；有较大的伸缩性，可选择某类报纸，且可精读和泛读；有较高的可信性。其缺点是：不易保存；不易从造型、音响方面创新；各报费用差异大。

（2）杂志广告。其优点是：针对性强；有较长的时效性，可以反复阅读、过期阅读；比之报纸，在色彩、造型方面有创新的良好条件。其缺点是：因专业性强，传播范围有限。

（3）广播广告。其优点是：传播速度快；传播范围广；费用较之电视等广告便宜。其缺点是：较难保存；听众过于分散；相对于电视来说，创新形式有所限制，只闻其声，不见其形。

（4）电视广告。其优点是：具有直观性，有听觉、视觉的综合效果；具有传播的广泛性，深入千家万户；具有趣味性。其缺点是：针对性不强；竞争者较多；价格昂贵。

（5）网络广告。网络作为新兴的广告媒体，对传统的广告和营销的影响是伴随着互联网的飞速发展和网民的快速增长而逐渐增强的。这种广告媒体和上述传统的四大媒体相比，有着巨大的优势，包括针对性强、费用相对低廉以及多感官刺激和双向互动等特征。其缺点在于可能引起浏览者的不满。

根据各种媒体客观上存在的优缺点，在选择时应着重考虑以下因素：

（1）产品的性质。工业品和消费品、高技术性能产品和一般产品，应分别选用不同的媒体。例如，服装广告，重要的是显示其式样、颜色，最好在电视和杂志上用彩色画面做广告，可以增加美感和吸引力；高技术性能的机械电子产品，则宜用样品做广告，可详细说明其性能。

（2）消费者的媒体习性。不同媒体可将广告传播到不同的市场，而不同的消费者对杂志、报纸、广播、电视等媒体有不同的阅读、视听习惯和偏好。广告媒体的选择要适应消费者的这些习惯和偏好才能成功。例如，妇女用品广告，刊登在妇女杂志上较好；学龄前儿童广告，最好的媒体是电视。

（3）媒体的流通性。不同的媒体传播的范围有大有小，能接近的人口有多有少。市场的地理范围关系到媒体的选择。目标市场面向全国的产品，宜在全国性报纸杂志和广播、电视上做广告；局部地区销售的产品，则可选用地方性的广告媒体。

（4）媒体的影响力。报纸杂志的发行量，广播电视的收听、收视率，互联网广告的点击率等，都是媒体影响力的标志。媒体的影响深入到市场的每一个角落，但超出目标市场则浪费发行；需要一定频率才能加深消费者印象的，若消费者接触少就不易收效；需要把握季节性宣传的，不及时刊登就会丧失机会。

（5）媒体的成本。广告活动应考虑企业的经济负担能力，力求在一定的预算条件下，达到一定的触及、频率、冲击与持续。

4. 广告效果的测定

广告应讲求经济效果。要提高广告宣传的经济效果，首先应对广告效果进行测定和分析，找出广告活动中的问题所在，改进广告设计及制作，避免有形损失和无形损失，发现提高广告效果的方法。测定广告效果，可以从广告引起的销售效果和广告自身的效果两个方面来进行。广告效果是把广告费用与销售额的增加作比较。其计算公式为

$$广告效果比率 = \frac{销售增加率}{广告费用增加率} \times 100\%$$

采用此方法测算广告效果，只能作为衡量广告效果的参数。因为商品销售的增减及增长的快慢是由多种因素决定的，广告的影响只是诸因素之一。而在诸因素中要把广告因素单独抽出来，又是难以办到的。并且广告作用的发生不一定有立即性，常常附有延迟性的影响。所以，广告效果测定还应主要从广告本身的效果来测定。广告本身的效果是以广告的收视率、收听率、产品知名度等间接促进销售的因素为根据的。广告本身效果的测定，主要包括以下项目：

(1) 注意度测定。所谓注意度测定，是指对各种媒体广告的读者率、收听率、收视率的测定。

(2) 记忆度测定。记忆度测定是指对广告重点内容的记忆，如企业名称、商品名称、商标、商品性能等的测定，其中主要是知名度的测定。其目的是了解消费者对广告印象的深刻程度。

(3) 理解度测定。它是指消费者对广告所表达的内容和信息的理解程度的测定。理解度测定对改进广告创作技术有重要参考价值。

(4) 购买动机形成测定。其目的是测定广告对顾客的购买动机形成究竟起多大作用。

广告自身效果测定的方法，可采取市场调查、实验以及专家评价等形式。当然，仅有上述广告的经济效果测定还不够。广告传播的范围广，对社会的影响大，因此，广告也要注意对社会的影响，其效果测定也应包括社会效应的内容。广告的社会效应如何，主要是看其是否对社会负责，具有社会责任感。广告的社会责任包括：①实事求是。广告的生命在于真实，切不可作欺骗性宣传；不可诽谤：广告要受法律责任的约束。②造福社会。从社会道德观念出发，以增进社会福利为准则。③团结人民。广告要尊重各族人民的风俗习惯，加强各族人民的团结。④遵守国家政策法令。

第四节 营业推广

> 要点：营业推广一般是辅助性的促销手段，适用于短期促销特定商品。

一、营业推广的特征和类型

营业推广是指为刺激需求而采取的能够迅速激励购买行为的促销沟通方式。与其他促销沟通方式不同，营业推广多用于一定时期、一定任务的短期特别推销。一般来说，人员推销、公共关系、广告等促销方式都带有持续性和常规性，而营业推广则常常是上述促销沟通方式的一种辅助手段，用于特定时期、特定商品的销售。

1. 营业推广的特征

营业推广主要是一种战术性的营销手段，而非战略性的营销手段。作为一种短期的促销方式，营业推广一般具有两个相互矛盾的特征：

（1）强烈呈现。营业推广的许多方法是把商品以强烈的吸引氛围呈现给消费者，似乎告诉消费者这是一次永不再来的机会，购买该产品可以带来额外的好处。通过这种强烈的刺激，迅速消除顾客疑虑、观望的心理，打破顾客的购买惰性，使其迅速购买。

（2）产品贬低。由于营业推广的很多方法都呈现强烈的吸引氛围，有些做法难免会显出企业急于出售产品的意图，如果使用不当，就可能使消费者怀疑产品的品质，产生逆反心理。

要点：营业推广的对象有最终消费者和中间商，推广方式有所不同。

营业推广这种刺激迅速购买的方式暗含了一个基本的假设前提：消费者的购买欲望是可以通过强烈刺激而释放或提前释放的。因此，企业在以其他方式促销的同时，短期内需要给予消费者一剂“兴奋剂”来消除其惰性，增加商品购买。当然，这种方式的副作用就是可能造成产品贬低，因而要适可而止，因地、因商品适度开展。

2. 营业推广的类型

根据市场和产品的不同特点，营业推广的手法多种多样，归结起来，主要有三种类型：①针对消费者的推广，通过对消费者的强烈刺激，使其迅速采取购买行为；②针对中间商的推广，通过刺激中间商，促使中间商迅速采取购买行为；③针对推销人员的推广，通过刺激推销人员，鼓励他们积极推销产品，发展新客户。

二、营业推广的作用

近十余年来，营业推广在整合沟通中的作用日益加强，营业推广的费用在企业促销费用支出中的比例越来越大，已远远超过广告费用支出。企业之所以对营业推广倍加青睐，是因为在日益剧烈的市场竞争中，营业推广发挥着独特的作用。

1. 加速新产品市场导入的进程

当消费者对刚进入市场的新产品还不够了解，不能作出积极的购买决策时，通过有效的营业推广措施，如免费试用、折扣优惠等，可以在较短时期迅速让消费者了解新产品，促进消费者接受产品，从而加速市场导入的进程。

2. 强化消费者重复购买的行为

消费者对某一产品的首次购买，并不一定保证其再购。但是，通过销售积分奖励、赠送购物券等多种营业推广形式的运用，则可以在很大程度上吸引消费者重复购买，进而养成对该产品的购买习惯。

3. 刺激消费者迅速购买

通过运用价格优惠、附赠品等多种方式，形成强烈的利益诱导，可以在短期内刺激消费者的购买欲望，加速消费者的购买决策，从而在短期内迅速扩大企业的销售额。

4. 抵御竞争者的促销活动

当竞争者大规模展开促销活动时，可以针对性地选择营业推广的手段，抵御和反击竞争者的促销行为，保持顾客忠诚度，维持本企业的市场份额。

必须明确，由于营业推广只是一种战术性的营销手段，它的运用只起到一种即时激励的作用，一般难以建立品牌忠诚，也难以在销售大幅度下滑中发挥起死回生的作用。

三、营业推广的方式

营销思考：就近选择一家超市，关注商家是如何向消费者进行营业推广的。评价他们的营业推广行为。

营业推广的方式多种多样，每一个企业不可能全部使用。这就需要企业根据各种方式的特点、促销目标、目标市场的类型及市场环境等因素，选择适合本企业的营业推广方式。

1. 向消费者推广的方式

向消费者推广是为了鼓励老顾客继续购买、使用本企业产品，激发新顾客试用本企业产品。其方法主要有：

（1）赠送样品。向消费者免费赠送样品，可以鼓励消费者认购，也可以获取消费者对产品的反应。样品赠送，可以有选择地赠送，也可在商店或闹市区或附在其他商品中无选择地赠送。这是介绍、推销新产品的一种促销方式，但费用较高，对高值商品不宜采用。

（2）赠送代金券。代金券作为对某种商品免付一部分价款的证明，持有者在购买本企业产品时可免付一部分货款。代金券可以邮寄，也可附在商品或广告之中赠送，还可以向购买商品达到一定数量或数额的顾客赠送。这种形式有利于刺激消费者使用老产品，也可以鼓励消费者认购新产品。

（3）包装兑现。采用商品包装来兑换现金。例如，收集到若干个某种饮料瓶盖，可兑换一定数量的现金或实物，借以鼓励消费者购买该种饮料。这种方式的有效运用也体现了企业的绿色营销观念，有利于树立良好的企业形象。

（4）提供赠品。对购买价格较高商品的顾客赠送相关商品（价格相对较低、符合质量标准的商品），有利于刺激高价商品的销售。由此，提供赠品是一种有效的营业推广方式。

（5）商品展销。展销可以集中消费者的注意力和购买力。在展销期间，质量精良、价格优惠、提供周到服务的商品备受青睐。可以说，参展是难得的营业推广机会和有效的促销方式。

（6）联合推广。两个或两个以上的企业进行营业推广方面的合作，以扩大各自产品的销售额或知名度。例如，企业与零售商联合促销，将一些能显示企业优势和特征的产品在商场集中陈列，边展销边销售。

此外，还有有奖销售、降价销售等方式。

2. 向中间商推广的方式

向中间商推广，目的是促使中间商积极经销本企业产品。其方式主要有：

（1）购买折扣。为刺激、鼓励中间商购买并大批量地购买本企业产品，对第一次购买和购买数量较多的中间商给予一定的折扣优待，购买数量越大，折扣越多。折扣可以直接支付，也可以从付款金额中扣出，还可以赠送商品作为折扣。

（2）资助。资助是指生产者为中间商提供陈列商品、支付部分广告费用和部分运费等补贴或津贴。在这种方式下，中间商陈列本企业产品，企业可免费或低价提供陈列商品；中间商为本企业产品做广告，生产者可资助一定比例的广告费用；为刺激距离较远的中间商经销本企业产品，可给予一定比例的运费补贴。

（3）经销奖励。对经销本企业产品有突出成绩的中间商给予奖励。这种方式能刺激经销业绩突出者加倍努力，更加积极主动地经销本企业产品；同时，也有利于诱使其他中间商为多经销本企业产品而努力，从而促进产品销售。

由于中间商，尤其是规模较大的零售商和批发商与生产厂商的关系处于某种优越地位，生产厂商对中间商存在某种依赖，中间商越来越多地要求生产厂商提供各种促销支持，生产厂商用于对中间商促销的成本也越来越高。中间商与生产厂商容易产生下列矛盾：中间商认为厂商的某些促销活动使消费者获得好处，却不能为自己带来利润，故常常不予协助；生产厂商也常常不满中间商获得许多优惠后仍不努力帮助推销产品。

3. 向推销人员的推广方式

针对推销人员展开的推广，包括销售竞赛、红利提成、待遇提高等，目的是鼓励推销人员积极开展推销活动，产生更大的销售量和发展新客户。销售竞赛是企业常用的一种激励手段，通过在推销人员中开展销售竞赛，评比出业绩好的，给予其物质和精神上的奖励。有时企业为了刺激推销员的销售积极性，还会采取销售分红的方式，按销售额或利润额使其共享一定比例的红利。还有些企业通过提高推销人员的工资，增加出差补贴，提供必要的疗养、旅游、学习条件，让推销人员热爱推销工作。

四、营业推广的设计

在制定营业推广促销沟通活动过程中，要注意以下各项工作：

（1）确定营业推广目标。营业推广目标的确定，就是要明确推广的对象是谁，要达到的目的是什么。只有知道推广的对象是谁，才能有针对性地制订具体的推广方案。例如，是为达到培育忠诚度的目的，还是以鼓励大批量购买为目的？

（2）选择营业推广工具。营业推广的方式、方法很多，但如果使用不当，则会适得其反。因此，选择合适的推广工具是取得营业推广效果的关键因素。企业一般要根据目标对象的接受习惯、产品特点、目标市场状况等来综合分析、选择营业推广工具。

（3）营业推广的配合安排。营业推广要与营销沟通的其他方式，如广告、人员销售等整合起来，相互配合，共同使用，从而形成营销推广期间的更大声势，取得单项营业推广活动达不到的效果。

（4）确定营业推广时机。营业推广的市场时机选择很重要，如季节性产品、节日产品，必须在季前节前做营业推广，否则就会错过了时机。

（5）确定营销推广期限。推广期限即营业推广活动持续时间的长短。推广期限要恰当。期限过长，消费者的新鲜感丧失，产生不信任感；期限过短，一些消费者还来不及接受营业推广的实惠。

第五节 公共关系和直接营销

要点：公共关系是为了树立良好的企业形象而进行的一种特殊形式的促销。公关的最终目的是为了促进商品销售，提高企业竞争力。

一、公共关系的内涵

公共关系是指一个组织为改善与社会公众的联系状况，增进公众对组织的认识、理解与支持，树立良好的组织形象而进行的一系列活动。企业公共关系作为一种特殊的促销形式，包含了更为具体的内容。

(1) 企业公共关系是指企业与其相关的社会公众之间的相互关系。这些社会公众主要包括：供应商、中间商、消费者、竞争者、信贷机构、保险机构、政府部门、新闻传媒等。企业不是孤立的经济组织，而是相互联系的“社会大家庭”中的一分子，每时每刻都与其相关的社会公众发生着频繁而广泛的经济联系和社会联系。所谓企业公共关系，就是指要同这些社会公众建立良好的关系。

(2) 企业形象是企业公共关系的核心。企业公共关系的一切措施，都是围绕着建立良好的企业形象来进行的。企业形象一般是指社会公众对企业的综合评价，表明企业在社会公众心目中的印象和价值。在激烈的市场竞争中，企业一旦建立了良好的形象，就拥有不凡的商誉，供应商愿意提供货源，甚至同意赊欠；中间商和消费者愿意购买其产品；信贷机构愿意提供贷款；企业也容易寻求合作伙伴，开拓市场，从而在竞争中占据有利地位。反之，企业一旦在社会公众中造成恶劣印象，则可能逐步被市场淘汰。

(3) 企业公共关系的最终目的是促进商品销售，提高市场竞争力。表面上看，企业公共关系仅仅是为了建立良好的形象，同其他促销方式相比，企业公共关系的促销性似乎并不存在。但从本质上看，企业作为社会经济生活基本的经济组织形式，盈利性是它的基本准则。公共关系的最终目的，无疑仍然是促进商品销售。正因为如此，公共关系才成为促销的一种重要方式，只不过是一种隐性的促销方式。通过企业公共关系达成促销的目的，首先要树立企业形象，经由良好的企业形象，企业首先推销了自身，从而促进产品销售。

二、公共关系的原则与实施步骤

1. 公共关系的原则

营销思考：登录一家公关公司的网站，分析他们的成功案例。

围绕树立良好的企业形象，开展公共关系活动必须遵循两条基本原则：

(1) 以诚取信的真实性。每一个企业都企盼获得良好的形象，然而良好的形象需要企业本着诚实的态度向社会公众介绍自身的客观情况，借以获得社会公众的信任才能建立。以诚实对公众，最终也将得到公众信任的回报。企业如果凭借一时的妄自吹嘘来树立形象，最终必然会为公众所唾弃，陷入“画虎不成反类犬”的被动局面，失去公众的信任和支持，终将难有大成。

（2）利益协调的一致性。企业生存发展依赖于社会，既为社会公众提供消费品，同时也依靠社会公众提供原料、贷款等。企业与社会公众互相依存，二者的利益根本上应该是一致的。因此，开展公关活动也应本着二者利益协调一致的原则，把社会公众的利益同企业利益结合起来，通过为社会作出贡献来赢得公众，建立良好的企业形象。

2. 公共关系的实施步骤

公关关系的主要职能是信息采集、传播沟通、咨询建议、协调引导。作为一个完整的工作过程，应包括四个相互衔接的步骤：

（1）调查研究。调查研究是做好公共关系工作的基础。企业公共关系工作要做到有的放矢，应先了解与企业及其所实施的政策有关的公众的意见和反应。公共关系要把企业领导层的意图告知公众，也要把公众的意见和要求反映到领导层。因此，公关部门必须收集整理提供信息交流所必需的各种材料。

（2）确定目标。在调查分析的基础上明确了问题的重要性和紧迫性，进而根据企业的总目标的要求和各方面的情况，确定具体的公共关系目标。一般来说，企业的公共关系的直接目标是：促成企业与公众的相互理解，影响和改变公众的态度和行为，建立良好的企业形象。公关工作是围绕着信息的提供和分享展开的，因而具体的公关目标又分为传播信息、转变态度、唤起需求。企业不同时期的公关目标，应综合公众对企业理解、信赖的实际状况，分别确定是以传递公众急切想了解的情况、改变公众的态度为重点，还是以唤起消费者需求、引起购买行为为重点。

（3）交流信息。公关工作即以有说服力的传播去影响公众，因而公关工作过程也是交流信息的过程。企业面对广大的社会公众，必须学会运用大众传播媒介及其他交流信息的方式，从而达到良好的公关效果。

（4）评价结果。应对公共关系活动是否实现了既定目标及时评价。公关工作的成效可从定性与定量两方面评价。信息传播可以强化或转变受传者固有的观念与态度，但人们对信息的接受、理解和记忆都具有选择性。传播成效的取得是一个潜移默化的过程，在一定时期内很难用统计数据衡量。但有些公关活动的成效可以进行数量统计，如理解程度、抱怨者数量、传媒宣传次数、赞助活动等。评价的目的在于为今后的公关工作提供资料和经验，也可向企业领导层提供咨询。

三、公共关系的主要方法

企业公共关系直接的目标是树立良好的社会形象。企业要树立良好形象，一方面，要在生产中创造优质名牌产品，树立形象，在经营中重合同、守信用，诚实、热忱地对待客户；另一方面，则需要开动“传播机器”，提高企业的知名度和美誉度，即广泛展开公关活动。公共关系活动的主要方法有以下几个方面：

（1）利用新闻媒介。利用新闻媒介宣传企业及产品是企业乐于运用的公关手段。新闻媒介宣传是一种免费的广告。由大众传媒进行宣传，具有客观性或真实感，消费者在心理上往往不设防。传媒的客观性所带来的社会经济效益往往高于单纯使用商业

要点： 要想树立良好的企业形象，合理利用新闻媒介、主动参与各种社会活动、宣扬正面的企业形象是必做的功课。

广告。企业应善于将其生产经营活动和社会活动发展成为新闻。企业活动中经常会出现许多新情况、新事物、新动向，因而要学会与传媒建立和保持良好的合作关系，努力引起社会公众的关注，通过新闻媒介达到比广告更为有效的宣传。

(2) 参与社会活动。企业是社会的一分子，在主要从事生产经营活动的同时，也应积极参与广泛的社会活动，在广泛的社会交往中发挥自己的能动作用，赢得社会公众的爱戴。例如，参与上级和社会组织的各种文化、娱乐、体育活动；参与赞助办学、扶贫、救灾活动等。通过参与各种社会活动，一方面，充分表现企业对社会的一片爱心，展示企业良好的精神风貌；另一方面，可以广交朋友，亲善人际关系，从而以企业对社会的关心换来社会对企业的关心。

(3) 组织宣传展览。企业可以组织编印宣传性的文字、图像材料，拍摄宣传影像带以及组织展览等方式开展公共关系活动。通过一系列形式多样、活泼生动的宣传，让社会各界认识企业、理解企业，从而达到树立企业形象的目的。企业宣传展示的内容既可以是企业历史、企业优秀人物、企业取得的优异成绩，也可以是企业技术实力、名牌产品等。企业宣传展示的形式尽可能多样化，利用光电、声音、图像、文字模型等，从不同侧面充分展示企业形象。

(4) 塑造企业形象。企业形象的传播，一个重要的方面是要通过全体职工的言谈举止来进行的。社会各界从与之交往的企业职工身上，同时可以感受到该企业的形象。因此，企业应结合实际情况，有计划、有步骤、有重点地建设企业文化，提高企业职工素质，活跃企业文化氛围，美化企业环境，从深层次有效地进行公关活动。同时，企业要建立和完善企业识别系统，以鲜明的企业特色，使社会公众获得深刻的印象，便于社会公众识别并产生忠诚扩散效应。

四、直接营销

直接营销源于英文词汇“Direct Marketing”，是指企业与确定的个体消费者直接联系以获得即刻反馈和培养持久的客户关系。直接营销的方式有以下几种：

(1) 直接邮寄营销。这是指向一个特定的收件人寄发报价单、通知、纪念品等。按照精心选择的邮寄名单，发出信件、传单、活页广告、录音带、录像带甚至光盘给预期的顾客和现实的目标顾客。随着电子技术的发展，无线电传真、电子邮件和声音邮件等成为直接邮寄的新方式。

(2) 目录营销。这种方式是设置样品目录陈列室，在陈列室里展示包括商品品牌、规格、价格和折扣条件的商品目录或样品。顾客可通过电话订货，也可在目录陈列室中看到样品后订货。这种方式经常用于选择性强、有品牌、毛利高、周转快的商品的经营。

(3) 电话营销。以电话作为营销者与消费者沟通的媒体。营销者利用电话宣传和销售产品或服务，以强化品牌形象。这种方式包含两种类型，即拨入与拨出电话。拨入电话通常是顾客通过企业设置的免费电话咨询或回应；拨出电话（或称主动电话）往往是营销者向潜在顾客推销产品、销售引导或接受订单等业务。

(4) 电视市场营销。电视市场营销有三种主要方式：①购买电视台的时间发布直接营销广告；②利用家庭购物频道推销商品和服务；③建立视频信息系统，可利用电缆或电话线与消费者家中的电视机连接，消费者可通过专门的键盘装置订购商品。

(5) 购物亭营销。这是指可设置在任何地方的一个独立的、互动式的计算机终端，也被称作顾客订货机。它常常被设置在商店、机场、车站以及写字楼等场所内。

(6) 数据库营销。这是通过连续记录个体顾客订购和询问方面的数据信息，并给予信息维护，以便用于确定目标顾客、有效销售产品或服务以及维持与客户关系。在顾客数据库中，应包括：顾客概况，如过去购买的商品和劳务的经历、购买角色、年龄、性别、生日、爱好、收入、家庭成员、生日及庆典日、喜欢的食品等；顾客与竞争的供应商关系、当前合同的履行情况、预计顾客几年后的开支、在销售服务中对竞争优势与劣势的评估等。

(7) 信息高速公路渠道。生产者可以将向顾客提供的产品与服务的信息以声像图文形式传递给顾客，引起顾客的注意，取得顾客的回应。这种渠道需要四种公司的配合：内容型公司、消费设备型公司、零部件型公司和渠道型公司。这些公司共同组成了信息产业。

本章小结

1. 整合沟通是用以计划、开发、执行和评估企业对大众的整体传播的一项战略性业务过程。它是由广告、人员推销、公共关系、销售促进以及直接营销五种方式构成的一个策略组合。

2. 影响企业实施整合沟通决策的因素有沟通目标、产品性质、产品生命周期、市场性质、推动拉引策略。

3. 有效的营销沟通过程要求营销沟通者确定目标沟通对象、确定沟通目标、设计沟通信息、选择信息沟通渠道、制定沟通预算、建立信息反馈渠道。其中，沟通预算的常见方式有量力支出法、促销额百分比法、竞争对等法以及目标任务法。

4. 人员推销具有非人员沟通方式不可替代的功能。为了提高人员推销方式的使用效果，企业应做好推销队伍设计和管理工作。企业推销队伍设计的主要内容有推销人员的职责、推销队伍的结构和推销队伍的规模；推销队伍管理的任务是对推销人员进行招聘、训练、督导、激励、评估，以及推销人员的报酬确定。

5. 广告是一种受到企业普遍重视和广泛应用的沟通方式。企业制订广告方案时需要作出四项基本决策：确定广告目标、广告预算决策、广告媒体决策和评估广告效果。

6. 营业推广对企业沟通目标的实现也具有重要作用，但在使用这种方式时，要特别注意其适用性；营业推广工具可以分为以个人消费者为对象的沟通工具、以中间商为对象的促销工具和以推销人员为对象的促销工具三大类；企业开展营业推广活动时要注意确定营业推广目标、选择营业推广工具、营业推广的配合安排、确定营业推广时机、期限等。

7. 公共关系即利用各种传播手段沟通内外部关系，塑造自身良好形象，为企业的生存和发展创造良好环境的经营管理艺术。企业使用公共关系的主要方法有利用新闻媒介、参与社会活动、组织宣传展览、塑造企业形象等。

8. 直接营销是指企业与确定的个体消费者直接联系以获得即刻反馈和培养持久的客户关系。直接营销的方式有：直接邮寄营销、目录营销、电话营销、电视市场营销、购物亭营销、数据库营销、信息高速公路渠道等。

思考题

1. 整合沟通的含义是什么？对企业又有什么作用？
2. 如何制定整合沟通决策？影响整合沟通策略的因素有哪些？
3. 人员推销的形式有哪些？如何管理推销人员队伍？
4. 对处于创业初始阶段的中小企业来说，如何才能高效地使用多种广告手段帮助销售业绩的提高？
5. 营业推广这种沟通策略针对消费者的具体工具有哪些？
6. 企业如何利用公共关系与公众沟通的？

选择题

1. 促销的实质是______。

A. 信息　B. 造假　C. 沟通　D. 解释

2. 下列不属于沟通过程的步骤是______。

A. 反馈　B. 多样化　C. 编码　D. 解码

3. 制造商将产品积极地卖给批发商的策略是______。

A. 直接推销　B. 公关策略　C. 拉引策略　D. 推动策略

4. 顾客购买某种产品1000单位以下，其单价为10元；购买1000单位以上，单价为9元，这种折扣属于______。

A. 现金折扣　B. 数量折扣　C. 功能折扣　D. 季节折扣

5. 某饮料公司和某快餐店联合开展“光顾快餐店有机会获得免费饮料”的活动。这种行为属于______。

A. 人员推销　B. 广告　C. 公共关系　D. 营业推广

6. 营业推广是______。

A. 营销组合要素之一　B. 控制价格的一种方法

C. 一种促销手段　D. 营销研究过程的一个阶段

7. 采用拉引策略的企业大都以______为主要促销方式。

A. 广告　B. 公共关系　C. 人员推销　D. 营业推广

8. 向顾客赠送香水的营销活动属于______。

A. 营业推广　B. 赞助　C. 广告　D. 人员推销

9. 公共关系与其他三种促销方式的不同点主要是______。

A. 沟通的内容丰富　B. 沟通的方式丰富

C. 直接目标是树立良好的社会形象　D. 销售效率高

10. 企业选择广告媒体时优先考虑的因素是______。
A. 目标顾客接触媒体的习惯　　B. 产品的性质与特征
C. 信息的性质与特征　　D. 媒体成本

11. 企业与仔细确定的个体消费者寄发报价单、通知、纪念品的行为是______。
A. 营业推广　　B. 直接营销　　C. 广告　　D. 人员推销

章尾案例

整合营销推动东风标致301成功上市

2013年10月，东风标致301上市在即。面对中级车市场激烈的竞争状态，为提升产品知名度，东风标致将301车型定位为“新生代品质先锋中级车”，同时，为了能够在传播产品定位时廓清消费者形象，东风标致公关团队对301进行了“30岁前第1辆车”的诠释。

东风标致301锁定的核心人群为30岁左右的首次买车用户，这类用户追求有品质的生活，习惯通过新媒体渠道（尤其是移动终端）获取有价值和有趣的信息，并勇于表达自己、积极参与互动。于是，东风标致301的传播策略被锁定为：前期和中期，以微信、微博、论坛等社交媒体渠道为主要平台，通过话题炒作，发布视频、图片，开发移动终端互动游戏，上市直播等多种手段持续整合传播，以递进式内容不断吸引用户关注产品，并积极引导互动，提升用户黏度；传播后期，结合“东风标致301之路”主线活动，以产品核心卖点与区域特色相结合的方式，促使产品信息不断下沉，夯实产品的落地传播。

以上传播策略的实施共分为五个阶段：

第一阶段：在热门网络综合论坛及核心汽车垂直论坛发起“30岁前第1辆车”的话题讨论，以多样化的话题及相当的话题密度，吸引网民对该话题进行关注，加深用户对“301＝30岁之前第1辆车”的认知印象。

第二阶段：在新浪微博阵地，以东风标致301官方微博身份发起“30岁前第1辆车”的话题讨论，并与网民进行密切互动，使“30岁之前第1辆车”的话题于11月5日成为新浪微博热门话题首页头条。

第三阶段：打造“30岁前第1辆车”动画视频，以趣味性方式，引导受众认可东风标致301作为“30岁前第1辆车”的可行性，同时向受众传递东风标致301作为“新生代品质先锋中级车”的理性卖点。

第四阶段：在上市当日对上市发布会进行微博、微信、论坛的全程直播，并打造微博、微信贯通活动，吸引网民关注热潮。

第五阶段：结合“东风标致301之路”主线活动，通过对举办活动城市的特点与产品信息相结合，打通各地区客户对东风标致301产品核心卖点的感性认知，提升客户对产品的认可度，加深客户对产品的好感。

经过五个阶段的强力传播之后，东风标致301的百度搜索关注指数在阶段时间内上涨327%，百度搜索栏“东风标致301”已经成为下拉框主动推送词条。

微博话题登热门：“30岁前第一辆车”话题于11月5日登上新浪微博热门排行榜，最高排行为第26位，是当日新浪微博排行榜中前30位中唯一的商业炒作标签。

微博活动APP：累计授权人数达17770人。

视频传播引聚焦：《30岁前第1辆车》视频在短短一日之内获得了19万人次的浏览量，且被土豆网、搜狐视频、CNTV、酷6等视频网站进行首页抽取推荐。

上市直播强关注：全网直播吸引了大量业内名人关注，并在一日之内，百度搜索关注指数上涨102%。

（资料来源：http：//case. iresearchad. com/html/201405/0806593813. shtml，有改动。）

思考题

1. 东风标致301上市借助了哪些方法进行整合营销？
2. 结合东风标致301目前的市场现状，分析它未来在线上线下可能的营销战略。

第十一章

市场营销组织、计划与控制

学习目标：

1. 理解市场营销组织的含义。
2. 了解营销组织结构的演变过程及常见的六种组织结构形式。
3. 知晓市场营销计划的主要内容和制订原则。
4. 知道市场营销执行需要哪些执行技能。
5. 理解市场营销控制的含义。

导入案例

2013年，江淮汽车将对旗下多功能车营销分公司进行更名调整，原安徽江淮汽车股份有限公司多功能营销分公司更名为安徽江淮汽车股份有限公司乘用车营销分公司，更名调整后，新公司将并入乘用车营销公司体系。

据悉，2009年之后，江淮乘用车和多功能商用车两大整车事业部，分别负责各自的制造和营销。如今为了强化营销，江淮将两大制造公司合并成立乘用车制造公司，两大营销公司成立乘用车营销公司。乘用车营销公司再下设“和悦”“瑞风”和“星锐”三个汽车品牌的营销分公司。内部人士透露，原体系下由制造公司领导同时负责营销，效果肯定不如专门的营销人才，整合制造和营销，目的就是加强各自分工，在各自的领域内更专业。这次调整是进一步整合资源，特别是强化营销，把两个事业部的营销和制造系统分别进行了整合。

根据江淮汽车8月发布的信息，截至2013年上半年，江淮汽车实现汽车产量合计27.21万辆，同比增长25.58%；汽车销量合计27.35万辆，同比增长21.01%。

（资料来源：《江淮架构大调整 营销制造分别整合》，商用汽车新闻网，http://www.cvnews.com.cn/xinwen3.asp?id=8426，2013-8-12，有改动。）

营销思考：查询有关资料，分析江淮汽车旗下营销公司的更名与重组行为。

市场营销管理就是企业为了促进与目标顾客交换而对市场营销活动进行组织、计划、实施和控制的过程，以确保已制定的市场营销战略和各项策略的实现。市场营销管理的内容主要有市场营销组织、市场营销计划和市场营销控制。三方面有着密切的联系：市场营销管理必须依托于一定的机构或部门——市场营销组织进行，因此，企业必须组建效率高、适应性强的营销组织形式，并分析营销部门与其他部门之间的关系，从而使企业的营销活动朝着有利的方向发展，以确保企业营销目标的实现。

第一节　市场营销组织

要点： 不同企业从事的营销活动不同，因而营销组织的形式也不相同。

管理的实质在于使人们为了共同的目标而有效地合作，因而它离不开组织。企业市场营销管理同样离不开特定的组织结构，这个组织结构的构成和运行程序，必须根据目标、市场环境、企业的资源来设计，对组织成员在实现目标中的工作分工和协作关系作出正式、规范的安排。并随着它们的变化作出相应的调整，以保证组织结构与特定的情境条件相一致。合理的组织有利于市场营销人员的协调和合作，因此，设计一个有效的市场营销组织，就成为市场营销管理的基础。

一、市场营销组织的概念

“组织”就人而言，是指按一定的宗旨和系统建立的集体。所谓市场营销组织，是指企业内部涉及市场营销活动的各个职位及其结构，是为了实现企业的目标，制订和实施市场营销计划的职能部门。在不同的企业，市场营销组织往往有不同的称谓；在许多企业，市场营销组织也常常不只是一个机构或科室。理解这一概念，必须注意两个问题：

（1）并非所有的市场营销活动都发生在同一组织岗位，其实企业的市场营销活动需要企业内部不同组织岗位的合作才能完成。例如，在拥有很多产品线的大公司中，每个产品经理下面都有一支销售队伍，而运输则由一位生产经理集中管辖。不仅如此，有些活动甚至还发生在不同的国家或地区。但它们属于市场营销组织，因为它们都是市场营销活动。同时，即使在企业的组织结构中正式设有市场营销部门，企业的所有市场营销活动也不是全部由该部门来完成的。

（2）不同企业对其市场营销活动的划分也是不同的，这与企业所处的行业和面对的市场密切相关。例如，信贷对某个企业来说是市场营销活动，但对另一个企业而言则可能是会计活动。

因此，市场营销组织的范围是难以明确界定的。有时，市场营销组织也被理解为各个市场营销职位中人的集合。因为企业的各项活动是由人来承担的，所以，对企业而言，人的管理比组织结构的设计更为重要。判断市场营销组织的好坏主要是指人的素质，而不单单是组织结构的设计。这就要求市场营销经理既能有效地制订市场营销计划和战略，又能使下级正确地贯彻执行这些计划和战略。

二、市场营销组织结构的演变

要点： 市场营销组织的演变与营销思想的发展密不可分。

现代企业的营销部门，是随着营销思想的发展，经过长期演变而成的。西方企业内部营销组织结构，随着营销思想的发展和企业自身的成长，大体上经历了五个显著的阶段：

1\. 单纯的推销部门

20 世纪 30 年代以前，西方企业以生产观念作为指导思想，大都采用这种形式。

一般来说，所有企业都是从财务、生产、推销和会计这四个基本职能部门开始发展的。财务部门负责资金的筹措，生产部门负责产品制造，推销部门负责产品的销售，会计部门则负责记账和计算产品的成本。推销部门通常由一位副总裁负责，管理推销人员，并兼管若干市场调研和广告宣传工作。在这个阶段，推销部门的职能仅仅是推销生产部门生产出来的产品，生产什么，销售什么；生产多少，销售多少。产品生产、库存管理等完全由生产部门决定，推销部门对产品的种类、规格、数量等几乎没有任何发言权。

要点：市场营销组织的演变经历了单纯的推销部门、有辅助功能的推销部门、独立的营销部门、现代营销部门和现代营销企业几个阶段。

2. 有辅助功能的推销部门

20 世纪 30 年代以后，市场竞争日趋激烈，企业大多以推销观念作为指导思想，需要进行经常性的营销调研、广告宣传以及其他促销活动。这些工作逐渐演变成为专门的职能，当这方面的工作量达到一定程度时，便会设立一位营销主管负责。

3. 独立的营销部门

随着企业规模和业务范围的进一步扩大，原来作为辅助性工作的营销调研、新产品开发、广告、促销和为顾客服务等营销职能的重要性日益增强。于是，营销部门成为一个相对独立的职能部门，作为营销部门负责人的营销副总裁与推销副总裁一样直接受总裁的领导，推销和营销成为平行的职能部门。但在具体工作上，这两个部门是需要密切配合的。

4. 现代营销部门

尽管推销副总裁和营销副总裁需要配合默契和互相协调，但是他们之间最终形成的关系往往是一种彼此敌对、互相猜疑的关系。推销副总裁趋向于短期行为，侧重于取得眼前的销售量；而营销副总裁则多着眼于长期效果，侧重于安排适当的产品计划和制定营销战略，以满足市场的长期需要。推销部门和营销部门之间矛盾冲突的解决过程，形成了现代市场营销部门的基础，即由营销副总裁全面负责，下辖所有营销职能部门和推销职能部门。

5. 现代营销企业

营销思考：你怎样看待公关公司这一现象的存在？

一个企业仅仅有了上述现代营销部门，还不等于是现代营销企业。现代营销企业取决于企业内部各个管理人员对待营销职能的态度。只有当所有的管理人员都认识到企业一切部门的工作都是为顾客服务，营销不仅是一个部门的名称，而且是一个企业的经营哲学时，这个企业才能算是一个以顾客为中心的现代营销企业。

第二节 市场营销组织结构形式

现代企业的营销部门有着若干不同的组织形式，但不论采取哪种形式，都要体现以顾客为中心的营销指导思想，都不外乎以下六种基本类型：

要点：市场营销组织有六种基本类型，企业要选择适合自己的。

一、职能型组织结构

最常见的市场营销组织是在营销副总裁领导下，由各种营销职能部门，即营销行政经理、广告促销经理、推销经理、营销调研经理、新产品经理构成的。营销副总裁负责直辖各营销职能部门之间的关系。

除了这五种营销职能专家外，还可能包括的营销职能专家有：顾客服务经理、营销计划经理和产品储运经理等。职能型组织的主要优点是行政管理简单。然而，随着产品的增多和市场的扩大，这种组织形式便会失去有效性。一是由于没有一个人对一项产品或一个市场负全部责任，因而没有按每项产品或每个市场制订的一个完整计划，有些产品或市场就很容易被忽略；二是各个职能部门为了获取更多的预算和较其他部门更高的地位而进行竞争，使营销副总裁经常面临调解纠纷的难题。

二、地区型组织结构

在全国范围内营销的企业，往往按地理区域组织其推销人员。例如，推销部门有1个负责全国的经理，4个大区推销经理，24个区域推销经理，192个地区经理和1920个推销员。从全国推销经理依次到地区经理，其所管辖的下属人员数目，即“管理幅度”逐级增加。在推销任务复杂、推销人员的工资很高、推销人员对利润的影响至关重要的情况下，这种分层的具体控制是很有必要的。

三、产品管理型组织结构

生产多种产品或多种不同品牌产品的企业，往往按产品或品牌建立管理型的组织，即在一名总产品经理领导下，按每类产品分设一名经理，再按每种具体品种设一名经理，分层管理。

如果一个企业生产经营的各种产品之间差别很大，并且产品的绝对数量多，超过了职能组织所能控制的范围，则适于建立产品管理型组织。

产品管理型组织最早于1927年为美国一家化妆品公司所采用，以后许多厂商，尤其是食品、肥皂、化妆品和化学工业的厂商，纷纷效法。例如，通用食品公司在其邮寄部就采取产品管理型组织，设了若干独立的产品经理，分别负责粮油、动物食品和饮料等；在粮油产品线中，又分设若干品种经理负责营养粮食、儿童加糖粮食、家庭用粮食和其他杂粮；营养粮食产品经理之下又设若干品牌经理。产品经理的作用是制订产品计划，监督产品计划实施，检查执行结果，并采取必要的调整措施。此外，还要制定竞争策略。

产品管理型组织的优点是：①产品经理协调了他所负责产品的营销组合策略；②产品经理能及时反映该产品在市场上出现的问题；③由于产品经理各自负责推销自己所管辖的产品，因而即使不著名的产品也不会被忽略；④产品管理是培训年轻管理人员的最佳场所，因为产品管理涉及企业业务经营的几乎所有方面。

产品管理型组织也有如下缺点：①产品管理造成了一些矛盾冲突。由于产品经理权力有限，他们不得不依赖于同广告、推销、制造部门之间的合作，而这些部门往往把他们看成是低层协调者而不予重视。②产品经理比较容易成为他所负责的产品方面的专家，但不容易熟悉其他方面的业务。③产品管理系统的成本往往比预期的组织管理费用高，因为产品管理人员的增加导致人工成本的增加，同时，企业还要继续增加促销、调研、信息系统和其他方面的职能专家，结果使企业承担巨额的间接管理费用。为了克服上述缺点，需要对产品经理的职责以及他们与职能专家之间的分工合作作出适当的安排。

四、市场管理型组织结构

当可以按客户特有的购买习惯和产品偏好细分和区别市场时，企业就需要建立市场管理型组织。它同产品管理型组织相类似，由一个总市场经理管辖若干细分市场经理。

各市场经理负责自己所辖市场的年度销售利润计划和长期销售利润计划。这种组织结构的主要优点是，企业可围绕着特定客户的需要开展一体化的营销活动，而不是把重点放在彼此割裂开的产品或地区上。在以市场经济为主的国家中，越来越多的企业组织都是按照市场型组织结构建立的。有些营销专家认为，以主要目标市场为中心来建立相应的营销部门和分支机构，是确保企业实现“以顾客为中心”的现代营销观念的唯一办法。

五、产品—市场管理型组织结构

面向不同市场、生产多种不同产品的企业，在确定市场营销组织结构时面临着两难抉择：是采用产品管理型，还是采用市场管理型？为了解决这个难题，企业可建立一种既有产品经理，又有市场经理的矩阵组织结构。

然而，这样的组织结构管理费用太高，而且极易产生内部冲突。矩阵组织结构面临新的两难抉择：一是如何组织推销人员？究竟应该按每一类产品组织推销队伍，还是按各个市场组织推销队伍，还是推销队伍不实行专业化？二是在各个产品市场上由谁定价？

六、事业部管理型组织

当企业产品种类和市场数量都很多，企业经营规模扩大时，企业常把各大产品部门设为独立的事业部。事业部下再设自己的职能部门和服务部门，包括市场营销部门。这样就产生了另一个问题：企业总部应当保留哪些营销活动和营销服务？这时，事业部管理型的企业一般可以在以下几种选择中作出决策：

（1）企业一级不设营销部门，各事业部都设有自己的市场营销部门。

（2）企业一级保持适度的营销组织部门。

（3）企业一级保留强大的营销部门。

事业部管理型组织的主要优点是：①因为事业部拥有较大的自主权，所以有利于事业部的自主发展；②有利于培养和发挥团队精神，增强企业的群体力量。

事业部管理型组织的主要缺点是：①事业部之间可能会产生不良竞争；②加大企业总体的管理难度。

企业为了有效地进行市场营销活动，必须选择恰当的市场营销组织。一个合适的市场营销组织应该能使企业及时对市场营销环境的差异作出反应，同时，这一组织必须与该组织的任务、技术和有关的外部环境条件相适应。影响企业选择营销组织的因素很多，一般来说，选择恰当的营销组织应考虑企业规模的大小、市场状况、产品性质和企业类型等。现实中，没有一个解决问题的具体标准，成功企业的经验在于它善于根据自己的特点和环境的变化，选择适合自己需要的营销组织。

第三节　市场营销计划

市场营销计划是市场营销组织关于某个具体产品、品牌如何进行市场营销的安排。制订和实施市场营销计划是市场营销组织的基本任务。市场营销组织如果缺乏预先营销工作的安排，将会导致营销行动和经费开支上的混乱，容易使企业受到有远见的竞争者的攻击。

要点：市场计划是对市场营销活动的预先安排，要能体现企业市场发展战略，遵循市场规律，表述明确，切实可行。

一、市场营销计划的制订原则

1. 应充分体现企业的市场发展战略

市场营销计划是落实市场营销战略的具体化、程序化和科学化的运行方案。所以，市场营销计划是指导、协调市场营销活动的主要依据。制订市场营销计划，不论是长期的，还是中短期的，都要紧紧围绕企业的市场发展战略。为此，企业必须把握以下两点：

（1）制订营销计划应始终与企业的发展战略方向保持一致。例如，企业发展战略中把建立跨行业、跨地区、跨国界的企业集团作为发展目标，那么，营销计划就应当根据这一战略方向来制订，并在长期和中短期计划中不同程度地贯彻落实这一战略意图。

（2）营销计划制订过程中，应把战略目标具体落实到短期、中期和长期的计划中，并通过具体量化的指标和实现方法、实施程序来体现。例如在长期计划中，确定目标期实现多少个片区市场，占有多少市场份额，同时，对扩展目标市场的次序，采用的分销、促销方式等作出明确的计划。又如在年度计划中拟订出当年计划扩展的目标市场，并定出量化指标（如占领区域的覆盖率、销售额和增长百分比等）。如果技术上可能，还应将年度计划任务进一步分解到每一季度中加以落实。

2. 应遵循市场规律，循序渐进

在制订营销计划时，首先应对企业面临的市场进行认真的调研，这可以称为“市场审计”，是制订计划过程的第一阶段，也是基础的或准备的阶段。在进入第二阶段即制订计划阶段后，还需要循序渐进地做好如下工作：

（1）充分了解并掌握企业自身的实际情况。这是制订计划的另一个重要依据。计划的任务就是要对企业内部资源作充分考虑，使之更适合外部变化的环境。

（2）群策群力，多方聚焦。企业市场营销计划作为企业未来一个时期的工作指南，涉及企业的各个部门，而且一旦确定并颁布，就要求整个企业的各个部门齐心协力地去实施、完成。因此，计划的制订就不应只是计划部门的事情，而应当广泛听取各部门的意见，吸收采纳其合理和正确的意见与建议。在计划草拟成文之后，还需反复征询各方意见，以使营销计划能真正切入企业实际，更准确地反映市场运行规律。

（3）由远及近，先长后短。营销计划分为长期、中期和短期计划。在制订计划时，既不能将之混合，也不能把它们完全割裂开来，更不能将它们的次序颠倒。具体而言，在制订计划时，避免采用长期、中期、短期计划被混在一起的“一揽子”计划，那样的计划内容表述势必含糊不清，任务、目标与方法等重要方面都不可能明确、具体，而且在执行、实施上也不便操作，在检查、考核计划完成情况时更会出现困难。因此，各期计划必须分开、分别制订，制订时要考虑它们之间的有机联系。中期、短期计划要贯彻长期计划精神，分担长期计划的任务目标；短期计划要贯彻落实中期计划的任务目标，从而做到方向一致、相互支持，且各有侧重及特色。一般而言，计划时间越短，越应具体。在制订的顺序上，应首先着眼于长期计划，其次为中期计划，最后才是短期计划。

3. 抓住关键，明确表述

营销计划并非工作流程或企业备忘录，它不可能也不应该太详尽，而应抓住企业营销中的关键性问题予以说明。企业产品如何定位，定位的品种、产量、质量指标和销售量、利润完成额，市场占有率以及新产品开发、销售促进、市场拓展等关键或重大事项应作为计划的主要内容，其他一般性管理和日常事务性问题不必列入计划，以免主次难辨、轻重不分。同时，在计划中，对诸项重大问题应当进行具体而明确的规定或要求，避免用模糊的语言进行表述。为此，目标任务应采用定量化的标准予以界定和表述。例如，到××年实现销售××万元，生产（或销售）××品种××单位数量，实现利润××万元等。对不能或不宜量化的目标任务，也应用文字简明而准确地予以表达，避免使执行者产生误解或出现解释分歧，给今后计划的履行、衡量和检查带来困难。

4. 应切实可行，并根据环境的变化及时调整

没有可行性的营销计划是注定要失败的。要使营销计划具有较高的可行性，在计划制订中就应特别注意遵循市场规律，实事求是，把计划建立在科学、合理的预测基础上。为此，企业必须置身于营销环境之中，充分分析机会和竞争优势，而不是只按自己的主观愿望行事。

营销计划一旦制订并实行，一般应相对稳定，不能朝令夕改。但是，市场是不断变化的，而企业的战略要随着市场环境的变化而变化。在计划实施过程中，当企业外部环境发生未预料的变化时，应对计划作出相应调整，这也是确保计划能够切实可行的最重要的保证。应该注意的是，调整和修改计划不宜过多，也不能太随意或太草率。

二、市场营销计划的内容

市场营销计划包括的部分、各部分的详细程度可能因企业要求的不同而不同。大多数市场营销计划主要包括以下内容：计划概要、市场营销现状、机会与问题分析、目标、营销战略、行动方案、预计损益和控制，如表 11-1 所示。

表 11-1　市场营销计划的内容

部　　分	目　　的
1. 计划概要	对拟订的计划简短地给予概述，以便管理部门快速浏览
2. 市场营销现状	提供有关市场、产品、竞争、分销渠道和现实环境的背景资料
3. 机会与问题分析	综合分析主要的机会与威胁、优势和劣势，以及所面临的问题
4. 目标	确定财务目标和市场营销目标
5. 营销战略	提供将用于实现计划目标的主要营销途径
6. 行动方案	回答将要做什么，谁去做，何时做，成本多少
7. 预计损益	综述计划的开支
8. 控制	讲述计划将如何控制

1. 计划概要

计划概要是对本计划的主要市场营销目标作简短的概述，目的是要让上一级的管理人员或有关人员能够很快了解、掌握计划的核心内容。

2. 市场营销现状

这一部分负责提供与企业所面临的宏观环境和市场环境（市场形势、产品情况、竞争状况、分销状况）相关的营销计划背景资料，并对这些背景资料逐一进行剖析。

（1）市场形势。这是指关于所服务的市场基本状况。具体包括市场的规模与增长，分析过去几年的销售总量及总额、不同地区或细分市场的销售、顾客的需求情况。

（2）产品情况。其主要包括过去几年中各主要产品的销售、价格及利润等资料。

（3）竞争状况。其主要包括主要的竞争者，以及他们的规模、目标、市场占有率、产品质量、市场营销策略，以及任何有助于了解他们意图和行为的资料。

（4）分销状况。这是指提供各种系列产品在各个分销渠道和各种渠道地位的变化。这种变化不仅包括分销商和经销商能力上的变化，而且也包括激励他们时所需的价格和交易条件的变化。

（5）宏观环境。其主要阐述影响该产品市场营销的宏观环境因素，即人口统计的、经济的、技术的、政治与法律的、社会文化的趋向及其对企业营销的影响。

3. 机会与问题分析

计划人员以描述市场营销现状的资料为基础，找出主要的机会与威胁、优势与劣势及整个计划期内企业在该产品上所面临的问题。

（1）机会与威胁分析。对来自外部可以左右企业发展的因素进行分析，找出企业所面临的主要机会与威胁。计划人员应把机会与威胁分出轻重缓急，使更重要、更迫切的机会与威胁能受到特别的关注。

（2）优势与劣势分析。对来自企业内部的资源状况进行分析，找出企业的优势与劣势。通过对自身优势与劣势的分析和比较，企业能更客观地找出自己在市场中的位置，制定更有效的决策，实现营销目标。

（3）问题分析。用机会与威胁、优势与劣势分析的结果来确定在计划中必须强调的主要问题。对这些问题的决策将会导致随后的目标制定，以及策略和战术的运用。

4. 目标

计划人员明确问题的所在以后，在企业战略思想的指导下，必须确定目标，用以随后制订行动的方案。计划人员必须建立财务目标和营销目标。

目标应该具有一定的标准。首先，每一个目标应该有一个既明确又能测量的形式，并且有一个应该完成的规定限期；其次，各个目标应该具有内部统一性；再次，各类目标应该有层次性，如果可能，目标应该从高到低清楚地排列；最后，这些目标是可以达到的，但是，它们又具有足够的挑战性，能激发员工的最大努力。

5. 营销战略

目标说明企业欲向何处发展，战略则说明如何达到目标。目标可以通过多种方法实现。例如，以增加10%的销售收入作为目标，它可以通过提高全部单位产品的平均价格来获得，也可以通过增加总的销售量来获得。

市场营销战略主要包括以下几个部分：目标市场选择，市场和产品定位，产品，价格，分销渠道，促销，市场营销预算及市场营销战略控制等。在市场营销战略制定的过程中，市场营销部门要与其他有关部门进行沟通、合作，以确保战略能够实施。

6. 行动方案

行动方案阐述了用以实现企业目标的主要营销活动，即进一步从做什么、什么时候做、谁去做、将花费多少以及达到什么要求等方面，来考虑市场营销战略实施过程中涉及的所有内容。

7. 预计损益

行动方案可使有关管理人员汇编一个支持该方案的预算，此预算基本为一项预计的盈亏报表。在收入栏列出预计的销售量和实际平均价格；在支出栏列出分成细目的生产和实体分配的成本以及各种市场营销的费用；收入与支出之差就是预计利润。上级管理部门将审查这个预算并加以批准或修改。一旦批准后，此预算便成为制订计划和安排材料采购、生产进度、劳工招聘和市场营销作业的基础。

8. 控制

计划的最后一部分为控制，用来监控整个计划的进程。通常，目标和预算都是按月或按季度来制定的，这样上级管理部门就能检查各个阶段的成果并发现未能达到目标的企业部门。这些落后部门需解释未能达标的原因和他们完成计划所要采取的行动。

有些计划的控制部分还包括意外应急计划。意外应急计划扼要列出可能发生的某些不利情况、管理部门采取的预防措施和必须准备的善后措施。制订应急计划的目的是要管理人员预先考虑可能出现的各种困难。

第四节　市场营销执行与控制

一、市场营销执行

市场营销执行是指企业将市场营销战略和计划转化为行为和任务，以实现市场营销战略目标的过程。市场营销战略和市场营销计划涉及的是“营销什么”和“为什么营销”的问题，市场营销执行涉及的则是“谁去执行”“什么时间”“什么地点”和“怎样进行”的问题。

市场营销执行是一个艰巨而复杂的过程。研究表明，战略目标之所以未能实现，可能是由于战略本身有问题，也可能是由于正确的战略而没有得到有效执行的问题。

1. 市场营销执行技能

要点：市场营销计划的有效执行需要营销人员具备四种技能。

为了有效地开展市场营销，企业市场营销组织人员必须运用一套技能。市场营销执行技能主要有以下四种：

(1) 分配技能。该技能是指市场营销经理在各种功能、政策和规划之间安排分配时间、经费和人力的能力。

(2) 监控技能。该技能包括建立和管理一个将营销活动结果进行反馈的控制系统。控制有年度计划控制、盈利率控制和战略控制。从贯彻执行的角度出发，企业应主要注重前面两种控制。

(3) 组织技能。这是指如何规定市场营销组织人员之间为实现企业目标而应具有的关系结构。制定有效的执行程序的重要前提是：必须把集中化程度和正规化程度掌握在与控制系统相适应的限度内，并理解非正式市场营销组织的地位和作用。非正式市场营销组织与正式市场营销组织相互配合，将对许多执行活动的效果产生影响。

(4) 相互配合技能。这是指营销经理借助于其他力量来完成自己工作的能力。营销经理不仅要能动员企业内部人员去有效地执行预期的战略，而且还必须善于利用外部的力量，如市场调研公司、广告代理公司、经销商、代理商和批发商等。

出色的市场营销执行都离不开上述四个方面的管理技能。

2. 市场营销执行过程

营销思考：查找有关资料，评价电影《无极》的市场营销执行。

市场营销执行过程包括相互联系的以下五个方面的内容：

(1) 制订行动方案。为了有效地执行市场营销战略和市场营销计划，市场营销部门以及有关人员必须制订详细的行动方案。这个方案必须明确市场营销战略和市场营销计划执行的关键性决策和任务，并将这些决策和任务的责任具体落实到小组或者个人。另外，行动方案还应包含具体的时间表。

（2）建立组织结构。在市场营销执行过程中，组织结构起着决定性作用。领导部门将执行的任务分配给具体的部门和个人，规定明确的职权界限和信息沟通渠道，协调企业内部的各项决策和行动。建立组织结构必须与市场营销战略和市场营销计划相适应，必须与企业本身的特点、市场营销环境相适应。

（3）制定规章制度。为了保证执行顺利，必须设计相应的规章制度。在这些规章制度中，必须明确有关的各个环节、岗位，各有关人员的责、权、利，衡量、奖惩的条件及各种要求。

（4）开发人力资源。市场营销执行最终要由企业内部的工作人员来完成，所以人力资源的开发至关重要。这涉及人员的考核、选拔、安置、培训和激励等问题。在考核、选拔营销管理人员时，要研究是从企业内部调用，还是从企业外部招聘；在安置人员时，要注意按照他们的能力和专长安排适当的工作，做到人尽其才；为了激励员工的积极性，必须建立完善的工资、福利和奖励制度。

（5）协调各种关系。为了有效实施市场营销战略和市场营销计划，行动方案、组织结构、规章制度等因素必须协调一致，相互配合。

二、市场营销控制

要点：市场营销控制保证市场营销执行中，市场营销计划能被有效地落实。

市场营销组织的工作和任务，是规划、实施和控制市场营销活动。在执行市场营销计划的过程中，难免会遇到各种意外事件，所以要不断地对市场营销活动进行监督、评价，控制其发展动向。

所谓市场营销控制，是指市场营销管理者对市场营销组织的实际运行是否符合预定的目标进行测定，如果不一致或没有完成计划，就找出原因，并采取适当措施和正确行动保证市场营销计划完成、确保组织目标实现的过程。

（一）年度计划控制

年度计划控制的目的，是确保年度计划所规定的销售、利润和其他目标的实现。控制过程分为四个步骤：①确定年度计划中的月份目标或季度目标；②监督市场营销计划的实施情况；③如果市场营销计划在执行过程中有较大的偏差，则要找出其中的原因；④采取必要的补救或调整措施，缩小计划与实际之间的差距。

1. 销售分析

销售分析就是衡量并评估实际销售额与计划销售额之间的差距。其具体有两种方法：

（1）销售差距分析。这种方法主要用来衡量造成销售差距的不同因素的影响程度。例如，某家企业在年度计划中规定，某种产品第一季度售出4000件，单价1元，总销售额4000元。季末实际售出3000件，售价降为0.80元，总销售额为2400元，比计划销售额少40%，差距为1600元。显然，这既有售价下降方面的原因，也有销量减少的原因。但是，二者各自对总销售额的影响程度又是多少呢？计算公式为

$$售价下降的差距=[(1-0.8)\times3000]元=600元$$

$$售价下降的影响=600元\div1600元=37.5\%$$

$$销量减少的差距 = [(4000 - 3000) \times 1]元 = 1000 元$$

$$销量减少的影响 = 1000 元 \div 1600 元 = 62.5\%$$

由此可见，没有完成计划销售量是造成差距的主要原因。因此，需要进一步深入分析销售量减少的原因。

(2) 地区销售量分析。这种方法用来衡量导致销售差距的具体产品和地区。例如，某企业在A、B、C三个地区的计划销售量分别为1500件、500件和2000件，共4000件。但是，各地实际完成的销售量分别为1400件、525件和1075件，与计划的差距为-6.67%、+5%和-46.25%。显然，引起差距的主要原因在于C地区销售量的大幅度减少。因此，有必要进一步查明原因，并加强该地区的市场营销管理。

2. 市场占有率分析

销售分析一般不反映企业在市场竞争中的地位，因此，还要分析市场占有率，揭示企业同竞争者之间的相对关系。例如，一家企业销售额的增长，可能是它的市场营销绩效较竞争者有所提高，也可能是因为整个宏观经济环境有所改善，使得市场上的所有企业都从中受益，而这家企业和对手之间的相对关系并无变化。企业需要密切注意市场占有率的变化情况。在正常情况下，市场占有率上升表示市场营销绩效提高，在市场竞争中处于优势；反之，则说明在市场竞争中失利。

造成市场占有率波动的原因很多，要从实际出发具体分析：

(1) 市场占有率的下降，可能出于企业在战略上的考虑。有时候，企业调整经营战略、市场营销战略，主动减少一些不能盈利的产品，使得总销售额下降，影响到市场占有率。如果企业的利润反而有所增加，则这种市场占有率的下降就是可以接受的。

(2) 市场占有率的下降，也可能是新的竞争者进入市场所致。通常，新的竞争者加入本行业的竞争，会引起其他企业的市场占有率在一定程度上有所下降。

(3) 外界环境因素对参与竞争的各个企业的影响方式和程度往往不同，从而产生不一样的影响力。例如，原材料价格的上涨会对同一行业的各个企业都产生影响，但不一定所有企业都受到同样的影响。有些企业推出创新的产品设计，在市场上争取到较多的客户，市场占有率反而可能上升。

分析市场占有率，要结合市场机会同时考虑。市场机会大的企业，其市场占有率一般应高于市场机会小的竞争者，否则其效率就有问题。

3. 市场营销费用率分析

年度计划控制要确保企业在达到销售计划指标时，市场营销费用没有超支。因此，需要对各项费用率加以分析，并控制在一定限度。如果费用率变化不大，在预计范围内，可以不采取任何措施；如果变化幅度过大，上升速度过快，接近或超出上限，就必须采取有效措施。

通过上述分析，发现市场营销实绩与年度计划指标差距太大，就要采取相应措施：或是调整市场营销计划指标，使之更切合实际；或是调整市场营销战略、策略和战术，以利于计划指标的实现。如果指标和战略、策略、战术都没有问题，就要在计划的实施过程中查找原因。

（二）盈利能力控制

除了年度计划控制之外，企业还需要运用盈利能力控制来测定不同产品、不同销售地区、不同顾客群、不同分销渠道和不同订货规模的盈利能力。通过盈利能力控制所获取的信息，能帮助企业决策者制定市场营销组合决策。

1. 市场营销成本

市场营销成本是指与市场营销活动有关的各项费用支出。它直接影响企业的利润。市场营销成本由以下项目构成：①直接推销费用，包括直销人员的工资、奖金、差旅费、培训费、交际费等。②促销费用，包括广告媒体成本、产品说明书印刷费用、赠奖费用、展览会费用、促销人员工资等。③仓储费用，包括租金、维护费、折旧费、保险费、包装费、存货成本等。④运输费用，包括托运费用等。如果企业自己有运输工具，则要计算折旧费、维护费、燃料费、牌照费、保险费、驾驶人工资等。⑤其他营销费用，包括市场营销管理人员工资、办公费用等。上述成本连同企业的生产成本构成了企业的总成本，直接影响企业的经济效益。

2. 盈利能力的考察指标

取得利润是任何企业的最重要的目标之一。企业盈利能力历来为市场营销管理人员所高度重视，因而盈利能力控制在市场营销管理中占有十分重要的地位。对其考察的指标主要有以下几种：

（1）销售利润率。一般来说，企业将销售利润率作为评估企业获利能力的主要指标之一。销售利润率是指利润与销售额之间的比率。其计算公式为

$$销售利润率=\frac{本期利润}{销售额}\times 100\%$$

但是，由于同一行业的各个企业之间的负债比率往往大不相同，而对销售利润率的评价又经常需要通过与同行业平均水平的对比来进行，所以，在评估企业获利能力时，最好能将利息支出加上税后利润，这样将能大体上消除由于举债经营而支付的利息对利润水平产生的影响。因此，其计算公式可调整为

$$销售利润率=\frac{税后息前利润}{产品销售收入净额}\times 100\%$$

（2）资产收益率。它是指企业所制造的总利润与企业全部资产的比率。其计算公式为

$$资产收益率=\frac{本期利润}{资产平均总额}\times 100\%$$

与销售利润率一样，为了在同行业间有可比性，资产收益率的计算公式调整为

$$资产收益率=\frac{税后息前利润}{资产平均总额}\times 100\%$$

其分母之所以用资产平均总额，是因为年初和年末余额相差很大，如果仅用年末余额作为总额，显然不合理。

（3）净资产收益率。它是指税后利润与净资产的比率。净资产是指总资产减去负债总额后的净值。这是衡量企业偿债后的剩余资产的收益率。其计算公式为

$$净资产收益率=\frac{税后利润}{净资产平均余额}\times 100\%$$

其分子之所以不包含利息支出，是因为净资产已不包括负债在内。

（4）资产管理效率。可以通过以下指标来分析资产管理效率：

1）资产周转率。该指标是指企业以资产平均占用额去除产品销售收入净额而得出的全部资产周转率。其计算公式为

$$资产周转率=\frac{产品销售收入净额}{资产平均占用额}$$

该指标可以用来衡量企业全部投资的利用效率。资产周转率高，说明投资的利用效率高。

2）存货周转率。该指标是指产品销售成本与存货（指产品）平均余额之比。其计算公式为

$$存货周转率=\frac{产品销售成本}{存货平均余额}$$

该指标说明某一时期内存货周转的次数，从而考核存货的流动性。存货平均余额一般取年初和年末余额的平均数。一般来说，存货周转率越高，说明存货水准越低，周转越快，资金使用效率越高。

资产管理效率与获利能力密切相关。资产管理效率高，获利能力相应也较高，这可以从资产收益率与资产周转率及销售利润的关系上表现出来。资产收益率实际上是资产周转率和销售利润率的乘积，计算公式为

$$资产收益率=\frac{产品销售收入净额}{资产平均占用额}\times\frac{税后息前利润}{产品销售收入净额}\times 100\%=资产周转率\times 销售利润率$$

（三）效率控制

1. 销售人员效率

企业在各地区的销售经理要记录本地区的销售人员效率的几项主要指标。这些指标包括：①每个销售人员每天平均的销售访问次数；②每次的平均访问时间；③每次销售访问的平均收益；④每次销售访问的平均成本；⑤每次销售访问的招待成本；⑥每百次销售访问预订购的百分比；⑦每个期间增加的新顾客数；⑧每个期间流失的顾客数；⑨销售成本对总销售额的百分比。

企业可以从以上分析中，发现一些非常重要的问题。例如，销售代表每天的访问次数是否太少；每次访问所花费时间是否太多；是否在招待上花费太多；每百次访问中是否签订了足够的订单；是否增加了足够的新顾客并且保留住原有的顾客。当企业开始正视销售人员效率的改善后，通常会取得很多实质性的改进。

2. 广告效率

企业至少应该做好如下统计：①每一媒体的类型、每一媒体工具接触每千名购买

者所花费的广告成本；②顾客对每一媒体工具注意、联想和阅读的百分比；③顾客对广告内容和效果的意见；④顾客在广告前后对产品态度的衡量；⑤顾客受广告刺激而引起的询问次数。

企业高层管理者可以采取若干步骤来提高广告效率，包括：进行更加有效的产品定位；确定广告目标；利用计算机来指导广告媒体的选择；寻找较佳的媒体以及进行广告后效果测定等。

3. 营业推广效率

为了提高营业推广的效率，企业管理者应该对每一营业推广的成本和对销售的影响进行记录，注意做好如下统计：①由于优惠而销售的百分比；②每一销售额的陈列成本；③赠券回收的百分比；④因示范而引起询问的次数。

企业还应观察不同营业推广手段的效果，并使用最有效果的促销手段。

4. 分销效率

分销效率主要是对企业的存货水准、仓库位置及运输方式进行分析和改进，以达到最佳配置并寻找最佳运输方式和途径。

效率控制的目的在于提高人员推销、广告、营业推广和分销等市场营销活动的效率。市场营销者必须重视若干关键比率，这些比率表明上述市场营销组合因素功能执行的有效性以及应该如何改进执行情况。

（四）战略控制

战略控制的目的是确保企业目标、政策、战略和措施与市场营销环境相适应，因为在复杂多变的市场环境中，原来制定的目标和战略往往很快就会过时。因此，每个企业都应利用一种被称为“营销审计”的工具，批判性地定期重新评估企业的战略计划及其执行情况。

营销审计是对企业或战略业务单位的营销环境、目标、战略和营销活动诸方面进行的独立的、系统的、综合的定期审查，以发现营销机会，找出问题所在，提出改善营销工作的行动计划和建议，供企业领导者决策时参考。

营销审计不是只审查几个问题，而是覆盖整个营销环境、内部营销系统以至具体营销活动的所有方面。营销审计通常由企业内部一个相对独立的、富有经验的营销审计机构客观地进行。营销审计是定期进行的，而不是出现问题时才采取的行动。营销审计不仅能为那些陷入困境的企业带来效益，而且同样也能为那些经营卓有成效的企业增加效益。

本章小结

1. 设计一个有效的市场营销组织是市场营销管理的基础。所谓市场营销组织，是指企业内部涉及市场营销活动的各个职位及其结构，是为了实现企业的目标，制订和实施市场营销计划的职能部门。在不同的企业，市场营销组织往往有不同的称谓。

2. 市场营销组织的演变与营销思想的发展密不可分。营销组织的演变经历了单纯的推销部门、有辅助功能的推销部门、独立的营销部门、现代营销部门和现代营销企业几个阶段。

3. 市场营销组织有六种基本类型，企业要选择适合自己的。这六种基本类型是：职能型组织结构、地区型组织结构、产品管理型组织结构、市场管理型组织结构、产品—市场管理型组织结构和事业部管理型组织。成功企业的经验在于它善于根据自己的特点和环境的变化，选择适合自己需要的市场营销组织。

4. 市场营销计划是市场营销组织关于某个具体产品、品牌如何进行市场营销的安排。大多数市场营销计划主要包括以下内容：计划概要、市场营销现状、机会与问题分析、目标、营销战略、行动方案、预计损益和控制。

5. 市场营销执行是指企业将市场营销战略和计划转化为行为和任务，以实现市场营销战略目标的过程。市场营销执行技能主要有以下四种：①分配技能；②监控技能；③组织技能；④相互配合技能。

6. 所谓市场营销控制，是指市场营销管理者对市场营销组织的实际运行是否符合预定的目标进行测定，如果不一致或没有完成计划，就找出原因，并采取适当措施和正确行动保证市场营销计划的完成、确保组织目标实现的过程。

思考题

1. 市场营销组织结构的演变经历了哪几个显著阶段？各阶段有什么特征？
2. 试述现代企业的市场营销组织的五种组织结构形式。
3. 市场营销计划主要有哪些内容？
4. 试述市场营销计划的制订原则。
5. 市场营销执行需要哪些执行技能？
6. 试述市场营销执行过程。
7. 什么是市场营销控制？它包括哪些内容？
8. 年度计划控制包括哪些内容？
9. 盈利能力控制包括哪几个方面的内容？

选择题

1. 市场营销控制的基本前提是______。

A. 营销计划和营销组织　　B. 营销计划和营销组合
C. 营销策略和营销组织　　D. 营销关系和营销组合

2. 根据顾客类别设计的企业营销组织机构类型是______。

A. 地区型组织结构　　B. 职能型组织结构
C. 产品型组织结构　　D. 市场型组织结构

3. 在企业的产品同质性高、地区市场之间差异不突出的情形下，应采用的市场营销组织机构模式是______。

A. 地区型组织结构　　B. 职能型组织结构
C. 产品型组织结构　　D. 市场型组织结构

4. 市场营销计划的开头部分通常是______。

A. 概述　　B. 公司市场营销目标介绍
C. 对当前业绩与过去业绩的比较　　D. 现状分析

5. 市场营销审计的主要目标是______。
A. 报告营销计划的执行情况　　B. 收集信息
C. 专门监视宏观环境　　D. 监视竞争状况

6. 在企业设置市场营销组织机构时，不同的市场营销组织机构模式应用的条件不同。其中“产品型组织结构”一般应用于______。
A. 企业的产品同质性高、地区市场之间差异不突出的情形
B. 企业的产品种类较多，技术性强且不同产品之间差异突出的情形
C. 企业面对多样化的市场，且不同市场差异明显的情形
D. 企业经营多种产品，并向多个市场销售的情形

7. 市场营销计划中关于市场营销环境、市场趋势、顾客和竞争者的详细信息属于______。
A. 市场营销行动计划　　B. 市场营销战略
C. 产品/市场背景　　D. 环境分析

8. 下列不属于市场营销执行的说法是______。
A. 市场营销经理进行人员和经费的安排
B. 建立和管理营销控制系统
C. 规定营销人员之间的关系结构
D. 分析市场营销实绩是否实现年度计划

章尾案例

维维利乐包市场推广计划

1. 市场环境分析

上海市区的人口为1200万，是我国最重要的商业城市，市场潜力大，竞争品牌多。近年来，豆奶类饮品在居民心中不断上升的消费地位和上海独特的快节奏生活方式，给营养绿色饮料带来了巨大的商业机遇。仅1998年，我国香港的维他奶在上海的销售额就高达5000万元人民币。

（1）竞争品牌占有率分析。目前利乐包豆奶在上海市场上同类产品众多，其中尤以我国香港的维他奶销量最为看好。该产品占有豆奶利乐包市场实际销售额的60%以上，月均销售额在400万元以上。同时，该产品是成熟期的品牌产品，其营销广告方式设计专业，营销渠道成熟，市场上柜率极高，售点形象气氛设计良好，是上海豆奶利乐包的主导品牌。

在上海豆奶利乐包产品中，销售仅次于维他奶的正广和，以都市奶为主导营销品牌，也吸引了部分潮流青年，销售情况日趋上升。同时，上海光明、全仕奶、杨协成等各自拥有不同的消费群体，也占有一定的市场份额，形成了“群雄割据”的局面。

主导品牌：维他奶、维他麦精朱古力。

有影响品牌：正广和都市奶、正广和纯豆浆、杨协成豆奶、上海光明利乐包、全仕奶利乐包。

上海豆奶利乐包销售品牌排序：维他奶、正广和、杨协成、光明、全仕。

（2）竞争产品价格及容量分析。上海利乐包豆奶从包装上主要分为两种类型：适用家庭饮用的1000mL左右容量和适用于普通随机消费的250mL左右容量。从价格方面分析，随机消费型产品的市场零售价在1.3~1.5元；家庭饮用型价格差异大，但由于同维维豆奶的产品不在同一容量等级，本企划案不作重点分析。主要品牌价格分析如表11-2所示。

表 11-2　主要品牌价格分析

品　　牌	品　　种	容量/mL	市场零售价/元
维他奶	维他奶	100	0.80
	维他奶	250	1.30
	麦精朱古力	250	1.30
正广和	都市奶	250	1.50
杨协成	豆奶	250	2.00
上海光明	巧克力牛奶	200	2.00
	纯鲜牛奶	200	2.00
	纯鲜牛奶	250	2.00

（3）竞争品牌广告促销历史资料。电视广告：维他奶、正广和瞄准黄金时段播出的收视率极高的娱乐节目——“欢乐总动员”“相约星期六”“快乐大转盘”“幸福快车”“五星奖合成大擂台”以及少儿喜爱的“欢乐蹦蹦跳”“智力大冲浪”。在节目之前和中间插入广告，平均每天一种产品做四次广告。

其他广告形式多种多样：公交车体广告、出租车尾粘贴广告；在人流量大的高架路边、地铁、车站、高速公路、交警岗亭等处做显眼的灯箱；给店铺做门头；还有广告伞、衬衫、气球、横幅等；另外，他们也非常重视电台、报纸、杂志等媒介的广告。

（4）从竞争环境分析营销机会。综合以上营销环境分析，维维豆奶要想迅速在上海市场上市推广，必须同等价位渗透市场，利用维维品牌的知名度，通过有针对性的广告宣传，引发消费者的首次购买欲望，通过大面积的铺市和有吸引力的营销政策及售点营销氛围来推广产品。

2. 机会与缺陷

维维豆奶在上海市场有发达的销售网络。经过半年多的直销实践，豆奶销售基本分为 5 条直销体系，即与 6 家大型卖场、8 家连锁超市公司、4 家便利店配送公司、几十家百货商场、交易市场主要批发商等建立业务关系。这种营销渠道的建立，对维维利乐包迅速进入上海市场非常有利，能在短时间内使产品迅速摆上 1000 家以上大中型售点的柜台。

但这种营销体系对豆奶饮料而言，缺乏街头冰柜销售体系，对豆奶饮料的推广是一个障碍。

3. 劣势和优势的综合分析

（1）劣势的分析：①产品价格高，同类产品的零售价仅在 1.3 元左右；②无冰柜销售网络；③产品无知名度；④竞争环境激烈；⑤营销费用多，产品单位成本高；⑥无针对上海市场的重点广告宣传。

（2）优势的分析：①交易市场、大卖场、连锁超市、百货店、便利店渠道畅通；②企业知名度高；③新产品有第一次购买机会；④企业有推广实力。

4. 销售价格定位

由于上海市场独特的营销环境，集团利乐包的商业供货价应定在 × 元/包较为适宜。通过商场利润加价，产品零售价不超过 × 元，冰柜售价不超过 × 元。上海市场是纯粹的直销运作，各类型网点的直销供货价及产品零售价应控制在一定范围内。

5. 销售渠道设计

（1）第一种销售渠道：①充分利用现有的直销优势及良好的网络体系，迅速占领交易市场、连锁超市、大卖场、连锁便利店的1229个店面柜台；②尽可能多地同81家百货商场建立业务关系，做好产品的上柜工作。

（2）第二种销售渠道：以行政区或街道为单位寻找新的专业雪糕、冷饮批发商，建立冰柜网络系统。

（3）第三种销售渠道：以寻找集团消费为重点，主要有四条线：①效益良好的企业防暑降温品；②写字楼内办公人员的午餐；③学校；④面包房、娱乐场所。

6. 营销目标

（1）市场占有率：×%。

（2）售点覆盖率：

1）大卖场100%；连锁超市90%以上。

2）连锁便利店80%以上。

3）百货商场60%以上。

4）冰柜50%以上。

（3）广告宣传目标：

1）产品尝试率30%。

2）品牌知名度40%。

（4）短期销售行为：至1999年11月产品销售×万箱。

7. 广告宣传组合

（1）品牌定位。“解渴+营养”，纯天然营养时尚饮品。

质量承诺：维维利乐包豆奶是中国最大的豆奶生产企业提供给消费者的高质量产品。

品牌承诺：以中国豆奶行业最具价值的“维维”为主品牌。

差别化策略：“解渴+营养”双重功效早餐饮用品。

（2）营销组合。以电视广告及初期焦点促销为主，辅以报纸功能性介绍及其他宣传，全面推广产品。

（3）电视媒介。一般来说，对观众产生影响的最少暴露频次是3+（即3次以上，以下类推）；能让目标观众回忆起来的最少暴露频次是6+；在广告周期内，需要以更多的暴露频次来超过其他品牌，8+的暴露频次是需要的。

在维他奶已居领导地位的市场环境下，集团应从4月中旬起通过强有力的宣传，辅以有力度的市场铺货挑战市场。

广告周期：1999年×月×日—1999年×月×日。

广告播出原则：①现有豆奶广告全部换为豆奶饮料广告；②对维他奶广告采用一前一后夹击方式播出；③选择收视率高的栏目，做成维维豆奶的宣传内容，栏目版头以5s产品形象片方式播出，中间夹15s产品功能片，或5s形象片和15s功能片连续播出；④每天投播不少于6次。

具体投播计划（略）。

（4）售点广告营造气氛。①由于上海市区面积大，商业网点分散平均，不可能进行全面开花式的售点广告，建议以上海四条最繁华的街道及四个最繁华的商业区为主要广告点进行售点广告宣传，起到以点代面的作用。②区域选择。繁华街道：南京路、淮海路、四川路、西藏路；繁华商业区：徐家汇、打浦桥、曹家渡、五角场。③方式：每条街道、每个商业区选择25个大型冰柜摊点，提供外观类似于利乐包饮料的冰柜和维维遮阳伞；每家摊点交×元押金；每个摊点在12月前销售利乐包及系列饮料×箱以上，冰柜赠给摊点使用，且2000年能销售×件以上者退回所交押金；现场辅以上档次的宣传品。

（5）报纸媒介（略）。

（6）其他（略）。

8. 促销组合

（1）售点长期促销：捆绑式销售。

1）具体办法：通过销售协助，在每一个豆奶广告袋内装×包利乐包产品，以每袋×元的价格出售；每单位包标价×元，对外宣传“4赠2”，即一次购买每4袋利乐包送一袋相同产品和一个精美手提袋，单包购买按商场的×元价格执行，商场结算以广告袋数量和实际回款相结合的办法执行；单独派出巡视员进行专业理货。

2）促销时间：×月×日—×月×日。

3）售点选择：大卖场、连锁超市、便利店等1000家售点。

（2）人员推销。以街道区域为单位划分50个区域，每个区域内招聘100名下岗女工，逐个冰柜进行铺货。铺货目标为3000家冰柜。

（3）销售促进。主要包括以下内容：

1）上市之初开展为期30天的免费品尝活动，每天选择20家大中型售点，每3天为一个周期。

2）选择100家有代表性的售点，开展产品陈列活动。

3）赠品促销。

9. 铺货时间安排

（1）通过现有渠道，在15天内使产品能全面摆上1000家以上A类售点。

（2）每个业务员负责一个区，5天以内找出专业冰柜批发客户，10天以内建立业务关系，30天以内协助客户进行冰柜铺货。

（3）在上述两项工作完成后，安排专人负责其他渠道。

（4）时间从产品到达上海仓库之日算起。

10. 促销费用及利润平衡点

（1）费用预算。

1）媒介费用：×万元。

2）促销产品折价：×万元。

3）合计：×万元。

（2）利润平衡点分析。

1）产品利润：产品单位×产品利率。

2）产品价格：×元。

3）利润平衡点：推广费用/（产品单价×产品利率）×产品单价 = ×元，即销售额达到×元时投入与产出平衡，之后产品销售形成利润。

11. 市场营销组合

（1）将液体饮料同果汁饮料纳入同一网络销售。

（2）在市场推广初期（4~8月），交易市场批发商实行销售折扣，指定明确的折扣标准，建议为：

4~8月份累计销售X_1万元，返利Y_1%。

4~8月份累计销售X_2万元，返利Y_2%。

4～8 月份累计销售 X_3万元，返利 Y_3%。

（资料来源：杨明刚：《市场营销 100——个案与点析》，上海：华东理工大学出版社，1999，有改动。）

案例思考题：

1. 你从以上的市场营销推广计划中受到什么启发？
2. 结合自己的实践经验，试写一份市场营销计划。

第十二章

营销新视野

学习目标：

1. 了解市场营销 3.0 时代与营销 1.0 和 2.0 时代的区别。
2. 了解 4R 营销、关系营销、全方位营销的概念和主要特点，明白各个理论的不足之处。
3. 了解金融营销的概念，知晓其可能的发展趋势。
4. 了解网络营销的概念和基本特点，明白网络营销的适用性。

营销思考：结合优衣库网络试衣和排队营销的活动，谈谈你对营销 3.0 时代的理解。

导引案例

2011 年年初，定位平价的日本服装品牌优衣库（UNIQLO）在人人网上推出了“2011 人人试穿第一波”，借助网络力量提升品牌知名度。优衣库的“粉丝”们可以通过在其公共主页上留言，申请成为试穿者，收到免费获赠的商品后，在人人网的个人主页上发表试穿日记和照片，随后由网友对日记进行投票，得票高者可获得优衣库的礼券。成立于 1974 年的优衣库不仅依靠快速反应的供应链和出色的性价比成功完成逆周期的扩张，更凭借多样化的营销策略，实现了 2010 年 6151 亿日元（约合 74.2 亿美元）的销售额。截至 2011 年 3 月 31 日，其在日本本土已拥有 809 间直营店和 20 间授权店，海外拥有 136 间专营店。

事实上，在网络试衣活动之前，2010 年 12 月，优衣库已经与人人网合作推出了网上排队活动。网友们在虚拟的优衣库网络店铺进行排队购物，就有机会获得 iPhone 4、iPad、旅游券、特别版纪念 T 恤等礼物。活动正式开始前，优衣库通过多种方式进行了预热，在人人网建立公共主页吸引“粉丝”，在视频网站播出活动广告，实体店则通过派发宣传册和展板海报等方式进行同步宣传。活动进行中，网友们可以选择自己喜爱的动物和场景，通过网络交流聊天。此外，排队游戏的界面底部不停地滚动播出中奖者的名单，大奖得主的照片也公布在优衣库人人网公共主页的相册里。除了每天的随机大奖和幸运数字纪念奖，还评选出踊跃参与排队的大奖得主。

通过线上活动与线下促销的结合，为期 14 天的活动使优衣库人人网的“粉丝”激增，共吸引了超过 133 万人次参与在线活动宣传，远超过之前同类型活动在日本与中国台湾地区分别创下的 16 万与 64 万人次的成绩。不仅如此，优衣库所主打的“因为产品吸引人所以很多人排队”的理念也逐渐传播出去，为优衣库线下实体店的圣诞促销吸引了大量的人流，从而刺激了实体店的销售。

（资料来源：http://news.winshang.com/news-88439.html，有改动。）

第一节 市场营销理论与方法的发展

一、营销3.0时代

进入21世纪，一种全新的营销新浪潮席卷而来。在新的市场环境中，营销传播不再像以往一样单纯追求对消费者进行信息灌输，而是以媒体的创新、内容的创新、传播沟通方式的创新去征服目标受众——相比以大众营销为核心的营销1.0时代、以分众营销为核心的营销2.0时代，这种新的营销传播浪潮被命名为“创意营销传播”，即营销3.0时代。

（一）营销1.0、2.0和3.0时代的综合对比

1. 营销1.0时代

正如亨利·福特（Henry Ford）所言：“无论你需要什么颜色的汽车，福特只有黑色的。”这就是以产品为中心的时代。这个时代的核心是产品管理，营销也被局限于支持生产活动的七大功能之一，它的主要功能是为产品创造需求。麦卡锡（Mc Carthy）的4P营销理论被奉为1.0时代的圭臬：开发产品（Product）、制定价格（Price）、进行促销（Promotion）和建立渠道（Place）。营销1.0时代基本上是卖方市场的时代，此时营销尚停留在战术阶段。

2. 营销2.0时代

从20世纪70年代开始，全球逐渐进入买方市场时代：产品日益丰富，为争夺顾客，企业之间开始了盲目的竞争。这时候诞生了更多的营销因素，如4C营销理论所强调的顾客（Consumer）、成本（Cost）、便利性（Convenience）和沟通（Communication）。营销也因为处于顾客需求不足的时代而越发引起企业重视，逐渐从战术层面上升至战略层面。营销者认识到，要更有效地创造需求，必须改变以产品为中心的方式，转变为以顾客为中心。STP战略的出现是营销2.0时代的核心标志，它强调市场细分（Segmenting Market）、目标市场（Targeting Market）和定位（Positioning）。事实上，这也是当下营销中最常用的营销战略模式。

3. 营销3.0时代

> **要点：**营销3.0时代与消费者便捷地获取各类信息有关，营销者关注人们的情感需求。

从20世纪90年代开始，计算机、互联网逐渐进入人们的生活。随着网络化的深入，人们也开始变得高度互联，信息不再是稀缺资源，消费者的消息变得异常灵通，同时也极大地促进了口碑的传播。为了适应这些新的变化，营销者又一次开始了营销变革，更专注于人们的情感需求。新时代的营销概念也应运而生，如情感营销、体验营销、品牌资产营销等。先前的以消费者为目标的传统市场定位模型已经无法继续创造需求，现在的营销者必须同时关注消费者的内心需求。

营销1.0、2.0和3.0时代的综合对比如表12-1所示。

表 12-1 营销 1.0、2.0 和 3.0 时代的综合对比

	营销 1.0 时代 产品中心营销	营销 2.0 时代 消费者定位营销	营销 3.0 时代 价值驱动营销
目标	销售产品	满足并维护消费者	让世界变得更好
推动力	工业革命	信息技术	新科技浪潮
企业看待市场的方式	具有生理需要的大众买方	有思想和选择能力的聪明消费者	具有独立思想、心灵和精神的完整个体
主要营销概念	产品开发	差异化	价值
企业营销方针	产品细化	企业和产品定位	企业使命、愿景和价值观
价值主张	功能性	功能性和情感化	功能性、情感化和精神化
与消费者互动情况	一对多交易	一对一关系	多对多合作

（二）营销 3.0 时代的三大推动力

1. 参与化时代

自 2000 年年初起，信息技术逐渐渗透到主流市场并发展成为所谓的新浪潮科技。如今的新浪潮科技正在成为促进营销 3.0 时代诞生的主要动力。新浪潮科技是指能够帮助个体和群体保持互动的科技。它包括三个主要组成部分：廉价的计算机和手机、低成本的互联网接入以及开源性软件。新浪潮科技允许个人表达自己以及与他人合作，它的出现标志着参与化时代的到来。在参与化时代，人们在消费新闻、观点和娱乐的同时也主动创造它们。新浪潮科技使人们从被动的消费者变成产消者（生产型消费者）。

社会化媒体作为推动这种新浪潮科技发展的主要力量之一，一方面赋予人们更加自主化的表达权利，另一方面也促生了新型的合作关系，例如，维基百科就是由很多网友共同完成的。有鉴于此，营销随之开始演变为邀请消费者参与产品开发和信息沟通等活动。

2. 全球化矛盾时代

受信息技术和运输技术的推动，全球化的触角延伸到世界上的每个角落，形成一种庞大无比的互联式经济。全球化是一把“双刃剑”，在寻求力量平衡的过程中也充满了矛盾。一是全球化需要各国高度的经济参与，但并不因此创造出平等的经济体，国与国之间、国家内部由全球化造成的财富分配失衡现象比比皆是。其次，全球化催生的不是大一统而是多样化的文化。全球化在创造世界统一文化的同时，也在不断深化各国的传统文化。尤其是后者，对个体或消费者来说具有最直接的影响力。

3. 创造型社会时代

随着创造型人群的规模在发达国家和发展中国家的日益增长，人类文明正在接近前所未有的巅峰。一个先进的创造性社会的重要特点在于，生活在这个社会中的人已

经超越了对生存需求的基本满足，而是把自我价值实现作为人生的第一目标。正如诺贝尔经济学奖获得者罗伯特·威廉·福格尔（Robert William Fogel）指出的，当今社会越来越重视的是精神需求的满足，而不是物质需求的满足。伴随着这种社会变化，当今消费者所寻找的产品和服务不仅要满足自己的基本需要，他们更希望能发现一种可以触及其内心深处的体验和商业模式。

总而言之，营销3.0时代是一个营销行为深受消费者行为和态度变化影响的时代。由于这个时代的消费者需要更具有合作性、文化性和精神性的营销方式，因此可以说它是一种更为复杂的以消费者为中心的营销时代。正因为如此，从企业的角度看，合作营销、文化营销和精神营销共同构成了营销3.0时代的三个组成部分。这也意味着，在经济高度互联化的今天，企业必须学会同其他企业、股东、渠道合作伙伴、员工以及消费者合作；企业必须了解与其业务相关的地区或社区问题，尤其要把文化问题视为企业业务模式的核心营销手段；企业必须超越自己的物质目标，以企业的自我实现为最终目的，也即努力为全人类的利益作出贡献。

二、4R营销

4R营销理论是美国学者唐·舒尔茨（Don E. Schultz）在4C营销理论的基础上提出的新营销理论。该营销理论认为，随着市场的发展，企业要从更高层次上，以更有效的方式在企业与顾客之间建立起有别于传统的新型主动关系，即营销应朝关联（Relevance）、反应（Reaction）、关系（Relationship）、回报（Reward）等方向发展。

（一）4R营销的四要素

要点： 学习4R营销除应关注关联、反应、关系和回报，还应注意风险控制。

（1）关联（Relevance）。这是指认为企业与顾客是一个命运共同体。建立并发展与顾客之间的长期关系是企业经营的核心理念和最重要的内容。

（2）反应（Reaction）。在相互影响的市场中，对经营者来说，最现实的问题不在于如何控制、制订和实施计划，而在于如何站在顾客的角度及时倾听和从推测性商业模式转变成为高度回应需求的商业模式。

营销思考： 选择一家知名企业，分析它在4R营销上的做法。

（3）关系（Relationship）。在企业与客户的关系发生了本质性变化的市场环境中，抢占市场的关键已转变为与顾客建立长期而稳固的关系。与此相适应，产生了五个转向：从一次性交易转向强调建立长期友好合作关系；从着眼于短期利益转向重视长期利益；从顾客被动适应企业单一销售转向顾客主动参与到生产过程中来；从相互的利益冲突转向共同的和谐发展；从管理营销组合转向管理企业与顾客的互动关系。

（4）回报（Reward）。任何交易与合作关系的巩固和发展，都是经济利益问题。因此，一定的合理回报既是正确处理营销活动中各种矛盾的出发点，也是营销的落脚点。

（二）操作要点

（1）与顾客建立紧密的关联。为了提高顾客的忠诚度，赢得长期而稳定的市场，企业必须通过某些有效的方式，在业务、需求等方面与顾客建立关联，形成一种互助、互求、互需的关系，把顾客与企业联系在一起，以大大减少顾客的流失。

（2）提高企业对市场的反应速度。多数公司倾向于"说给顾客听"，而往往忽略了倾听的重要性。事实上，倾听比诉说更重要。因为在相互渗透、相互影响的市场中，对企业来说，最现实的问题不在于如何制订、实施计划和控制，而在于如何及时地倾听顾客的希望、渴望和需求，并及时作出反应，满足顾客的需求。

（3）重视企业与顾客的互动关系。4R营销理论认为，如今抢占市场的关键已转变为与顾客建立长期而稳固的关系，把交易转变成一种责任，建立起与顾客的互动关系。而沟通是建立这种互动关系的重要手段。就如经典的AIDA模式："注意（Attention）—兴趣（Interest）—渴望（Desire）—行动（Action）"而言，营销沟通基本上可完成前三个步骤，而且平均每次和顾客接触的花费都很低。

（4）将回报作为营销的最终目的。企业要满足客户需求，为客户提供价值，但不能做"无用功"。因此，营销目标必须注重产出，注重企业在营销活动中的回报。一方面，回报是维持市场关系的必要条件；另一方面，追求回报也是营销发展的动力。一切营销活动都必须以为顾客及股东创造价值为目的。营销的最终价值在于其能给企业带来短期或长期的收入。

（三）4R营销的优势

（1）4R营销以竞争为导向，在新的层次上提出了营销新思想。4R营销根据市场日趋激烈的竞争形势，着眼于企业与顾客建立互动与双赢的关系，不仅积极地满足顾客的需求，而且主动地创造需求，通过关联、关系、反应等形式与顾客建立独特的关系，把企业与顾客联系在一起，形成了独特竞争优势。因此，可以说4R营销理论是新世纪营销理论的创新与发展，必将对营销实践产生积极而重要的影响。

（2）4R营销真正体现并落实了关系营销的思想营销。4R营销提出了如何建立关系、长期拥有客户、保证长期利益的具体操作方式，是关系营销史上一个很大的进步。

（3）4R营销具有良好的反应机制。4R营销的反应机制为建立企业与顾客关联、互动与双赢的关系提供了基础和保证，同时也增强了营销的便利性。

（4）4R营销的回报使企业兼顾到成本和双赢两方面的内容。企业为了追求利润，必然实施低成本战略，充分考虑顾客愿意支付的成本，实现成本的最小化，并在此基础上获得更多的顾客份额，形成规模效益。如此一来，企业为顾客提供价值和追求回报就会相辅相成、相互促进，从而最终达到双赢的目的。

（四）4R营销的局限性

4R营销同任何理论一样，也有其不足和缺陷。例如，与顾客建立关联、关系，需要实力基础或某些特殊条件，并不是任何企业都可以轻易做到的。但不管怎样，4R营销提供了很好的思路，是经营者和营销人员应该了解和掌握的。

几乎所有的市场营销理论都是在强调如何抢占市场和争取客户，以夺取利润为最大目标。但市场行为本身就是一种风险博弈，也可以说在市场上什么都是可变的，只有利润和风险是永恒的。所以，建议学习该理论时候能再加上"0.5R"，即Risky Control（风险控制）。只有能够把握好风险控制的管理者，才能拥有更长久的发展动力和空间。

三、关系营销

关系营销认为企业营销是一个与消费者、竞争者、供应商、分销商、政府机构和社会组织发生互动作用的过程，其核心是正确处理各种关系。它是一种“客户介绍客户”的营销手法，是一种可以快速增加客户量及市场占有率的利器。为了形成一种稳定、相互信任的利益关系，关系营销中的各方要进行相互之间的交流。只有产品或价值的成熟、顺利、高质量的交换，才能促使关系营销最终实现。

要点：关系营销的核心是正确处理各种关系，有三个关键过程。

（一）关系营销的内容

（1）建立、保持并加强与顾客的良好关系是企业生存的根本，也是发展的基础。市场竞争的实质是争夺顾客，为做到同顾客保持良好的关系，企业必须以顾客为中心，关心顾客的利益，切实考虑他们的需求和欲望。同时，提高顾客的满意程度，使顾客的利益落到实处。另外，企业还要注意加强与顾客的联系，密切双方的感情。具体手段包括：

营销思考：选择一家你熟悉的企业，分析它是如何开展关系营销的。

1）通过采集、积累顾客各方面的信息，用计算机进行综合处理并加以科学分析，从而更加完善地为顾客服务，节约营销成本，提高营销效率，并为新产品开发提供准确的信息。

2）通过对顾客进行组织，将顾客纳入企业的外围组织系统中，使企业能够与顾客更为紧密地结合，而顾客对企业及其产品品牌的忠诚也得到培养，从而实现企业对顾客的有效控制。

（2）与关联企业合作。当今市场竞争日趋激烈，通过与关联企业的适当合作（包括与供销商、中间商、竞争对手等企业的合作），共同开发市场，有利于企业目标的实现。这样横向或纵向的企业间合作，有利于企业巩固市场地位、开辟新市场，更有利于企业进行多角化经营，宏观上也能适度减少无效竞争，提高市场经济整体的运行效率。

（3）协调与政府及公众团体的关系。政府通过立法、行政、经济等手段对社会经济活动实行宏观调控和管理，因此，企业的活动必然会受到政府有关规定的影响和制约。企业应采取积极的态度，自觉遵守国家的法规，协助研究国家所面临的各种问题的解决方法和途径，保证企业营销的成功。协调好与这些组织的关系，能为企业实现目标提供保证。

（二）关系营销的运行原则

关系营销强调利用现有资源和保持现有顾客，为了使各方面的关系能够协调发展，应遵循以下运行原则：

（1）主动沟通。关系各方应主动和其他关系方相互沟通、相互了解，交流各方需求和利益变化，以增强合作伙伴关系。

（2）承诺与信任。关系各方应作出一系列承诺，为了赢得关系方的信任，要用自己的行为履行承诺。

(3) 互惠。关系方要在公平、公正、公开的条件下进行成熟的高质量的产品和价值交换，做到相互满足关系方的经济利益。

(三) 关系营销的三个关键过程

(1) 交互过程。交互过程是关系营销的核心。在关系营销中，成功的营销需要为用户提供最好的答案，而这个答案包括关系本身及其运作方式和顾客需求满足的过程。关系建立以后就会在交互过程中延续。

(2) 对话过程。对话过程是使所有的沟通促进某种形式的关系得以维持。试图创造双向甚至多维的沟通过程是关系营销中营销沟通的特点，对话过程必须支持这种价值的创造和转移。

(3) 价值过程。由于关系维系是一个长期的过程，因此顾客价值在较长的时间后才能体现。这一段时间就是价值过程。关系营销要成功和被顾客视为是有意义的，就必须存在一个与对话过程和交互过程并行的顾客欣赏的价值过程。

(四) 关系营销的实施步骤

(1) 建立高效的顾客管理机构。为了在组织上保证关系营销取得成效，需要建立高效的管理机构。该机构下设若干关系人，他们负责一个或若干个主要顾客，集中顾客的信息，协调好企业与顾客的沟通。他们的职责是制订顾客关系营销计划及沟通策略，落实企业向顾客提供的各项利益，维护业务关系。

(2) 实施频繁营销规划。频繁营销规划是指规划和设计对经常购买或大量购买的顾客提供奖励。奖励的形式可以有很多种。这样可以通过长期的、增加价值的关系，保持来自最佳客户的产出。

(3) 进行俱乐部营销规划。俱乐部营销规划是指建立顾客俱乐部，吸收购买一定数量产品或支付会费的顾客成为会员。这样可以为企业建立强大的顾客网。

(4) 实行顾客化营销。顾客化营销即企业根据每个顾客的不同需求制造产品并开展相应的营销活动。这种营销活动可以通过提供特色服务满足顾客需求，提高顾客的忠诚度。采用这种顾客化营销的企业需要十分重视科学研究、技术进步以及新产品的开发，需要完善顾客档案、提高服务质量。

(5) 数据库营销。数据库营销是指企业对建立、维持和使用与顾客有关的各种数据资料进行交流和交易。这种营销活动有很强的针对性，是借助现代的先进技术进行的一对一营销。数据库营销的关键是数据库的维护。数据库资料需要不断地更新和完善，以保证资料的有效性。

(6) 退出管理。顾客不再购买企业的产品和服务，终止与企业的业务关系，称为退出。退出管理是指分析退出的原因，以此来改进产品和服务，目的是减少顾客退出。退出管理的重要步骤如下：

1) 测定顾客流失率。

2) 分析顾客流失原因。

3) 测算顾客流失对企业的利益损失。

4) 确定为了减低流失率所需的费用。

（五）关系营销的注意事项

（1）必须重视维护各种营销关系。企业的营销网络建立以后，还需要对这种良好的营销关系进行维护和不断发展。为了实现这个目标，企业应该保证产品质量，因为产品质量是营销关系的基础；应该提高服务水平，服务水平的提高对营销关系是一种强化作用；同时还要注意价格的合理，企业要在保证盈利的前提下兼顾各方面的利益，使每个成员互惠互利、共同发展。互惠互利是企业进行关系营销的核心，只有实现了这一点，企业才能使关系营销发挥良好的作用。

（2）必须重视员工关系。员工关系是企业营销关系的基础。良好的员工关系也是企业处理好其他各项关系的基础，是参与市场竞争的前提。

（3）必须加强信息管理，协调好企业各部门的关系。关系营销将营销组合扩大为产品、价格、销售渠道、促销、进程及人员六个方面。各个子系统间应加强联系，保证信息畅通、准确、及时，以便在瞬息万变的市场中保持快速灵活，掌握先机，主导市场。

四、全方位营销

要点：实施全方位营销注意有三大相关角色、三大价值活动、四大竞争平台。

美国营销学权威菲利普·科特勒（Philip Kotler）的著作《营销动向：利润、增长和更新的新方法》（中文译本《科特勒营销新论》）于2003年正式出版。科特勒在书中打破了其创立、传播并给其带来国际声誉的经典范式，提出了营销的新范式，即“全方位营销”的动态概念。他认为，互联网、全球化和超竞争正戏剧化地重塑市场并改变企业运作方式，传统营销方法需要被解构、重新定义与扩展以反映这一情况。

（一）全方位营销的战略理论：三大相关角色与三大价值活动的联结和互动

营销新范式的基本架构是：相关角色（客户、企业和协力厂商）与“以价值为基础”的活动（价值探索、价值创造和价值传递）之间的联结和互动。

（1）价值探索。价值探索要解决的问题是企业如何才能找出新的价值机会，以开辟市场。价值机会存在于市场之中，并会在各市场之间浮现与流动。在新经济时代，由于价值是由企业、客户、协力厂商和各相关团体推动的，所以为进行价值探索，要了解客户的认知空间，评估企业的能力空间，掌握协力厂商的资源空间。

（2）价值创造。为了充分利用探索出来的价值机会，企业必须拥有价值创造的技能。为此，营销人员必须以客户认知空间的变化为基础，创造客户的利益；以企业的能力空间为基础，重新安排企业的营运范围；以协力厂商的资源空间为基础，扩大业务伙伴的阵容，并选择、管理企业的合作伙伴。

（3）价值传递。要想传递价值，需要在其基础架构和能力上进行大量的投资。为此，要进行客户关系管理、内部资源管理和企业合伙关系管理。

（二）营销新范式下的战术理论：构建四大竞争平台

价值探索、价值创造和价值实现需要一定的平台。具体地说，需要构建四大竞争平台。

（1）产品或服务平台。产品或服务平台的构建是客户的认知空间、企业的能力空间、客户利益和企业的营运范围相互作用的结果。在新经济条件下，产品会发生一些变化。企业面对众多的机会，应精心推出差异化的市场潜在产品或服务。

（2）企业架构平台。企业架构平台的构建是企业的能力空间、协力厂商的资源空间、企业的营运范围以及企业的合作伙伴相互作用的结果。在这里，企业应设计营运模式，以管理特定的价值流。

（3）营销活动平台。营销活动平台的构建是客户利益、企业的营运范围、客户关系管理以及企业内部资源管理相互作用的结果。新经济条件下的营销活动在管理上发生了一些新变化：销售渠道数目大增，网站传播的信息更多，传播的面更广，成本更低，还能做到互动；价格管理也将发生变化。

（4）营运体系平台。营运体系平台的构建是企业的营运范围、企业的合作伙伴、企业的内部资源管理和企业合伙关系管理相互作用的结果。设计该平台所涉及的关键因素有新产品上市时间、企业对客户的反应速度和营运体系的形态。首先，企业必须加快新产品推出上市的时间；其次，企业必须简化“从接单到交货”的过程；最后，企业要选择营运体系的形态。

（三）全方位营销的特点及不完善之处

1. 全方位营销突破了原有的营销框架，初步建立了新的营销框架

营销原范式风行了近半个世纪。期间，尽管不断有人试图加以修改，如提出6P理论、7P理论、11P理论、4C理论等，但总体对其结构框架冲击不大，充其量只是一些简单的修修补补。流行的营销学教科书基本结构大体都是：营销观念——STP（市场细分、目标市场选择和市场定位）——营销组合——营销管理。但科特勒提出的营销新范式，与营销原范式框架有根本的不同。其新框架为：全方位营销观念——价值活动（价值探索、价值创造、价值传递）——四大竞争平台。

2. 全方位营销的出现是营销实践拉动和相关理论推动的结果

全方位营销的出现有一定的必然性。它一方面得益于新经济条件[㊀]（建立在制造业基础之上的旧经济，以标准化、规模化、模式化、讲求效率和层次化为其特点，而新经济则是建立在信息技术基础之上，追求的是差异化、个性化、网络化和速度化）下企业的营销实践和需求，为归纳新框架提供了大量的素材和要求，另一方面也得益于20多年来营销理论和其他学科的进展。营销新范式事实上借鉴了20世纪80年代后出现的营销新理论，如服务营销、关系营销、网络营销、客户关系管理、整合营销、体验营销等理论，还吸收了其他学科，如战略管理的新成果，如价值链理论、核心竞争力理论等。当然，科特勒本人的学识和影响，加速了新理论的诞生和传播。

3. 全方位营销不是否定旧范式，二者各有不同的适用范围

营销旧范式是制造业时代的产物，营销新范式则是新经济时代的结果，二者各有

㊀ “新经济”一词最早出现于美国《商业周刊》1996年12月30日发表的一组文章中，是指在经济全球化背景下，信息技术革命以及由信息技术革命带动的、以高新科技产业为龙头的经济。

不同的适用范围。在旧经济起主导作用的地方，如在发展中国家、某些产业、某些领域等，原有的营销范式仍有重要的指导意义。尤其值得注意的是，目前即使在发达国家，也只是处在新旧经济[㊀]并存的时代。尽管新范式的作用在增强，但原有的营销范式还在起作用，所以不应贬低旧范式的作用。

4. 全方位营销还需进一步完善，其效果还有待检验

全方位营销还属新生事物，其理论体系还比较粗糙，脉络还不够清晰；操作层面的管理理论尚没有建立；旧新范式如何过渡、如何并行不悖也没有说明等。当然，营销新范式的实践效果也还缺乏实践检验。因此，要理性地对待营销新范式。它可能只是一种方向，大部分企业目前还做不到或不能完全做到。

第二节 市场营销理论与方法在其他领域的应用

一、金融营销

金融营销是指金融企业以金融市场为导向，运用整体营销手段向客户提供金融产品和服务，在满足客户需要和欲望的过程中实现金融企业利益目标的社会行为过程。

要点： 金融产品的特殊性使得金融营销更加关注服务。

（一）金融营销的主要特点

（1）从金融营销的主体——金融机构的地位看，金融企业作为金融服务的提供者，不仅要在资金筹集活动中针对不同投资者的需要开发不同的金融产品和服务，又要在资金运用活动中针对不同的客户，开发并提供不同的金融产品和服务，在满足资金需求者要求的同时，保证资金的使用效率和质量。此外，还要充分发挥其作为交易中介的地位和作用，积极为客户提供各种各样的中介服务。

（2）从金融营销的客体——金融服务的消费者看，随着经济一体化和金融自由化的发展，金融市场发育日趋成熟，全方位、多功能、多渠道的资金融通、交易结算便成为可能，也使参与金融活动的金融消费者数量日益增多，构成日趋复杂，对金融服务质量的要求也越来越高。

营销思考： 选择一家银行，关注他们是如何对理财产品进行营销的。谈谈你的看法。

（3）从金融营销的目的和要求——实现收益最大化来看，由于金融服务的提供和服务的消费过程往往是同步进行的，从而要求金融企业不断提高自身的业务素质，树立良好的企业形象，通过提供规范的服务，赢得更多的顾客。

（4）从金融营销的标的——各种金融产品来看，它是金融活动中与资金融通的具体形式相联系的载体。其特征主要表现为：①金融产品和服务的不可分割性。当一个金融企业向客户提供其产品时，也就提供了相应的服务。产品的提供在时间和地点上与服务具有同步性。②金融产品的非差异性。当一家金融企业提供了一种产品后，

㊀ 旧经济建立在制造业的基础之上，以标准化、规模化、模式化、讲求效率和层次化为特点；而新经济则建立在信息技术的基础之上，追求的是差异化、个性化、网络化和速度化。

其他企业很容易模仿，而且各企业所提供的产品在功能上很难有大的差别。③金融产品具有增值性。人们购买一种金融产品，如保险、存款等，最主要的目的是能够带来一定的收益。

（二）金融营销的发展趋势

随着金融服务模式的发展，金融业的营销也在不断发展，各金融企业都在创造新的营销策略和竞争方法。

（1）金融企业将走向全面营销的时代，营销将渗透到金融企业活动的方方面面，尤其是“内部营销”出适合这种需要的产品，并以符合消费者心理的方式传递给消费者。所谓“内部营销”，就是企业的决策层和领导层必须善于与下属沟通，通过引导来帮助下属做好工作。这对金融企业来说尤为重要。因为金融企业从事第一线工作的广大员工与客户有着最直接和最广泛的交道，他们的言行举止会直接影响客户对银行的第一印象，所以必须重视和抓好对内部雇员的培训。同时，通过制定内部工作准则、服务标准，甚至构建评分体系等一系列对内营销宣传教育，使广大雇员树立营销服务观念，认识工作人员与客户交流过程对本企业经营业务成败的重要作用，从而出色地完成一线营销的任务。

（2）金融企业将创新一套适应其企业特色的别具一格的行业实务营销。金融业独特的服务方式决定了其营销不能生搬硬套工商企业的方法，而应根据行业特点，创新出适合自己特色的营销活动。例如：①服务营销。根据行业特点，利用超水平的服务使本企业在行业中出类拔萃。由于金融服务业是第三产业，金融企业只有建立“大服务”观念，强化“大服务”意识，积极改进和创新服务品种、服务手段和服务设施，才能向社会提供高质量、高效率、高层次的金融服务，赢得竞争优势，树立良好形象。②超值营销。在产品质量、特征、价格等方面增加产品的额外价值。

（3）为实现差异化服务，未来的金融业将更注重特色营销。金融企业将通过市场调研活动，在把握金融需求趋势的基础上，认清企业的经营环境和营销重点，适时适地确立企业经营发展的目标，设计特色产品，推进金融产品和服务的创新。例如，为离退休人员设计“夕阳红”储蓄，为企盼购房的人设计“积小成家”储蓄；为年轻富裕的客户开设专有账户，为成熟富裕的客户提供专业理财咨询服务。以不同的金融产品，满足不同层次的消费需求。强调特色、发挥优势、扬长避短是开展金融营销的内在要求。

（4）为适应金融市场的变化和节奏，金融业将会实施善变营销和快速营销。如今的时代是一个飞速发展、加速转型的时代，没有一成不变的所谓“金科玉律”。因此，未来的金融业必须训练员工的客户导向意识，充分挖掘客户的新想法、新需求，甚至创造出新的需求来捕捉市场机会。除此以外，还要在产品和服务市场上行动迅速，永远比竞争对手先行一步。

（5）为了在吸引新客户的同时稳定老客户，未来金融业必须走持续营销的道路。持续营销是指产品或服务提供者采取有效的推销策略，与现有顾客和潜在顾客维持密切的关系，在掌握顾客各种有关信息和对这些信息不断更新的前提下，对顾客现时的偏好和未来的需要进行深入了解和分析，在成本可行的条件下，尽可能满足顾客的要求，并在产品的选样、发送等方面提出合适的参考建议。这种方法实质上是要充分挖掘顾客对产品生产者或服务提供者的各种产品和服务的消费潜力。为了实现这种销售方式，必须能收集到有关顾客的各种新信息，然后利用先进的信息技术和分析技能对所有的信息进行分析。这样可以确保推销产品或服务时能投顾客所好，有针对性地向顾客进行推介。

（6）未来的金融业更加注重市场定位、客户选择等一些技术性营销操作。随着全球金融领域混业经营的风潮不断升温，越来越多的金融机构都呈现出进一步拓展银行业务范围，甚至打破银行与其他金融机构之间的法律界限的趋势。但这并不意味着在实际操作中，每个企业都是“全能”的，而必须突出本企业的定位。以某一特色业务为基点，横向构建一个“全能”的业务体系。目前，世界各国的金融改革正在进行中，其目的就是加强国际竞争力。而营销作为其中的一个重要支点，也会产生更多的创新形式。

（7）随着当今高科技日新月异的发展，金融营销将更注重高科技的运用。网上交易、全球电子交易系统、全球24h不间断交易等形式的出现，都说明新兴技术将不断被用于金融交易活动中，促使金融企业的经营方式、金融产品的形式发生重大变化，也使金融营销活动在更广阔的空间开展成为可能。电子技术和远程通信系统在金融业的运作，不仅会提高金融企业的经营效率，极大地降低企业运营成本和交易成本，也可给消费者带来更多的实惠。在金融竞争模仿日益增强的今天，高科技营销也是一项最为有效的竞争手段。可以说，谁拥有高科技，谁就拥有强大的竞争优势，也就可能更多地拥有顾客和市场。

二、网络营销

（一）网络营销的概念和特点

网络营销的实质是以计算机互联网技术为基础，通过与顾客在网上直接接触的方式，向顾客提供更好的产品和服务的营销活动。网络营销与电子商务是有区别的：①它们的研究范围不同。电子商务的内涵很广，核心是电子化交易；网络营销注重的是以互联网为主要手段的营销活动。②网络营销与电子商务的关注重点不同。网络营销的重点在交易前阶段的宣传和推广；电子商务的标志之一则是实现了电子化交易。所以说，电子商务与网络营销实际上又是密切联系的，网络营销是电子商务的组成部分，实现电子商务一定是以开展网络营销为前提的。

要点：网络营销与电子商务有所区别，网络用户的主要特征和网络营销的适用产品值得关注。

网络营销具有以下特点：

1. 跨时空

由于互联网络可以超越时间约束和空间限制进行信息交换，因此使得企业与顾客之间脱离时空限制达成交易成为可能，企业能有更多时间和更大的空间进行营销，可以24h随时随地提供全球性营销服务。

2. 多种媒体

互联网可以传输多种媒体的信息，如文字、声音、图像等，使得为达成交易进行的信息交换可以多种形式存在，充分发挥营销人员的创造性和能动性。

3. 互动性

互动性即顾客在购买的同时，可以自行控制购买过程。网络营销是一对一的、理性的、消费者主导的非强迫性的、循序渐进的营销过程。顾客可以在家中了解产品的最新价格，选择各种商品，作出购买决策，自行决定运输方式，自行下订单，从而获得最大的消费满足。

4. 整合性

一方面，互联网上的营销可从商品信息发放至收款、售后服务一气呵成，因此也是一种全程的营销渠道；另一方面，企业可以借助互联网，将不同的营销活动进行统一设计规划和协调实施，以统一的传播信息向消费者传达，避免不同的传播产生不一致性的消极影响。

5. 经济性

运用网络营销后，企业只需将产品的信息输入计算机系统并上网，就可让顾客自己查询，无需再设专人寄送数据，只需电子版本的产品目录、说明书等，也不必再进行印刷、包装、储存和运输，可以大大地节约营销成本。

6. 快捷性

网络营销的运用使营销进程加快，电子版本的产品目录、说明书等随时可以更新。网络营销可使商品信息发布、收款至售后服务一气呵成，大大减少了营销环节。对于软件、书籍、歌曲、影视节目的网上下载，可采用电子方式交付货款。

营销思考：选择几家知名企业，分析它们的网络营销处在哪个层次。

（二）网络营销的层次

网络营销的弹性很大，由浅入深，由简到全，可以是一个网页，也可以是一个门户网站；可以是简单的广告，也可以是建立客户关系的管理系统（CRM），定向分发一些电子邮件给目标客户，条件具备时还可以建立层次。

1. 初级层次

初级层级是指企业开始将传统营销过程中的一部分引入计算机网络，代替企业内部或传统的信息储存和传统方式。这一层次并不涉及复杂的技术问题和法律问题。

2. 中级层次

中级层次是指企业利用计算机网络的信息传递，部分地代替某些合同的有效条件，或者履行商务合同的部分义务。这一层次的实施需要社会各界相互配合，是网络营销近期发展的主要目标。

3. 高级层次

高级层次是网络发展的成熟阶段。它将企业营销活动的全部程序，用计算机网络的信息处理和信息传输系统代替，最大限度地消除人为干预。这一层次的实现有赖于全社会对网络营销的认同，以及整个环境的改善。

（三）网络营销的管理模式

企业要引入网络营销，首先要弄清楚网络营销通过何种机制达到何种目的，然后企业要根据自己的特点及目标顾客的需求特性，选择一种合理的网络营销管理模型，由此模型也可确定企业网络营销的总体目标是什么。目前，主要的网络营销管理模型有以下几种：

(1) 通过网络为顾客提供方便的服务，增强企业与顾客的联系，从而留住老顾客，增加销售。网络的双向互动、信息量大且可有选择地阅读、成本低、联系方便等特点，决定了它是一种优越于其他媒体的顾客服务工具。通过网络营销可以达到更好地服务于顾客的目的，增强与顾客的联系。

(2) 通过网络为顾客提供有用信息来刺激消费，增加顾客购买。这尤其适用于零售渠道的企业。它们可以通过网络向顾客连续地提供有用的信息，包括新产品信息、产品用途等，而且可根据情况适时变化，保持网上信息的新鲜感和吸引力。这些有用的新信息能刺激顾客的消费欲望，从而增加购买。

(3) 采取网上直销形式，并增加销售折扣，减少管理费用，为顾客购买提供方便，刺激顾客购买。企业使用网络进行销售，最直接的效益来源于网络直复接销的功能：简化销售、降低销售成本、减少管理费用。

(4) 通过网络提供各种新的娱乐，促进顾客的参与，从而达到让顾客重复购买的目的。例如，对于报纸和杂志，报社和杂志社通过它们的网页来促进订户参与，使订户能根据自己的兴趣形成一些共同的话题，从而有效地提高了订户的忠诚度。又如，电影、电视片的制作商也可以通过建立网页向观众提供流行片的一些信息，如剧情的构思、背景，演员、导演、制片人的背景资料、兴趣爱好等。这些信息对影迷们很有吸引力，使他们获得内行的鉴赏家的感觉，而这种感觉会驱使他们反复观赏某部流行片。

(四) 网络营销的适用性

网络营销作为一种特殊的营销方式，并不是任何产品采用它都能取得成功，它也具有一定的局限性。因此，企业在开展网络营销之前应了解网络用户的特征，必须确定网络营销的适用产品。

营销思考：浏览淘宝网上的商品，分析什么样的商品适合网络销售，什么样的商品不适合网络销售。

1. 网络用户的主要特征

据调查，网络用户一般以中、青年人群为主。首先，这些人注重自我。他们不仅能够作出选择，而且渴望作出选择；他们不惧怕向商家提出挑战，有自己独立的想法，对自己的判断力非常自信。其次，头脑冷静、擅长理性分析是网络用户的另一个显著特点。网络用户多是不会轻易受舆论左右、受潮流影响的人，对铺天盖地的广告“轰炸”有相当强的抵抗力，会对数据资料苦苦推敲，并据此作出决定。因此，对信息的组织和整理，成为网络营销的当务之急。最后，对新鲜事物孜孜不倦的追求是网络用户的又一特色。网络用户的爱好范围广泛，对于未知的领域，报以永不知疲倦的好奇心，对事物喜欢追根究底。从产品设计到外形和服务，网络用户要求的质量和精细程度都相当高，可以说在一定程度上是他们在制定市场法则。

网络用户价值观的变化使得他们采取了不同于以往的态度与期望，如环境主义对公众有着大的影响，并将继续成为21世纪的一种主流价值观。网络用户对品牌的看法也有新的变化：他们不再轻易地被商品的牌子所迷惑，他们需要的是既有质量，价格又合适的产品。同时，他们还愿意看到并支持新品牌的出现。

2. 网络营销的适合产品

如果泛泛而言，在互联网上进行市场营销的产品可以是任何产品或者任何服务项目。但是，就像不同的产品适合不同的销售渠道一样，网络营销也有其适用范围。产品能否利用网络营销，一般取决于产品的性质、科技含量以及产品的目标市场与交易方式等方面的因素。一般来说，目前适合于网络营销的产品主要有计算机软、硬件产品，知识含量高的产品，创新独特的新产品，有收藏价值的产品，以及服务等无形产品。

本章小结

1. 进入21世纪，一种全新的营销新浪潮席卷而来。这股新浪潮以媒体的创新、内容的创新、传播沟通方式的创新去征服目标受众——相比以大众营销为核心的营销1.0时代、以分众营销为核心的营销2.0时代，这种新的营销传播浪潮被命名为“创意营销传播”，即营销3.0时代。合作营销、文化营销和精神营销共同构成了营销3.0时代的三个组成部分。

2. 4R营销理论认为，随着市场的发展，企业要从更高层次上以更有效的方式在企业与顾客之间建立起有别于传统的新型主动关系，即营销应朝关联（Relevance）、反应（Reaction）、关系（Relationship）、回报（Reward）等方向发展。

3. 关系营销认为企业营销是一个与消费者、竞争者、供应商、分销商、政府机构和社会组织发生互动作用的过程，其核心是正确处理各种关系。它是一种“客户介绍客户”的营销手法，是一种可以快速增加客户量及市场占有率的利器。为了形成一种稳定、相互信任的利益关系，关系营销中的各方要进行相互之间的交流。只有产品或价值的成熟、顺利、高质量的交换才能使关系营销最终实现。

4. 科特勒在《科特勒营销新论》中提出全方位营销的概念。他认为，互联网、全球化和超竞争正戏剧化地重塑市场并改变企业运作方式，传统营销方法需要被解构、重新定义与扩展以反映这一情况。该理论的基本架构是：相关角色（客户、企业和协力厂商）与“以价值为基础”的活动（价值探索、价值创造和价值传递）之间的联结和互动。

5. 金融营销是指金融企业以金融市场为导向，运用整体营销手段向客户提供金融产品和服务，在满足客户需要和欲望的过程中实现金融企业利益目标的社会行为过程。从金融营销的主体——金融机构的地位，从金融营销的客体——金融服务的消费者，从金融营销的目的和要求——实现收益最大化，从金融营销的标的——各种金融产品来看，金融营销呈现出不同的特点。

6. 网络营销的实质是以计算机互联网技术为基础，通过与顾客在网上直接接触的方式，向顾客提供更好的产品和服务的营销活动。网络营销与电子商务既有区别，又有联系。企业在开展网络营销之前应了解网络用户的特征，必须确定网络营销的适用产品。

思考题

1. 与营销 1.0 和 2.0 时代相比，营销 3.0 时代的主要特点是什么？
2. 4R 营销的操作要点有哪些？该理论的优势与不足之处是什么？
3. 实施关系营销时，需要注意些什么？
4. 什么是全方位营销？该理论在哪些方面有待完善？
5. 金融营销的发展趋势有哪些？
6. 从顾客角度分析，网络营销有什么特殊性？

选择题

1. 下列有关营销 3.0 的说法哪些是正确的______。

A. 是卖方市场的时代

B. 出现了 STP 战略

C. 合作营销、文化营销和精神营销是三个重要的组成部分

D. 出现了 4P 理论

2. 在关系营销中，企业重点关注的是______。

A. 与顾客的短期关系　　B. 与顾客及供应商的短期关系

C. 与顾客及供应商的长期关系　　D. 与顾客的长期关系

3. 下列哪个不是全方位营销的活动之一：______。

A. 价值探索　　B. 价值创造　　C. 价值传递　　D. 回报

4. 下列有关 4R 营销的说法不正确的是______。

A. 有四个基本要素：关联、反应、关系、回报

B. 是美国学者唐·舒尔茨在 4C 营销理论的基础上提出的

C. 初步建立了新的营销框架

D. 缺少对风险控制的分析的

5. 有关金融营销的说法不正确的是______。

A. 金融营销本质是服务营销

B. 金融产品容易被模仿

C. 金融营销的主要渠道是网络

D. 金融营销将更注重高科技的运用

6. 网络营销的主要客户是______。

A. 各个年龄段人群　　B. 中、青年

C. 女性　　D. 大学生

7. 营销 3.0 时代和营销 1.0、2.0 时代的主要区别是______。

A. 营销 3.0 时代是产品为中心的营销

B. 营销 3.0 时代讲求市场差异化

C. 营销 3.0 时代的信息不再是稀缺资源

D. 营销 3.0 时代企业认为买方是具有生理需要的大众

8. 强调企业与相关利益方的交互过程的营销思想是______。

A. 关系营销　　B. 全方位营销　　C. 交易营销　　D. 4R 营销

章尾案例

京东商城：打造3C网购平台

网络购物作为一种新型的消费形式，以其方便、快捷的方式逐渐被人们所接受。除了一些小物品外，家电等3C产品（计算机 Computer、通信 Communication 和消费电子产品 Consumer Electronic 三类电子产品的简称）也逐渐进入了网络购物的行列，并以价格低廉的优势吸引了不少消费者的目光。

相关统计显示，2008 年我国家电市场销售总额突破 8000 亿元，其中网络购物占了 2% 左右，将近 200 亿元。随着众多家电厂商积极进军家电网上商城，家电网购这一新兴领域已在 2009 年正式成为消费类电子销售的主要渠道。有数据显示，目前全国家电类网上商城数量已突破 1000 家，京东商城是其中最具代表性的商家之一。

一、中国 B2C 市场上最大的 3C 网购平台

京东商城成立于2004 年，经过几年的发展，一直以平均 340% 的复合增长率增长，其注册用户数已经超过 200 万。如今，无论在访问量、点击率、销售量以及业内知名度和影响力上，京东商城都在国内3C 网购平台中首屈一指，市场占有率多年稳居行业首位。有数据显示，该公司自 2004 年创立至 2008 年，年销售额分别为 1000 万元、3000 万元、8000 万元、3.6 亿元和 13.2 亿元，2009 年突破 40 亿元。

2007 年 8 月，京东商城获得国际著名风险投资基金“今日资本”的首批融资 1000 万美元。2009 年年初，京东商城逆市融资，获得了 2100 万美元的第二轮融资，这也是金融危机爆发以来国内电子商务企业的首例成功融资案。

二、刘强东：被非典逼上网的京东商城 CEO

京东商城的创始人名叫刘强东，祖籍湖南，1973 年出生，毕业于中国人民大学社会学系。1998 年 6 月 18 日，刘强东在中关村创办京东公司，并担任总经理，专卖刻录机、压缩卡和光盘等产品。经过 3 年多的发展，他赚到人生第一个 1000 万元。

2003 年 4 月，突如其来的“非典”席卷全国，刘强东的生意也受到了很大的冲击，价值几百万元的库存都压在了手里。刘强东和几位高管天天为此发愁，他甚至悲观地估计，京东最多还能支撑半年。在生存的压力和残酷的现实逼迫下，刘强东想到了互联网。但他却是彻头彻尾的“网络盲”，没上过当当网，不知道亚马逊，唯一接触过的就是 QQ，当时还叫 OICQ，而且还是朋友帮他注册的。

很快，他带领团队开始在一些论坛上发帖子，同时还注册了几百个 QQ 号，疯狂地添加好友，想通过这种方式推销自己的库存产品。通过慢慢地摸索，他们逐渐获得了不少客户。在通过网络推广的过程中，有很多客户建议京东开设自己的网站，并且都表示愿意向网友推荐京东的网站。在得知租用一个小型网站的带宽一年不过 1000 多元的时候，刘强东便决定成立京东自己的论坛。让所有人都感意外的是，他们没有为论坛打任何广告，但来自网上的订单却不断增加。从 2003 年 6 月到年底，网上订单累计超过 1000 单，最多一天有 35 单，甚至比一个线下连锁店都要多。

2004 年 1 月 1 日，“京东多媒体网”电子商务网站正式上线，当年即为京东公司带来了 1000 万元的销售额。看到电子商务巨大商机的刘强东决定赌一把，他放弃了做连锁店的想法，转而全力投入做网上零售。

三、京东低价模式之争：究竟靠不靠谱？

京东商城最大的特点是价格相对便宜，当然，这些都是在保证品牌质量的前提下。相对传统卖场，京东商城在价格上有非常大的优势。相对综合性的 B2C 卖场，京东商城的商品质量更有保障。例如，京东选择的供应商都是经过严格挑选的品牌企业，并且可以为客户提供发票。

除了价格优势，京东商城更在很多细节上下了不少工夫，对交易的每一个环节，如产品的操作、库存的控制、物流技术等都作了严格控制。例如，为了弥补相对实体店不能让客户实际接触产品的不足，京东商城内所有产品的图片都是实物拍摄，并且还推出了视频介绍产品的新服务，让真人为用户展示商品。在付款方式上，京东商城也比一般的网络卖场更加灵活，客户可以选择货到付款，也可以使用移动 POS 机刷卡，看到货品后满意了再付费。

在物流配送环节，京东商城 2009 年 6 月宣布花费 2000 万元人民币成立“上海圆迈快递公司”，努力提升京东商城在上海及华东地区乃至全国的配送速度。2011 年，京东商城正式推出“211 限时达”服务，承诺：当日上午 11：00 前提交的现货订单当日送达；夜里 11：00 前提交的现货订单第二天 15：00 前送达。虽然如此，但事实上，高速发展的京东商城成立多年来的利润却几乎为零！很多对京东模式不看好的评论人士也正是以这一点为依据的。由于广告花费大，再加上物流、人员、管理、库房等投入，有人断言，京东做得越大赔得越多。这一担心不无道理。

（资料来源：刘兴发，《决胜网络营销》，P120 ~ 121，北京：人民邮电出版社，2010，有改动。）

案例思考题：

1. 京东商城的经营特点有哪些？
2. 有人断言，京东做得越大，赔得越多。你怎么看待这个问题？请结合实际谈谈你的看法。

参考文献

[1] 曼昆. 经济学原理［M］. 梁小民，译. 北京：北京大学出版社，2009.

[2] 迈克尔·波特. 竞争战略［M］. 陈小悦，译. 北京：华夏出版社，2005.

[3] 希夫曼，等. 消费者行为学［M］. 江林，等译. 北京：中国人民大学出版社，2011.

[4] 菲利普·科特勒，等. 营销管理［M］. 卢泰宏，高辉，译. 北京：中国人民大学出版社，2009.

[5] 吕一林. 营销渠道决策与管理［M］. 北京：中国人民大学出版社，2008.

[6] 刘兴发. 决胜网络营销［M］. 北京：人民邮电出版社，2010.

[7] 杰克·特劳特，史蒂夫·里夫金. 重新定位［M］. 谢伟山，苑爱冬，译. 北京：机械工业出版社，2011.

[8] 菲利普·科特勒，等. 营销革命3.0：从产品到顾客，再到人文精神［M］. 毕崇毅，译. 北京：机械工业出版社，2011.

[9] 卜妙金. 分销渠道管理［M］. 北京：高等教育出版社，2007.

[10] 郭国庆. 服务营销管理［M］. 北京：中国人民大学出版社，2009.

[11] 简明，等. 市场调查与技术［M］. 北京：中国人民大学出版社，2012.

[12] 多兰，西蒙. 定价圣经［M］. 董俊英，译. 北京：中信出版社，2010.

[13] 迈克·欧德罗伊德. 市场营销环境［M］. 杨琳，译. 北京：经济管理出版社，2011.

[14] 杨路明，等. 网络营销［M］. 北京：机械工业出版社，2011.